Elmar Altvater
Der große Krach

5/12

W0056763

Elmar Altvater, Dr. oec. publ., geb. 1938, Professor em. für Politikwissenschaft an der FU-Berlin und lange Jahre Redaktionsmitglied der PROKLA; zahlreiche Veröffentlichungen zur Frage der kapitalistischen Entwicklung, zur Staatstheorie, zur Entwicklungspolitik, Schuldenkrise und zum Zusammenhang von Ökonomie und Ökologie; u.a. *Der Preis des Wohlstands* 1992, zusammen mit Birgit Mahnkopf: *Gewerkschaften vor der europäischen Herausforderung* 1993 und *Grenzen der Globalisierung* 1996, 4. völlig überarb. und erweiterte Auflage 1999, 7. Auflage 2007 sowie *Globalisierung der Unsicherheit. Arbeit im Schatten, Schwarzes Geld und informelle Politik* 2002 und *Das Ende des Kapitalismus, wie wir ihn kennen* 2005, 6. Auflage 2009.

Elmar Altvater

Der große Krach

Oder die Jahrhundertkrise
von Wirtschaft und Finanzen,
von Politik und Natur

WESTFÄLISCHES DAMPFBOOT

Bibliografische Information der Deutschen Nationalbibliothek
Die Deutsche Nationalbibliothek verzeichnet diese Publikation in der Deutschen
Nationalbibliografie; detaillierte bibliografische Daten sind im Internet über
http://dnb.d-nb.de abrufbar.

1. Auflage Münster 2010
© 2010 Verlag Westfälisches Dampfboot
Alle Rechte vorbehalten
Umschlag: Lütke Fahle Seifert AGD, Münster
Druck: Fuldaer Verlagsanstalt
Gedruckt auf säurefreiem, alterungsbeständigem Papier
ISBN 978-3-89691-785-0

Vorbemerkung

Dieses kleine Buch versteht sich als ein Beitrag zur von Pierre Bourdieu schon 1998 angemahnten „ökonomischen Alphabetisierung", zur politischen Aufklärung über die Zusammenhänge von Finanz- und Wirtschaftskrise, von Energiemangel, Klimakollaps und Hunger. Mit dem wissenschaftlichen Defizit auf diesem Feld der Erkenntnisse könnte man leben, weil man erwarten kann, dass es irgendwann beseitigt sein wird. Wichtiger ist, dass eine umfassende politische Antwort auf die multiple, auf die „Mehrebenen"-Krise nur gegeben werden kann, wenn der systemische Zusammenhang der Krisenprozesse geklärt ist. Sonst findet man vielleicht Konzepte zur Bewältigung der Finanz- und Wirtschaftskrise, deren Anwendung aber die Energie- und Klimakrise zuspitzen. Ein holistischer Beitrag zur Analyse der Krise ist also notwendig, und diesen zu finden ist Aufgabe kritischer Wissenschaft.

Wer einen politisch-ökonomischen Text verfasst, hat Hoffnungen. Ich hoffe sehr, dass die Krise der Gegenwart für diese und die nachfolgenden Generationen nicht so fürchterlich ausgehen wird wie die große Krise vor 80 Jahren, dass es gelingen wird, die entfesselten Finanzmärkte mit ihrem zerstörerischen Potential zu bändigen, dass die Erfolge bei der Wiederaneignung öffentlicher Räume nicht nur in lateinamerikanischen Ländern Bestand haben und Schule machen auch hier in Europa und dass es überall in der Welt gelingen wird, das ernstlich gestörte Verhältnis zur Natur auf eine neue, zukunftsfähige Grundlage zu stellen. Denn, so sagt es Immanuel Kant (1795/ 1964: 214), auf der begrenzten „Kugelfläche" der Erde können sich die Menschen „nicht ins Unendliche zerstreuen" und müssen „endlich sich doch neben einander dulden". Die globale Ordnung, die sie für das menschliche Zusammenleben und für den Umgang mit der Natur entwerfen, kann nur ein Sozialismus des 21. Jahrhunderts sein.

Für den Text trägt der Autor – wie immer – die alleinige Verantwortung. Doch wäre er nicht verfasst worden ohne viele Diskussionen über die „große Krise des 21. Jahrhunderts" in Universitätsseminaren, auf Akademien von Attac, vor kirchlichen Gruppen, in Gewerkschaften, in Volkshochschulen und anderen Einrichtungen der Erwachsenenbildung, in Deutschland und anderswo. Das Manuskript ist von Birgit Mahnkopf gelesen worden, viele ihrer Anregungen haben in den nun vorliegenden Text Eingang gefunden.

Elmar Altvater
Berlin, im Juli 2010

Inhalt

Einleitung
Systemkrise im Singular oder multiple Krise im Plural?   9

Erster Teil
Der Doppelcharakter allen Wirtschaftens:
Es trennt sich, was zusammengehört

1. Kapitel
Der Springpunkt der Krisenanalyse   14
1.1 Die krisenhafte Finanzsphäre und die „robuste Realwirtschaft"   15
1.2 Naturform und Verwertung   18
1.3 Statt des Doppelcharakters allen Wirtschaftens
     ein diffuser Kapitalbegriff   24
1.4 „Harte Budgetrestriktion" und finanzielle Repression   26

2. Kapitel
Krisensequenzen: Das finanzielle Kapital auf der Suche nach Schuldnern   29
2.1 Drei Widerspruchsebenen: Wert und Geld, Kapital und Arbeit,
     Natur und Gesellschaft   30
2.2 Es wiederholt sich nichts: 1929 und 2009   32
2.3 Die Kehrseiten der Medaille: Geldvermögen und Schulden   38
2.4 Eine Sequenz von Schuldenkrisen   41
2.5 Die Wirtschafts- und Finanzkrise als Politikum   47

Zweiter Teil
Die Autopoesis finanzieller Renditen

3. Kapitel
Das große Geschäft mit Geldvermögen und Geldschulden   52
3.1 Verselbständigtes Geld und fiktives Kapital   53
3.2 Wie sich Wertpapiere mit Bestnoten in toxischen
     Papiermüll verwandeln   58
     3.2.1 Erster Schritt: Gute Schuldner braucht die Bank   59
     3.2.2 Die Alchimie des finanzgetriebenen Kapitalismus:
         Inwertsetzung durch Verbriefung   61

3.2.3 Ausgehebelt 63

3.2.4 Die Herren der Intransparenz: Rating-Agenturen 66

3.2.5 Letzter Schritt: Der Crash 68

3.3 Geldvermögen in der Welt 69

4. Kapitel
Finanzinstitute im Rausch der Spekulation 74

4.1 Die Systemrelevanz 75

4.2 Der subjektive Faktor oder die Gier der Manager 79

4.3 Entwertung fiktiven Kapitals durch Bilanzverkürzung 82

5. Kapitel
Von der Krise der Finanzmärkte zur Währungskrise und zur Krise der
europäischen Integration 85

5.1 Autonomie der Zentralbank oder Souveränität der Wirtschaftspolitik 87

5.2 Die Finanzkrise der Privaten wird zur Schuldenkrise
souveräner Staaten ... 90

5.3 ... und die Verschuldung der Staaten wird zur Krise der
europäischen Integration 93

5.3.1 Ein isländischer Vulkan explodiert 97

5.3.2 Das griechisch-mediterrane Lehrstück über die Fallstricke
der Bereicherung 100

6. Kapitel
Agonie der Hegemonie 105

6.1 Verfügbarkeit und Sicherheit der Weltwährung 108

6.2 Trojanische Pferde der US-Hegemonie: Rating-Agenturen 113

6.3 Von der Währungskrise zum Hegemonialkonflikt
um die Weltwährung 115

6.4 Strittige Ölwährung 122

Dritter Teil
Wachstum und Expansion auf der begrenzten
Kugelfläche des Planeten Erde

7. Kapitel
Wirtschaftliches Wachstum und Naturverbrauch 129

7.1 Wachstumsfetischismus 129

7.2 Der historische Trick des Kapitalismus:
Wenig Energie investieren, viel Energie ernten 134

7.3 Die Produktivitätssteigerung beim Übergang von einem offenen
     zu einem geschlossenen Energiesystem   138
7.4 Die Folge der kapitalistischen Revolution: Überflüssige Arbeit   141
7.5 Die Zinsen und die Wachstumsraten   145
7.6 Glück im Unglück des Kapitalismus?   150

8. Kapitel
Die Plagen der Moderne: Peak Oil, Klimakollaps und Ernährungskrise   155
8.1 Der ökologische Fußabdruck: Übernutzung der Ressourcen und
     Überlastung der Schadstoffsenken   156
8.2 Entropiemigration oder der Maxwell'sche Dämon   158
8.3 Peak Oil – das Ende des fossilen Zeitalters naht   160
    8.3.1 Die unersättliche Nachfrage nach fossilen Energieträgern   160
    8.3.2 Das Angebot fossiler Energieträger ist nicht zu steigern   163
8.4 Treibhausgase und Klimakollaps   172
8.5 Landnutzungskonkurrenz und Ernährungskrise   180

9. Kapitel
Krise der Kapitalakkumulation und Fall der Profitrate   191
9.1 Akkumulation und Gewalt   191
9.2 Die Profitrate – eine Struktur- und Entscheidungsgröße   191
9.3 Gegentendenzen und Gegenbewegungen   200

Vierter Teil
Politik gegen die Krise: Reparatur? Reform? Sozialismus!

10. Kapitel
Reparaturen am System   210
10.1 Der Staat als „ideeller Gesamtbankier"   211
10.2 Postkeynesianischer Staatsinterventionismus oder
     nichtsnutzige Konjunkturpakete   219

11. Kapitel
„Grüner New Deal" oder Reformsozialismus des 21. Jahrhunderts?   228
11.1 Der grüne New Deal   229
11.2 Der „Sozialismus des 21. Jahrhunderts":
     solar, demokratisch, solidarisch   238

Literaturverzeichnis   248

Einleitung
Systemkrise im Singular oder multiple Krise im Plural?

Politische Antworten auf die schwerste Krise in der Geschichte der kapitalistischen Produktionsweise zu Beginn des 21. Jahrhunderts können nur gefunden werden, wenn über die Ursachen, die Auslöser, die Abläufe und über die Folgen der Krise Klarheit herrscht. Eine Frage steht dabei im Vordergrund: Sind die Finanz- und Wirtschaftskrise, die Krise der Energie- und Rohstoffversorgung, weil die Reserven von Öl und von anderen Rohstoffen schwinden, die drohende Klimakatastophe, die dramatischen Verluste an Biodiversität, der Hunger von Milliarden Menschen historisch zwar zeitgleich erscheinende, aber nur locker zusammenhängende „multiple" Krisen (im Plural)? Oder müssen sie als ein krisenhafter Eklat von immanenten Widersprüchen der kapitalistischen Produktionsweise, also als Systemkrise (im Singular) verstanden werden?

Wenn die gegenwärtige Krise als multiple Krise im Plural gedeutet wird, kann über den Hunger gesprochen werden, ohne sich mit den Herausforderungen der Finanzkrise zu beschäftigen, kann man mit marktbasierten Instrumenten Klimapolitik zu gestalten versuchen, obwohl diese als Finanzprodukte (CO_2-Zertifikate) zur Finanzspekulation und zu Betrügereien in „pandemischen" Ausmaßen (UNDP) genutzt werden, können Maßnahmen zur Überwindung der Finanzkrise ohne Bezug auf die Energie- und Klimakrise und den Hunger in der Welt vorgeschlagen werden. Den Folgen eines „Wachstumsbeschleunigungsgesetzes", mit dem die Finanzkrise bekämpft werden soll, für die CO_2-Emissionen oder die Artenvielfalt muss man nicht unbedingt Beachtung schenken.

Wenn es sich jedoch nicht um die multiple Krise im Plural, sondern um eine schwere Krise des kapitalistischen Wirtschafts- und Gesellschaftssystems handelt, wird die Krisenanalyse nicht ohne eine den modernen Herausforderungen gerecht werdende „Kritik der politischen Ökonomie" auskommen können. Die Krisenerscheinungen können nicht bekämpft werden, ohne den gesellschaftlichen Zusammenhang zu berücksichtigen. Dann muss gezeigt werden, was der Finanzkrach von 2007 mit der hektischen und brandgefährlichen Suche nach nicht konventionellem Öl in der Tiefsee zu tun hat, um so die Energiekrise hinauszuschieben, warum für die Verhinderung des Klimakollaps weniger Geld als für die Rettung maroder Banken ausgegeben wird und warum entgegen den Millenniumszielen von 2000 für die Bekämpfung des Hungers in der Welt weniger Geld zur Verfügung steht als für die Verschrottung von Altautos, um die Nachfrage nach Neuwagen anzukurbeln und so der Automobilindustrie aus ihrer Krise und auf die Räder zu helfen.

Als ich im Jahre 2005 ein Buch über „das Ende des Kapitalismus, wie wir ihn kennen" (im Verlag Westfälisches Dampfboot) veröffentlichte und darin auch von den inneren Widersprüchen der Kapitalakkumulation und von ihren sozialen und natürlichen Grenzen schrieb, gerade auch von der sich ankündigenden großen Finanzkrise, war das Ausmaß nicht absehbar, das die im Jahre 2007 ausgebrochene Krise tatsächlich annehmen würde. Heute wissen wir von den ökonomischen und sozialen Erschütterungen, von den Auswirkungen auf die Lebensbedingungen von Milliarden Menschen, von der politischen Zuspitzung infolge der Billionenkosten, die schon entstanden und noch zu erwarten sind. Die Finanzkrise, von der viele noch 2007 annahmen, dass sie weder die als „robust" eingeschätzte „Realwirtschaft" noch das politische Machtgefüge beeinflussen und beeinträchtigen könnte, folgt, so scheint es, einem die Dramatik steigernden Drehbuch.

Zuerst brechen 2007 kleine US-amerikanische „Häuslebauer" unter der Last eines nicht mehr tragbaren Schuldendienstes zusammen, dann folgen einige große Finanzinstitute an den wichtigsten Finanzplätzen der Welt; besonders spektakulär ist der Kollaps von Lehman Brothers im September 2008. Selbst Ikonen der „Realwirtschaft", die eine ganze Epoche kapitalistischer Entwicklung symbolisieren wie General Motors, gehen in die Insolvenz und können nur durch die Verstaatlichung am ökonomischen Leben erhalten werden. Bei diesen staatlichen Aktionen zur Rettung der privaten Wirtschaft verschulden sich die Nationalstaaten bei eben jenen Banken zu hohen Zinsen, die sie soeben mit gewaltigen Rettungspaketen und einem *„monetary easing"*, also mit einem Zugang zu Zentralbankgeld zu Niedrigstzinsen gerettet hatten. Dass daher die Bankgewinne einen Luftsprung machen und die öffentliche Verschuldung ein nicht tragbares Ausmaß annimmt, ist nicht verwunderlich.

Die aus der Verschuldung der öffentlichen Hände resultierende Belastung mit dem Schuldendienst wird auf die Bevölkerung abgewälzt. Die Auseinandersetzung um die Verteilung der Lasten beginnt. Dabei ist zu beachten, dass die Lasten des Schuldendienstes der einen die Wohltaten des Zins- und Renditeflusses für Kredite und Anleihepapiere in den Portfolios der anderen ist. Die anderen – das sind zumeist die großen Finanzinstitute. Die Finanzkrise wird als Gelegenheit der Umverteilung von unten nach oben genutzt. Wie alles in dieser Krise, nimmt auch die regressive Umverteilung horrende Ausmaße an.

Damit die Umverteilung trotz der auf vielen Demonstrationen überall in der Welt gerufenen Parole „Wir zahlen nicht für Eure Krise!" funktioniert, arbeiten die politischen Klassen in der Welt transatlantisch und in Europa eng zusammen. Die Rettungspakete werden nicht mehr nur für Banken geschnürt. Die Staaten müssen sich vor dem Staatsbankrott retten und die Währung verteidigen. Zwar ist in dieser Phase der Krise noch keine Inflationsgefahr gemeldet, weil die Realwirtschaft darniederliegt und die Masseneinkommen bestenfalls stagnieren. Doch ist das System der Banken und Fonds nachgerade mit billigem Geld geflutet, dessen Entwertung nicht mehr wie beim Ausbruch der Krise dadurch aufgefangen werden könnte, dass die Staaten einen weiteren „Rettungsschirm" in Billionengrößen aufspannen. Es bleibt dann nur eine Möglichkeit der Entwertung „toxischer" Papiere, und das ist die Inflation.

Die Ursachen und die Dynamik der schwersten Krise seit der großen Weltwirtschaftskrise in den Jahrzehnten nach 1929 ist Thema des ersten Teils dieser Schrift. Im zweiten Teil werden die Mechanismen der Finanzmärkte gezeigt, die dazu geführt haben, dass – autoreferentiell – finanzielle Forderungen generiert worden sind, die die reale Wirtschaft überlasten. Danach wird die Weiterung der Finanzkrise von Privaten zur Schuldenkrise von Staaten und zur Währungskrise dargestellt, die zugleich eine Krise der europäischen Integration und des globalen hegemonialen Systems ist. Daran anschließend wenden wir uns im dritten Teil der so genannten „realen Wirtschaft" zu und beschäftigen uns mit der Dynamik des Wachstums in der langfristigen Perspektive und mit den Folgen der beabsichtigten Wachstumsbeschleunigung für Gesellschaft und Natur. Denn ökonomisches Wachstum verzehrt auch bei unterstellter steigender Effizienz der Produktion immer mehr Ressourcen und stößt daher an natürliche Grenzen. Die Folgen abnehmender fossiler Energiereserven („Peak Oil") werden ebenso thematisiert wie die Konsequenzen der Überlastung der Sphären des Planeten Erde mit Schadstoffen. Auch die Auswirkungen des Übergangs zu erneuerbaren Energieträgern müssen erörtert werden. Die Verwendung von Biomasse für die Erzeugung von Treibstoffen hat in manchen Weltregionen die Krise der Nahrungsversorgung zugespitzt und dazu geführt, dass entgegen den Millenniumszielen die Zahl der hungernden Menschen zugenommen hat.

Wir werden dann im vierten Teil sehen, dass die Wirtschaftspolitik zweigleisig fährt: Auf dem einen Gleis rettet sie die Finanzinstitute, sofern sie als „systemrelevant" eingestuft werden, und versucht zugleich die überbordenden Renditeforderungen des Finanzsektors auf ein ökonomisch tragfähiges Maß zurückzuführen. Auf dem anderen Gleis wird der, wie sich herausstellt, untaugliche Versuch gemacht, „das Wachstum zu beschleunigen", also die Überschüsse zu steigern, die als Schuldendienst an den Finanzsektor abgeführt werden können. Zu diesem Zweck wird aber nicht nur das Wachstum angekurbelt. Die Politik bedient sich der vielen Möglichkeiten der Umverteilung zur Stabilisierung des Finanzsektors; das sind die Kürzung von Ausgaben des Sozialstaates, ein verstärkter Druck auf die Löhne und Gehälter, eine weitergehende Privatisierung öffentlicher Güter und Dienste. Letztlich folgt die Politik den Rezepten zur Steigerung der Profitrate. Denn in einem kapitalistischen System, darum kann nicht herumgeredet werden, kommen Akkumulation und Wachstum nur zustande, wenn die Profitabilität hoch genug ist.

Die Rezeptur der Umverteilung gehört traditionell zur „Konditionalität" der Rettungspakete des Internationalen Währungsfonds. Sie wurde vor allem seit der Schuldenkrise der „Dritten Welt" in den 1980er Jahren entwickelt und ist als „Konsens von Washington" (Williamson 1990; 2003) kodifiziert worden. Die bösen Erfahrungen, die vor allem in Lateinamerika, in Osteuropa und in Asien damit gemacht worden sind – sie waren sozial von brutaler Härte und ökonomisch ineffizient, ja kontraproduktiv –, haben den politischen und ökonomischen Bedeutungsverlust des IWF zur Folge gehabt. Doch in der gegenwärtigen Finanz-, Schulden- und Währungskrise wird der IWF „reaktiviert". Er hat auf einmal in Europa das Sagen und soll den verschuldeten Ländern, im Jahr 2010 vor allem Griechenland, die Mores der sparsamen Haushaltsführung, des Abbaus des in Jahrzehnten erkämpften Sozialstaats, der finanzpolitischen Austerity beibringen. Um die monetären Forderungen der Geldvermögen haltenden Finanzinstitute zu retten, werden die Schuldner realwirtschaftlich ausgepresst. Von John M. Keynes ist dies schon in der Krise vor 80 Jahren als „Aufbringungsproblem" thematisiert und wegen seiner desaströsen Wirkungen auf alle, auf Schuldner ebenso wie auf Kreditgeber kritisiert worden (Keynes 1929).

Doch geht die Debatte um Wirtschaftspolitik gegen die Krise heute weiter. Wir befinden uns auch inmitten einer Diskussion über Alternativen zum „Kapitalismus, wie wir ihn kennen". Für einen „grünen Kapitalismus", für einen „grünen Marshall-Plan" setzen sich ökologische Reformer ein. Ob dies ein sinnvolles, zukunftweisendes Projekt sein kann, wird uns noch beschäftigen. Ein ökologischer, ein „solarer Sozialismus des 21. Jahrhunderts" ist kein esoterisches Projekt, sondern in manchen Ländern Leitlinie des Regierungshandelns. Dies wird im vierten Teil erörtert. Die als Alternative zum „Kapitalismus, wie wir ihn kennen" angedeutete solidarische und solare Ökonomie ist nicht mehr nur Vision.

Erster Teil

Der Doppelcharakter allen Wirtschaftens: Es trennt sich, was zusammengehört

1. Kapitel
Der Springpunkt der Krisenanalyse

Auch in der Analyse der gegenwärtigen Krise ist der Doppelcharakter allen wirtschaftlichen Handelns Ausgangs- und, wie Marx betont, „Springpunkt", um den sich „das Verständnis der politischen Ökonomie dreht" (MEW 23: 56). Denn jeder Wirtschaftsprozess ist unter kapitalistischen Bedingungen Wertbildungs- und Verwertungsprozess. Zugleich transformiert der Arbeiter (oder die Arbeiterin) Stoffe und Energien zur Herstellung von Gebrauchswerten, die einen Nutzen für ihre Konsumenten haben. Bereits die einzelne Ware, die von Marx so genannte Elementarform des „Reichtums der Gesellschaften, in welchen kapitalistische Produktionsweise herrscht" (MEW 23: 49) hat den Doppelcharakter, sie ist Gebrauchswert und Wert, und die Arbeit, die sie herstellt, hat ihn auch. Der Gebrauchswert ist Resultat der Umformung von Natur, der Auseinandersetzung des Menschen mit der (organischen und anorganischen) Natur, um ihr das „abzuringen", womit menschliche Bedürfnisse befriedigt werden können. Jedoch wird das Material, das die Natur bereitstellt, auch in Schadstoffe verwandelt, die als Abfall, Abwasser und Abluft die Sphären der Erde belasten und unser Wohlbefinden mindern, der Gesundheit schaden und sogar die menschliche Existenz auf Erden in Frage stellen können.

Prozesse in der Wirtschaft sind also nicht allein von betriebswirtschaftlichen Renditevorgaben gesteuert und makroökonomisch durch Marktgesetze reguliert, sie folgen auch Naturgesetzen und sind durch sie begrenzt. Die Hauptsätze der Thermodynamik oder die Gesetze der Evolution haben auch in der Wirtschaft Gültigkeit. Energie bleibt erhalten, aber einmal zur Leistung von Arbeit verwendet kann sie kein zweites Mal dazu genutzt werden. Das Benzin im Tank wird verbrannt, wenn wir uns im Auto fortbewegen. Es verändert dadurch seine Aggregatform, verwandelt sich bei der Verbrennung z.B. in CO_2, das zur Arbeitsleistung nicht mehr genutzt werden kann und obendrein wegen des Treibhauseffekts den Kollaps des globalen Klimasystems auslösen kann.

In ihrer Naturform (als Gebrauchswert) unterliegt die Ware den Gesetzen der Natur. Sie wird aus Naturstoffen mit Hilfe von Energieaufwand zu einem nützlichen Ding geformt. Dies machen Arbeitskräfte in gesellschaftlicher Arbeitsteilung nach intelligentem Plan. Einmal in Wert gesetzt kann die Ware im ökonomischen Raum zirkulieren, sie tritt in ein Verhältnis zu anderen Waren. In gesellschaftlich anerkannten Wert, d.h. in Geld, wird die einzelne Ware durch den Verkauf auf dem Markt verwandelt. Die monetären Beziehungen sind schon lange Gegenstand der klassischen, neoklassischen oder keynesianischen Ökonomie, die stofflich-energetischen Transformationen rückt die thermodynamische Ökonomie ins Zentrum (Georgescu-Roegen 1971). Nur in der Marx'schen Theorie und in den Ansätzen, die daran anknüpfen, werden beide Seiten gleicherweise, eben mit ihrem „Doppelcharakter", in die Analyse einbezogen. Das macht sie den anderen Ansätzen gerade heute überlegen, weil Umweltprobleme gar nicht zu leugnen sind, die den theoretischen Ansätzen von Neoklassik oder Keynesianismus zufolge „eigentlich" nicht existieren dürften.

Deshalb ist es nicht abwegig, auf die Marx'sche Kategorie des Doppelcharakters zu rekurrieren, wenn eine Systemkrise beide Seiten der Ware und der Arbeit erfasst: Wert, Geld und Finanzen ebenso wie die materielle Seite, die Produktion und die Arbeit, die Energieversorgung, das Klima und die Nahrung, die sozialen und ökonomischen ebenso wie die natürlichen Bedingungen der Reproduktion. Die in aller Regel gemachte Unterscheidung von Finanz- und Wirtschaftskrise ist so betrachtet nicht haltbar. Dass das so ist, wurde ja spätestens 2008 offensichtlich, als die Prognosen der Wirtschaftsforschungsinstitute, dass die nicht mehr zu leugnende Finanzkrise die „robuste Realwirtschaft" nicht in Mitleidenschaft ziehen würde, sich als Irrtum herausstellten.

1.1 Die krisenhafte Finanzsphäre und die „robuste Realwirtschaft"

Im „Memorandum" der Arbeitsgruppe „Alternative Wirtschaftspolitik aus dem Jahre 2008 hieß es noch, „die Wirkungen der aktuellen weltweiten Finanzkrise auf die deutsche Wirtschaft beschränken sich gegenwärtig auf ... Abschreibungsverluste, d.h. lediglich Buchverluste von Bilanzwerten für Kredite und andere Finanzanlagen, vor allem großer Banken ... Ob und in welchem Umfang das Platzen der spekulativen Kreditpaket-Blase negative Auswirkungen auf die wirtschaftliche Aktivität und die Beschäftigung im nichtfinanziellen Sektor Deutschlands haben wird, lässt sich schwer überblicken ... Die Finanzkrise kann einen konjunkturellen Abschwung unter ungünstigen Umständen beschleunigen und vertiefen. Seine Ursache ist sie jedoch nicht ..." (Arbeitsgruppe Alternative Wirtschaftspolitik 2008: 7f).

In dieser Stellungnahme kommt die verbreitete Auffassung zum Ausdruck, dass „reale Wirtschaft" und Finanzsektor verschiedenen Welten angehörten, dass der Doppelcharakter zu vernachlässigen sei. Das Geld kann sich zwar verselbständigen und einen Finanzsektor hervorbringen, der den Anschein erweckt, als ob er ein Eigenleben führen würde. Dass dies ein trügerischer Schein ist, wird gerade in der Finanzkrise deutlich, die ja ausbricht, weil Transfers von der „realen Wirtschaft" zum Finanzsektor ausbleiben und im Gegenzug eine Kreditklemme die Refinanzierung der Kapitalzirkulation der realen Wirtschaft erschwert oder gar unterbricht. Es kann wohl sein, dass eine Krise in der Finanzwelt ausgelöst wird, bevor sie die „reale" Ökonomie ergreift. Die letzte Ursache der Krisen der kapitalistischen Produktionsweise sind die Finanzkrisen aber nicht.

Der Zusammenhang von realer Wirtschaft und Finanzsektor erschließt sich bei Betrachtung des Kreislaufs, den jedes Kapital durchmisst. In der einfachsten Form kann davon ausgegangen werden, dass es als Geldkapital (G) vorgeschossen und auf dem Markt in Waren (W), d.h. in Produktionsmittel und in die Ware Arbeitskraft, verwandelt wird. Es ist die Funktionsbestimmung des Unternehmers Produktionsmittel und Arbeitskraft so zu kombinieren, dass sie ein Produkt produzieren, dessen Wert größer als der Kapitalvorschuss ist. Sonst gibt es keinen Profit. Die produzierten Waren müssen also einen Mehrwert W' enthalten, der auf dem Markt als mehr Geld (G') realisiert wird und auf den Kapitalvorschuss G als Profitrate ($G' = \Delta G / G$) bezogen wird. Der Kapitalkreislauf verbindet also die Welt der Finanzen und die „Realwirtschaft" von Warentausch bzw. -handel und Produktion, wie es die Kreislauffigur des Geldkapitals (vgl. den zweiten Band des „Kapital" von Marx, MEW 24: 31ff.) schon zeigt.

$$G - W - P - W' - G' - F_{1 \dots n} - G - W - P \dots$$

Das G', d.h. das vorgeschossene Geldkapital vermehrt um einen Zuwachs, kann reinvestiert werden und die nächste Runde des Kreislaufs beginnen. Es kann aber auch auf Finanzmärkten ($F_{1 \dots n}$) angelegt werden und dort zirkulieren, bevor es wieder in die „reale Ökonomie" zurückfließt, weil nur dort der Mehrwert und der monetäre Überschuss G' zustande kommen, von denen auch die finanzielle Ökonomie zehrt. Es ist also offensichtlich, dass es eine scharfe Separierung von realer und finanzieller Ökonomie nicht gibt und dass daher die Annahme, die reale Ökonomie bleibe robust, wenn die Finanzmärkte in die Krise geraten, eine Illusion ist. Daher nennt Marx die den Finanzinvestor allein interessierende Zirkulationsfigur G – G' illusionär und fiktiv, weil hier mehr Geld aus dem Geld ohne Vermittlung durch die „Realwirtschaft" (symbolisiert durch W und P) zu fließen scheint. Alle vermittelnden Etappen der Geldzirkulation als Kapital sind hinter der Nebelwand des Geld- und Kapitalfetischs verschwunden.

Die neoklassische Unterstellung, kapitalistische Ökonomien funktionierten als nicht-monetäre Tauschwirtschaften, in die das Geld zur Erleichterung des Tausches von den Tauschpartnern eingeführt worden sei, stellt sich als grandiose Fehleinschätzung heraus. Je weiter das „Geldwesen" zu einem globalen Finanzsystem entwickelt ist, desto größer die Reichweite, die Auswirkungen und die Verluste in der Krise. Dabei handelt es sich nicht nur um monetäre Verluste der Finanzinstitute, sondern um die Vernichtung von Arbeitsplätzen, die Abschreibungen von Vermögenswerten und auch um die physische Zerstörung in der Realwirtschaft. Diese kann sogar zu einem Mittel der Wirtschaftspolitik werden. Wenn Autos (prämienunterstützt) abgewrackt werden, um die Nachfrage nach Neuwagen anzukurbeln, wird der stoffliche Träger von Wert vernichtet mit der Absicht, auf diese Weise Produktion und Zirkulation von Werten wieder in Gang zu setzen. Gebrauchswertvernichtung ist die Bedingung der Produktion neuer Werte.

Das Geld wiederum ist ein Kaufmittel, wird also im Austausch gegen Waren umgesetzt. In dieser Wertbeziehung steckt in nuce die Krisenhaftigkeit der kapitalistischen Ökonomie. Denn „Verkauf und Kauf können auseinanderfallen. Sie sind also Krise potentia ... Bleibt also, dass abstrakteste Form der Krise (und daher formelle Möglichkeit der Krise) die Metamorphose der Ware selbst ist ... Das Auseinanderfallen von Kauf und Verkauf erscheint hier ... so, dass der Verwandlung des einen Kapitals aus der Form Ware in die Form Geld die Rückverwandlung des andren Kapitals aus der Form Geld in die Form Ware entsprechen muß ..." (MEW 26.2: 510f.). Die Geldzirkulation kann zwar krisenfrei ablaufen, wenn die Warenmetamorphosen in der arbeitsteiligen Gesellschaft marktvermittelt gelingen, „aber Krisen können nicht stattfinden ohne Geldzirkulation" (MEW 13: 77), ohne „diese Ineinanderverwachsung und Verschlingung der Reproduktions- und Zirkulationsprozesse verschiedner Kapitalien" (MEW 26.2: 511). Die Krisen sind also die periodische Zuspitzung von Widersprüchen der kapitalistischen Produktionsweise und, so schreibt Marx im dritten Band des „Kapital" (MEW 25: 277), „... momentane gewaltsame Lösungen der vorhandnen Widersprüche, gewaltsame Eruptionen, die das gestörte Gleichgewicht für den Augenblick wiederherstellen ...".

Geld ist auch Zahlungsmittel und daher die Grundlage für den Kredit, und dieser entwickelt sich bis zum heutigen globalen Finanzsystem. Damit entsteht eine „schon viel realere Grundlage für die Verwirklichung dieser Möglichkeit" (MEW 26.2: 511). Denn Zahlungsketten können reißen, Kreditnehmer können den Kredit nicht wie vereinbart zurückzahlen, weil geplante Einnahmen ausfallen, oder sie bekommen Schwierigkeiten, die Zinsen zu zahlen, weil die Profite zurückgehen.

Hier treffen sich Marx und Keynes: Mit dem Geld kommt unvermeidlich die Zeit ins Spiel, und zwar nicht eine mechanische und zyklische, sondern eine gerichtete Zeit, in der irreversible Prozesse ablaufen. Damit entsteht Unsicherheit, denn es ist nicht ausgemacht, dass sich Erwartungen im Zeitverlauf erfüllen. Wegen der Unsicherheit sind Kreditbeziehungen notwendigerweise risikobehaftet. Um dieses abzuschätzen und zu bewerten, kommen Rating-Agenturen ins Geschäft, die eine immer wichtigere Rolle übernehmen, weil auf den Finanzmärkten Kreditbeziehungen immer weniger auf dem Vertrauen zwischen Gläubiger und Schuldner beruhen, die sich wechselseitig kennen, sondern unpersönlich, marktvermittelt sind und daher auf die Risiken abgeklopft werden müssen. Das ist die Aufgabe von Rating-Agenturen. Sie sind daher in einem verselbständigten Finanzsystem unverzichtbar, weil sie dessen Mängel, auf Vertrauen zu basieren, aber keine eigenen Kriterien für das Vertrauen ausbilden zu können, kompensieren müssen.

Im Risikofall wird aus der simplen Möglichkeit der Krise bittere Wirklichkeit. Dagegen kann sich der Waren- oder Geldvermögensbesitzer versichern. Wenn aber ein „Weltmarktsungewitter" über die Märkte fegt, reichen die Rückstellungen der Versicherungsgesellschaften nicht, um die Risiken abzudecken, zumal dann nicht, wenn sie mit dem Versicherungskapital Geschäfte machen und mit den Versicherungsbriefen spekulieren, wie die American International Group, die in der jüngsten Finanzkrise bankrott gegangen wäre, wenn der US-Staat nicht mit 150 Mrd. USD eingesprungen wäre, um „das gefährlichste Unternehmen der Welt" (Der Spiegel, Nr. 29, 13.07.09) zu retten.

1.2 Naturform und Verwertung

Da Geldvermögen gemäß Zinseszins geometrisch wachsen, müssen dies logischerweise auch die Schulden. Die Renditeforderungen werden in der Konkurrenz auf Geld- und Finanzmärkten schon deshalb nach oben geschraubt, weil jeder Akteur auf Finanzmärkten mit einer hohen (mit einer höheren als der Konkurrenten) Rendite Geldvermögensbesitzer zur Anlage locken möchte. Denn daran verdient die Bank immer. Wenn dies auf deregulierten Märkten möglich ist, wird sich also die Tendenz zu steigenden Zinssätzen und hohen Renditen durchsetzen. Die realen Erträge bleiben dahinter zurück, und so wird der Eindruck noch verstärkt, dass mit Finanzanlagen höhere Renditen erzielt werden können als mit Anlagen in der realen Ökonomie – bis es zum Krach kommt und erstaunt festgestellt werden muss, dass die Erträge im Finanzsystem nur fließen, wenn die Schuldner reale Überschüsse produzieren. Ohne die „Realwirtschaft" gibt es also keinen funktionierenden Finanzsektor, und in der Realwirtschaft wird die Natur transformiert, und das ist ohne Entropiesteigerung unmöglich.

Das bedeutet: Naturveränderungen finden in Raum und Zeit statt und sie sind irreversibel. Das gilt auch für die Verluste an Biodiversität, durch die der Gang und die Richtung der Evolution verändert werden. Die materielle Seite des Produzierens, der Zirkulation, des Transports, der Reproduktion der Arbeitskraft verlangt, dass wir Energie und Rohstoffe aus der Natur dem ökonomischen System zuführen, sonst kommen alle ökonomischen Prozesse sehr schnell zum Stillstand. Öl ist, dies wissen die Rohstoffhändler genau (vgl. Mineralölwirtschaftsverband 2004), zugleich „wet oil" und „paper oil", d.h. es existiert doppelt. Es geht um das physische Fass Öl, das aus der Erde gepumpt werden muss und einen Preis bekommt, und um Papiere, die beispielsweise auf zukünftig aus der Erde zu pumpendes Öl ausgegeben und auf Futures-Märkten an Rohstoffbörsen gehandelt werden.

Es werden also nicht nur Naturstoffe transformiert, sondern gesellschaftliche Verhältnisse. Denn infolge der Institution des privaten Eigentums werden Naturstoffe zu Kapital und erscheinen als Kapitalwert in Geldgrößen ausgedrückt in der Unternehmensbilanz. Dieses Vermögen muss, da es sich verwerten soll, unbedingt quantitativ wachsen. Eigentum erfordert Aneignung, sonst verliert es zwar nicht seinen juristischen, wohl aber seinen ökonomischen Sinn. Wodurch kann es wachsen? Durch Arbeit, die dem Wert des Kapitals einen Mehrwert hinzufügt und so den Eigentümer bereichert. Das Kapital ist daher keine bloße Sache, deren Größe in Geld ausgedrückt werden kann, sondern ein gesellschaftliches Verhältnis zwischen Klassen. Dieses hat auch eine quantitative Dimension. Denn der Wert und der Mehrwert verwandeln sich in Geld, und in der Form des Geldes kann nun der Wert losgelöst, verselbständigt von allen Bedingungen seiner Produktion zirkulieren, obwohl doch auf der stofflich-energetischen Ebene der Ökonomie keinerlei quantitative, wohl aber qualitative Veränderungen, in aller Regel zum Schlechteren, stattfinden. Denn die Entropie steigt und nur mit Ilja Prigogine und Isabelle Stenger (1986) kann die hoffnungsfrohe Schlussfolgerung gezogen werden, dass die dabei entstehenden dissipativen Strukturen die Evolution voranbringen.

Das verselbständigte Geld zirkuliert als Geldvermögen. Damit wird eine neue Kategorie von ökonomischen Akteuren hervorgebracht: die des „Geldvermögensbesitzers". Dieser lässt das Geldvermögen für sich „arbeiten"; zumindest ist die Illusion verbreitet, das Geld „arbeite", weil es einen Überschuss in Form von Zinsen und Renditen erzielen kann. Der Überschuss der finanziellen Vermögen stammt aus den monetären Transfers von den Schuldnern, und diese müssen real und nicht inflationär sein. In der Wahrnehmung der Akteure auf Finanzmärkten scheinen sie in der finanziellen Sphäre erzeugt, „generiert" und „originiert" worden zu sein. Man sieht und begreift nicht, dass der Überschuss nur zustande kommt, weil in der realen Welt Menschen arbeiten und jene Werte und daher Einkommensflüsse erzeugen, die zu einem Teil zu den Geldvermögensbesitzern zur Befriedigung ihrer Renditeforderungen umgeleitet werden. Aristoteles (1969) schreibt: „Geld wirft keine Jungen". Und wenn Zinsen trotzdem gezahlt werden, dann sind diese, wie Aristoteles hinzufügt, Produkte des „Arbeitsfleißes" der in der Produktion arbeitenden Menschen. Aristoteles verstand, dass Geld eine soziale Beziehung konstituiert, und zwar nicht nur zwischen Gläubigern und Schuldnern, sondern auch zwischen denjenigen die arbeiten, und anderen, die nicht arbeiten müssen.

Wie schwer es fällt, den Doppelcharakter allen Wirtschaftens zu berücksichtigen, zeigt Niklas Luhmann. Er versucht, die Schwierigkeit durch die Reduktion wirtschaftlicher Vorgänge auf den binären Code des Zahlens und Nicht-Zahlens zu bewältigen. Den doppelten Charakter aller ökonomischen Prozesse stellt Niklas Luhmann dabei in Frage. In seinem kommunikativen System binärer Codes hat er nämlich die Ökonomie als ein System von Zahlungen (und Nicht-Zahlungen) konzipiert und dabei explizit den Preis eines Fasses Erdöl dem ökonomischen System zugeordnet, nicht aber „den Pumpvorgang, der Öl aus dem Boden holt" (Luhmann 1986: 101). Kann man die Scheidelinie so rigide ziehen? Marx würde dies strikt ablehnen. Denn Waren gehen im Tausch auf dem Markt einerseits substanzlose Wertverhältnisse ein, die durch Geldzahlungen und den damit verbundenen physischen Tausch, der zumeist auch einen Ortswechsel einschließt, Substanz erhalten. Zugleich sind sie das Resultat von Stoff- und Energietransformationen. Waren werden durch Arbeit produziert und gegen Geld getauscht. Wenn das Öl aus der Erde gepumpt wird, wird also eine Naturressource in Wert gesetzt, in die Welt der Werte integriert (zum Begriff der Inwertsetzung vgl. Altvater/Mahnkopf 1999, 4. Kapitel). Mehr noch: Das geschieht bereits, wenn Ölkonzerne die geschätzten Ölreserven, die noch gar nicht aus dem Erdboden gepumpt worden sind, als Kapitalwert ausweisen, der für die Kursbildung an der Börse bedeutsam ist und als Wert bereits zirkuliert, ohne dass das Öl als Wertsubstanz das Tageslicht erblickt hätte.

Folglich mag den Soziologen der Pumpvorgang des Öls nicht sonderlich interessieren. Die Börsenaufsicht hingegen beobachtet die ökologische Kommunikation sehr genau, weil ja von den physischen Reserven der Kapitalwert des Unternehmens und der Börsenwert der Aktien abhängen und Anleger wissen müssen, wenn sie den Kurswert der Aktien bezahlen, ob dieser durch die stofflichen Reserven im Erdboden tatsächlich gerechtfertigt ist. Die Börsenaufsicht hat Ölkonzerne daher gezwungen, die zu hoch angesetzten physischen Reserven nach unten zu korrigieren.

Auch wenn man akzeptiert, dass Zahlungen und Nicht-Zahlungen die marktwirtschaftlichen Aktivitäten darstellen, hängt deren räumliche Reichweite doch von der „hardware" ab, mit der Marktaktivitäten auf den ganzen Globus ausgedehnt und zugleich die Zeiten aller Produktions- oder Transportprozesse verkürzt werden können. Über eine „Verdichtung von Zeit und Raum" (Harvey 1989) ist daher nur sinnvoll zu reden, wenn die energetischen Voraussetzungen in Rechnung gestellt und wenn der Antrieb der Beschleunigung, also die Renditeerwartungen globaler Finanzmärkte (man könnte dies die „Driver-Software" nennen) betrachtet werden. Das Raum- und Zeitregime des Zahlens und Nicht-Zahlens, der entbetteten Marktökonomie im globalen Raum läuft also auf der „Hardware" fossiler Energieträger und der ihnen angemessenen industriellen Wandlungssysteme und mit der „Software" globaler Finanzmärkte, die seit ihrer Liberalisierung in den 1970er Jahren ein mächtiger „Treiber" des kapitalistischen Systems und seines Wachstums sind. Das moderne Zeitregime wird kreiert. Der Raum kann mit den neuen Verkehrs- und Kommunikationsmitteln erschlossen werden. Der Markt entwächst dem gesellschaftlichen „Bett", angetrieben von Tausend-PS-Motoren, was ihm zuvor in der langen Menschheitsgeschichte, abhängig von den paar Pferdestärken, die gerade mobilisiert werden konnten, nie gelungen ist. „In demselben Maß, worin die Industrie vortritt, weicht (die) Naturschranke zurück", resümiert Marx im „Kapital" (MEW 23: 537), d.h. die Produktion von Überschuss in der gesellschaftlichen Form des Profits überwindet die Grenzen, die biotische Energien und daher das natürliche Raum- und Zeitregime setzen.

Innovationen werden zum Prinzip des Fortschritts. Es wird jene „soziale Revolution" eingeleitet, die in der zweiten Hälfte des 20. Jahrhunderts ihren Höhepunkt und vorläufigen Abschluss finden sollte – mit dem „Untergang des Bauerntums" (Hobsbawm 1995: 365ff.). Die industrielle Revolution triumphiert mit der Vernichtung des sesshaften Bauerntums, also jener Klasse, die die neolithische Revolution vor etwa 8.000 Jahren zunächst vereinzelt einleitete, regionale Hochkulturen (in Afrika, in Mesopotamien, im Niltal, in Mittelamerika, später im Mittelmeerraum) hervorbrachte und die nächsten Jahrtausende der Menschheitsgeschichte bestimmen sollte. Alle Kultur stammte bis dahin aus der Agrikultur, wie Nicholas Georgescu-Roegen (1971) bemerkt. Doch seit der „great transformation" zur entbetteten Marktgesellschaft (Polanyi 1978) kann sie nur noch aus der kapitalistischen Industrie stammen. Selbst die Bearbeitung des Bodens, die Zucht von Pflanzensamen und Tieren, die Ernte und Verarbeitung landwirtschaftlicher Produkte werden industrialisiert. „Die industrielle Revolution war … der Anfang einer Revolution, so extrem und radikal, wie sie nur je den Geist von Sektierern befeuerte …", formuliert Polanyi (1978: 68) polemisch pointiert, um den revolutionären und zugleich verrückten Charakter der sozialen Transformation im Zuge der industriellen Revolution zu unterstreichen.

Der Preis ist nicht gering: Das ist die Krise der Evolution durch Verringerung der Artenvielfalt, der Verlust von Böden durch Übernutzung, die Vereinseitigung der Ernährung, wenn – wie bei anderen industriell erzeugten Produkten – der Massenkonsumtion eine Massenproduktion entsprechen muss. Und es geht in dieser „sozialen Revolution" das in Jahrtausenden angereicherte Wissen der Menschheit über die angemessene Bearbeitung des Bodens verloren, bzw. es verwandelt sich in das hoch spezialisierte und durch „intellectual property rights" monopolisierte Expertenwissen der agroindustriellen transnationalen Konzerne. Die Folgen sind auf der einen Seite der gewaltige Produktivitätssprung auch in der Landwirtschaft bei der Erzeugung von Nahrungsmitteln, auf der anderen Seite aber die Vereinseitigung und Monopolisierung von Nutzungsformen, die den Hunger von Milliarden Menschen verursachen. Nicht zuletzt ist dieser Übergang auch für die Veränderung des Zeitregimes von der zyklischen Zeit der agrarischen Aussaat-, Wachstums- und Erntezyklen zur fragmentierten Zeit unterschiedlicher Beschleunigung in verschiedenen funktionalen Räumen (Zinstermine auf den Finanzmärkten, Steuertermine und Wahlzyklen im politischen Gemeinwesen, Abschreibungszeiten von Maschinerie in der Industrie, Lieferfristen, Schulzeiten und Mittagspausen etc.) verantwortlich.

Walden Bello (2010) kritisiert diese Sichtweise als einseitig. Denn immer noch sei die Hälfte der Menschheit in der Landwirtschaft tätig und die gesamte Menschheit von ihren Erträgen abhängig. Bauernbewegungen wie heute Via Campesina sind obendrein nicht mit den von Marx so bezeichneten „Kartoffelsäcken" zu vergleichen, sondern moderne Bewegungen gegen global operierende Banken und gegen Transnationale Konzerne. Gerade im Zusammenhang mit dem Übergang zu landwirtschaftlich erzeugten Energiepflanzen steigt die wirtschaftliche und politische Bedeutung von Bauernbewegungen in ihrem Kampf für Ernährungssouveränität.

Die dunkle Seite der fossil-industriellen Revolution hatte Karl Marx verstanden: „Große Industrie und industriell betriebene große Agrikultur wirken zusammen. Wenn sie sich ursprünglich dadurch scheiden, daß die erste mehr die Arbeitskraft und daher die Naturkraft des Menschen, die letztere mehr direkt die Naturkraft des Bodens verwüstet und ruiniert, so reichen sich später im Fortgang beide die Hand, indem das industrielle System auf dem Land auch die Arbeiter entkräftet und Industrie und Handel ihrerseits der Agrikultur die Mittel zur Erschöpfung des Bodens verschaffen." (MEW 25: 821) Denn „die kapitalistische Produktion", erklärt Marx an anderer Stelle, „entwickelt daher nur die Technik und Kombination des gesellschaftlichen Produktionsprozesses, indem sie zugleich die Springquellen allen Reichtums untergräbt: die Erde und den Arbeiter." (MEW 23: 530)

Inzwischen dämmert die Erkenntnis, dass die Naturschranke zwar zunächst „zurückweicht", wie Marx annimmt. Sie meldet sich dann doch mit unerbittlicher Härte zurück, und zwar auf der Seite der Ressourcen, die von der kapitalistischen „Hardware" im Produktionsprozess verarbeitet werden, ebenso wie bei den Schadstoffsenken, die hoffnungslos überlastet werden. Die fossilen Energieträger und andere mineralische und agrarische Rohstoffe sind endlich, sie gehen irgendwann zur Neige. Wir haben es nicht mehr „nur" mit „Peak Oil" zu tun, sondern mit „peak everything" (Heinberg 2007). Auch wenn der Club of Rome 1972 in seiner Warnung vor den „Grenzen des Wachstums" apodiktisch und alarmistisch argumentiert und daher übertrieben haben mag, hatte er doch Recht, auch gegenüber seinen Kritikern, die sich auf die empirischen Daten über Bestände von Ressourcen und Reserven verlassen haben: Auf Erden ist alles endlich und es ist ausschließlich eine Frage der Zeit, wann dies als mangelnde Verfügbarkeit, als Angebotsbeschränkung auf dem entsprechenden Markt und als Druck auf Profitrate und Renditen von eingesetztem Kapital erscheint.

Es erschließt sich die Bedeutung der eher lapidaren Feststellung Immanuel Kants, dass die Menschen sich auf der „Oberfläche der Erde ... als Kugelfläche ... nicht ins Unendliche zerstreuen können" und sich daher „endlich doch neben einander dulden" müssen (Kant 1795/ 1964; im Internet: http://www.sgipt.org/politpsy/vorbild/kant_zef.htm; vgl. auch Heller-Roazen: 238). Dabei geht es nicht nur um das vermessene Territorium der Erdkugel, sondern um alles, was sich sonst noch verwerten bzw. in Wert setzen lässt: Die Eiskappen der Pole, das erdnahe Weltall, die genetische Vielfalt, das intellektuelle Eigentum und die Schätze der Tiefsee. Das hat eine eklatante Folge. Konflikte werden nicht mehr wie gewohnt um Territorien geführt, die vermessen werden können und so den Carl Schmitt'schen „Nomos der Erde" hervorbringen, sondern um alles, was in Wert gesetzt werden kann. Die Modi der Herrschaft sind da jeweils unterschiedlich, und das gilt auch für die Konflikte und wie sie ausgetragen werden. Auch die Belastbarkeit der Natur mit den „Exkrementen" des Industriesystems, vor allem mit den Emissionen von Treibhausgasen in die Atmosphäre, ist auf der irdischen Kugelfläche begrenzt, wie heute allgemein bekannt ist. Nur einige notorische Leugner neigen implizit der Auffassung zu, die Entbettung der Ökonomie aus

Natur und Gesellschaft könne endlos und ohne Schranken fortgesetzt werden. Die „Hardware" des Systems der Entbettung funktioniert mit der Zeit also immer schlechter, weil sie einen Konstruktionsfehler aufweist: den der Begrenztheit der Natur.

1.3 Statt des Doppelcharakters allen Wirtschaftens ein diffuser Kapitalbegriff

Den Herausforderungen des Doppelcharakters aller ökonomischen Prozesse und Kategorien weicht nicht nur Niklas Luhmann aus. Die neoklassische Ökonomie geht intuitiv ähnlich vor, indem sie den Doppelcharakter wirtschaftlicher Prozesse um die Naturform amputiert und sie auf eine einzige Dimension, auf die des Kapitals bringt. Alles wird in Geld bewertet, muss einen Ertrag bringen und der Ertrag, beispielsweise ein dauerhafter Einkommensstrom, wird mit dem Marktzins diskontiert und als fiktiver Kapitalwert ausgewiesen. Aus diesem fließt wie aus einem Gletscher im Hochgebirge ein Einkommensstrom, der in Geld, beispielsweise in Euro denominiert wird und daher mit allen anderen in Euro ausgedrückten Einkommensströmen und Vermögensbeständen vergleichbar wird. In der durchkapitalisierten Welt gilt die Natur daher als „Naturkapital", der Mensch als „Humankapital", die Gesellschaft verwandelt sich in „soziales Kapital" und die guten Beziehungen und der gute Ruf, den jemand hat, in „immaterielles" Kapital. Die Erträge dieses Kapitals werden mit denen des Produktiv- und Finanzkapitals oder der in- und ausländischen Direktinvestitionen und mit den kapitalisierten Lagerbeständen verglichen.

Mit der neoklassischen und neoliberalen Kategorie des „Kapitals" wird dem Doppelcharakter aller ökonomischen Prozesse eine Tarnkappe übergestülpt und in einem ideologischen Nebel unsichtbar gemacht. Das Kapital wird nicht als gesellschaftliches Verhältnis, sondern als ein monetärer Betrag konzipiert, dem etwas als Ergebnis rationaler individueller Entscheidungen auf wundersame Weise zuwächst. Es scheint, als ob Ökonomie und Natur den gleichen Gesetzen der Kapitalrendite unterliegen und dass Investitionen in Finanzanlagen, die Inwertsetzung natürlicher Ressourcen oder die Bildung von „Humankapital" mit Hilfe der Renditenberechnung vergleichbar wären. Die Naturgesetze der Thermodynamik und der Evolution sind in dieser ökonomiezentrierten Kunstwelt belanglos.

Das ist ein verbreiteter Ansatz – und ein grandioser Irrtum, dem auch kritische Ökologen aufsitzen, wenn sie sich in die einfache Begriffswelt der Neoklassik entführen und darin einfangen lassen. „Die Verrücktheit der kapitalistischen

Vorstellungsweise erreicht hier ihre Spitze", so Marx, „indem, statt die Verwertung des Kapitals aus der Exploitation der Arbeitskraft zu erklären, umgekehrt die Produktivität der Arbeitskraft daraus erklärt wird, daß Arbeitskraft selbst dies mystische Ding, zinstragendes Kapital ist" (MEW 25: 483). Was Marx hier von der Arbeitskraft schreibt, „war in der zweiten Hälfte des 17. Jahrhunderts ... eine Lieblingsvorstellung" (ebenda). Das Konstrukt des „Humankapitals" hat sich bis ins 21. Jahrhundert gehalten, und auch heute wird so verfahren wie in der „Vergleichenden Kulturstatistik" aus dem Jahre 1848, aus der Marx zitiert: „Der Arbeiter hat Kapitalwert, ... wenn man den Geldwert seines jährlichen Verdienstes als Zinsertrag betrachtet ... Wenn man ... die durchschnittlichen Taglohnsätze mit 4% kapitalisiert, so erhält man als Durchschnittswert eines landwirtschaftlichen Arbeiters männlichen Geschlechts: Deutsch-Östreich 1.500 Taler, Preußen 1.500, England 3.750, Frankreich 2.000, Inneres Rußland 750 Taler" (MEW 25: 483f.) Auch mit der Natur wird so verfahren und sie bekommt als Kapitalwert einen Geldausdruck. Dann ist es nur noch ein kleiner Schritt, um Umweltschäden in Geld zu kalkulieren und diese Beträge mit denen zu vergleichen, die zur prophylaktischen Vermeidung oder zur nachträglichen Reparatur aufgebracht werden müssen. Dies ist der implizite und nicht auf seine Voraussetzungen reflektierte Ausgangspunkt von Umweltberichten, z.B. des Stern-Review über die Kosten des Klimawandels und über die Kosten, wie man ihn vermeiden kann (Stern 2006), oder von Kosten-Nutzen-Abwägungen und Opportunitätskosten-Kalkulationen, wie sie von Lomborg (2002; 2004) angestellt werden.

In dieser Welt gilt alles ununterscheidbar als Kapital, sofern etwas eine Rendite einträgt. Weil der Ingenieur ein überdurchschnittliches Einkommen erhält, hat sich die Bildung von Humankapital gelohnt. Weil mit Verschmutzungszertifikaten im Emissionshandel Geld gemacht werden kann, ist die Erdatmosphäre in Wert gesetzt und das politisch generierte Verschmutzungsrecht daran ein Kapitalwert. Weil strukturierte Papiere auf Börsen und außerbörslich gehandelt werden können und weil dabei Gewinne zu machen sind, sind die originierten Papiere wertvoll. Doch dies erweist sich als Illusion, als Fiktion. Denn Werte werden ausschließlich durch Arbeit gebildet und dann erst beim Verkauf in Geld realisiert. In der Welt der Finanzen freilich wird dieser Zusammenhang auf den Kopf gestellt. Wenn alles als Kapital gilt, fehlen die im Aristotelischen Sinn „fleißigen" Arbeiter, die dafür sorgen, dass dem Kapital der so notwendige und begehrte Mehrwert zuwachsen kann. Wenn alle Menschen Kapitalisten, zumindest aber „Humankapitalisten" sind, gibt es keine Arbeiter mehr und das Kapital verschwindet, weil es nicht mehr als soziales Verhältnis existieren und sich dann auch nicht mehr verwerten kann. Daher ist die imperialistische Ausdehnung des Anwendungsbereichs des Kapitalbegriffs nichts als paradoxale Ideologie. Paradoxal, weil mit der imperialistischen Ausweitung des Kapitalbegriffs alle Welt zu Kapitalisten wird und mithin die aristotelisch fleißigen Arbeiter fehlen, die dem Kapital den Zuwachs als Mehrwert oder Zins erzeugen.

1.4 „Harte Budgetrestriktion" und finanzielle Repression

Die Zahlung von Zinsen oder von Renditen auf Geldvermögen ist also nur so lange und so weit möglich, wie ein realer Überschuss und dieser in kapitalistischen Gesellschaften in der Form des Mehrwerts erzeugt wird. Dieser ist durch Naturbedingungen und die sozialen Kräfteverhältnisse, also durch Lohnkosten und Produktivität (Lohnstückkosten) begrenzt. So könnte man mit Marx argumentieren. Keynes hingegen würde die Argumentation umkehren: Die Zinsen bzw. die Rendite wirken wie eine „harte Budgetrestriktion" (vgl. zur Erläuterung Heine/Herr 1999: 318ff; Riese 1987). Positive Zinsen sind ein ökonomisches Stimulans. Denn sie können nur gezahlt werden, wenn der Produktionsprozess effizient zur Produktion des Überschusses, des Mehrwerts, organisiert wird. Die makroökonomische Budgetrestriktion der Zinsen (Preis des Geldes in der Zeit) und des Wechselkurses (Preis des Geldes im Raum) erzwingt eine entsprechend angepasste Lohnpolitik, ist also relevant für die funktionale Einkommens- und Vermögensverteilung zwischen den Klassen.

Die „harte Budgetrestriktion" des Geldes ist also ein ökonomisches Mittel, das von den Finanz- und Währungsmärkten geliefert wird, um die realwirtschaftliche Produktion und Akkumulation aufzuputschen. Es fehlte im „real existierenden Sozialismus" und deshalb mangelte es, wie häufig kritisiert worden ist, an Effizienz bei der Nutzung der immer knappen Ressourcen. Also gilt: Nur wenn das Wachstum auch tatsächlich zustande kommt, können die Zinsen dauerhaft gezahlt werden. Daher ist es gerechtfertigt, den modernen Kapitalismus des 21. Jahrhunderts als „finanzmarktgetrieben" zu bezeichnen, obwohl das, auf den ersten Blick betrachtet, nichts Neues und nicht anders als in anderen Phasen der kapitalistischen Geschichte ist. Hat nicht Karl Marx das Motto der Kapitalisten und der politischen Ökonomie seiner Zeit als ein unerbittliches Akkumulationsgebot karikiert? „Akkumuliert, Akkumuliert! Das ist Moses und die Propheten ... spart, spart, d.h., rückverwandelt möglichst großen Teil des Mehrwerts oder Mehrprodukts in Kapital! Akkumulation um der Akkumulation, Produktion um der Produktion willen, in dieser Formel sprach die klassische Ökonomie den historischen Beruf der Bourgeoisperiode aus" (MEW 23: 621).

Marx hat freilich, anders als die keynesianischen Wachstumsverteidiger, den im Akkumulationstrieb eingeschlossenen Klassenwiderspruch klar benannt. Dies verdeutlicht er an der Theorie von Robert Malthus: „Um seinen Busen vor dem unheilvollen Konflikt zwischen Genußtrieb und Bereicherungstrieb zu feien, verteidigte Malthus … eine Teilung der Arbeit, welche dem wirklich in der Produktion begriffenen Kapitalisten das Geschäft der Akkumulation, den andren Teilnehmern am Mehrwert, der Landaristokratie, Staats-, Kirchenpfründnern usw. das Geschäft der Verschwendung zuweist. Es ist von der höchsten Wichtigkeit, sagt er, die Leidenschaft für Ausgabe und die Leidenschaft für Akkumulation (the passion for expenditure and the passion for accumulation) getrennt zu halten" (MEW 23: 622). Die Kapitalistenklasse akkumuliert, aber es müssen auch Schichten da sein, die für die Nachfrage der Waren sorgen, in denen der Profit steckt, damit die Akkumulation gelingt. Das dürfen ja nicht die Arbeiter sein, denn deren nachfragewirksames Einkommen wären Löhne, die als Kostenfaktoren die Profite senken, die gerade mit Hilfe der Nachfrage der unproduktiven Schichten realisiert werden sollen. Im modernen, neoliberal reorganisierten Kapitalismus ist die Malthusianisch-Marx'sche Lösung des Widerspruchs zwischen Wertbildung durch Arbeit und Nachfrage nach den Produkten der Arbeit vereinfacht worden: Die Nachfrage kommt nicht aus den Löhnen und Gehältern, die die Wertbildung durch Arbeit niemals absorbieren dürfen, weil dann ja die Profite gesenkt werden müssten, sondern aus der Verschuldung der Lohnabhängigen, die dementsprechend zunehmen muss. Genau dies ist in den USA und anderswo in den vergangenen Jahrzehnten geschehen (Foster/Magdoff 2009; Wagenknecht 2010).

Die harte Budgetrestriktion der Zinsen erzwingt also Wachstum. Aber dieses Wachstum hat in der kapitalistischen Gesellschaft die Form der Akkumulation von Kapital. „Die Entwicklung der kapitalistischen Produktion [macht] eine fortwährende Steigerung des in einem industriellen Unternehmen angelegten Kapitals zur Notwendigkeit, und die Konkurrenz herrscht jedem individuellen Kapitalisten die immanenten Gesetze der kapitalistischen Produktionsweise als äußere Zwangsgesetze auf. Sie zwingt ihn, sein Kapital fortwährend auszudehnen, um es zu erhalten, und ausdehnen kann er es nur vermittelst progressiver Akkumulation." (MEW 23: 618) Ohne das Streben nach Mehrprodukt und Mehrwert, ohne Akkumulationszwang erschlafft die kapitalistische Wirtschaftsdynamik.

Wir sehen also, dass die harte Budgetrestriktion knapp gehaltenen Geldes und positiver Realzinsen die Überschussproduktion erzwingt und daher für die Dynamik der Kapitalakkumulation verantwortlich ist. Doch dabei darf ein bestimmtes Maß nicht überschritten werden. Zinsen und besonders Renditen auf in Finanzanlagen investiertes Kapital kennen nur ihr eigenes Maß, und dessen Referenzgröße ist nicht die reale Leistungsfähigkeit zur Überschussproduktion, aus der Profite ebenso wie Renditen und Zinsen abgezweigt werden müssen. Die Renditeforderungen sind selbstreferentiell und als solche maßlos. Nicht zufällig schlägt die Selbstbezüglichkeit bei den Funktionären der Finanzmärkte in persönliche Gier um. Dann kann die „harte Budgetrestriktion" strangulierend wirken. Zinsen jenseits der realökonomischen Leistungsfähigkeit verwandeln das Stimulans der Budgetrestriktion in finanzielle Repression (vgl. Altvater 2004), in eine Blockade der Akkumulation des Kapitals. Dann zeigt es sich, dass die einfache Marx'sche Formel G – G' – aus einem Geldvorschuss muss mehr Geld werden – kein Zaubertrunk zur „Wachstumsbeschleunigung" ist. Es ist also, anders als die Monetärkeynesianer vermuten, nicht nur die „harte Budgetrestriktion", die die Wirtschaft zur Überschussproduktion veranlasst. Da ein ganzer Komplex von Faktoren auf die Produktion und Vermarktung Einfluss ausübt, kann es geschehen, dass die monetäre Restriktion unwirksam ist und das Wachstum nicht stimuliert werden kann. Der Doppelcharakter allen Wirtschaftens, die Grenzen des Umweltraums und die Grenzen der sozialen Belastbarkeit einer Gesellschaft machen sich geltend. Im ungünstigen Fall wird das Wachstum blockiert oder es bricht in Reaktion auf die Überdosis eines Aufputschmittels zusammen.

2. Kapitel
Krisensequenzen: Das finanzielle Kapital
auf der Suche nach Schuldnern

Wir haben es mit zumindest drei Ebenen von Widersprüchen zu tun, die aus dem Doppelcharakter ökonomischer Prozesse resultieren. Im Himmel der Verwertungsseligkeit auf inzwischen globalisierten Finanzmärkten werden hohe Zinsen und Renditen mit Hilfe von Finanzinnovationen generiert. Daran begeistern sich die Spekulanten aller Länder und Kaliber. Zeitweise sind sie erfolgreich, wie die Geschichte der vergangenen Jahrzehnte seit der Liberalisierung der Finanzmärkte in den späten 1970er Jahren zeigt. Die Renditen wachsen wesentlich schneller als das reale BIP, die finanzielle Akkumulation verläuft dynamischer als die reale Akkumulation (Enquete-Kommission 2002; Huffschmid 1999; Soederberg 2010; Deutsche Bundesbank, Monatsberichte April 2010). Dies ist aber nur möglich, weil beides wächst: die Geldvermögen ebenso wie die Schulden. Das sind die beiden Seiten des finanzgetriebenen Kapitalismus.

Unterhalb des Himmels hoher Renditen haben wir es mit ganz irdischen sozialen Konflikten zwischen Lohnarbeit und Kapital zu tun. Denn die Überschüsse, die als Rendite scheinbar „dem Geld entspringen", werden durch Arbeit erzeugt, und dies geht nicht ohne soziale Auseinandersetzungen, die der schrankenlosen Verwertung von Kapital doch wieder Grenzen setzen. Denn durch sie kann die Kontinuität des Produktionsprozesses unterbrochen und dieser überhaupt teurer werden.

Alles das, so abgehoben es auch sein mag, findet auf einer „dritten Ebene", in „bodenständiger" Natur statt. Die Naturgesetze sind schon erwähnt worden, und ihre für die kapitalistische Profitproduktion beklemmende Aussage ist: Die Natur funktioniert anders als ein kapitalistisches Unternehmen, noch dazu, wenn es sich um eine Bank handelt. In der Natur geht es nicht um Effizienz und Profitabilität. Die Rhythmen der Zeit werden nicht nach den Zinsterminen getaktet oder der automobilen Beschleunigung angepasst, sondern sie ergeben sich aus den Bewegungen der Himmelskörper einschließlich Sonne, Erde und Mond in galaktischen Zeit-Räumen. Die Zyklen von Tag und Nacht, von Sommer und Winter, die Wachstumsperioden der Pflanzen oder der Zug der Vögel und die Migration von Fischschwärmen sind dadurch beeinflusst und sie lassen sich nicht im Maß der mechanischen Uhrzeit normieren. Die Koordinaten der Natur sind Raum und Zeit, und die können nicht auf dromologisch (also zur Beschleunigung) designte Standorte reduziert werden. Überschüsse gibt es nicht, also auch keinen Profit, und wenn etwas abgezweigt wird, dann auf Kosten von anderen, die sich dies gefallen lassen oder auch nicht. Und es gibt keine dauerhafte quantitative Steigerung, sondern die qualitative irreversible Transformation von Stoffen und Energien und die Evolution der Arten.

Auf die im Wachstums- und Akkumulationsprozess angerichteten Schäden kann unterschiedlich reagiert werden. Ökonomen verlangen die Internalisierung von Umweltkosten, um zu erreichen, dass „Preise die Wahrheit sagen". Doch die ökologischen Kosten in monetären Größen ausdrücken zu wollen, ist die Aufforderung zum Selbstbetrug. Wenn alle Umweltkosten im Preis kalkuliert und diese somit „wahr" sind, ist dies möglicherweise für die Wertebene von Belang, nicht aber für die stofflich-energetische Dimension des Wirtschaftens. Denn die einmal angerichteten Schäden an der Natur können nicht rückgängig gemacht werden, auch wenn sie im Kostenkalkül berücksichtigt werden. Die Veränderungen der Natur sind irreversibel. Man kann nur auf die Folgen reagieren und für die Zukunft Abhilfe schaffen. Dies wird aber nur dann geschehen, wenn soziale Bewegungen gegen die Degradierung der natürlichen Umwelt auf den Plan treten und neben dem Klassenwiderspruch eine zweite Widerspruchsebene („second contradiction" – O'Connor 1988) mit sozialökologischen Forderungen besetzen, deren Realisierung für das Kapital teuer ist und daher auf die Profitabilität des real investierten Kapitals oder auf die Rendite der Finanzvermögen drückt.

2.1 Drei Widerspruchsebenen: Wert und Geld, Kapital und Arbeit, Natur und Gesellschaft

Das Ergebnis der Überlegungen über den Doppelcharakter ist eindeutig. Auf der obersten Ebene der kapitalistischen Ökonomie, heute im globalen Maßstab, treiben die Mechanismen der Konkurrenz die Renditen weit nach oben, so als ob es keine sozialen und natürlichen Schranken einer grenzenlosen Renditensteigerung gäbe. In dieser luftigen Welt können sich die handelnden Subjekte virtuell aus sozialen Kontexten und von den Naturbedingungen lösen, sich spekulativ verselbständigen. Das ist der Auslöser für eine euphorische Stimmung und für die manischen Phasen an Börsen und auf elektronischen Marktplätzen; die reale Ökonomie existiert für Akteure in der Welt luftiger Renditen nicht. Doch gänzlich abheben können die Finanzakrobaten in der Zirkuskuppel nicht. Die Welt der realen Wirtschaft ist immer präsent, mit ihren politischen Regulationsmustern, sozialen Konflikten, Widerständen und daraus entstehenden Kosten.

Auch die Natur zeigt sich als Schranke, z.B. weil fossile Energieträger zur Neige gehen (Peak Oil) und dann die Förderung von schwer zugänglichem (nicht konventionellem) Öl aufwändiger, daher auch teurer und gefährlicher wird oder weil die Artenvielfalt beeinträchtigt wird, wenn Landschaften versiegelt und zersiedelt werden. Dies erweist sich als Hindernis, das auch mit noch so manischen Spekulationssprüngen nicht aus dem Wege geräumt werden kann. Der Widerspruch zwischen maßlosen finanziellen Renditen – dem Maß realer Akkumulation, das ist die Profitrate auf investiertes Kapital – und dem Maß der Natur ist nicht zu versöhnen. Er spitzt sich zu: bis zur Entladung im Krach. Sicher, die Ausleihungen der Finanzinstitute, auch die Investitionen der realen Wirtschaft können wieder in Gang kommen, und wegen der Ungleichzeitigkeit und Ungleichmäßigkeit der Entwicklung gibt es beispielsweise in Deutschland einen kleinen Wachstumsschub, weil die Exportnachfrage steigt. Dies hat aber Ungleichgewichte (Leistungsbilanzdefizite anderswo) zur Folge, die die europäische und möglicherweise selbst die globale Ökonomie insgesamt destabilisieren.

Auch kann der Energieverbrauch nicht mehr einfach gesteigert werden. Das Öl mag noch in großen Mengen auf dem Planeten zur Verfügung stehen, aber es ist nicht mehr leicht und billig zugänglich wie das Desaster im Golf von Mexiko im Frühjahr 2010 vor Augen geführt hat. Auch die Klimafolgen der Verbrennung des Öls werden immer dramatischer. Das bedeutet, dass ein anderer Typus der Akkumulation verlangt wird, also ein Wechsel des Entwicklungspfades, der zu Beginn des 21. Jahrhunderts sehr viel dramatischer ist als die langwierige Überwindung der Depression der 1930er Jahre.

Die Krise begann im Sommer 2007 als so genannte „subprime crisis". Die nachrangigen Hypotheken sind ein gar nicht so bedeutendes Segment des Immobilienmarktes, wie die Bank für Internationalen Zahlungsausgleich überrascht darlegt (BIZ 2008: 3). Doch wurden die Hypotheken verbrieft und mehrfach, zum Teil auch mit anderen Krediten als „Collateralized Debt Obligations" (CDO) verpackt und weltweit verkauft und dann auf „second hand-markets" weiterverkauft. Wegen der globalen Verflechtungen der Wertpapiermärkte und mit Hilfe der modernen Kommunikations- und Informationstechnologien konnten von diesem Segment heftige und anderen ökonomischen Sektoren Verluste bringende Schockwellen ausgehen. Die Finanzinstitute hatten in den Jahren zuvor ja alles getan, um auf jedes Zinsdifferential, auf Wechselkursschwankungen oder Renditedifferenzen in Echtzeit per Mausklick reagieren und so eine Wette auf Kursbewegungen oder Veränderungen der Risikoeinschätzungen eingehen zu können. So sollten die Gewinne gesteigert werden. Aber die Gewinne der einen Institute sind die Verluste der anderen, wenn den Wertsteigerungen der verbrieften Forderungen und den daraus abgeleiteten Ansprüchen keine Zins- und Renditeflüsse aus der realen Wirtschaft entsprechen. Am Schluss müssen alle realisieren, dass die im Finanzsystem erzeugten Wertpapiere keine reale Grundlage haben und in den Giftschrank der „bad bank" gehören.

Naturkatastrophen, auch solche, die wie der Klimawandel oder das auslaufende Öl im Golf von Mexiko von Menschen zu verantworten sind, verursachen in aller Regel nicht nur hohe monetäre Kosten, sondern auch irreversible Veränderungen, zumeist Verschlechterungen der natürlichen Umwelt und daher auch der zukünftigen Lebensbedingungen. Auch wenn wir eine ausgerottete Pflanzen- oder Tierart in Geld aufwiegen könnten, sind wir nicht in der Lage, sie wieder zum Leben zu erwecken. In der bisherigen Menschheitsgeschichte sind infolge ökologischer Katastrophen regionale oder lokale Kulturen auf der Strecke geblieben (z.B. die Gesellschaften auf den Osterinseln, die Kulturen der Maya oder der Inka; vgl. dazu Diamond 2006). In Zeiten der Globalisierung können die Krisen der Natur jedoch den globalen Kollaps von Klima, Energieversorgung, Biodiversität und daher der Produktion von Nahrungsmitteln zum Ergebnis haben. Das wäre nicht nur – wie in der Finanzkrise – ein bitterer monetärer Verlust, sondern viel mehr: die irreparable Zerstörung natürlicher und mithin auch menschlicher Lebensgrundlagen, eine humanitäre Katastrophe bisher nicht gekannten Ausmaßes. Die „Monetarisierung" ökologischer Degradation, gerade im Zusammenhang des Klimawandels, als Verlust von „Naturkapital" ist nicht geeignet, diese Dramatik auch nur ansatzweise abzubilden. Der Doppelcharakter allen wirtschaftlichen Tuns zeigt sich auch in der Krise. Sie ist ökonomischer Verlust und ökologische Katastrophe zugleich.

2.2 Es wiederholt sich nichts: 1929 und 2009

Am Ende des ersten Jahrzehnts des 21. Jahrhunderts wird der Vergleich mit der Krise der frühen 30er Jahre des 20. Jahrhunderts gezogen. Das war die bis dahin schwerste Krise in der Geschichte des Kapitalismus, die nun von der Krise des frühen 21. Jahrhunderts in jeder Hinsicht übertroffen wird, zumal es in ihr nicht nur darum geht, eine Wirtschaftskrise zu überwinden, sondern das gesellschaftliche Naturverhältnis, den Energieverbrauch und den Umgang mit den fossilen Verbrennungsprodukten zu ordnen.

Die Krisenjahre nach 1929 hat der – heute würde man sagen – „Chefökonom" der Kommunistischen Internationale, Eugen Varga, als Zeitzeuge umfassend analysiert und die politischen Folgen aufgezeigt (Varga 1969). Auch vor acht Jahrzehnten blieb die ökonomische Krise nicht auf die Wirtschaft begrenzt. Sie hat Gesellschaft und Politik – und die Natur – in ihren Bann gezogen. Sie ist auch nicht nur eine zyklische Krise des Kapitalismus, „die ihn von einer Stufe zur anderen führt" (Varga 1969: 208), sondern „ungleichmäßige Entwicklung" in der Welt insgesamt. Die ökonomischen und politischen Karten werden neu gemischt. (Varga 1969: 210) Die Krise ist allumfassend, von langer Dauer, von sinkenden Preisen und Profitraten gekennzeichnet. Sie äußert sich – wie heute wieder – als eine Kreditkrise, führt zur Entwertung der Währungen, lässt den Welthandel dramatisch schrumpfen (ebenda, 243ff.) und führt, wenn auch aus anderen Gründen als acht Jahrzehnte später, zu einer Weltagrarkrise (ebenda, 261ff.). „Alle Länder der Welt und alle Zweige der Landwirtschaft – Getreidebau, Viehzucht, Milchwirtschaft, Rohstoffproduktion – wurden in schärfster Form von der Agrarkrise erfaßt. Gewaltig sind die sozialen und politischen Folgen: die Bauernschaft der ganzen bürgerlichen Welt ist in Bewegung" (Varga 1969: 261). Das scheint zu Beginn des 21. Jahrhunderts nicht anders als in den 30er Jahren des 20. Jahrhunderts zu sein. Heute sind allerdings eher die Bauern in den Entwicklungsländern in Bewegung, und die Agrarkrise hat damals wie heute Hungersnöte zur Folge (dazu Bello 2010).

Damals wurde die Kreditkrise offenkundig, als die österreichische Credit-anstalt, eine zum Hause Rothschild gehörende Bank, 1929 ihre Zahlungsunfähigkeit erklären musste und damit ein Erdbeben auslöste, dessen Schockwellen weit über Österreich hinaus zu vermerken waren. Die Bank hatte langfristige Anlagen mit kurzfristigen Geldern aus dem Ausland finanziert, und als die kurzfristigen Gelder infolge von ökonomischer Unsicherheit und wegen der politischen Krisen jener Zeit abgezogen wurden, schmolz die Kapitaldecke der Bank dahin. Aufgrund der auch damals beträchtlichen Verflechtung von Finanzmärkten brach auch in Deutschland eine Bankenkrise aus, die schnell osteuropäische Länder in Mitleidenschaft zog. Im Falle Deutschlands kamen noch erschwerend die Reparationslasten aus dem Ersten Weltkrieg hinzu, die nach Ausbruch der Krise nicht mehr aus einem schrumpfenden Sozialprodukt bedient werden konnten. Als dann auch britische Banken in den Krisenstrudel gerieten, gab Großbritannien am 21. September 1931, gut zwei Jahre nach Ausbruch der Großen Krise den Goldstandard auf. Die Abwertung des Pfund Sterling wurde außerhalb Großbritanniens als „Weltkatastrophe empfunden" (Sturmthal 1937: 186). Die Kreditschrumpfung war beispiellos, der Welthandel erreichte Tiefststände, zumal auch der US-Dollar 1932 abgewertet wurde und nun zwischen einem entstehenden Dollarblock und dem Pfund Sterlingblock ein

„Wettkampf um die Abwertung" einsetzte, „der das gesamte Währungssystem der Welt zutiefst erschüttert" (Sturmthal 1937: 204). Das Ende des Goldstandards war zugleich das Ende eines einheitlichen und regulierten Weltwährungssystems (vgl. zur Bedeutung des Goldstandards Polanyi 1979). Es hat bis zur Konferenz von Bretton Woods 1944 gedauert, dass eine neue Weltwährungsordnung mit dem US-Dollar im Zentrum etabliert werden konnte.

Die Finanzkrise setzte sich nicht nur als Währungskrise fort. Sie entfaltete sich als radikale politische Hegemoniekrise, an deren Ende das Pfund Sterling als Weltwährung entthront und der US-Dollar als neues Weltgeld eingesetzt waren (vgl. Karuscheit 2010). Auch zu Beginn des 21. Jahrhunderts spitzt sich die Finanzkrise zur Währungskrise zu. Anders als in den 1930er Jahren freilich ist es nicht klar, welche Währung den US-Dollar ersetzen und ob nicht der US-Dollar sich selbst „neu erfinden" kann.

Es gibt Unterschiede von größter Tragweite zwischen den Krisen der 30er Jahre des 20. Jahrhunderts und der Krise von 2008 und der Jahre danach. In den 1930er Jahren gab es zwar auch Probleme der Energieversorgung. Man könnte sogar mit guten Gründen argumentieren, dass der Überfall des Nazireichs auf die Sowjetunion nicht zuletzt vom Streben nach Erdöl aus der Kaukasusregion motiviert war, das mit der Vernichtung der Paulus-Armee vor Stalingrad 1943 blutig gestoppt wurde. Der uns heute geläufige Begriff des „Peak Oil", der den Zeitpunkt bezeichnet, von dem an weniger neue Reserven exploriert als Öl gefördert und verbraucht wird, war vor 80 Jahren jedoch unbekannt. Auch sprach niemand vom Klimawandel und seinen bedrohlichen Folgen für das Leben auf Erden. Politik gegen die Krise konnte daher weniger komplex sein, als es heute notwendig ist. Man konnte mit gezielter Förderung des Wachstums aus der Krise herauszukommen versuchen. Das war die Botschaft der in den 1930er Jahren entwickelten (aber in dem Jahrzehnt zuvor bereits vorbereiteten) Theorie von John M. Keynes (1936), die die neoklassische Gläubigkeit ablöste, dass schon Preisanpassungen auf Märkten, also vor allem Lohnsenkungen auf den Arbeitsmärkten, das Krisengespenst der Massenarbeitslosigkeit vertreiben könnten. Dass die Keynes'sche Theorie sozusagen „in der Luft lag", ergibt sich schon daraus, dass neben Keynes auch viele andere Ökonomen damals in ähnliche Richtung dachten. Keynes ist berühmt geworden, weil er das neue ökonomische Denken sehr systematisch präsentierte und zugleich gekonnt kritisch auf die damals akademisch vorherrschende Neoklassik bezog. Der Zeitgeist war für den „Keynesianismus" reif, aber er bedurfte des Künders, der diesem einen theoretisch innovativen und wissenschaftlich wie politisch überzeugenden Ausdruck verlieh. Und das war John Maynard Keynes, der dem „Keynesianismus" den Namen gab.

Die Botschaft des Wachstums wird auch in der Krise des 21. Jahrhunderts gesendet, doch soll das Wachstum „nachhaltig" sein. Denn die Natur setzt ihm sowohl auf der Seite der verfügbaren Ressourcen als auch auf der der Schadstoffsenken harte Grenzen. Es gibt also nicht nur die von Keynes analysierte „harte Budgetrestriktion" des Geldes – das wäre der Kreditzins, der aus produzierten Überschüssen zu zahlen ist –, sondern heute – anders als vor 80 Jahren – ebenso harte Restriktionen der Natur. Diese sind dafür verantwortlich, dass manche Option der Krisenüberwindung aus den 1930er Jahren heute nicht mehr zur Verfügung steht. Wir stehen also vor dem aus der Chaostheorie bekannten Phänomen, dass wir uns fern von den Grenzen der Tragfähigkeit der Natur um diese nicht zu kümmern brauchen, dass aber nahe der Grenzen, die die Natur dem ökonomischen Handeln setzt, die ökonomischen Diskurse die Grenzen berücksichtigen müssen. Die historische Zeit ist irreversibel, und daher wiederholt sich im Jahr 2009 nicht das Geschehen des Jahres 1929.

Das hat wohl auch Keynes schon 1930 sehr weitsichtig so gesehen, der ja nicht nur mit seinem viel zitierten Bonmot „langfristig sind wir alle tot" für die ereignisgeschichtliche und bestenfalls mittelfristige Perspektive plädierte und sich für die „lange Dauer" (die longue durée) im Sinne Fernand Braudels (1977) nicht zu interessieren schien. Er machte sich auch Gedanken über die Ökonomie zur Zeit seiner Ur-Enkelkinder, also 100 Jahre nach dem Erscheinen eines Aufsatzes mit dem Titel „Economic Possibilities for our Grandchildren". (Keynes 1972; vgl. dazu die interessanten Interpretationen von Zinn 2009 und Greffrath 1997). Die Wohlfahrt der Enkel hängt im Jahre 2030 nicht von weiterem Wachstum ab, denn der „Investitionsbedarf" sei bereits gesättigt. Keynes setzt die Überlegungen von John Stuart Mill fort, der ja auf hohem Niveau der Bedürfnisbefriedigung vom Stillstand der Kapitalakkumulation (von einer stationären Ökonomie) und von der Möglichkeit der Ausdehnung von Muße und Kontemplation spricht (dazu vgl. Luks 2001). Tatsächlich ist heute die Arbeitszeitverkürzung noch dringlicher als vor 80 Jahren. Sie verlangt einen kulturellen Bruch. Sonst wird die verkürzte Arbeitszeit nicht der ressourcenschonenden Muße dienen, sondern so genutzt, dass der Ressourcenverbrauch steigt. Das würde ja im Interesse des Kapitals liegen, denn Ressourcen können bei entsprechender Nachfrage in Waren verwandelt und auf dem Markt verkauft, also als Kapital verwertet werden.

Die Frage, warum und wie sich die Widersprüche der kapitalistischen Produktionsweise bis zum krisenhaften Eklat, bis zur schwersten Krise in der Geschichte des Kapitalismus haben zuspitzen können, legte man sich auch nach 1929 vor. Der damalige Völkerbund gab Gottfried Haberler 1930 den Auftrag, die in den Krisenjahren um 1929 verbreiteten krisentheoretischen Ansätze kritisch zu vergleichen. „Das oberste Ziel aller Untersuchungen über die Entstehungsgründe von Depressionen", so A Loveday als Leiter der Finanzabteilung und des wirtschaftlichen Nachrichtendienstes des Völkerbundes im Vorwort zu Haberlers Werk, „muss es sein, Mittel und Wege zu finden, diese Depressionen abzuwenden". Er macht allerdings die kleine Einschränkung: „... sofern sie in der Tat unvermeidlich sind, oder aber die Gesellschaftsstruktur so zu gestalten, daß sie den Schock der Depressionen besser auszuhalten vermag." (Loveday, in Haberler 1948: 5). Das Ergebnis ist ein auch heute noch nützliches Kompendium krisentheoretischer Ansätze und politischer Konzepte, mit denen man die ökonomische Krise zu überwinden versuchte (Haberler 1948). Freilich wird nur der damalige mainstream dargestellt. Heterodoxe, insbesondere marxistische theoretische Ansätze bleiben weitgehend ausgeblendet.

Die ökologische Krise war damals noch kein Thema, wohl aber die verheerenden politischen Folgen der Krise. Denn das „Weltmarktsungewitter" (MEW 13: 156) der 1930er Jahre hat die alten Kolonialreiche erschüttert, die britische Hegemonialordnung zum Wanken gebracht, in Deutschland die Erstarkung des Nationalsozialismus begünstigt, nach dem Zusammenbruch des Weltmarkts Autarkiebestrebungen und eine expansive imperiale Politik auch in anderen Ländern (Japan, Italien) gestärkt, den ökonomischen Nationalismus und rassistische Politik hervorgebracht.

Das war nicht systemnotwendig so. Denn in den USA entstand in der gleichen Epoche der Staatsinterventionismus des New Deal. Franklin D. Roosevelt, der gerade gewählte US-Präsident „was forced by the sheer intensity of the crisis to take much more radical measures than he had intended" (Harman 2009). Daher wurden Arbeitsbeschaffungsprogramme aufgelegt, deshalb wurde die Tennessee Valley Authority mit ihren großen Infrastrukturprojekten ins Leben gerufen. Doch die meisten sonstigen Maßnahmen „provided a limited form of self-regulation for industry through encouraging the formation of cartels" (Harman 2009). Auch das Geld- und Finanzwesen wurde neu geordnet. Das private Gold wurde verstaatlicht und der Dollarpreis des Goldes durch Regierungsakt erhöht. Das war gleichbedeutend mit einer Abwertung des US-Dollar, und dadurch ist ein Handelskrieg eröffnet worden. Obendrein wurden die Bankgeschäfte reguliert; Investmentbanking, also die spekulativen Eigengeschäfte der Banken wurden weitgehend unterbunden. Heute ist das Konzept wieder aktuell und attraktiv, weil mit dem New Deal der 1930er Jahre der Beweis erbracht scheint, dass es möglich ist, der kapitalistischen Krise mit intelligenter Wirtschaftspolitik beizukommen. Zu diesem Ergebnis gelangt aus heutiger Perspektive James K. Galbraith: Die Maßnahmen im Rahmen des New Deal hatten positive Beschäftigungswirkungen, sie stärkten die Institutionen und Organisationen des Sozialstaats und es wurden wirksame öffentliche Investitionen durchgeführt (Galbraith 2009: 221ff.; Galbraith 2010b).

Doch hatte der Vater von James K. Galbraith, John Kenneth Galbraith, einen sehr ernüchternden Kommentar zu einer solchen Einschätzung: „The Great Depression of the thirties never came to an end. It merely disappeared in the great mobilisation of the forties" (Galbraith 1993: 65). Das Donnergrollen des Ungewitters der 1930er Jahre wurde vom Schlachtenlärm der Kanonen und Bomben, der Flugzeuge und Panzer im Zweiten Weltkrieg übertönt. Erst als mehr als 50 Millionen Tote gezählt werden mussten, trat Stille ein. Dann erst konnte ein neuer Anfang gemacht werden. Eine in fast jeder Hinsicht neue Weltordnung entstand. Die britische Hegemonie war Geschichte, der Versuch der Nazis, eine „tausendjährige" Terrorherrschaft über die Welt zu errichten, nach zwölf schrecklichen Jahren gescheitert und die USA als neue Hegemonialmacht waren gefestigt. Eine Weltwährungsordnung, das Bretton Woods-System, wurde 1944 gegen Kriegsende nach langen Verhandlungen errichtet, die schon in den 1930er Jahren begannen. Es folgte dem 1931 in der Krise zusammengebrochenen Goldstandard und bot in der Nachkriegszeit einen vergleichsweise stabilen Rahmen, in dem auch nationalstaatliche wirtschaftspolitische Interventionen antizyklisch möglich waren. Hier spielten die Erfahrungen des New Deal eine wichtige Rolle. Der Keynesianismus konnte nun bis Mitte der 1970er Jahre zum vorherrschenden wirtschaftspolitischen Paradigma aufsteigen, und zwar selbst dort, wo eine Spielart des Neoliberalismus zur Doktrin geworden ist wie in der Bundesrepublik Deutschland.

Die Staatenwelt war zweigeteilt, in das real-sozialistische Lager des Ostblocks und den so genannten freien Westen. Die „Systemkonkurrenz" bestimmte in den ersten Jahrzehnten nach dem Zweiten Weltkrieg die internationalen Auseinandersetzungen. Es schien so, als ob eine Alternative zum Kapitalismus entstanden sei. Sie hatte für viele Menschen in der „Dritten Welt" zeitweise eine beträchtliche Attraktivität. Die UNO ersetzte nach dem Zweiten Weltkrieg den glücklos gescheiterten Völkerbund und regulierte unter dem politischen, militärischen, ideologischen und ökonomischen Schirm der USA mehr schlecht als recht die bipolare Konstellation im „Kalten Krieg". Ökonomisch war diese in der entwickelten Welt einigermaßen erfolgreich, bis dann seit den 1970er Jahren die Währungs- und Finanzmärkte liberalisiert worden sind. Dies war der Grund dafür, dass seit den 1970er Jahren eine Sequenz von Schulden- und Finanzkrisen ausgelöst worden ist. Deren weltpolitische Bedeutung kommt nicht zuletzt darin zum Ausdruck, dass es Finanzkrisen waren, die einen wesentlichen

Beitrag zur Destabilisierung und dann zum Zusammenbruch des sozialistischen Lagers geleistet haben (vgl. Hobsbawm 1995).

Seit diesem „revolutionären" Jahrzehnt der 1970er Jahre sind mit gewisser Regelmäßigkeit Schulden-, Finanz- und Wirtschaftskrisen ausgebrochen. Sie können nicht als Krisenzyklus interpretiert werden, wohl aber stellen sie eine Krisensequenz dar. In seiner Studie über „Prosperität und Depression", geschrieben während der Weltwirtschaftskrise der frühen 1930er Jahre, setzt Gottfried Haberler bei der Sichtung der Konjunkturtheorien seiner Zeit ein zyklisches Muster der wirtschaftlichen Entwicklung voraus, dessen verschiedene Phasen – seiner Interpretation zufolge – jeweils eigenständiger Erklärungen bedürfen: der Aufschwung (Prosperität), der obere Wendepunkt (Krise), der Niedergang (Depression), der untere Wendepunkt (Erholung) und dann noch die Periodizität der Krisenzyklen und die internationalen Komplikationen der konjunkturellen Zyklen (Haberler 1948: 24). Das ist ein anderer Ansatz als die Marx'sche Interpretation der Krise als periodische Zuspitzung von immanenten Widersprüchen der kapitalistischen Produktionsweise und zugleich als eine historische Phase, in der die Widersprüche so reduziert werden können, dass die Profitabilität des Kapitals wiederhergestellt wird. Das ist die Bedingung dafür, dass der Akkumulationsprozess wieder in Gang kommen kann. Eine andauernde Krise oder gar ein Zusammenbruch ist daher mehr als unwahrscheinlich. Die Überwindung des Kapitalismus findet nicht als Zusammenbruch statt.

Ist die von Haberler unterstellte sich wiederholende Zyklizität eine plausible Annahme? Das konnte in den 1930er Jahren möglicherweise so scheinen, ist aber im frühen 21. Jahrhundert ein ungeeigneter Ansatz der krisentheoretischen Analyse. Denn im Verlauf der ökonomischen Entwicklung werden wegen des Doppelcharakters allen Wirtschaftens die sozialen Verhältnisse ebenso wie die Naturbasis verändert, und die kleinen, manchmal unmerklichen und wenig spektakulären Veränderungen können an einem Umschlagspunkt dramatische Auswirkungen haben.

2.3 Die Kehrseiten der Medaille: Geldvermögen und Schulden

Nun stellt sich eine doppelte Frage. Zunächst geht es um die Belastbarkeit der „realen Wirtschaft" und ihrer Überschussproduktion durch das Finanzsystem, oder anders ausgedrückt: Es geht um die Leistungsfähigkeit von Schuldnern im Hinblick auf die Bedienung der Kredite oder von verbrieften Forderungen. Solange es sich bei den Schuldnern um produktiv operierende Unternehmen handelt, in denen von den Arbeitskräften der Überschuss (Mehrwert) produziert wird, aus dem neben dem Profit des Unternehmens auch die Zinsen auf die Kredite abgezweigt werden können, kann es keine Probleme geben. Die Finanzinstitute üben hier nur eine Mittler-Funktion aus, sie operieren als „Finanzintermediäre" zwischen Sparern und Investoren, und daher hat der Begriff des „Kredits", der ja „Vertrauen" meint, eine gewisse Berechtigung.

Doch ist dies im modernen Geschäft des Investment-Banking obsolet. Die Banken und andere spezialisierte Finanzinstitute machen nun selbst die Geschäfte, betreiben Eigenhandel und vermitteln auch Kredite oder Geldbeträge für die Begebung von Wertpapieren zu konsumtiven Zwecken oder zur Spekulation auf globalen und liberalisierten Finanzmärkten. Wenn Investoren der „Realwirtschaft" Kredite aufnehmen, wird unterstellt, dass sie diese zur Erweiterung oder Rationalisierung der Produktion nutzen und dann aus den Erträgen auch den Schuldendienst leisten können. Dies ist beim Wertpapierhandel nicht gewährleistet, obwohl doch der Zinsendienst und die Renditeflüsse letztlich aus dem Mehrprodukt bzw. Mehrwert stammen, der in der realen Ökonomie produziert wird. Daher ist reales wirtschaftliches Wachstum eine Stabilitätsbedingung des finanzgetriebenen Kapitalismus. Auch wenn die Zusammenhänge nicht immer klar verstanden sein sollten, wird Wachstum im finanzgetriebenen Kapitalismus schon instinktiv zu einer Manie, zu einem Fetisch. Ohne Wachstum ist in der kapitalistischen Ökonomie alles nichts.

Finanzmärkte funktionieren und expandieren nur, sofern Geldvermögen generiert werden können, die Renditeansprüche rechtfertigen. Geldvermögen gibt es nur und sie behalten ihren Wert nur so lange, wie Menschen und Institutionen bereit sind oder dazu ökonomisch oder politisch veranlasst werden, sich zu verschulden und den Schuldendienst an Geldvermögensbesitzer abzuführen. Im Idealfall sind diese Schuldner Unternehmen, die Zinsen und Tilgungen von aufgenommenen Krediten aus den in der „realen Wirtschaft" erzielten Profiten und aus den Abschreibungserlösen bezahlen. Doch der Finanzsektor ist innovativ und expansiv und seine Agenten suchen überall nach Schuldnern, auch bei Kreditnehmern, die sie nutzen, um zu spekulieren. Auch Lohnabhängige werden zu Schuldnern, wenn sie Konsumentenschulden auf sich nehmen. Sie versuchen, auf diese Weise das laufende Einkommen „aufzubessern", weil in den vergangenen Jahrzehnten Einkommen und Vermögen zu Lasten der Arbeit und zu Gunsten des Kapitals umverteilt worden sind. Die Konsumentenkredite haben den relativen Einkommensverlust zeitweise ausgeglichen und ein Konsumniveau auf Pump finanziert – bis die Schulden fällig werden und entweder aus der Vermögenssubstanz, sofern vorhanden, beglichen werden müssen oder die Insolvenz der Schuldner zur Folge haben. Hinzu kommen Immobilienschuldner, die dem Lockruf des Eigenheims folgen, dessen Besitz in den USA zum Regierungsprogramm erhoben worden ist. In diesem Segment von Krediten, die von den Schuldnern nicht mehr bedient werden konnten, ist 2007/ 2008 die gegenwärtige Finanzkrise in den USA ausgebrochen. Eine Schuldenlawine ist ins Rutschen gekommen.

Immer neue Schulden und daher auch Schuldner zu kreieren ist eine Bedingung dafür, dass Geldvermögen gebildet, wertbeständig gehalten und gemehrt werden können. Ohne Schulden also keine Geldvermögen, und je höher die Geldvermögen auf der Habenseite der Bilanz, desto größer die Schulden auf der Sollseite. Das fiktive Kapital erfordert also reale Schuldner. Daher ist es erstens kein Wunder, dass die Schulden, und zwar die öffentlichen Schulden ebenso wie die individuellen Schulden, beträchtlich angestiegen sind, und zweitens wird verständlich, dass viele Finanzinnovationen darauf gerichtet sind, „normale" Menschen, aber auch Unternehmen und Regierungen dazu zu bringen, Schulden zu machen. Das Schuldenmachen ist nicht Ausdruck von ökonomischer Inkompetenz und Zeichen mangelnder Vorsicht, sondern systemfunktionales Erfordernis des modernen Kapitalismus.

Die Renditen auf Finanzmärkten in extremer Weise nach oben zu jagen und dabei jede Bindung an die reale Ökonomie des Produzierens und Konsumierens aus den Augen zu verlieren, ist der Verselbständigung der Finanzmärkte gegenüber der Realwirtschaft geschuldet. Schuldner bekommen einen Kredit, der beim Kreditgeber als Forderung verbucht wird und dann verbrieft werden kann, z.B. in Gestalt der Collateralized Debt Obligations (CDOs). Gegen deren Ausfall versichert sich der Kreditgeber mit Credit Default Swaps (CDS). Besonders findige Finanzmarktakteure können mit CDOs spekulieren und mit CDS gegen die CDOs. Die CDS gewinnen an Wert, wenn der Kreditausfall wahrscheinlicher wird. Also wird gegen die CDOs, die ein Fonds gerade verkauft hat, spekuliert, damit der Wert der CDS zunimmt. So sind in der Finanzkrise hohe Gewinne gemacht worden; die US-amerikanische Securities and Exchange Commission (SEC) ist gegen Goldman Sachs und andere Banken und Fonds vorgegangen, da sie sich mit diesen Geschäften zum Teil betrügerisch um Milliarden bereichert (vgl. z.B. FTD, 20. 4. 10, S. 15) und andere Marktteilnehmer entsprechend geschädigt haben. Das sind Nullsummenspiele; das Finanzsystem generiert zwar die fantasiereichsten Finanzprodukte, die Zinsen und die Rendite auf Finanzanlagen werden zur verselbständigten Einkommensquelle. Doch dämmert es selbst den innovativsten Finanzjongleuren, dass die hohen Renditen und Zinsen letztlich aus dem Mehrwert abgezweigt werden, also real durch Arbeit produziert werden müssen. Wenn nicht das Wachstum forciert werden kann, geschieht dies als

Raubbau an ökologischen Ressourcen, als Streichung von Investitionen in die Bildung oder als Kürzung bei den Sozial- und Individuallöhnen, oder eben durch Betrug. Diese Art der Umverteilung von Ressourcen ist Kern der so genannten „Akkumulation durch Enteignung" (Harvey 2003).

Es gibt noch eine Möglichkeit: ein Überschuss in der Leistungsbilanz. Daher hört man in den Diskursen der Finanzmarktakteure und ihrer politischen Sprecher in aller Regelmäßigkeit die Beschwörung der stetigen Verbesserung der Wettbewerbsfähigkeit auf Weltmärkten. Denn Leistungsbilanzüberschüsse können wie die Überschüsse der realen Wirtschaft genutzt werden, um finanzielle Forderungen zu bedienen. Doch ist es zwar möglich, dass alle Länder verschuldet sind. Dies ist sogar notwendig, wenn die Geldvermögen der Privaten wachsen sollen. Unmöglich aber ist es, dass alle Länder (alle Währungsräume) einen Leistungsbilanzüberschuss erzielen. Infolgedessen können manche Länder erfolgreich wegen des Leistungsbilanzüberschusses beim Zuwachs der Vermögen sein. Manche andere Länder mit einem Defizit in der Leistungsbilanz sind es dann spiegelbildlich nicht. Deren (externe) Schulden steigen und mit ihnen auch der Schuldendienst. Dann werden wachsende Transfers aus den produzierten Einkommensströmen notwendig, die bei den internen Investitionen, bei den privaten und öffentlichen Konsumausgaben fehlen.

2.4 Eine Sequenz von Schuldenkrisen

Wenn man von vergleichsweise leichten Währungskrisen (in die europäische Währungen wie das britische Pfund oder die italienische Lira verwickelt waren) nach dem Ende des Bretton Woods-Systems 1971/73 und vor der Etablierung des Europäischen Währungssystems 1979 absieht, traf die erste Finanzkrise des in den 1970er Jahren angebrochenen neuen Zeitalters liberalisierter Weltmärkte die damals so genannte „Dritte Welt". Das Muster dieser Schuldenkrise war ökonomisch einfach, aber politisch komplex. Kreditnehmer in der „Dritten Welt", vor allem in Asien, Afrika und Lateinamerika, kamen an Kredite, weil die „Petrodollars" aus den Öl exportierenden Staaten (vor allem aus der Golfregion) nach dem Ölpreisschock von 1973 mit Hilfe des US-amerikanischen Bankensystems als US-Dollarkredite in die „Dritte Welt" geleitet wurden. Die Petrodollars waren zinsgünstig, weil in den Industrieländern eine Wirtschaftsflaute die Kreditnachfrage drückte und sie waren anders als Weltbank- oder IWF-Kredite in der Eiszeit der Blockkonfrontation politisch nicht konditioniert. Dies hatte zur Folge, dass insbesondere die Militärdiktaturen in Lateinamerika, Afrika und Asien externe Krediten aufgenommen haben, um Infrastrukturprojekte zu errichten oder die

Aufrüstung oder schlicht die Luxuskonsumtion der reichen Oberschichten und deren Kapitalflucht zu finanzieren.

Das war sehr schlecht für die Bevölkerung in den betroffenen Ländern, aber äußerst günstig für die US-Währung und die nach der Niederlage in Vietnam angegriffene US-Hegemonie in der Welt. Der US-Dollar konnte als Ölwährung etabliert werden, obwohl er bis 1979 im Vergleich zu den neuen Stars am Währungshimmel (wie DM und Yen) massiv an Wert verloren hatte (Clark 2005: 21-42). Das Recycling war obendrein von Vorteil für die US-Banken und die anderen international operierenden Banken in Zürich oder London und Frankfurt, die daran prächtig verdienen konnten. Denn nun hatten sie neue und potente Schuldner, die die Kredite der Banken bedienen konnten. Die Entwicklungsländer wiederum kamen zunächst billig und ohne politische Auflagen an Kredite in harter Währung, mit denen sie ihre Importe bezahlen konnten. Besonders wichtig am Recycling war die Wirkung auf das US-amerikanische Hegemonialsystem. Die Erosionsprozesse infolge der Niederlage in Vietnam und der Abwertung des US-Dollar wegen der gesunkenen Wettbewerbsfähigkeit der US-Wirtschaft, die sich als Handelsbilanzdefizit seit Anfang der 1970er Jahre bemerkbar machte, konnten gestoppt werden. Der US-Dollar ist nun nicht mehr als Zirkulationsmittel wegen der überschüssigen Handels- und Leistungsbilanz stark, sondern als Zahlungsmittel wegen der hohen Zinsen, die dafür sorgen, dass die USA mehr und mehr zu einem Kapitalimportland werden.

Der damalige Chef des Federal Reserve Systems der USA, Paul Volcker, leitete noch unter der Carter-Administration im Oktober 1979 die monetäre Restriktionspolitik hoher Zinsen ein. Diese Maßnahme wurde später als „Volcker-Schock" bezeichnet. Denn nun wurden die zu niedrigen Zinsen in vielen Ländern der „Dritten Welt" aufgenommenen kurzfristigen Kredite, mit denen aber in aller Regel langfristige Projekte finanziert worden waren (wenn sie nicht für Rüstungsimporte oder Konsumausgaben der Eliten verwendet worden sind), bei jeder Verlängerung (dem so genannten „roll-over" der kurzfristigen Kredite) teurer. Schuldner, die billige Kredite aufgenommen hatten, mussten nun steigende Zinsen zahlen, die ihre Leistungsfähigkeit in vielen Fällen überdehnte. In der Reagan-Ära seit Beginn der 1980er Jahre stiegen die realen Zinsen in bis dahin ungeahnte Höhen. Schuldnerländer der „Dritten Welt" wurden nahezu stranguliert, und es war absehbar, dass die Kreditgeber zu hohen Abschreibungen ihrer Forderungen gezwungen waren, wenn die Schuldner nicht gerettet und zur Fortsetzung des Schuldendienstes gebracht werden konnten.

Die Politik der Gläubiger war in den folgenden Jahren der Schuldenkrise daher darauf gerichtet, Wege der Umschuldung aufzutun und die Schuldendienstfähigkeit der verschuldeten Länder zu verbessern. Das geschah ganz traditionell mit jenen Maßnahmen, vor denen John M. Keynes in seiner Analyse des „German Transfer Problem" 1929 gewarnt hatte (Keynes 1929): Im Innern eines Landes muss die Verwendung des Sozialprodukts zu Gunsten des Schuldendienstes von der Konsumtion und den Investitionen umgelenkt werden und in den Außenbeziehungen muss ein Leistungsbilanzüberschuss erlauben, den Schuldendienst in harten Devisen zu leisten. Zu diesem doppelten Zweck der Aufbringung und des Transfers des Schuldendienstes an die Gläubiger wurde ein Maßnahmenbündel im „Konsens von Washington" erarbeitet (Williamson 1990; 2003; Enquete-Kommission 2002: 74). Es verlangte von allen verschuldeten Ländern eine restriktive Geldpolitik, die Reduzierung von Budgetdefiziten, eine Beschränkung von Sozialtransfers, eine rigide Lohnpolitik und eine Währungsabwertung zur Verbesserung der Wettbewerbsfähigkeit und zur Erzielung von Deviseneinnahmen aus Exportüberschüssen. So wurde der Versuch gemacht, das Aufbringungs- und Transferproblem zu lösen: Im Lande müssen Überschusse aufgebracht werden, die exportiert werden, um aus den Deviseneinnahmen den Schuldendienst bezahlen zu können.

Die Exportüberschüsse erfordern saldenmechanisch Abstriche bei privaten und öffentlichen Investitionen und Konsumausgaben. Die Umverteilung bei der Verwendung des Sozialprodukts hat Auswirkungen auf dessen Verteilung zwischen den Klassen, ist also ohne soziale und politische Konflikte nicht durchzuführen. Keynes hat sich ausführlich zu diesem Problem geäußert und dabei auch gezeigt, dass der Schuldendienst nicht nur das verschuldete Land belastet, sondern auch das Empfängerland der Zahlungen des Schuldendienstes. Denn es muss ja ein Handelsbilanzdefizit zulassen, damit das verschuldete Land mit Exportüberschüssen jene Devisen einnehmen kann, die es als Schuldendienst zu transferieren verpflichtet ist (Keynes 1929).

Zum Programm des Washington-Konsenses gehört auch die Privatisierung öffentlicher Unternehmen und Güter, um Gelder für den Schuldendienst in die Kassen zu spülen. Die Beschränkung öffentlicher Räume hat gesellschafts- und politikverändernde Folgen in allen betroffenen Ländern. Deregulierung der Politik, Liberalisierung der Märkte, vor allem der Finanzmärkte, und Privatisierung von bislang öffentlichen Gütern – das ist der Dreiklang der neoliberalen Globalisierung seit den 1970er Jahren, die in den verschuldeten Ländern gewaltförmige Konflikte ausgelöst hat. Denn dort wurde die Verschuldung auch deshalb zu einer kaum tragbaren Belastung, weil auch die Rohstoffpreise sanken und geringere Deviseneinnahmen zur Folge hatten. Daher war die Schuldenkrise der „Dritten Welt" in den 1980er Jahren unvermeidbar. Sie bescherte vielen Ländern

Lateinamerikas, Afrikas und Asiens ein – hinsichtlich des Wachstums des BIP und der Bekämpfung der Armut – „verlorenes Jahrzehnt".

Auch die „zweite Welt" des real existierenden Sozialismus war in den Schuldenkreislauf einbezogen. Die meisten osteuropäischen Länder hatten seit den frühen 1970er Jahren hohe Außenschulden (gegenüber westlichen Banken) angehäuft. Diese erforderten hohe Devisentransfers und daher beträchtliche Außenhandelsüberschüsse. Doch die Wettbewerbsfähigkeit der real-sozialistischen Wirtschaften war nicht ausreichend, um diese zu erzielen und den Schuldenberg abzutragen. In Polen verhinderten überdies die Streiks der Solidarność-Bewegung die Aufbringung der Überschüsse und führten schon 1981 zur Einstellung des Schuldendienstes (mit der Folge des Jaruzelsky-Putsches im Dezember 1981 zur Disziplinierung der aufständischen Arbeiter auf den Danziger Werften und anderswo). Die Kreditkrisen in einer Reihe anderer osteuropäischer Länder (einschließlich der DDR) erzwangen die wirtschaftliche Öffnung und daher auch das Ende des Außenhandelsmonopols, ohne das eine nationalstaatliche Wirtschaftsplanung nicht durchführbar ist. Schulden gegenüber westlichen Finanzinstituten waren also der entscheidende Grund für die Kapitulation der staatlichen Plansysteme vor dem Weltmarkt. Das Ende des real existierenden Sozialismus als gesellschaftliches System war dann nur noch eine Frage der Zeit, der Fall der Mauer schloss 1989 das „kurze 20. Jahrhundert" zwischen Sarajevo 1914 und Sarajevo 1991 (Hobsbawm 1995) ab. Die Schuldenkrise war der „Türöffner", um protegierte Märkte im Westen und planwirtschaftlich abgeschottete Systeme im Osten für das global operierende Kapital und das politische System des kapitalistischen Westens zu erschließen und der „Systemalternative" des 20. Jahrhunderts zu Beginn des 21. Jahrhunderts ein Ende zu bereiten.

Die Schuldenkrise war auch eine Gelegenheit für die Veränderung der Funktionsbestimmung der Institutionen des Bretton Woods-Systems, des Internationalen Währungsfonds (IWF) und der Weltbank. Der IWF hatte seine im Jahre 1944 vereinbarte Funktion als Institution der Sicherung stabiler Wechselkurse zwischen den Währungen verloren, wurde aber nun mit der Aufgabe betraut, die Fähigkeit zum Schuldendienst der verschuldeten Länder gegenüber den privaten, international operierenden Banken zu sichern, also für die „Stabilität" des globalen Finanzsystems Sorge zu tragen. Dieses war dabei, sich grundlegend zu verändern. Denn wenn die Schuldnerländer der „Dritten Welt" zunächst als Schuldner ausfielen, mussten neue Schuldner her.

Nach der Schuldenkrise der ärmeren Entwicklungsländer wurden die Schwellenländer, die aufstrebenden neuen Industrieländer Asiens, Europas und Lateinamerikas als die neuen Schuldner geortet, die die anwachsenden Geldvermögen absorbieren und darauf den geforderten Schuldendienst zahlen sollten. Die Rendite musste stimmen und daher kamen nun auch gegenüber der Schuldenkrise des vorangegangenen Jahrzehnts innovative „Finanzinstrumente" zum Einsatz. Das waren in großem Umfang verbriefte Papiere. Mexiko geriet 1994 in eine schwere Finanzkrise, die das Land etwa 20 % des Sozialprodukts kostete (Dussel Peters 2000). Die so genannten dynamischen asiatischen Wirtschaften (die „asiatischen Tiger") folgten 1997 und im Anschluss daran gerieten 1998 Russland und die Türkei, Brasilien 1999 und Argentinien 2001 und andere lateinamerikanische Länder in schwere Finanzkrisen, die ihnen hohe Verluste zwischen 20 und 60 % des Sozialprodukts bescherten (vgl. Wyplosz 1999: 152 – 189). Der damalige geschäftsführende Direktor des IWF, Michel Camdessus, bezeichnete die Finanzkrise Mexikos schon 1994 (also weit vor dem Ende des 20. Jahrhunderts) weitsichtig als „erste Finanzkrise des 21. Jahrhunderts". Denn anders als in der Schuldenkrise der 1980er Jahre wurden nicht einzelne Kredite von Banken oder Bankkonsortien an Kreditnehmer einzelner Schuldnerländer notleidend. Die Kredite waren inzwischen verbrieft und konnten daher an der Börse – oder außerbörslich – von Banken oder Fonds gehandelt werden. Das waren Finanzinnovationen, um mit den Papieren spekulieren zu können. Sie wurden zu immer neuen Paketen „strukturierter Papiere" verschnürt. Für die mit höchstem Risiko behafteten und folglich „toxischen" Papiere interessierten sich sogenannte „Geierfonds", die das hohe Risiko wegen hoher Renditeaussichten einzugehen bereit waren (vgl. Partnoy 1998, der, selbst Devisenspekulant, die „Finanzinnovationen", die zur Mexico-Krise geführt haben, als literarische Vorlage verwendet; vgl. auch Perkins 2005). Die Finanzkrise der 1990er Jahre brachte also – ebenso wie die Schuldenkrise im Jahrzehnt zuvor – finanzielle Innovationen hervor, die die Fortsetzung und Steigerung der finanziellen Spekulation im finanzgetriebenen Kapitalismus erlaubten. Da die Papiere auf liberalisierten Märkten weltweit gehandelt werden konnten und seit 1973 die Wechselkurse weitgehend flexibilisiert waren, konnten die Händler mit den verbrieften Krediten nun auch Währungsarbitrage betreiben. Die Folge war eine „Innovation", die bis heute wirksam ist: Die Finanzkrise setzt sich als Währungskrise fort. Die großen Verluste, die einzelne Länder in den Finanzkrisen der 1990er Jahre erleiden mussten, waren zumeist auch eine Folge des Absturzes der Währung. Die Krise in Thailand 1996, mit der die Asienkrise begann (Dieter 1998), wurde mit dem Namen der Währung (Bath) als „blood bath" bezeichnet.

Die nächste Runde im „globalen Kasino-Kapitalismus" (so Susan Strange schon 1986) wurde nach der Finanzkrise Asiens und Lateinamerikas eröffnet, als die „dot.com"-Blase (mit vor allem aus Asien in die USA „repatriiertem" Kapital) aufgepumpt wurde. Schuldner waren nun die Internet-Start-ups, in die Banken und Fonds sehr viel Kapital investierten, das sie in Entwicklungs- und Schwellenländern nach den Erfahrungen der 1980er und 1990er Jahre nicht mehr anlegen wollten. Die wilden Versprechungen eines Produktivitäts- und Profitabilitätssprung in der „new economy" erwiesen sich jedoch als illusionär, und als die Fata Morgana kurz nach der Jahrhundertwende verschwand, war dies ein untrügliches Anzeichen dafür, dass auch die „erste Welt" der westlichen Industrieländer nicht vor den krisenhaften Folgen der von „ihrer Finanzindustrie" kreierten Finanzinnovationen gefeit war.

Doch damals ging es noch gut, dank des 11. September 2001 und der nachfolgenden Politik des superleichten Geldes der US-Zentralbank unter dem „billigen Jakob des Geldes", unter Alan Greenspan. Alle Welt war damals im Jahr 2001 voll des Lobes und bewunderte die geniale Art und Weise, wie Greenspan die finanziellen Herausforderungen von 9/11 meisterte. Heute wird Greenspan für das verantwortlich gemacht, was dann folgte: für einen ungezügelten Immobilienboom, in dessen Verlauf auch wertlose Immobilien beliehen („subprime") und US-Haushalte ohne sichere Einkommensquelle („ninjas" – no income, no job, no assets) mit Geld ausgestattet wurden, das sie vor allem zum Kauf von chinesischen Waren zu Konsumzwecken und nicht für Investitionen verwendeten. Das billig zu habende Geld musste ja angelegt werden, und daher waren neue Schuldner, die die Verwertung der Geldvermögen und deren fantasiereiche Kreation überhaupt erst möglich machten, gesucht. Sie wurden als Konsumenten- und Kreditkartenschuldner und als Immobilienkreditnehmer in den USA gefunden. Die auf diese neuen Schulden ausgestellten, gebündelten und verbrieften Wertpapiere wurden international gehandelt. Niedrige und gar negative Sparquoten und ein explodierendes Zwillings-Defizit in Staatshaushalt und Leistungsbilanz konnten auf diese Weise finanziert werden. In der Weltwirtschaft insgesamt wuchsen die beschönigend so genannten „strukturellen Ungleichgewichte".

In den USA wurde ein Boom auf Pump angekurbelt, der den Exportnationen, in erster Linie China, aber auch Japan und Deutschland hohe Exportüberschüsse und davon angeregtes Wirtschaftswachstum brachte. Die Supermacht USA verschuldete sich gegenüber dem Ausland immer mehr, während die Dollarguthaben sich vor allem in Asien, aber auch in einigen erfolgreichen Exportnationen Westeuropas (vor allem in Deutschland) und Lateinamerikas (vor allem in Brasilien) sammelten.

2.5 Die Wirtschafts- und Finanzkrise als Politikum

Die Finanzkrise und die Krise der „realen" Ökonomie haben die politische und gesellschaftliche Stabilität des Systems zwar nicht ins Wanken gebracht. Doch ist die politische Lage prekär, und dies hat mit der Art und Weise der Krisenbewältigung zu tun. Die Finanzinstitute wurden nach der Pleite des Bankhauses Lehman Brothers in den USA im September 2008 mit billigem Geld der Zentralbanken zu Zinssätzen nahe Null vollgepumpt, um nach dem Katzenjammer, der der Lehman-Pleite folgte, das „Börsenspiel der Bankokraten" (Marx, MEW 23: 783) so fortzusetzen, als ob nichts geschehen wäre. Die monetären Verluste der Finanzkrise können wettgemacht werden, indem das Geschäft des Investment-Banking fortgesetzt wird, nun aber mit neuen Schuldnern, und das sind die Staaten. Es findet also – wieder einmal – ein großangelegter „Schuldnertausch" statt. Viele private Schuldner – Immobilienschuldner, Konsumentenkreditnehmer, Unternehmen, Banken – werden insolvent, und dann kommt es nur zupass, dass die Staaten die enormen Rettungspakete für die Banken finanzieren müssen und dass ihnen dies nur gelingt, wenn sie sich gegenüber dem Finanzsektor verschulden. Viele der Finanzinstitute sind eigentlich pleite. Doch haben sie das Privileg eines Kontos bei der Zentralbank. Daher ist es ihnen möglich, die Staatsanleihen mit billig aufgenommenem Zentralbankgeld zu finanzieren. Den Staaten ist diese billige Art der Finanzierung von Staatsausgaben zumindest in der EU untersagt, weil auf diese Weise die Inflation angekurbelt werden könnte. Eine Modifikation ist 2010 dadurch zustande gekommen, dass die EZB dazu übergegangen ist, Staatsanleihen von Mitgliedsländern des europäischen Währungsraums aufzukaufen. Die Staaten verschulden sich neu aber vor allem bei den gerade geretteten Geschäftsbanken, die auf einmal ein neues und lukratives Geschäftsfeld vorfinden. Um mit diesem Geld „arbeiten" zu können, müssen sie Schuldner finden, die es zu höheren Zinssätzen, als die Banken für das Geld zahlen, leihen. Das sind nicht die Unternehmen der „realen" Wirtschaft, die bei niedrigen Wachstumsraten und geringen Gewinnmargen keine hohen Zinsen zahlen können. Das sind öffentliche Institutionen, denen je nach Risikokalkulation – und dafür sind die in der Finanzkrise wegen ihres manchmal betrügerischen Ratings auffällig gewordenen Rating-Agenturen zuständig – hohe Zinsen auf die Staatsschuld abverlangt werden.

Während in einer Inflation die Geldvermögensbesitzer des finanzgetriebenen Kapitalismus einen Teil ihres Vermögenswertes verloren hätten, werden durch den Mechanismus der Staatsverschuldung vor allem diejenigen herangezogen und belastet, deren Ansprüche reduziert oder gestrichen werden, um den Zinsendienst leisten zu können. Die scheinbar neutralen Mechanismen der Staatsverschuldung und des Zinsendienstes sind also politisch gewollte Maßnahmen der Umverteilung von Einkommen zu Gunsten der Finanzinstitute, die die Staatsschuld mit Hilfe von Zentralbankgeld finanzieren.

Zwar ist das zinstragende Kapital, wie Marx schreibt, „die Mutter aller verrückten Formen" (MEW 25: 483), die den Blick auf Produktionsprozess und Produktionsweise, auf die Verteilung und Umverteilung und auf die Zusammenhänge der verschiedenen Krisenerscheinungen versperren. Doch die Umverteilung zu Gunsten des Finanzsektors ist so offensichtlich, dass die Legitimation des Systems gefährdet ist. Damit aber wird die ökonomische Krise zu einem Politikum. Schuldner werden eventuell gezwungen, den Schuldendienst aus der ökonomischen Substanz zu zahlen. Das hat seit Aristoteles und biblischen Zeiten bis heute der Forderung Nachdruck verliehen, insolvente Schuldner durch geregelte Schuldenstreichung (ein geregeltes Insolvenzverfahren) zu entschulden.

Die derzeit so häufig zu lesende Erinnerung an 1929 muss daher auch als eine Mahnung verstanden werden, die Folgen der Krise nach 1929 mit ihren 50 Millionen Kriegstoten zu Beginn des 21. Jahrhunderts unbedingt zu vermeiden. Das ist ein moralischer Imperativ. Die Politisierung der Diskurse über die Krise ist unvermeidlich, damit Eric Hobsbawms Befürchtung, dass in der Folge der gegenwärtigen Krise wie vor 80 Jahren „Blut fließen wird, viel Blut" (Hobsbawm 2009), nicht wahr wird.

Dennoch verhalten sich die Finanzstrategen in der Krise der Jahre nach 2008 so, als ob diese nur eine unangenehme, doch kurzzeitige Unterbrechung einer historischen Entwicklung mit hohen 25%igen Renditevorgaben sei. Dass Renditen von 25% bei realen Wachstumsraten von weniger als einem Zehntel dieser Größenordnung nicht dauerhaft auch mit noch so vielen innovativen Tricks aus dem ökonomischen Hut gezaubert werden können, mag hier und da irritieren, führt aber nicht zur Verunsicherung. Selbst wenn der Bezug der hohen Renditen ökonomisch möglich sein sollte, ist das nicht beruhigend. Denn anders als vor 80 Jahren droht die ökologische Krise von Energie und Klima. Die Ernährungskrise spitzt sich weiter zu. Die Entwicklung hat, sofern wir stoffliche und energetische Transformationen in Betracht ziehen, irreversible Folgen und die Entropie steigt an. Nur in einer Ökonomie der raum- und zeitlosen Modelle scheint alles reversibel zu sein. Kapital kehrt zu sich selbst zurück (return to capital) und zwar um Profit oder Rendite vermehrt. Wie sollte man da auf die Idee kommen können, dass die natürlichen und gesellschaftlichen Restriktionen für die Ökonomie Bedeutung habe?

Wenn sich das ökonomische System bereits in seiner Entwicklung den Grenzen des Umweltraums oder den Grenzen der sozialen Belastbarkeit der Lohnabhängigen oder den Grenzen der politischen Legitimierbarkeit bestimmter Entwicklungen genähert hat, ist das Erreichen von Kipppunkten (tipping points), an denen die Stabilität des Systems fraglich wird, nicht auszuschließen. Das ist ein wichtiger Grund, weshalb die Annahme der zyklisch sich wiederholenden Entwicklung nicht überzeugen kann, auch wenn immer wieder gehofft wird, der Krise und der Depression mögen doch der Umschwung, der Aufschwung, eine neue Phase der Prosperität folgen. Die Beachtung des „Springpunkts der politisch-ökonomischen Analyse", also des Doppelcharakters der Arbeit, zwingt dazu, die wirtschaftliche Entwicklung als einen irreversiblen Prozess der gleichzeitigen Wert- und Naturtransformation und daher auch der Gesellschaftsveränderung zu begreifen.

Zweiter Teil

Die Autopoesis finanzieller Renditen

3. Kapitel
Das große Geschäft mit Geldvermögen und Geldschulden

Würden die real produzierten Überschüsse so steigen können wie die im Finanz-sektor generierten finanziellen Renditeansprüche, könnte es zu einer die ganze Welt erfassenden Finanzkrise nicht kommen. Doch die realen Überschüsse der Produktion von Gütern und Dienstleistungen haben eine sinkende Tendenz. Grenzen des Wachstums machen sich ebenso geltend wie der Fall der Profitrate. Damit beschäftigen wir uns im dritten Teil dieser Schrift. Auf der anderen Seite werden hohe und steigende Renditeansprüche, quasi autopoetisch aus dem Selbst-lauf des Systems, generiert, also als Wertpapiere verbrieft und auf den globalen Markt geworfen. Voraussetzung dafür waren die Privatisierung öffentlicher Güter und Dienste und eine weitgehende Liberalisierung der Märkte.

Geld und Kredite oder Wertpapiere führen, so drängt sich der Eindruck auf, ein Eigenleben, auch wenn, dies zeigt die schwere Finanzkrise seit 2008, das Schwergewicht der realen Wirtschaft die flotten Finanzen auf den Boden der Tatsachen zurückholt. Dann kann Bilanz gezogen werden, und es stellt sich heraus, dass die Aufblähung der Vermögenswerte auf den Finanzmärkten in der Finanzkrise sehr teuer kommt; denn die Übertreibungen der Renditeforderungen müssen immer wieder auf das Maß der Leistungsfähigkeit von Schuldnern, die ja die Renditeansprüche zu befriedigen haben, reduziert werden. Wertpapiere wer-den tatsächlich zu wertloser Makulatur; das ist Gift für die Finanzvermögen.

Auch erweist sich die gesellschaftliche Vision von effizienten Finanzmärkten, die zur optimalen Allokation der Produktionsfaktoren beitragen, als eine Illusion ebenso wie die andere Vision von den Finanzmärkten als einer „fünften Gewalt" in der modernen Demokratie: „Wenn die Politik im 21. Jahrhundert in diesem Sinne im Schlepptau der Finanzmärkte stünde, wäre dies vielleicht so schlecht nicht" (so der Vorstandschef der Deutschen Bank Rolf Breuer in einem Zeit-Gespräch, in: Die Zeit vom 27.4.2000). Die Finanzmärkte und ihre Akteure nehmen zwar Regierungen ins Schlepptau, aber ihr Kurs schlingert in den Abgrund der großen Pleiten und des großen Betrugs, also in den Bereich von Kriminalität und der zutiefst korrumpierten Politik. Kein Zufall also, wenn die Promotoren dieser antidemokratischen Idee selbst im Schlamm der Korruption stecken, wie das

Management der Deutschen Bank. Die politische Befolgung der Sachzwänge der Finanzmärkte ist ein Schurkenstreich gegen die demokratische Ordnung, weil Zeiten für Deliberation eingeschränkt, Alternativen politischer Entscheidungen beseitigt und korruptive Praktiken gefördert werden, die auch die Grenze zur organisierten Kriminalität überschreiten. Und was ist der Zweck? Das ist der Transfer von Teilen des Bruttoinlandsprodukts zu den Geldvermögensbesitzern. Die grandiose Umverteilung zu Lasten der Arbeit und zu Gunsten des Geldes wird mit der Erklärung gerechtfertigt, dass sonst „das System" gefährdet sei. Der Kapitalismus verlangt in der Krise seine Opfer, und diese werden von der Politik „im Schlepptau der Finanzmärkte" den Finanzmarktgewaltigen dargebracht. Auf der Strecke bleibt die soziale Substanz der demokratischen Ordnung.

3.1 Verselbständigtes Geld und fiktives Kapital

Die „Entbettung" der Märkte aus der Gesellschaft (Polanyi 1978; und vor allem 1979: 317ff) und aus den natürlichen Reproduktionsbedingungen setzt sich fort als Verselbständigung der Finanzmärkte gegenüber der bereits aus Gesellschaft und Natur entbetteten kapitalistischen Marktwirtschaft (zur Stufenfolge der Entbettung vgl. Altvater/Mahnkopf 1999: 3. Kapitel). Seit der „great transformation" zur Marktwirtschaft im 18. und 19. Jahrhundert, zunächst in England und dann weltweit, kann die Welt der Finanzen ein Eigenleben führen, dem Anschein nach nur ihrer eigenen Logik der exzessiven Steigerung von Renditen verpflichtet. Das Zinsverbot, von Aristoteles im vierten Jahrhundert vor unserer Zeitrechnung begründet und von Augustinus im vierten Jahrhundert nach Christi Geburt zum Kirchengesetz erhoben, ist seit dem 16. Jahrhundert aufgeweicht und dann aufgehoben; nur im Islam gilt es bis in unsere Tage. Jetzt werden die Möglichkeiten der Entbettung des Geldes aus sozialen Bindungen und natürlichen Beschränkungen der Warenproduktion Wirklichkeit. Zinsen und Renditen sind hoch genug, um die Expansion eines globalen Finanzsystems zu nähren.

Die Verselbständigung von Geld und Kredit ist bereits in der Form des Geldes in der kapitalistischen Markt- und Geldwirtschaft begründet. Denn „das Produkt wird zur Ware, die Ware wird zum Tauschwert; der Tauschwert der Ware ist ihre immanente Geldeigenschaft" (Marx 1953: 65) und „diese ihre Geldeigenschaft gewinnt eine allgemeine, von allen besondren Waren und ihrer natürlichen Existenzweise gesonderte soziale Existenz". Die doppelte, „verschiedne" Existenz der Ware als Ware und als Geld „muß zum Unterschied, der Unterschied zum Gegensatz und Widerspruch fortgehn" (Marx 1953: 65) – und Widersprüche können sich krisenhaft zuspitzen: zur Geld- bzw. Kreditkrise. In der Krise tritt zu Tage, wie sehr die Entbettung und Verselbständigung des Geldes eine „relative" ist.

Um dies zu verstehen, ist die Lösung des „Geldrätsels" notwendig, mit dem sich Philosophen und Ökonomen bis in unsere Tage herumschlagen. Marx hat es dadurch zu lösen versucht, dass er nicht nur – wie in der ökonomischen Theorie üblich – Funktionen des Geldes auflistete, sondern zuvor die Form des Geldes aus der Warenform ableitet: Geld stammt aus der Ware, und die wird in modernen Gesellschaften kapitalistisch produziert. Das Geld tritt der Welt der Waren in verselbständigter Gestalt gegenüber. Bei der Diskussion der Geldfunktionen (im dritten Kapitel des ersten Bandes des „Kapital") behandelt Marx zunächst die auf den Wert (Geld misst die Werte, ist „Maß der Werte") und auf die Ware (Geld ist deren Zirkulationsmittel) bezogenen Funktionen. Geld ist mit diesen Eigenschaften an die „reale" Ökonomie von Arbeit, Produktion und Warenzirkulation gebunden. Doch fungiert das Geld als Geld losgelöst von dem Warenumsatz in der „Realwirtschaft", es verselbständigt sich. Das verselbständigte Geld nimmt auf den globalen Finanzmärkten den weit größeren Raum ein als das in der realen Welt der Waren zirkulierende Geld: Mehr als 95% aller Finanztransaktionen auf Devisenmärkten haben mit der Zirkulation des Warenhandels oder der Finanzierung von Direktinvestitionen direkt nichts zu tun. Das Geld besorgt reine Geldgeschäfte (Geld als Geld), darunter sind viele, die ausschließlich der Spekulation dienen.

In diesem dritten Kapitel des Marx'schen „Kapital" über „Das Geld und die Warenzirkulation" lautet eine Zwischenüberschrift schlicht und überraschend daher: „Geld". Geld ohne wenn und aber. Es ist Schatz auf der einen Seite, wenn es nämlich aus der Zirkulation gezogen und wie von Dagobert Duck zu einem Goldhaufen bzw. heute von einigen Regierungen zu Devisenreserven in Billionenhöhe akkumuliert wird. Auf der anderen Seite ist es Kredit (Zahlungsmittel). In dieser Funktion gelangt es schon in die Zirkulation, bevor die Waren, deren Gegenwert das Geld darstellt, da sind. Einige Regierungen akkumulieren diese Zahlungsverpflichtungen als Staatsschuld. Tatsächlich gibt es die Reserven- oder Schatzbildung nur, wenn es auf der anderen Seite auch die Schulden gibt und umgekehrt. Beide Formen des Geldes haben mit der „Realwirtschaft" nur vermittelt zu tun. Daher können sich die Akteure der Geld- und Finanzsphäre verhalten, als ob es für sie keine Gesellschaft mit ihren zivilisatorischen Normen, keine Produktion mit sozialen Beziehungen, technischen Einrichtungen und Rechtsnormen und ökologischen Grenzen von Profiterzielung und Renditen außerhalb ihrer Geldwelt gäbe und als ob Werte von den Agenten des Geldes selbst und nicht im Produktionsprozess durch den von Aristoteles hervorgehobenen „Arbeitsfleiß" der Produzentinnen und Produzenten geschaffen werden müssten. Die Loslösung des Finanzsektors von der Waren- und Kapitalzirkulation formuliert Robin Blackburn so: „Haushalte (können sich) wie Unternehmen" verhalten, „Unternehmen wie Banken, und Banken wie Hedgefonds" (Blackburn 2008: 38). Je weiter von der „schmutzigen" Produktion entfernt, desto ungezwungener, so scheint es, können die Renditen in der Geld- und Finanzsphäre selbst gesteigert werden.

Was die Finanzakteure können, das tun sie auch; sie verhalten sich in besonders hitzigen Zeiten wie Spieler, und als solche sind sie rücksichtslos, insbesondere gegenüber jenen, die die Leidtragenden des Spiels sind. „Nichts durfte die Experten, die jene kalifornischen Hypotheken in verbriefte Papiere verwandelt und verkauft haben, so wenig kümmern wie die soziale Situation und Lebensperspektive der Hausbesitzer" schreibt Andreas Zielcke über die US-amerikanische Subprime-Hypotheken-Spekulation. (Zielcke 2010) Jede Äußerung von Empathie oder Mitleid ist in diesem Spiel dysfunktional. Der Verselbständigung des Geldes entsprechen Ignoranz und Arroganz der Geldvermögensbesitzer und die Gier ihrer Agenten, die daher völlig funktional, alles andere als ein menschlicher Defekt ist und zum finanzgetriebenen Kapitalismus perfekt passt.

Am Ende dieser Kette von Verselbständigungen befindet sich dann ein Finanzsektor, der nach seiner eigenen Musik tanzt – so lange wie der Juke Box nicht der Strom abgeschaltet wird oder prosaischer formuliert: so lange wie der Finanzsektor an den in der realen Ökonomie erzeugten Einkommensströmen massiv teilhaben kann, so lange die Schuldner solvent bleiben und die Kredite bedienen bzw. die Renditen auf die Papiere zahlen können. Der Kanal zwischen den Schuldnern aus der „Realwirtschaft" und den Kredite gebenden bzw. Wertpapiere „originierenden" Finanzinstituten muss also für den Zins- und Renditenfluss offen sein. Probleme bei dessen Verteilung zwischen industriellem und finanziellem Sektor gab es bereits in vorindustriellen Zeiten, in der Epoche der Segelschiffe und Pferdedroschken. Aber erst mit der Revolution des fossil-industriellen Systems und mit der Verbreitung von Dampflok und Dampfschiff, von Automobil und Flugzeug und nicht zuletzt mit der Revolution des Internets konnten sich die Konsequenzen von Stockungen des Transfers in hohem Tempo ausbreiten.

Die Entbettung und Verselbständigung der Märkte gegenüber der Gesellschaft ist auch die Grundlage für jene Hierarchie der Märkte, die von der an Keynes orientierten ökonomischen Theorie gegen die klassisch-neoklassische Annahme, dass Märkte prinzipiell gleichartig und jeweils durch den Preismechanismus zu einem Marktgleichgewicht der Vollbeschäftigung aller Faktoren gesteuert würden, ins Zentrum der Analyse von Marktungleichgewichten stellte: Der Geld- und Finanzmarkt steuert mit seinen Preissignalen (den Zinsen) den Gütermarkt. Dessen Entwicklung (Warenabsatz, Profitraten und Investitionen) ist für die Nachfrage auf dem Arbeitsmarkt, also auch für Beschäftigung und Lohneinkommen, entscheidend. Marktwirtschaften sind Geldwirtschaften und vom Geld und Kapital her entschlüsseln sich ihre Bewegungsgesetze. Es scheint, als ob die von Natur und Gesellschaft am meisten abgehobenen Märkte von Geld und Kredit die Produktion und Zirkulation der realen Güter und Dienstleistungen (kommerzielle Waren) steuern und damit auch den Arbeitsmarkt bestimmen, auf dem menschliche Arbeitskraft gekauft und verkauft wird. Also sind das hohe Gewicht von reinen Finanztransaktionen auf globalen Devisenmärkten und der geringe Anteil von Devisentransaktionen, die der Abwicklung von Handels- und realen Investitionsgeschäften dient, nicht nur quantitativ bedeutsam; sie bringen auch die Qualität des finanzgetriebenen Kapitalismus zum Ausdruck. In der Sphäre der Finanzen operiert zwar „fiktives" (MEW 25: 481ff.), „imaginäres" (MEW 25: 493), „illusorisches" (MEW 25: 484) Kapital, das aber reale Konsequenzen zeitigt.

Die verbrieften Forderungen werden zu handelbaren Vermögenswerten, „gelten als Eigentumstitel, die dies Kapital vorstellen" (MEW 25: 484). Sie bekommen durch Kapitalisierung der regelmäßigen Einkünfte (Renditezahlungen) aus den produktiven Sektoren der Wirtschaft einen Wert, zu dem sie an der Börse (oder außerbörslich) gehandelt werden. „Aller Zusammenhang mit dem wirklichen Verwertungsprozess des Kapitals geht so bis auf die letzte Spur verloren, und die Vorstellung vom Kapital als einem sich durch sich selbst verwertenden Automaten befestigt sich". (MEW 25: 484) Das könnte die Marx'sche Formulierung für die von Karl Polanyi beschriebene „great transformation" der aus der Gesellschaft entbetteten Markt- und Geldwirtschaft sein.

An der Börse kann sich der Marktwert („die Marktkapitalisierung") weit vom Nominalwert des Papiers hinweg bewegen. So konnte es während der „New Economy"-Manie in den USA dazu kommen, dass der Börsenwert von Internet-Start-ups den Wert großer industrieller Konzerne überflügelte. Der Wert des fiktiven Kapitals, so Marx, „ist stets nur der kapitalisierte Ertrag, d.h. der Ertrag, berechnet auf ein illusorisches Kapital nach dem bestehenden Zinsfuß." (MEW 25: 485) Die Inwertsetzung ist also auch der Eintritt in die Schattenwelt des fiktiven Kapitals mit neuen Akteuren an besonderen Finanzplätzen mit neuen Finanzinstrumenten.

Die neuen Akteure sind (1) Pensions- und Investmentfonds, Private Equity- und Hedgefonds, Versicherungsgesellschaften und diverse Zweckgesellschaften,

„die mit großartigen Renditeversprechen die Ersparnisse der vermögenden Bevölkerungsgruppen an sich ziehen wollen" (Cordonnier 2009: 7). Sie operieren (2) an neuen Finanzplätzen, in Offshore-Finanzzentren und freien Bankzonen außerhalb regulierter Räume (in Zonen einer „special jurisdiction") und daher weitgehend unkontrolliert und in ihrem Gewinnstreben fast ungehindert und in manchen Fällen mit ungebremster krimineller Energie bei Steuerhinterziehung und Geldwäsche, bei Insidergeschäften und Leerverkäufen. Die deregulierten „special jurisdictions" haben also zu illegalen und kriminellen Transaktionen eingeladen, und diese Einladung zum großen Kasino haben wohl fast alle Akteure angenommen. Da Werte nicht wegen des materiellen Gebrauchswerts durch harte Arbeit erzeugt, sondern durch rechtlich zulässige Verbriefung aus dem Nichts ohne einen materiellen Gebrauchswert „originiert" werden können, ist ein weites Feld für Betrug geöffnet. Beim Handel mit CO_2-Zertifikaten beispielsweise gehen nach Einschätzung von Europol 90 % der originierten Papiere auf Betrug zurück (FAZ vom 29. 4. 2010, S. 11 „Großrazzia wegen Betrugs mit Emissionszertifkaten"). Ein Management, das die Möglichkeiten zum Betrug ausgeschlagen hätte, wäre von den Shareholders wohl aus der Bank gejagt worden. Nun aber droht Goldman Sachs und anderen Banken eine Klagewelle auf Schadenersatz wegen der Nutzung der deregulierten Freiräume für die offenbar sehr lukrativen, aber doch betrügerischen Geschäfte (vgl. z.B.: FTD 20.4.10, S. 15; SZ 17./ 18.4.10, S. 25). Die Grenze zwischen Verbriefungspraxis und organisierter Kriminalität ist nicht scharf gezogen.

Obendrein kommen (3) neue Finanzinstrumente zum Einsatz, deren Existenz und Zerstörungspotential dem breiteren Publikum erst in der Finanzkrise klar geworden ist: Subprime-Hypothekenkredite, Asset Backed Securities (ABS), Collateralised Debt Obligations (CDO), Credit Default Swaps (CDS) etc. waren vor Ausbruch der Finanzkrise keine Begriffe, die ein Nicht-Insider kennen musste. Es lassen sich eben „zehn mal tausend Millionen nicht mit langweiligen, althergebrachten Bankgeschäften verdienen, mit schlichten Unternehmenskrediten oder solider Vermögensverwaltung. Wer solche Renditen erwirtschaften will, der braucht schon die ganz große Geldmaschine, das Investmentbanking – er braucht: Mega-Transaktionen mit Wertpapieren jedweder Art, den sogenannten Eigenhandel, also die Spekulation auf eigene Rechnung, Derivate, also die Kreation und den Verkauf abgeleiteter Wertpapiere. Und natürlich alles, was es sonst noch so gibt in der wunderbaren neuzeitlichen Finanzwelt" (Kaden 2009). Die „klassische", „langweilige" Gläubiger- Schuldnerbeziehung hingegen ist die zwischen einem Unternehmen, das sich verschuldet, um mit den aufgenommenen Krediten Investitionen zu finanzieren, aus deren Erträgen der Kredit bedient werden kann – und obendrein noch eine branchenübliche Profitrate des angelegten Kapitals anfällt. Die Bank fungiert in dieser Beziehung als ein Kreditmediator, vermittelt die Ersparnis den Investoren, verbindet reale Wirtschaft und Finanzsektor, kann damit aber keine großen Renditesprünge machen. Das ist der Grund, weshalb gewagtere, risikoreichere und daher auch profitablere Geschäftsmodelle von Marktakteuren entwickelt werden, die auf Wolken satter Prämien und Boni völlig abgehoben „seem to be living in another universe" (International Herald Tribune, 31.1.09, S. 11). Dieses muss nun erkundet werden.

3.2 Wie sich Wertpapiere mit Bestnoten in toxischen Papiermüll verwandeln

Die USA mögen auf globalen Märkten für Auto und Elektronik, Chemie oder Maschinenbau an Wettbewerbsfähigkeit gegenüber Konkurrenten in Europa und Asien eingebüßt haben. Doch auf den Märkten für High Tech-Rüstungsgüter und für Software der Informations- und Kommunikationsindustrie sind US-Firmen ebenso führend wie auf den Märkten für innovative Finanzprodukte, die US-Finanzakteure in aller Welt verkaufen konnten. Die Liberalisierung und Deregulierung der Märkte hat die Erfindung hoch-spekulativer und daher hochrentierlicher Finanzprodukte stimuliert. Das war aber auch das Beet, in dem die Keime der Finanzkrise aufgehen konnten. Die Verselbständigungstendenzen des Geldes, des Kredits und daher des globalen Finanzsystems sind der Grund dafür, dass im modernen, finanzgetriebenen Kapitalismus die Krisen der Produktionsweise sich als Geld- und Finanzkrise äußern, bevor sie Produktion und Reproduktion des Kapitals erfassen.

Die finanzielle Inwertsetzung vollzieht sich in fünf Schritten. Zunächst muss (1) eine Kreditbeziehung zwischen Schuldner und Gläubiger zustandekommen. Diesem ersten Schritt folgt der zweite Streich (2), und das ist die Verbriefung der schuldrechtlichen Kreditbeziehung, um ein Wertpapier zu erzeugen (zu originieren). Dann folgen (3) die Aufblähung von Werten durch die Hebelwirkung von Schulden und (4) die Vertuschung der wahren Werthaltigkeit der verbrieften Forderung im Rating. Nun kann das Geschäftsfeld beim weltweiten Verkauf (Distribution) ausgedehnt werden. Dabei findet eine intransparente Risikoverlagerung im globalen Raum statt. Diesen vier Schritten der Inwertsetzung und Verwertung folgt unweigerlich der fünfte Akt des Dramas, und das ist die Entwertung, der crash (5).

3.2.1 Erster Schritt: Gute Schuldner braucht die Bank

Das Prinzip der Verwandlung von Wert in Kreditgeld wird bereits angewendet, wenn Wechsel gezogen, weitergegeben (indossiert) und schließlich bei einer Bank diskontiert werden, die sie der Zentralbank präsentiert, um dafür Zentralbankgeld, das ultimative Medium der Erfüllung und daher der Ablösung einer Zahlungsverpflichtung zu erhalten. Hier wird deutlich, dass ein zweistufiges Bankensystem mit einer „unabhängigen" Zentralbank und den Geschäftsbanken die institutionelle Voraussetzung für die Verwirklichung des Geschäftsmodells ist. Die „traditionelle" Verbriefung, etwa in Gestalt von Pfandbriefen mit ausreichender Deckung, war im Wesentlichen auf den Kommerz und den Bankverkehr untereinander beschränkt. Die vergebenen Kredite blieben dabei in der Bilanz des Kreditinstituts (das war das Geschäftsmodell des „Originate-and-Hold"). Die moderne Form der Kreation von Wertpapieren durch Verbriefung hingegen lässt sich im Prinzip auf alle Schuldverhältnisse ausdehnen. Die Deckung durch Haftungskapital wird reduziert; selbst die gesetzlichen oder bankrechtlichen Vorgaben werden „ausgehebelt", um das Geschäft zu erweitern. Kredite werden dabei „außerbilanziell" gestellt, indem sie beispielsweise in Zweckgesellschaften ausgegliedert werden. So wird in großem Stil Geld geschaffen. Denn Geld ist nichts anderes als eine monetäre Forderung, die aus den Einkommensströmen der Schuldner bedient wird.

Die Schulden der Verbraucher sind in den USA seit 1975 von weniger als 740 Mrd. US$ auf fast 11.500 Mrd. US$ oder von 62,0% auf 127,2% des verfügbaren Einkommens hochgeschnellt, das Verhältnis der gesamten Schulden zum BIP stieg von ca. 160% zu Beginn der 1970er Jahre auf 340% im Jahre 2005 (Foster/Magdoff 2008: 29; 47). Die Konsumentenschulden wachsen auch deshalb, weil es der Arbeiterklasse mit der Aufnahme von Krediten ermöglicht wird, den Lebensstandard bei stagnierenden oder sinkenden Reallöhnen eine Zeitlang zu halten. Der Preis ist für die Schuldner hoch, nämlich eine zunehmende verschuldete Verwundbarkeit und der plötzliche Absturz, wenn der Schuldendienst nicht mehr geleistet werden kann, sei es weil die Realzinsen steigen, sei es weil das Einkommen z.B. infolge von Arbeitslosigkeit sinkt, sei es weil die Immobilie, die als Sicherheit des Kredits dient, an Wert verliert. Nun zeigt es sich, dass die Entwicklung auf den Finanzmärkten doch von der Realwirtschaft, von der Entwicklung der Beschäftigung und der Einkommen und ihrer Verteilung abhängig ist. Die Verselbständigung der Finanzmärkte ist also tatsächlich nur „relativ".

Solange die Nachfrage nach Immobilien steigt und daher auch der Wert der Immobilien zunimmt, sind die Immobilienkredite sicher. Das Immobilienvermögen der Schuldner steigt. Es kann durch Verkauf liquidiert werden oder es werden auf den steigenden Immobilienwert, der als Sicherheit dient, neue (Konsumenten)Kredite aufgenommen. So wird der Immobilienboom oder/und ein steigender Konsum finanziert, er wird scheinbar zum Selbstläufer. Die wachsende Verschuldung dient also weniger der Finanzierung von Investitionen in der Produktion als der Ausweitung von Finanzgeschäften und der Finanzierung von Konsumausgaben. Das fiktive Kapital des Finanzsektors gewinnt gegenüber der realen Ökonomie von Produktion und Zirkulation an Bedeutung und beherrscht ihre Entwicklung. 2006 wurden in den USA an die 40% der Unternehmensprofite im Finanzsektor eingefahren (Gowan 2009: 7), vor allem durch Investment-Banking und Konsumentenkredite, die einen enormen Aufschwung erlebten. In diesem Aufschwung sind Goldman Sachs und andere große Finanzinstitute noch größer geworden. Als einige andere wie Lehman Brothers untergingen, konnten sie noch mehr Profite machen, sogar im Krisenjahr 2009 13,4 Mrd. USD (Goldman Sachs), aus denen im oberen Management den Mitarbeitern 500.000 USD Prämien abgezweigt worden sind. Die Verselbständigung der Finanzmärkte hat also auch dazu geführt, dass die Gewinne der Finanzinstitute sich durch finanzielle Spekulation steigern ließen. Diese Steigerung war einerseits fiktiv, ja inflationär, andererseits jedoch wird damit ein „financial claim", eine Forderung erzeugt, die aus der realen Produktion erfüllt werden muss. Eine Zeitlang geht das, und dann wachsen die Renditen im Finanzsektor, die Profite und Profitraten in der produzierenden Wirtschaft steigen ebenfalls, weil die Nachfrage zunimmt. Nur die Masseneinkommen bleiben zurück, zumeist noch politisch durch die entsprechende Umverteilungspolitik von unten nach oben unterstützt. Nur bricht irgendwann die Illusion des fiktiven Kapitals und der hohen Renditen zusammen, und dann findet im unvermeidlichen Krach die Korrektur der Vermögenswerte nach unten statt.

Auch die öffentliche Hand verschuldet sich, und auch öffentliche Schulden können zum Geschäftsfeld von Investmentbanken werden. Das ist sogar aus der Logik des Geldes heraus unabweisbar, wenn private Schuldner – wie in der Finanzkrise en masse geschehen – ausfallen und nun Geldvermögen entweder wertlos und die darüber ausgestellten Briefe „toxisch" werden und daher abgeschrieben werden müssten, wenn nicht an die Stelle der privaten Schuldner der öffentliche Schuldner, der Staat mit seinen Staatsanleihen tritt. Auch dies ist in der Finanzkrise in großem Umfang geschehen. Staaten verschulden und überschulden sich und geraten in zugespitzten Fällen an den Rand des Bankrotts – oder darüber hinaus.

Die OECD geht davon aus, dass die Staatsverschuldung in den Industrieländern bis 2011 auf über 100% des BIP ansteigen dürfte (OECD 2009: 9). Im Euroraum, der eine Staatsverschuldung von 60% des BIP gestattet, ist die Schuldenquote 2009 im Schnitt auf 78,7% gestiegen (Eurostat, 22. 4. 2010). In manchen Ländern liegt sie höher. Die Finanzierung der souveränen Verschuldung wird zu einem Geschäft für Kreditinstitute, vergleichbar mit der Finanzierung privater Schulden. Die öffentliche Verschuldung hat den übrig gebliebenen Investmentbanken nach der Krise 2008 einen ungeahnten Auftrieb gegeben. Regierungen mussten sich mit Obligationen bei eben jenen Wirtschaftssubjekten verschulden, denen sie aus öffentlichen Mitteln gerade das verspekulierte Eigenkapital ersetzt hatten. Das Geschäftsmodell, das zur Krise geführt hatte, wurde also durch die öffentliche Verschuldung gestützt. Sie ist ein Mittel, um private Renditen zu ermöglichen, die den Akkumulationsprozess im finanzgetriebenen Kapitalismus in Gang halten. Nur ist dieser irreal, die originierten, nicht erarbeiteten Werte sind fiktiv und auf die Erwartung gegründet, dass die Schuldner den zum Erhalt des Werts des fiktiven Kapitals notwendigen Schuldendienst zu leisten vermögen.

3.2.2 Die Alchimie des finanzgetriebenen Kapitalismus: Inwertsetzung durch Verbriefung

Die an Schuldner vergebenen Kredite verwandeln die Finanzinstitutionen in Wertpapiere, um weltweit damit profitablen Handel zu treiben: „Originate and Distribute" oder „Originate-, Repackage-and-Sell" (EZB-Monatsbericht, Februar 2008: 89), also: erschaffe die Papiere, verpacke sie ordentlich und dann verkaufe sie weltweit – das ist eine Formel, die aus einer mittelalterlichen Alchimistenküche stammen könnte. Das Geschäft wird im Englischen als „securitisation" bezeichnet, also als die Bereitstellung einer sicheren Sache. Tatsächlich handelt es sich dabei um einen Akt der Inwertsetzung von etwas eigentlich nicht Wertvollem. Zumeist wird dieser Begriff auf natürliche Ressourcen angewendet, die in ihrer Naturform keinen Wert besitzen, bis sie dadurch, dass sie in privates Eigentum verwandelt und als Waren auf dem Markt gegen Geld getauscht werden, die Wertform erhalten (grundsätzlich dazu: Altvater/Mahnkopf 1999: 124ff.). Das erfordert die Einrichtung und Sicherung von Eigentumsrechten und vor allem einen manchmal beträchtlichen Arbeitsaufwand, wenn beispielsweise der Naturstoff (Erze oder Kohle) aus dem Boden gefördert werden muss. Als Resultat der Inwertsetzung existieren Naturdinge (z.B. mineralische Rohstoffe) nun in der Doppelform als Gebrauchswert einerseits und in der gesellschaftlichen Form des Wertes andererseits. Das was in der Natur verwertbar ist, verwandelt sich im neoliberalen Verständnis sowieso in „Naturkapital".

Die Inwertsetzung von Finanzprodukten jedoch ist als abstrakter juristischer Akt ohne großen Arbeitsaufwand und weitgehend ohne Naturstoff durch Verbriefung möglich. Es müssen zu diesem Zweck lediglich Papiere erzeugt werden, die die Forderungen aus Kreditbeziehungen sichern (daher „securities"). Die modernen Alchimisten der „Finanzindustrie" können beinahe unbegrenzt Werte in Gestalt der „securities" erzeugen (oder wie es auch heißt: „generieren", „originieren" oder „kreieren"), und zwar ohne dafür Material und Arbeit aufzuwenden wie es in jedem „realen" Industriebetrieb oder bei der Extraktion von natürlichen Ressourcen notwendig wäre. Dazu bedarf es allerdings eines rechtlichen Rahmens, der durch politischen Akt von Regierungen und Parlamenten, oft unter Zutun internationaler Organisationen wie EU, OECD, IWF und Weltbank geschaffen worden ist. Die Verbriefung ist Inwertsetzung ohne materiellen Aufwand, weniger als der Kuss des Prinzen, mit dem Dornröschen in die Welt der Lebendigen geholt wird. Dieser Akt der Inwertsetzung ohne Wertproduktion trägt ein hohes Risiko; die Schaffung von papierenem Vermögen mit einem Anspruch an reale Einkommensflüsse macht offensichtlich Bankmanager ähnlich süchtig wie Spieler in der Spielhölle, aber das Geschäft kann schief gehen, und dann sind die papierenen Vermögen nichts wert, sie sind kontaminiert. Solange Geld zur Unterlegung der Risiken hereinkommt, kann das Casino die Verpflichtungen begleichen und die Manager-Spieler können ihrer Sucht frönen und die Gier befriedigen. Wenn es ausbleibt, ist die Bank pleite und wenn diese groß und daher relevant ist, wackelt das System insgesamt.

Der zweite Akt in der finanziellen Inwertsetzungskette ist also der der Verbriefung, denn erst dadurch entsteht ein handelbares Wertpapier. Das besitzt eine Reihe von Vorzügen. Noch in den 1980er Jahren waren die Schulden der „Dritten Welt" zum allergrößten Teil nicht verbrieft, und daher mussten alle Kredite – im Prinzip – einzeln zwischen Schuldnern und Kreditgebern verhandelt werden, als diese notleidend wurden. Das war die große Zeit des „Pariser Clubs" souveräner Gläubiger und des „Londoner Clubs" privater Gläubiger von verschuldeten Nationen. Es war nicht leicht für Kredit gebende Banken, die faulen Kredite los zu werden. Zwar entwickelte sich (politisch durch Brady- und Baker-Bonds unterstützt) eine Art „second hand-market" für faule Kredite, aber erst in den 1990er Jahren wurde die Verbriefung von internationalen Krediten durch die Schaffung von Wertpapieren üblich. Mit den verbrieften Papieren konnte ein schwunghafter Handel getrieben werden, insbesondere weil die Wertpapiere unterschiedlich nach Risikoklassen etc. zusammengestellt, also strukturiert wurden. Eine schuldrechtliche Kreditbeziehung wird also in ein sachenrechtliches Handelsobjekt, in ein Wertpapier (z.B. „Asset Backed Securities" – ABS und „Collateralised Debt Obligations" – CDO) transformiert.

Originator der verbrieften Forderungen sind Finanzinstitute – also Banken, Fonds, Versicherungen etc. mit ihrer Armee von hilfswilligen Maklern, Brokern, Anwälten, Beratern, Gutachtern. Nun kommt es darauf an, die verbrieften Kredite geschickt zu bündeln, dabei Risikoklassen zu bilden, Laufzeiten abzustimmen, also ein für die Kunden unter den globalen Geldvermögensbesitzern ansprechendes „Design" des innovativen Finanzprodukts zu entwickeln. Es werden nicht nur einzelne Immobilienkredite verbrieft und gehandelt, sondern sehr viele, die zu Briefpaketen gebündelt werden, um sie „kundenorientiert" und „maßgeschneidert" als CDOs (oder CLOs – Collateralized Loan Obligations) an den Mann zu bringen. Darin werden auch Kredite an „Subprime-borrowers", an Schuldner mit zweifelhafter Kreditwürdigkeit verpackt. „Das Ganze basiert vor allem auf statistischen Modellen", so zitiert „der Spiegel" einen New Yorker Investbanker (Der Spiegel Nr. 47/ 2009, 16.11.2009: 75). Es wird dabei in den Hintergrund der Wahrscheinlichkeitsstatistik verdrängt, dass gute Schuldner zu sehr schlechten werden können, weil sich das makroökonomische Umfeld oder die individuelle Lage verändern, weil die Arbeitslosigkeit generell steigt, die Kreditkonditionen sich für Schuldner verschlechtern oder Schuldner mit ihrem Job die Einkommensquelle verlieren, aus der auch die Zinszahlungen abgezweigt werden.

Die Werthaltigkeit der Briefe über Immobilienkredite in den USA stellte sich 2007/ 2008 nicht überraschend als „faul" heraus, weil die kreditierten Immobilien an Wert verloren und der Kreditnehmer nicht die Einkünfte mit der Immobilie erzielen konnte, mit denen er zur Bedienung der Kredite gerechnet hatte. Es ist schöne Rede, wenn dem Geschäftsmodell des „originate and distribute" zu Gute gehalten wird, es könne die Widerstandsfähigkeit des Finanzsystems verbessern. Letztlich werden nicht Risiken auf viele Schultern verteilt, sondern erstens die Transparenz des Systems verringert und zweitens Risiken auch konzentriert. Das Geschäftsmodell konnte nur auf liberalisierten Finanzmärkten und unter einer Aufsicht, die alle Augen zudrückte, laufen. So war die Erzeugung „toxischer" Papiere en masse möglich geworden.

3.2.3 Ausgehebelt

Mit Hilfe der Hebelwirkung können im dritten Akt der finanziellen Inwertsetzungskette der Wirkungsgrad des Eigenkapitals beträchtlich gesteigert und die Masse der originierten Wertpapiere aufgebläht werden. Der Kredithebel, so schreibt Wolfgang Münchau, ist der „Antrieb für jede Blase der Finanzgeschichte. Wenn man immer nur mit dem eigenen Vermögen spekuliert hätte, dann wäre es nie zu den extremen Blasenbewegungen gekommen…" (FTD, 12. 3. 2008). Das Geschäft mit den Papieren erfordert zunächst Eigenkapital der Finanzinstitute. Dieses ist begrenzt, auch wenn es bezogen auf die Ausleihungen kaum mehr als die „Kernkapitalquote" von an die 6% übersteigt, obwohl die Richtwerte nach Basel I mit 8% höher liegen. Dass dadurch die Verwundbarkeit von Kreditinstituten steigt, hat der „Stresstest", dem die europäischen Banken im Juli 2010 unterzogen worden sind, gezeigt. Bei vielen Banken liegt die Kernkapitalquote am unteren Rand des gerade noch Tolerablen, in einigen Fällen (wie etwa bei der Hypo Real Estate) unterhalb des Minimums. Dabei war der „Stresstest" sehr großzügig. Weder sind die Belastung der Bankportfolios mit problematischen Staatsanleihen berücksichtigt worden noch die Möglichkeit, dass eine große Bank falliert und andere Institute mitreißen könnte.

Daher scheint es, als ob die Geschäfte ausgeweitet werden können, wenn auf Basis des Eigenkapitals Fremdkapital zu niedrigen Zinsen aufgenommen und in Geschäfte mit höherer Rendite als die Fremdkapitalverzinsung kostet gesteckt wird. Das ist der „Hebel" (leverage), der angesetzt wird, um die Rendite zu steigern. Auch wenn die Gesamtkapitalrendite nicht hoch sein sollte, kann sie, bezogen auf das zugrunde liegende Eigenkapital doch weit über den normalen Marktzinsen liegen, und zwar umso mehr, je größer der Verschuldungsgrad ist, je mehr fremdes Kapital also an der Steigerung der Eigenkapitalrendite „mitarbeitet", und je größer die Differenz zwischen Gesamtkapitalrendite und Fremdkapitalzinsen ausfällt. So lange wie die Fremdkapitalzinsen niedriger sind als die Gesamtkapitalrendite, steigt bei zunehmendem Verschuldungsgrad also die Eigenkapitalrendite. Aber mit den Gewinnen steigt auch das Risiko, und in welchen Ausmaßen dies der Fall ist, sollte der Stresstest offen legen. Das ist misslungen. Denn die getesteten Geldinstitute haben keine detaillierten Informationen ihren „firewall" passieren gelassen; daher war Transparenz nicht herzustellen (vgl. mehrere Artikel in FTD, 26. 7.2010/ Finanzen).

Um die Eigenkapitalrendite der Banken zu steigern, müssen Zentralbanken und Regierungen nur dafür sorgen – wie in den USA nach dem 11. September 2001 und in den USA ebenso wie in Europa seit der Krise 2008/ 2009 –, dass die Zinsen niedrig sind und sogar nahe Null liegen und obendrein die Finanzmärkte liberalisiert werden, damit sich Banken dort refinanzieren können, wo die geringsten Zinsen zu zahlen sind. Der Devisenhandel und die Aufnahme von Krediten folgt dem Zinsgefälle: Geld wird dort aufgenommen, wo es billig ist, und dort angelegt, wo es höhere Zinsen bringt. Diese Art spekulativer Arbitrage wird als „carry trade" bezeichnet, der bei jeder Währungsspekulation und –krise der vergangenen Jahrzehnte (in der Asienkrise 1996, in Lateinamerika 1999 und 2001 und in der Finanzkrise seit 2007) seinen giftigen Beitrag geleistet hat. Denn die Ausdehnung von Geschäften bei geringem Eigenkapital kann auch schief gehen und Verluste verursachen, die möglicherweise die Insolvenz bedeuten.

Der leverage-effect kann also in Grenzen politisch durch niedrige Refinanzierungszinsen vergrößert und er könnte umgekehrt durch höhere Zinsen verringert werden. Letzteres wird aber in der Krise nicht geschehen, da dies unweigerlich zu Unternehmens- und Bankenzusammenbrüchen führen würde. Doch bei niedrigen Zinsen können die Eigenkapitalrenditen von 25% und mehr erreicht werden, von denen Banker selig träumen. Dann kann man Geld fast im Schlaf verdienen. Leistung wird nicht erbracht, es reicht, davon möglichst laut zu reden. Das Problem dabei ist, dass bei diesen leverage-Geschäften die Verschuldung der Finanzinstitute, aber auch der Unternehmen oder Haushalte, steigt – und mit der Verschuldung auch die Verwundbarkeit. Dadurch wird das Risiko aller Finanzgeschäfte erhöht, weil sich Finanzdienstleister auf der Basis des Eigenkapitals um ein Vielfaches desselben verschulden und bei diesen Geschäften diejenigen Unternehmen besonders erfolgreich sind, die mit möglichst niedrigem Eigenkapital möglichst hohe Schulden anhäufen und so eine für Anleger höchst attraktive Eigenkapitalrendite erzielen. Das Finanzsystem insgesamt wird destabilisiert, doch die Rendite und natürlich auch die davon abhängigen Boni und Prämien für Manager und Analysten, für Broker und Spekulanten sind umso höher, je höher verschuldet ein Finanzinstitut und je geringer das Eigenkapital sind. Die Hebelwirkung möglichst hoch anzusetzen, ist also mikroökonomisch rational. Die Rationalität gilt aber nicht für das System insgesamt.

Viele der gehebelten Finanzgeschäfte wurden obendrein in Zweckgesellschaften (special purpose vehicles oder conduits) ausgegliedert, waren daher wie unter einer Tarnkappe versteckt, also bilanzunwirksam und der Aufsicht entzogen. So konnten die Geschäfte ausgedehnt werden, weil bestimmte Begrenzungen nicht für bilanzunwirksame Geschäfte gelten. Es ist ein innovativer Trick, mit dem die Verpflichtungen zur Risikovorsorge gemäß Baseler Abkommen (Basel II) umgangen bzw. „ausgehebelt" werden konnten. Das war besonders lukrativ, wenn die Zweckgesellschaften in Offshore-Finanzzentren mit niedrigen Steuern, wenig Auflagen für die Geschäftätigkeit und ohne wirksame Finanzaufsicht ausgelagert wurden. Deshalb hatte beispielsweise die spekulative Branche der Hypo Real Estate ihren Firmensitz in Irland. Obendrein konnte man das Engagement in diesen aus faulen Krediten gemischten Papieren mit Credit Default Swaps

(CDS) versichern, die ihrerseits als Wertpapiere mit entsprechenden Renditen weltweit gehandelt werden können. Die Kreditversicherer haben also nicht für den Fall der Fälle Rücklagen gebildet, sondern die Versicherung genutzt, um Geld einzusammeln, damit sie spekulieren und an der „Party" teilnehmen konnten. Das wäre der American International Group beinahe zum Verhängnis geworden, wäre sie nicht vom Steuerzahler mit 150 Mrd. USD vor der Pleite bewahrt worden.

Daher stiegen mit dem Verschuldungsgrad auch die Risiken und mit den Risiken die Zinsen, so dass der Leverage-Effekt nicht endlos gesteigert werden kann. Das Risiko dieses Geschäftsprinzips ist also schwer kalkulierbar, weil die Entwicklung der Zinsen auf das aufgenommene Fremdkapital ungewiss ist und sowohl von Entscheidungen der Notenbanken als auch der Entwicklung der Risikoaufschläge (spreads) auf den Finanzmärkten abhängt. Da der negative Rückkoppelungseffekt zwischen Verschuldungsgrad und Eigenkapitalrendite kaum kalkulierbar ist, verlassen sich die erfolgreichen Spekulanten eher auf ihr Gefühl als auf ausgeklügelte mathematische Modelle. Daher kommen in der kalten Welt des großen und schnellen Geldes gefühlsselige Legenden auf, um erfolgreiche und in Maßen selbstkritische Spekulanten wie Soros oder Buffet herum gewoben.

3.2.4 Die Herren der Intransparenz: Rating-Agenturen

Am Schluss jedenfalls weiß niemand mehr so recht, welche Kredite mit welchem Risiko in welchen Papieren gebündelt worden sind und wie sich die Risiken im Zeitverlauf entwickeln, obwohl doch „Rating Agencies" die designten Papiere geprüft und zertifiziert hatten. Das ist kein Wunder, denn so mancher Insider aus Rating-Agenturen gibt zu, dass die bewerteten Finanzprodukte „überhaupt nicht bewertbar" seien (nach: Der Spiegel, 47/ 2009 vom 16.11.2009: 76). Die „hohe Komplexität und Intransparenz der Produkte wie auch das daraus resultierende zu große Vertrauen der Anleger in die Bonitätseinstufungen und die fehlende Liquidität am Markt" beeinträchtigen nun „die Funktionsfähigkeit des Marktes, schlussfolgert die Europäische Zentralbank" (EZB-Monatsbericht, Februar 2008: 89). Rating-Agenturen haben sogar Schrottpapieren die höchste Werthaltigkeit („Triple A") bescheinigt, so dass ihre Attraktivität für „Investoren" gewährleistet war, obwohl kaum jemand die toxischen Ingredienzien der in finanziellen Giftküchen zusammengemischten Papiere kannte. Diese wurden in vielen Fällen vertuscht. Denn Auftraggeber der Rating-Agenturen waren in aller Regel die „originierenden" Finanzinstitute, die allerhöchstes Interesse an einem guten Rating hatten, weil sich dann selbst fragwürdige Papiere noch als

„sichere Sache" (als „securities") verkaufen ließen. Die Rating Agencies waren bei der Vertuschung willige Mitspieler, da ihre zukünftigen Aufträge von der Zufriedenheit der Originatoren abhängig waren. Rating-Agenturen haben die „Bewertung strukturierter Finanzprodukte als Profitmaschine betrieben" (Der Spiegel 47/2009 vom 16.11.2009: 74) und daher weder die notwendige Distanz zu den Auftragsgebern eingehalten, noch mussten sie die Verantwortung für die Bewertungen übernehmen, die als bloße „Meinungsäußerung" galten.

Erst seit der Finanzreform Obamas werden sie als Urteile von „Experten" gewertet, und damit ist die Haftung für die Folgen verschärft. „Aus Angst vor der Justiz", so die FTD (23./24./25. Juli 2010 „Glauben Sie uns kein Wort") verbieten Rating-Agenturen den Kunden, ihre Bewertungen öffentlich zu verwenden „Die Alchemie der Verbriefung vermochte es", so der Präsident der Deutschen Bundesbank Axel Weber (2008), „aus Landwein Qualitätswein zu machen – die Rating-Agenturen wiederum machten daraus Qualitätswein mit Prädikat". Die Kollusion von Banken und Fonds mit den Rating-Agenturen hatte und hat den „haut gout" der systemischen Korruption.

Hier tritt ein prinzipieller Mangel der Funktionsweise der globalisierten Finanzmärkte zu Tage. Die gehandelten Werte sind nicht materiell durch Arbeit erzeugte Gebrauchswerte, die einen intrinsischen aus der Arbeit stammenden Wert haben. Sie sind auch nicht durch hoheitlichen staatlichen Akt „wertbesichert". Also wird den Waren auf Finanzmärkten, das heißt den Wertpapieren die Werthaltigkeit durch privatwirtschaftliche Marktakteure attestiert. Infolge der Liberalisierung der Märkte, des Verlustes der Souveränität über die Bestimmung von Wechselkursen und Zinsen im Zuge der umfassenden Deregulierungsmaßnahmen ergab sich quasi naturwüchsig auch eine weitgehende Privatisierung eines anderen öffentlichen Gutes, nämlich der Sicherheit vor Etikettenschwindel, der Gewissheit, dass das in einem Wertpapierpaket gebündelt ist, was darauf steht. Erst in diesem historischen Umfeld der „neoliberalen Globalisierung" konnten Rating-Agenturen die Bedeutung für die Funktionsweise von Finanzmärkten erhalten, die sie heute haben und dabei eine Machtposition gewinnen, die die von souveränen Nationalstaaten übersteigen kann.

Rating-Agenturen machen aus der gestuften Bescheinigung der Werthaltigkeit ein Geschäft, vergleichbar den privatwirtschaftlichen Evaluierungs- und Zertifizierungseinrichtungen im tertiären Bildungsbereich. Dieses Geschäft wird dadurch erleichtert, dass sie fast keiner Kontrolle unterliegen, aber alle anderen Akteure auf den Finanzmärkten aufgrund einer impliziten Konvention ihrem Urteil gehorchen. Selbst mächtige Nationalstaaten können sich dem Verdikt der Rating-Agenturen nicht entziehen. Ein ganzes Land und seine Bevölkerung muss einen höheren Schuldendienst leisten, wenn eine Rating-Agentur die Kreditwürdigkeit herab- und dementsprechend Risiken heraufstuft. Den Rest besorgen die Märkte, auf denen die Kurse der entsprechenden Staatsanleihen fallen, die Renditen für die Halter der Staatsanleihen steigen und der an die Finanzinstitutionen abzuführende Schuldendienst des Staates zunimmt. Wenn dieser nicht mehr geleistet werden kann, ist der Staatsbankrott da, es sei denn, neue Kredite und Bürgschaften anderer Staaten wenden den Bankrott ab. So könnte man in stilisierter Weise die Geschichte der Verschuldung mediterraner Staaten in der EU seit 2009 resümieren.

3.2.5 Letzter Schritt: Der Crash

Wenn die Unterdeckung der Kreditrisiken wegen einer zu großen Hebelwirkung eine bestimmte Grenze, die beispielsweise im Basel II-Abkommen festgelegt ist, durchbricht, muss das haftende Eigenkapital aufgestockt werden. Private Kapitalgeber sind da kaum zu finden, weil niemand „gutes Geld schlechtem Geld hinterherwerfen" will. Also müsste dann eine Bank von der Finanzaufsicht geschlossen werden. Das wäre der fünfte Akt des „originate and distribute"-Dramas: der crash. Wenn das nur ein einzelnes Institut beträfe, das obendrein nicht „systemrelevant" ist, könnte man es bankrott gehen lassen und den „Geierfonds" überlassen, die nach Ausbruch der Immobilienkrise in den USA Anfang 2008 „circle in search of easier pickings" (FT, 26.3. 2008). Das diente der Bereinigung und wäre nichts Ungewöhnliches in der Finanzgeschichte des Kapitalismus der letzten Jahrhunderte. Freilich sind einzelne Institute „too big to fail" und daher „systemrelevant" und obendrein sind inzwischen die Außenstände des Bankensystems insgesamt größer als das Eigenkapital, das dafür haftet. In den USA, so Nouriel Roubini (Roubini in: Süddeutsche Zeitung, 29.1. 2009; Frankfurter Allgemeine Zeitung, 28. 1. 2009; Interview mit Nouriel Roubini in: Focus Money, 4. 2. 2009) beträgt das Eigenkapital des Bankensektors Anfang 2009 etwa 1400 Mrd. USD, die faulen Kredite aber belaufen sich auf etwa 2.000 Mrd. USD.

Der Umlauf von Derivaten, die nicht an der Börse gehandelt werden (OTC-contracts), wird von der Bank für Internationalen Zahlungsausgleich Ende Juni 2009 mit einem Nennwert von \$605 Billionen (605.000 Mrd. USD) angegeben (http://www.bis.org/publ/otc_hy0911.pdf?noframes=1). Das ist mehr als das Zehnfache des globalen Bruttosozialprodukts, eine riesige Kreditgeldblase, der keine reale Wertschöpfung entspricht. Es ist eine gigantische Summe fiktiven Kapitals, das nur so lange einen Wert ausweist, wie Einkommensströme fließen, die die Renditeansprüche befriedigen. Bleiben sie aus, sinken Kapital- oder Börsenwert und die in der Bilanz gelisteten Werte müssen zum Teil abgeschrieben werden. Die Krise bricht aus.

3.3 Geldvermögen in der Welt

Den Schulden entsprechen auf der anderen Seite ebenso wachsende Geldvermögen und zwischen Schuldnern und Geldvermögensbesitzern fließt der Geldfluss des Schuldendienstes. Solange dieser nicht stockt, funktioniert das System des finanzgetriebenen Kapitalismus mit Schuldnern hier und Geldvermögensbesitzern auf der anderen Seite der Bilanz ohne gravierende Probleme für das System insgesamt. Die Geldvermögensbesitzer sind also nach dem Schuldner und den vermittelnden Finanzinstituten der dritte Typus, der zum „ordentlichen" Funktionieren dieses Geschäftsmodells gehört. Sie suchen nach möglichst rentierlicher Anlage ihrer Vermögen, und zwar weltweit. Sie sind die Käufer der im Finanzsektor kreierten „strukturierten Papiere" und halten sie in ihrem Portefeuille. Sie steigen mit Millionen in die Geschäfte ein und können professionelle Berater engagieren, um nicht von den finanziellen „Massenvernichtungswaffen", wie der Spekulant Warren Buffet die Finanzinnovationen, in erster Linie die CDS, charakterisierte, vernichtet zu werden. Nachfrager finden die Finanzspekulanten auf allen Kontinenten, da selbst seriöse Banker und öffentlich-rechtliche Kreditinstitute die Papiere mit den hohen Renditen kaufen und mit ihnen zeitweise im Eigenhandel gute Geschäfte machen. Wenn heute Manager wegen ihres risikoreichen Verhaltens gescholten werden, sollte nicht vergessen werden, dass sie von Anteilseignern und von den Geldvermögensbesitzern mit ihren Anlagen zum Teufel gejagt worden wären, wenn sie sich nicht an der Bonanza beteiligt hätten, die den Aktionären zeitweise lukrative Erträge einbrachte.

Die Akteure auf den Finanzplätzen in Frankfurt, Luxemburg oder Tokio, in der Wall Street in New York, der Lombard Street in London und die Fonds und Banken in den Offshore Zentren der Karibik, im Pazifik, in den USA oder im Ärmelkanal konkurrieren um die Anleger aus aller Welt. Wenn ihre Vermögen an solvente Schuldner ausgeliehen werden, entstehen Gebühreneinnahmen, können Finanzinstitute an Zinsdifferenzen aus Milliardengeschäfte gut verdienen. Womit konkurrieren die Finanzplätze? Mit einer stabilen Währung, mit möglichst hohen Renditen und möglichst niedrigen Steuern und Auflagen für Investoren, die in aller Welt unter den „high wealth individuals" gesucht werden und mit ihren Geldvermögen an den jeweiligen Finanzplatz gelockt werden sollen. So wird infolge der Liberalisierung der Finanz- und Währungsmärkte ein Druck ausgeübt, anders als im Fall der Preise von Waren auf den Güter- und Dienstleistungsmärkten, die Preise der „Finanzprodukte" nicht nach unten zu bewegen, sondern (Zinsen und Wechselkurse) nach oben zu treiben.

Wegen der Angst vor einer Währungsabwertung wird an den Finanzplätzen die Strategie der Unterbewertung der Währung angewendet, um eine permanente Aufwertungserwartung zu erzeugen. Daher wird von Zentralbanken eine restriktive Geldpolitik präferiert, mit der die Stabilität von Geldwert und Finanzsystem und ein stabiler Wechselkurs, vermeintlich als ein „öffentliches Gut" (Kaul u.a. 1999 und 2004) hergestellt werden soll. Dieses „öffentliche Gut" jedoch ist vor allem gut für die Eigner von (privatem) Geldvermögen, und es ist schlecht (ein „public bad") für die, deren Arbeitsplätze mit der restriktiven Geldpolitik gefährdet werden. Die Stabilität des Geldwerts wird fiskalpolitisch von Regierungen unterstützt und auch andere wirtschaftspolitisch wichtige Akteure wie die Gewerkschaften werden dazu veranlasst oder gezwungen, eine diesem Erfordernis nicht widersprechende Entgeltpolitik zu betreiben. Wenn die Wechselkurse erst einmal freigegeben sind, sorgt also schon die Währungskonkurrenz dafür, dass Zinsen und Wechselkurse höher sind als wenn sie politisch beeinflusst würden, um makroökonomischen Zielsetzungen wie einem hohen Beschäftigungsniveau förderlich zu sein. Bei dieser allgemein zutreffenden Aussage dürfen freilich die nationalen Unterschiede selbst im Euro-Raum nicht vernachlässigt werden.

Seit Anfang der achtziger Jahre des vorigen Jahrhunderts sind daher die realen Zinsen höher als die realen Wachstumsraten des Sozialprodukts (genauer Enquete-Kommission 2002: 69f.; Altvater 2004). Das ist ein wirksamer Anreiz für alle Geldvermögensbesitzer, ihre liquiden Mittel nicht in der realen Wirtschaft zu investieren, also auch keinen Beitrag dazu zu leisten, Arbeitsplätze zu sichern oder zu schaffen, sondern das Kapital auf den liberalisierten, globalen Finanzmärkten „arbeiten" zu lassen. Die Renditen sind durch keine natürlichen Bedingungen oder durch soziale Rücksichtnahme (nach dem Verschwinden der Systemalternative am „Ende der Geschichte") begrenzt. Die Organisationen der Arbeit sind in vielen Ländern und Weltregionen geschwächt, so dass auch deshalb der Umverteilung „von unten nach oben" kein wirksamer Widerstand entgegengesetzt wird. Die Steuer- und Abgabenpolitik in fast allen Ländern sorgt ebenfalls dafür, dass die Vermögen und die Einkünfte aus der Vermögensanlage wachsen können. Es ist dann unvermeidlich, dass die privaten und öffentlichen Schulden zunehmen. Die Politik der Bilanzverlängerung ist demzufolge eine Politik der Ungleichheitsproduktion, die zu einer gesellschaftlichen Polarisierung beiträgt (Goebel/Gornig/Häußermann 2010): Die Kapital- und Vermögenseinkommen steigen und drängen bei geringem oder gar negativem Wachstum die Armen in der Einkommenspyramide weiter nach unten, so dass deren Zahl steigt. Auch die Mittelschicht wird durch den Druck von oben komprimiert, so dass viele in die unteren Einkommensklassen absteigen müssen. Dies raubt der Gesellschaft, wenn die Tendenz nicht gestoppt wird, eine „ruhige" Mitte, hat aber, wie wir noch sehen werden, positive Auswirkungen auf die Profitabilität des Kapitals. Diese reicht jedoch an die Renditen auf Finanzmärkten nicht heran. Auch moralische Schranken gibt es nicht, und die Folgen einer missglückten Spekulation können – sofern Systemrelevanz attestiert wird – auf die Öffentlichkeit abgewälzt werden. Daher steigt die Ungleichheit bei der Verteilung von Einkommen, Vermögen und Macht.

Gemäß „World Wealth Report" von Merrill Lynch und Capgemini gab es 2005 weltweit 8,7 Millionen Personen, die über mehr als 1 Mill. USD an liquidem Finanzvermögen (ohne Berücksichtigung von Immobilienbesitz) verfügten (http://www.de.capgemini.com/presse/pressemitteilungen/archiv_2005/wwr/). In den USA werden 2,7, in Europa 2,6 Millionen Dollarmillionäre gezählt. Insgesamt summierten sich die liquiden, also auf rentable Anlage wartenden Beträge auf 33,3 Billionen US$. Die „Ultra-HNWI" (ultra high net worth individuals) mit einem Finanzvermögen von mehr als 30 Millionen USD pro Investor brachten es weltweit auf die Zahl von 85.400. Ihr Vermögen beläuft sich auf geschätzte etwa 3.000 Mrd. USD. Die zehn reichsten Personen der Welt verfügen über ein privates Einkommen, das größer ist als das von 50 Millionen Menschen südlich der Sahara.

Das Bild hat sich als Folge der Finanzkrise seit 2008 verändert: Das weltweite Vermögen der „High Net Wealth Individuals" ist von 37,2 Billionen USD 2006 auf 40,7 Bn USD 2007 gestiegen, dann 2008 krisenbedingt auf 32,8 Billionen USD gesunken. Die Zahl der vermögenden Privatpersonen (high net worth individuals, HNWI) ist in diesem Zeitraum weltweit gegenüber dem Vorjahr um 14,9 % zurückgegangen; die Zahl der besonders vermögenden Privatpersonen fiel um 24,6 %. (vgl. 13. World Wealth Report von Merrill Lynch Global Wealth Management und Capgemini (http://www.de.capgemini.com). Doch bis 2013 soll die Krise vergessen sein, weil erwartet wird, dass die HNWI-Vermögen auf 48,5 Bn USD steigen. In diesem Zeitraum werden vor allem die Ultra-Vermögen im asiatisch-pazifischen Raum zunehmen. Das bestätigt auch eine Studie der Unternehmensberatung Boston Consulting Group. Danach wird in allen Weltregionen eine zweistellige Zunahme der Vermögenswerte von Privatanlegern erwartet. Im Jahre 2009 gab es weltweit Vermögenswerte in Höhe von 111,5 Billionen USD (http://www.manager-magazin.de/finanzen/artikel/0,2828,700094,00. html), das ist fast doppelt so viel wie das weltweite Bruttoinlandsprodukt in Höhe von 58,07 Billionen USD (nach CIA-Factbook). Für Deutschland zeigt die Studie von Goebel et al (2010), dass selbst in der Krise die Reichen reicher und zahlreicher geworden sind. Das ist kein Wunder, da ja die Bestandsgröße des Geldvermögens Forderungen nach Renditeflüssen generiert, die aus dem Einkommensstrom eines Jahres (2009) an die Geldvermögensbesitzer abgezweigt werden. Bei einer durchschnittlichen Rendite von 5% wären es weltweit fast 6 Billionen USD (6.000 Mrd. USD), die der Verteilung unter den Milliarden Nicht-HNWI nicht mehr zur Verfügung stünden, die aber die sowieso schon Reichen reicher machen.

Der World Wealth Report zeigt auch, dass die Marx'sche Aussage, gerade wegen der „Verselbständigung des Weltmarkts" werde der Versuch gemacht, die dabei unvermeidliche „Entfremdung auf ihrem eignen Boden ... aufzuheben", völlig richtig ist. Mit den Geschäften auf den globalen Finanzmärkten wachsen auch die Notwendigkeiten der Information über die ökonomischen Verhältnisse in aller Welt. Dies vermerkt Marx in den „Grundrissen": Informationen werden gesammelt, ein Datennetz aufgebaut, um über die Bewegungen auf dem Weltmarkt, d.h. über alle Orte im globalen Raum informiert zu sein. Er erwähnt „Preiscourantlisten, Wechselkurse, Verbindungen der Handeltreibenden untereinander durch Briefe, Telegraphen etc.", mit denen das Wissen der Einzelnen um die Funktionsweise des Ganzen erweitert wird, ohne dass die „Fremdartigkeit" dadurch aufgehoben würde (Marx 1953: 78f.). Der World Wealth Report ist ein Beispiel für die Bereitstellung von Wissen, das zumindest für diejenigen nützlich, ja notwendig ist, die vermögenden Personen Anlagepapiere verkaufen wollen.

„Da die Verselbständigung des Weltmarkts ... wächst mit der Entwicklung der Geldverhältnisse (Tauschwerts) und vice versa, der allgemeine Zusammenhang und die allseitige Abhängigkeit in Produktion und Konsumtion zugleich mit der Unabhängigkeit und Gleichgültigkeit der Konsumierenden und Produzierenden zueinander; da dieser Widerspruch zu Krisen führt etc., so wird gleichzeitig mit der Entwicklung dieser Entfremdung ... versucht, sie aufzuheben" (Marx 1953: 78), und zwar dadurch, dass das Wissen um die globalen Zusammenhänge organisiert zugänglich gemacht und daher das Handeln der einzelnen Subjekte rationalisiert werden. „Im Weltmarkt hat sich der Zusammenhang des Einzelnen mit Allen, aber auch gleichzeitig die Unabhängigkeit dieses Zusammenhangs von den Einzelnen selbst zu einer solchen Höhe entwickelt, daß seine Bildung daher zugleich schon die Übergangsbedingung aus ihm selbst enthält" (ebenda: 79).

Das ist eine sehr optimistische Interpretation eines Umschlags der kapitalistischen Tendenz, den Weltmarkt herzustellen, in eine „wirkliche Gemeinschaftlichkeit und Allgemeinheit" (ebenda). Doch immerhin besagt dies, dass Krisen nicht nur die heftigen Zuspitzungen von Widersprüchen der Produktionsweise

sind, sondern auch Entwicklungsphasen, in denen sich etwas Neues herauszubilden vermag. Die systemische Autopoesis kommt also ohne Krisen nicht aus.
Krisen, so lautet die vulgäre Merkel-Version dieser historischen Interpretation,
sind nicht nur ein Unglück, sie bieten immer auch „Chancen". Doch sind diese
ungleich verteilt. Die Ungleichheit der großen Vermögen und die Zunahme der
Ungleichheit in der Welt der Finanzkrise ist dafür ein überzeugendes Indiz.

4. Kapitel
Finanzinstitute im Rausch der Spekulation

Der deutsche Finanzminister der Großen Koalition Peer Steinbrück bemerkte im Herbst 2008 kurz nach der Pleite von Lehman Brothers am 15. September 2008, er habe „in den Abgrund der Krise" geschaut. Der frühere Notenbankchef der USA, Alan Greenspan, fand ebenfalls nur dramatische Worte, um die Auswirkungen der Finanzkrise in den USA nach dem Zusammenbruch von Lehman Brothers am 15. September 2008 zu beschreiben: „Das ist das absolute Ende der Wall Street, wie wir sie kennen" (FTD, 16.9.08). Die Finanzkrise hat Greenspan's heile Welt in Unordnung gebracht. „That message", so schreibt Chris Harman (2009), „has been repeated a thousand times in one way or another since the banking system imploded and stock markets sank in September and October 2008". War Lehman Brothers also eine systemrelevante Bank? Warum hat man sie dann nicht gerettet? Der Zusammenbruch von Investment-Banken, die jahrzehntelang die Platzhirsche der Wallstreet waren, ist tatsächlich ein Ereignis, das die Welt verändert, vielleicht wieder ein wenig gerade rückt. Eric Hobsbawm hat jedenfalls Recht mit seiner Einschätzung, dass „der 15. September 2008, der Tag, an dem die Lehman-Bank zusammenbrach, ... den Lauf der Geschichte mehr verändern (wird) als der 11. September 2001, als die Türme des World Trade Center zusammenbrachen." (Gespräch in: „Stern", Nr. 20 vom 14. Mai 2009: 140)

Auch der 1. Juni 2009 ist ein solcher Gedenktag, an dem die Geschichte mehr als symbolisch eine Wendung machte: als General Motors im 101. Jahr seit der Gründung mit Schulden von 172,8 Mrd. USD, denen Aktiva von nur noch 82,3 Mrd. USD gegenüber standen, Insolvenz anmelden musste und aus dem Index der New Yorker Börse gestrichen wurde. Nur ein halbes Jahr später freilich ist GM wieder mit viel Staatshilfe flott gemacht – dank der Systemrelevanz des Konzerns.

Schon in der Krise von 1857, als Hamburger Banken pleite zu gehen drohten, erklärte der Rat der Stadt einige zu „Eckbanken", deren Verluste sozialisiert und die Banken so vor dem Bankrott gerettet werden sollten. Um das System als ganzes zu bewahren, müssen einzelne Banken vor der Pleite geschützt werden. Gut 150 Jahre später, im Jahr 2008 sind das Bankhaus Bears und Stern, Lehman

Brothers, Northern Rock aus Großbritannien im Orkus der globalen Finanzkrise versunken. Gewichtige Finanzinstitute in vielen Weltgegenden und eine ganze Reihe von Ländern befanden sich am Rand des Abgrunds und drohten ebenfalls hineinzustürzen: Island, Irland, die baltischen Staaten, die Ukraine und andere Länder Osteuropas, Griechenland und Großbritannien. Wenn zu viele Akteure im Abgrund verschwinden, kann das gesamte System ins Rutschen kommen, sofern es sich dabei um „systemrelevante" Institute und Länder handelt.

4.1 Die Systemrelevanz

Was ist aber „das System", das mit hunderten von Milliarden US-Dollars und Euros aus der Krise, vor dem Sturz in den Abgrund gerettet werden soll? Was macht einige Einzelkapitale systemisch wichtig und andere nicht? Warum muss Lehman Brothers vom Markt verschwinden und nicht Goldman Sachs? Diese Frage haben Abgeordnete des 16. Deutschen Bundestags der Bundesregierung vorgelegt, die am 8. August 2009 darauf geantwortet hat (Bundestags-Drucksache 16/13870). Danach sind jene Finanzinstitute systemrelevant, „deren Bestandsgefährdung aufgrund ihrer Größe, der Intensität ihrer Interbankbeziehungen und ihrer engen Verflechtung mit dem Ausland erhebliche negative Folgeeffekte bei anderen Kreditinstituten auslösen und zu einer Instabilität des Finanzsystems führen könnte." Das ist entsprechend der Aufsichtsrichtlinie der deutschen Bankaufsicht vom Februar 2008 formuliert. Danach sind mehr als 90% der Kreditinstitute von geringer Relevanz (sie bringen es zum 31. Dezember 2008 auf eine saldierte Bilanzsumme von 1087,4 Mrd. Euro), bei etwa 8% wird eine mittlere Relevanzstufe unterstellt (saldierte Bilanzsumme 1715,0 Mr Euro) und nur bei 1,8% aller Institute ist die Relevanzstufe im Jahr 2008 „hoch" (saldierte Bilanzsumme 6108,7 Mrd. Euro). Was sagt uns diese Antwort?

Erstens wird die Relevanz einzelner Finanzinstitute nur im Rahmen des Finanzsektors gesehen, nicht in der Bedeutung für das Gesamtkapital, das ja auch die „Realwirtschaft" umfasst. Wenn die Relevanz sich an der Bedeutung für die Realwirtschaft bemessen würde, zeigte es sich möglicherweise, dass Investmentbanken mit hoher Bilanzsumme und daher mit gemäß den Kriterien des BAFIN hoher Relevanzstufe für den realen Wirtschaftskreislauf des Produzierens und Zirkulierens, des Handels und der Dienstleistungen weniger wichtig sind als Institute mit nach den Kriterien der Finanzaufsicht niedriger, aber unter dem Aspekt der Kreditversorgung der Wirtschaft hoher Relevanz.

Zweitens wird die Relevanz an der Bilanzsumme gemessen. Dabei wird unterstellt, dass mit der Größe das Risiko von Ausleihungen nicht nur für das einzelne

Institut, sondern für das gesamte System zunehmen würde. Das Argument ist nicht von der Hand zu weisen, auch wenn der Chef der Deutschen Bank Josef Ackermann das Gegenteil behauptet (nach Nina Luttmer, „Ackermann verteidigt Großbanken", in FTD 17.11.2009). Daraus ergibt sich eine klare Schlussfolgerung: Banken dürfen nicht so groß werden, dass sie wegen der Größe und des Gewichts ihrer Bilanzsumme das gesamte Bankensystem in den Untergang reißen können. Das ist der Grund, weshalb selbst das finanzmarktfreundliche Großbritannien „die Diskussion um Spaltung von Banken (forciert)" (vgl. den Bericht in FAZ, 23.10.09, S. 22). Die Finanzinstitute dürfen nicht „too big to fail" oder „too big to be saved" werden. Letzteres kann ja passieren, wenn Banken mit Außenständen zusammenbrechen, die den Staatshaushalt oder gar das Bruttoinlandsprodukt des jeweiligen Landes übersteigen. Das war beispielsweise 2008 im Fall der Fortis-Bank in Belgien und bei den isländischen Banken so. Die drohende Zerschlagung von zu groß gewordenen Geldhäusern ist es, die Josef Ackermann zur Verteidigung der Großbanken mit der gegen die Finanzaufsicht gerichteten These auf den Plan gerufen hat, „die Annahme, systemische Relevanz sei eine Funktion der Größe, ist falsch" (FTD, 17.11.2009). Er meint wohl, dass die Interessen, die kleine und große Banken verfolgen, der gleichen Logik gehorchen. Das mag ja sein, weil sie alle nach maximalem Profit streben; doch hängen die Auswirkungen des einzelwirtschaftlichen, profitorientierten Handelns auf das System insgesamt dann doch von der relativen Größe ab.

Das meint auch Joseph Stiglitz und schlussfolgert: „Megabanken" sollten „zerschlagen" werden (in FTD 11.12.09). Kein einzelnes Kapital soll das System gefährden können, und das System, also die das finanzielle Gesamtkapital bildenden Finanzinstitute, müsse „verschärft" reguliert werden (ebenda). In Europa würde dies die Bildung eines europäischen Stabilitätsfonds begründen, denn es sei „nicht akzeptabel, dass die Steuerzahler weiter die enormen Kosten von Bankenrettungen tragen" (Binnenmarkt- und Dienstleistungskommissar der EU Michel Barnier: http://europa.eu/). Einem solchen Vorschlag schließt sich auch der Sachverständigenrat zur Begutachtung der gesamtwirtschaftlichen Entwicklung an (nach: Börsen-Zeitung, 14. 11. 09). Systemrelevanz soll kosten und die Vorsorgekosten sollen davor abschrecken, zu groß und damit „systemrelevant" zu werden. Allerdings müssten die Kosten der Systemrelevanz für die „systemrelevanten" Banken spürbarer sein als etwa die 2010 in Deutschland beschlossene und auf 1,2 Mrd. Euro begrenzte „Bankenabgabe". Im Vergleich zu den mehr als 100 Mrd. Euro, die die Rettung allein der HRE verschlungen hat, ist das ein Betrag von nur symbolischem Wert. Dennoch: der Staat (auch der auf europäischer Ebene internationalisierte Staat) soll als „ideeller Gesamtbankier" fungieren. Er erzwingt Regelungen für das Gesamtkapital, auch für das gesamte Finanzsystem, gegen die Interessen der Einzelkapitale, gegen die einzelnen Banken, die sich schon aus Kostengründen der Regelung entziehen wollen und mit ihrer Lobby dagegen Sturm laufen.

Das Finanzsystem wird *drittens* als System der Investmentbanken interpretiert. Diese zeichnen sich vor allem dadurch aus, dass sie, wie im voran gegangenen Kapitel beschrieben worden ist, quasi aus dem Nichts durch Verbriefung Werte schaffen, die sie auf globalisierten und liberalisierten Märkten verkaufen können. Diese Geldhäuser sind Automaten der Inwertsetzung durch Verbriefung, die Spieler im Casino-Kapitalismus, von dem Susan Strange schon in den 1980er Jahren geschrieben hat (Strange 1986). Das System der Investmentbanken hat sich in ein System der Plünderung verwandeln können, weil im Zuge der umfassenden Privatisierungen der Bildung, der Gesundheit, der Altersversorgung hunderte von Milliarden Spargelder auf die Finanzmärkte geleitet worden sind, wo die Investmentbanken mit ihnen „arbeiten" d.h. mit ihnen risikoreich spekulieren können. Es ist also dieses System der privatisierten einstmals öffentlichen Güter, an dessen Funktionsfähigkeit sich die „Systemrelevanz" von Einzelkapitalen bemisst. Es geht nicht um das „System" der Vermittlung des Geldes von Sparern zu Investoren, wie es in manchen Lehrbüchern noch beschrieben wird.

Der Unterscheidung zwischen Investment Banking und Geschäftsbanken hat das Glass-Steagall-Gesetz von 1932 in den USA Rechnung getragen, mit dem die Trennung des Bankgeschäfts in Einlagengeschäfte und Investmentbanking geregelt worden ist. Die Erfahrungen der großen Weltwirtschaftskrise haben also dazu veranlasst, das „System" neu zu definieren. Die Trennung von 1932 wurde 1999 im Zuge der Liberalisierung der Finanzmärkte durch die Clinton-Administration aufgehoben, um den Spielraum der Finanzinstitute für ihre zur Spekulation gestylten Geschäftsmodelle zu erweitern. Mit anderen Worten: Die Systemrelevanz ist nicht zuletzt von politischen Weichenstellungen und rechtlichen Regelungen abhängig. In den vergangenen Jahrzehnten haben diese zwar, wie heute kritisch vermerkt wird, zur Liberalisierung der Märkte beigetragen, „aber dieser Freiheit keine adäquate Bankenregulierung (entgegengestellt)" (FAZ, 23.10.09, S. 22: „London forciert Diskussion um Spaltung von Banken"). Die Relevanz von Einzelkapitalen für das Gesamtkapital ergibt sich also nicht nur aus dem ökonomischen Gewicht, gemessen an der Bilanzsumme, sondern auch aus dem politisch gestalteten wirtschaftlichen Gesamtkontext.

Von der Bilanzsumme einer Bank auf die Relevanz zu schließen, stimmt also irgendwie, und irgendwie ist es falsch. Es ist falsch, weil Unternehmen private Einrichtungen sind und für Verluste, auch für den eigenen Untergang, selbst verantwortlich sind und für die Folgen haften. Das ist neoliberales Kerndogma; Haftung gehört zu den „wirtschaftsverfassungsmäßigen Grundprinzipien" neoliberaler Ordnungsvorstellungen (vgl. Eucken 1959). Daher müssen die Banken Haftungskapital vorhalten. Das Problem dabei ist der Widerspruch in diesem Konstrukt der Kernkapitalquote. Um im Risikofall haften zu können, muss das Kapital schnell und in vollem Umfang verfügbar sein, kann also nicht langfristig angelegt und daher gebunden werden, um damit Geschäfte zu machen. Als Einzelkapital aber ist jede Bank daran interessiert und in der Konkurrenz dazu gezwungen, möglichst umfänglich, also ohne Rücklagen aus Haftungsgründen „Profit zu hecken", Renditen einzubringen. Die Eigenkapitalregelungen nach Basel I und Basel II legen fest, wie viel Kapital zur Sicherheit vorgehalten werden muss. Allerdings sind die Regeln interpretierbar und sie können durch Ausweichen in Offshore-Finanzzentren oder durch Ausgliederung von bestimmten Geschäften in Zweckgesellschaften, um sie so aus den Bankbilanzen herauszuhalten, umgangen werden. Die Nutzung des Kredithebels (leverage) hat also im Ernstfall auch die Aushebelung der Haftung zur Folge.

Das Argument ist andererseits richtig, weil Unternehmen in der Kommune oder Region für die Beschäftigten, für die Kunden, für das öffentliche Leben und das Steueraufkommen des Staates Bedeutung haben, also nicht nur einzelne Einheiten der Kapitalverwertung sondern Teil des gesamten Kapitals und daher – im Kapitalismus – der Gesellschaft sind. Hier wird die Erkenntnis unterstrichen, dass Märkte keine rein ökonomischen Veranstaltungen sind und sich erst recht nicht auf eine Hayek'sche reine Tauschbörse („Katallaktik") reduzieren lassen. Sie haben trotz aller Entbettungstendenzen aus der Gesellschaft und aus den natürlichen und räumlichen Beschränkungen und trotz aller Verselbständigungstendenzen der Finanzmärkte gegenüber dem Marktsystem insgesamt gesellschaftliche Relevanz. Diese wird auch als Regelwerk des „ehrlichen Kaufmanns", als Verhaltenskodex in einem „guten Kapitalismus" (Dullien/Herr/Kellermann 2009) oder als „Trennstrich zwischen ehrlichen Männern und Gaunern, zwischen respektablen Aktionären und Wertpapierhändlern auf der einen Seite und prinzipienlosen Spekulanten auf der anderen" hervorgehoben. Das meinte der erste Finanzminister der USA, einer der Verfassungsväter, Alexander Hamilton, in einer der ersten Bankenkrisen der USA im Jahre 1792 (nach einem Bericht von Lotta Suter über das „Museum of American Finance" in: WOZ – Die Wochenzeitung, 17.12.2009: 8).

Die Systemrelevanz begründet also auch eine moralische Verpflichtung, freilich eine in a-moralischem Ambiente. Gestandene Neoliberale würden sich verbitten, ökonomische Rationalität an moralische Kriterien zu binden, ganz entgegen der Systematisierung von Wissenschaften in der Encyclopédie von Diderot und d'Alembert, in der die Ökonomie unter die Moral und nicht unter die Logik subsumiert wird.

Auch in der „Realwirtschaft" wird Systemrelevanz geltend gemacht, wenn Arbeitgeber und Arbeitnehmer gemeinsam zum Schutz von „systemisch wichtigen industriellen Wertschöpfungsketten" in Deutschland und anderswo aufrufen und dafür einen öffentlichen Beteiligungsfonds fordern, oder wenn viele Milliarden Euro dafür ausgegeben werden, dass die Automobilflotte auf einen Schlag modernisiert wird, indem hohe Subventionen für die Verschrottung von Automobilen gezahlt werden, die eigentlich noch laufen oder rezykliert werden könnten. Damit wird ausgedrückt, dass Systemrelevanz eine Zeitdimension besitzt. Kurzfristig mag eine politische Maßnahme zur Stützung des Systems relevant sein, langfristig ist dies keineswegs sicher; es kann sogar das Gegenteil eintreten. Das Kriterium der Systemrelevanz liefert für beides, für die automobile Verschrottungsprämie und für die Verschrottung der toxischen Papiere in „bad banks" gegen viele Milliarden guten Zentralbankgeldes die Rechtfertigung. Auch hier können wir uns an den Doppelcharakter der ökonomischen Prozesse erinnert fühlen. Verschrottet werden beide, wenn auch auf unterschiedliche Weise: die Gebrauchswerte werden als Träger der Werts physisch in der Schrottpresse vernichtet und die Werte werden in ihrer Geldform abgeschrieben und so aus der Bilanz in eine „bad bank" entsorgt.

4.2 Der subjektive Faktor oder die Gier der Manager

Die Systemrelevanz ist keine unveränderliche Eigenschaft von Einzelkapitalen innerhalb eines ebenso unveränderlichen kapitalistischen Systems. Sie kann auf spekulativen Märkten schnell entstehen und vergehen. Sogar manche Betrüger sind vor dem Zusammenbruch ihrer Spiele mit Kredit- und Schuldenpyramiden höchst systemrelevant, danach werden sie vergessen wie der Bostoner Betrüger „Charles" Carlo Pietro Ponzi, der in den 1920er Jahren ein Schneeballsystem praktizierte. Mit hohen Renditeversprechen eingeworbene Anleger wurden nicht aus den real produzierten Erträgen der Anlagen bedient, sondern mit dem Geld der immer wieder neu eingeworbenen „Investoren". Mit diesem „Pyramidenspiel" haben auch die Fonds des Bernard Maddoff in Florida (in denen etwa 65 Mrd. USD von 720.000 Betroffenen versenkt worden sind und nur zum Teil zurückgeholt werden konnten – vgl. SZ 28. Mai 2010) oder Finanzspekulanten in einigen osteuropäischen Ländern während der Transformationswirren nach 1990 und isländische Banken im ersten Jahrzehnt des 21. Jahrhunderts versucht, hohe Renditen zu erzielen. Es ist ein System der Plünderung, dem weniger die großen Spekulanten als die kleinen und mittleren Anleger zum Opfer gefallen sind. Doch es funktioniert nur, wenn auch die großen Banken mitmachen, zumindest „ein Auge zudrücken". Und es setzt voraus, dass die Gier der Anleger die bei rationaler Überprüfung der Seriosität von Kapitalanlagen aufkommenden Bedenken verdrängt.

Was ist eigentlich Gier? Sie ist ein übersteigertes Bedürfnis, ein Bedürfnis von Menschen, die nicht bereit sind, eine wechselseitige Verpflichtung einzugehen. Gier ist also Bedürfnisbefriedigung auf Kosten der Gesellschaft, ohne die Bereitschaft, durch eigene Arbeit zur Befriedigung der Bedürfnisse anderer im System der gesellschaftlichen Arbeitsteilung beizutragen. Die Art und Weise der Befriedigung von Bedürfnissen sind die Grundlage der gesellschaftlichen Arbeitsteilung – wie auch umgekehrt. In diesem Sinne spricht Marx in den „Grundrisse der Kritik der politischen Ökonomie" von dem „System der Bedürfnisse und dem System der Arbeit" (Marx 1953: 427). Alle arbeiten, um die Produkte und Dienstleistungen zu erzeugen, die auch der Bedürfnisbefriedigung anderer dienen. Doch die Verselbständigung von Funktionsträgern des Finanzkapitals überschreitet jene Schamschwellen, die der Gier der Bereicherung auf Kosten der Gesellschaft eine Schranke setzen würden. Da die Geldeinkommen von Geldvermögensbesitzern in deren Vorstellungswelt nichts mit dem „Arbeitsfleiß" der anderen zu tun haben, sondern aus der Geldanlage selbst abgeleitet werden, sind sie gewissermaßen grenzenlos und für die Gesellschaft auch konsequenzenlos. Man kann sogar die, die arbeiten, mit Missachtung bestrafen. Hundert Millionen Euro Abfindung für das Ausscheiden aus einem Vertrag, an dessen Zustandekommen man hat mitformulieren können, hat nichts mit dem Hartz IV-Entgelt für Arbeitskräfte zu tun, die ihren Arbeitsplatz verloren haben und ihre Wohnung räumen müssen, weil sie nach Hartz IV-Regeln nicht klein genug ist.

Die Verachtung der Arbeit wird auch auf die Organisationen der Arbeit, die Gewerkschaften, ausgedehnt. Die toxischen finanziellen Innovationen vergiften also auch gesellschaftliche Beziehungen, sofern diese auf Arbeit gründen. Die Verachtung der Arbeit findet ihre Entsprechung als Gier nach möglichst hohen arbeitslosen Geldeinkommen. Je mehr Geld, desto wichtiger die Person als Geldeinkommensbezieher. Aus Geld mehr Geld, aus G ein möglichst großes G' zu machen, ist für den Geldvermögens-Fetischisten das Normalste der Welt und hat mit „Gier" nichts zu tun. Die Gier von Managern, über die selbst Neoliberale Klage führen, weil sie die moralische Dimension von Ökonomie doch nicht ganz in der Hayek'schen Katalaktik abstreifen können, sollte nicht als psychologischer Defekt interpretiert werden, sondern als Eigenschaft von „Charaktermasken".

Sie handeln, wie Käpt'n Ahab in Herman Melville's „Moby Dick" von sich sagt, „ganz rational", nur das Ziel bzw. die Regeln seien verrückt. Hochprozentige Traumrenditen und die Gier danach sind nachgerade sprichwörtlich für das Spiel auf dem Parkett der Börsen. Marx, der von Émile Zola in seinem Roman „Geld" von 1891 positiv zitiert wird, schreibt im ersten Band des „Kapital": „Das Kapital hat einen Horror vor Abwesenheit von Profit oder sehr kleinem Profit, wie die Natur vor der Leere. Mit entsprechendem Profit wird Kapital kühn. Zehn Prozent sicher, und man kann es überall anwenden; 20 %, es wird lebhaft; 50 %, positiv waghalsig; für 100 % stampft es alle menschlichen Gesetze unter seinen Fuß; 300 %, und es existiert kein Verbrechen, das es nicht riskiert, selbst auf die Gefahr des Galgens" (MEW 23: 788). Doch, so schreibt Marx auch, „gerade das wiederholte Auftreten von Krisen in regelmäßigen Abständen trotz aller Warnungen der Vergangenheit schließt indessen die Vorstellung aus, ihre letzten Gründe in der Rücksichtslosigkeit einzelner zu suchen." (Marx, Die Handelskrise in England, 1857, MEW 12: 336)

Dennoch kann es Managern so scheinen, als ob ihre Arbeit *erstens* viel umfangreicher, verantwortlicher und qualifizierter als andere Arbeit sei, dass sie *zweitens* deshalb ein viele hundert Mal höheres Einkommen verdient hätten als ein durchschnittlicher Arbeiter und dass *drittens* die anderen ebenso gut verdienen könnten, wenn sie nur die entsprechende „Leistung" bringen würden. „Auf Basis der kapitalistischen Produktion", so interpretiert Karl Marx diese Vorstellungswelt, „dirigiert der Kapitalist den Produktionsprozeß wie den Zirkulationsprozeß. Die Exploitation der produktiven Arbeit kostet Anstrengung, ob er sie selbst verrichte oder in seinem Namen von andern verrichten lasse. Im Gegensatz zum Zins stellt sich ihm also sein Unternehmergewinn dar als unabhängig vom Kapitaleigentum, vielmehr als Resultat seiner Funktionen als Nichteigentümer, als – Arbeiter. Es entwickelt sich daher notwendig in seinem Hirnkasten die Vorstellung, daß sein Unternehmergewinn – weit entfernt, irgendeinen Gegensatz zur Lohnarbeit zu bilden und nur unbezahlte fremde Arbeit zu sein – vielmehr selbst Arbeitslohn ist, Aufsichtslohn, wages of superintendence of labour, höherer Lohn als der des gewöhnlichen Lohnarbeiters, 1. weil sie kompliziertere Arbeit, 2. weil er sich selbst den Arbeitslohn auszahlt. Daß seine Funktion als Kapitalist darin besteht, Mehrwert, d.h. unbezahlte Arbeit zu produzieren, und zwar unter den ökonomischsten Bedingungen, wird vollständig vergessen über dem Gegensatz, daß der Zins dem Kapitalisten zufällt, auch wenn er keine Funktion als Kapitalist ausübt, sondern bloßer Eigentümer des Kapitals ist; und daß dagegen der Unternehmergewinn dem fungierenden Kapitalisten zufällt, auch wenn er Nichteigentümer des Kapitals ist, womit er fungiert" (MEW 25: 393).

Die Gier der Manager ist also eine Konsequenz der Mystifikationen, die das praktische Verhalten prägen und die Rechtfertigungen dafür liefern. Sie wird zu einem soziologischen und politisch-ökonomischen Thema infolge der im Kapitalismus erfolgten funktionalen Differenzierung in der Gestalt einer Trennung von Eigentum des „principal" und Kontrolle durch den „agent". Die kontrollierenden Manager schielen auf den Shareholder Value für die Eigentümer, die Aktionäre, weil daran das Einkommen der Manager in Form von Boni und Prämien gebunden ist.

Die „Anreizsysteme" für Manager sind darauf ausgelegt, die individuelle Rationalität zu honorieren und nicht der gesamtgesellschaftlichen Rationalität des Systems der gesellschaftlichen Arbeit, der Schaffung und Sicherung von Arbeitsplätzen, der Gestaltung von Arbeitszeiten und Arbeitseinkommen zu dienen und die Spekulation zu unterbinden. Auch hier zeigt sich wieder das Auseinanderfallen von Gesamtkapital und Einzelkapital. Denn was können die Manager von Großbanken in den USA mit den trotz der verheerenden Finanzkrise 2009 kassierten Prämien in Höhe von 33 Mrd. USD (SZ 1./ 2. August 2009) anfangen? Sie können die Millionen und Milliarden nicht konsumieren, denn sie haben bereits alles im Überfluss. Sie werden das Geld nicht real investieren, denn die Rendite ist zu gering. Sie werden damit spekulieren, weil es keine Alternative gibt. Sie schaffen also Bedingungen, unter denen das von Marx so genannte „Börsenspiel" der „Brut von Bankokraten, Finanziers, Rentiers, Maklern, Stockjobbers und Börsenwölfen" (MEW 23: 783) fortgesetzt werden muss. Der von Jean Ziegler so bezeichnete „Bankenbanditismus" bleibt der Welt erhalten, er reproduziert und rechtfertigt sich selbst.

4.3 Entwertung fiktiven Kapitals durch Bilanzverkürzung

In der Krise wird selbst von marktgläubigen Neoliberalen der Staat gefordert, für einen Ausgleich des dahingeschmolzenen haftenden Kapitals zu sorgen und sich als Kapitaleigner an den „systemrelevanten" Banken zu beteiligen. Private Banken müssen also verstaatlicht werden, weil die liberalisierten Regeln ein Geschäftsmodell zugelassen haben, mit dem das haftende Eigenkapital der Banken verspekuliert werden konnte. In welchem Ausmaß dies geschehen ist, haben Stresstests ergeben. Die mikrökonomische Rationalität, die (wie einst in den realsozialistischen Gesellschaften) durch Mobilisierung der „materiellen Interessiertheit" des an Entscheidungen beteiligten Personals durchgesetzt worden ist, hat auch zum Eingehen von Risiken veranlasst, die der Krise, als sie erst einmal ausgebrochen war, ihre nicht zu bremsende Wucht verliehen hat. Die Risiken, die sich bei steigendem Verschuldungsgrad erhöhten, konnten nicht mehr abgedeckt werden, als sich das Haftungskapital im Vergleich zum Fremdkapital (das ist, wie wir gesehen haben, die Hebelwirkung) immer mehr verringerte. Die Banken – und im Fall von Haushalten ist das im Prinzip ganz ähnlich – können die aus den Schulden resultierenden Verpflichtungen nicht mehr erfüllen. Die Schulden können auch nicht zurückgezahlt werden, weil das Haftungskapital – oder im Fall von Haushalten: die laufenden Einkünfte und Reserven – die notwendigen Abschreibungen und Rückzahlungsverpflichtungen nicht mehr abdecken.

Das Misstrauen im Finanzsystem ist nun allgemein. Liquiditätshilfen sind auf dem Interbankenmarkt kaum zu bekommen, weil jedes Bankmanagement von den „Leichen im eigenen Keller" weiß und ebenso viele in den Kellern der anderen Finanzinstitute vermutet. In dieser Lage erscheinen alle Banken als „systemrelevant", weil jede einzelne Bank, die pleite geht, aufgrund der vielfältigen Verflechtungen mit dem Finanzsystem insgesamt ein Erdbeben auslösen könnte. Das Finanzsystem insgesamt ist instabil und daher steigt das Risiko, in eine „Schieflage" zu geraten, für jede einzelne Bank. Nun ist nicht mehr die möglichst große Hebelwirkung von Krediten die Parole, sondern das Gegenteil: „de-leveraging". Die Forderungen der Kreditgeber müssen abgebaut und daher die Schulden der Schuldner reduziert werden. Mit den schwindenden Aktivposten muss auch die Passivseite der Bilanz verkürzt werden. Doch wie soll dies gelingen, wenn die Eigenkapitalreserven zu gering im Vergleich mit dem Abschreibungsbedarf sind? Pleiten sind unausweichlich, es sei denn, der regulierende Staat sorgt mit neuen Bewertungsrichtlinien und Abschreibungsregeln dafür, dass Eigenkapital rein buchhalterisch geschaffen wird. Der Staat kann auch Eigenkapital zuschießen oder die Zentralbank stellt Geld zu niedrigen Zinsen zur Verfügung, weicht also die „harte Budgetrestriktion" mit einer Politik des „monetary easing" für die Finanzinstitute auf. Die Regeln der Stabilitätspolitik werden über Bord geworfen. Die politischen Akteure reagieren in Panik.

In der Hausse hat die Kreditausweitung zum Teil die reale Wirtschaft erreicht und dort mit einem Multiplikatoreffekt für deren Expansion gesorgt. Nun werden mit der Kürzung des Hebels (deleveraging) wegen des Kreditmultiplikators die der „realen Wirtschaft" verfügbaren liquiden Fonds gekürzt, so dass die kontraktive Wirkung des Finanzsektors auch in der produktiven Realwirtschaft zu spüren ist. Wenn diese dazu beiträgt, dass Ausleihungen der Finanzinstitute an Unternehmen „toxisch" werden, verschärft sich die im Finanzsektor ausgebrochene Krise mit Zeitverzögerung zur allgemeinen Depression.

Das alchimistische Geschäftsmodell schwelgte also in Billionen von fiktivem Kapital. Irgendwann musste auch maulwurfsblinden Finanzmarktakteuren klar werden, dass die Renditen keine reale Basis und die verbrieften Forderungen nur einen surrealen Wert hatten und daher teilweise oder ganz abgeschrieben werden mussten. Die Finanzkrise brach für diejenigen, die – wie Attac-Aktivisten in vielen Ländern – das Treiben auf den globalen Finanzmärkten kritisch verfolgten, keineswegs überraschend aus, auch wenn es nicht möglich war, das ganze Ausmaß des Desasters und den plötzlichen Ausbruch der Krise vorauszusehen. Es bewahrheitete sich wieder einmal, dass Finanzmärkte instabil sind, denn Finanzmarktakteure rechnen mit Zukunftserträgen, und die Zukunft ist ungewiss und risikoreich. Es wurde etwas „in Wert gesetzt", das möglicherweise von Anbeginn an wertlos war oder sehr leicht an Wert verlieren konnte. Niemand wusste es so genau. Ob den kreierten Papieren und den darin verbrieften Forderungen ein wirklich produzierter oder nur ein fiktiver Wert entspricht, ist den „originators" gleichgültig. Sie sind vollständig dem Fetischismus des Geldes verfallen – bis zu dem Zeitpunkt, an dem deutlich wird, dass die Forderungen, die die Papiere verbriefen, nicht erfüllt werden können.

In einer traditionellen, d.h. persönlichen Kreditbeziehung merkt der Kreditgeber in der Bank sofort, wenn vom Kreditnehmer der Kredit nicht bedient wird. Bei der üblich gewordenen Verbriefung aber fällt dies erst auf, wenn die Rendite ausbleibt. Die verbrieften Renditeflüsse zu den Haltern der Papiere, das sind große Fonds und Banken, trocknen aus, sei es weil die Profitraten zu niedrig sind, sei es weil Märkte zusammenbrechen oder verschuldete Konsumenten mit dem Job auch die Einkommen verlieren, aus denen die Renditeforderungen bedient worden sind. Wenn dann noch die Sicherheit (das „collateral", z.B. die Immobilie) an Wert verliert, zumal wenn dies massenhaft wie im US-amerikanischen subprime-Segment der Immobilienmärkte 2007 passierte, ist die Finanzkrise unvermeidbar.

5. Kapitel
Von der Krise der Finanzmärkte zur Währungskrise und zur Krise der europäischen Integration

In einer kapitalistischen Wirtschaft sind vier Preise für die Entwicklung des ökonomischen Systems besonders wichtig. Das ist *erstens* der Preis der Ware Arbeitskraft (die individuellen Löhne und Gehälter und der Soziallohn, also der über den Sozialstaat umverteilte Lohnanteil). Dieser ist für die Lebensbedingungen der arbeitenden Bevölkerung, die Konsumnachfrage und gleichzeitig für die Verteilung des produzierten Wertprodukts, daher für die Größe von Mehrwert und Profit und folglich für die erzielbare Profitrate (bei gegebener Kapitalintensität und Arbeitsproduktivität) entscheidend. Arbeitsentgelte sind das Resultat sozialer Auseinandersetzungen nicht nur auf dem Markt, sondern auch in der Fabrik und an anderen Arbeitsorten, weil ja der Arbeitsvertrag erst im Prozess der Arbeitsleistung erfüllt wird und die Art und Weise, wie dies zu geschehen hat, über den Zeitpunkt des Vertragsabschlusses hinaus strittig sein kann. Arbeitskonflikte hören also nicht auf, wenn ein Vertrag geschlossen worden ist. Der Preis der Ware Arbeitskraft kann schon wegen der Natur der Arbeitsbeziehungen kein Preis sein, dessen Bildung dem Markt allein überlassen bleibt. Immer spielt bei der Preisbildung die Macht der Organisationen von Lohnarbeit und Kapital eine Rolle, und immer ist hier die politische Regulation des Staates, zumeist des Nationalstaates, von Bedeutung. Dieser verändert dabei seine Gestalt, mutiert, um der regulatorischen Aufgabe überhaupt gerecht werden zu können, zum Sozialstaat.

Zweitens ist der Preis für fossile Energie (vor allem der Ölpreis) von Bedeutung. Denn ohne preiswerte Zufuhr von fossiler Energie käme das kapitalistische System, so wie wir es seit dem späten 18. Jahrhundert in Europa kennen, zum Stillstand. Der Ölpreis war lange ein durch das OPEC-Kartell regulierter Preis, bis sich im Zuge der Liberalisierung der Finanzmärkte die Spekulation der Ölpreisbildung auf den Futures-Märkten bemächtigen konnte und von der Preisbildung des „paper oil" auch die Preise des „wet oil" beeinflusst werden.

Drittens bestimmen die Zinsen auf Kapital die Investitionen und – angesichts der Dominanz der Finanzmärkte – auch das Verhältnis von Profiten in der „realen

Wirtschaft" und Renditen auf den Finanzmärkten. Die Zinsen wirken sich auf die Preise aller abgeleiteten Papiere, z.B. auf oil-futures aus. Deren Entwicklung beeinflusst Angebot und Nachfrage von Öl, hat also Auswirkungen auf die Ölpreisbildung. Die Zinsen sind auch entscheidend für die Investitionen, denn sie bestimmen deren Kosten und daher Profite und Profitrate des industriellen, nicht-finanziellen Kapitals, vulgo der realen Wirtschaft. Was in der Finanzsphäre stattfindet, hat also Auswirkungen in der „realen" Sphäre der Ökonomie. Die Preisbildung auf verschiedenen Märkten ist also interdependent.

Dies gilt erst recht, wenn wir den *vierten* für das System relevanten Preis berücksichtigen. Das ist der Wechselkurs der je nationalen (oder regionalen) Währung zu anderen Währungen und gegenüber der Weltwährung. Welche Währung die Weltwährung sein kann, ist selbst Resultat hegemonialer Auseinandersetzungen. Die Zinsen und auch die Wechselkurse sind bis Mitte der 1970er Jahre durch die Zentralbanken gesetzt und durch internationale Abkommen vereinbart und reguliert worden, bis ihre Bildung den Akteuren auf Finanzmärkten überlassen worden ist. Das kann als Privatisierung einst öffentlicher Aufgaben, als ein bedeutsamer Aspekt der privatwirtschaftlichen Verselbständigung gegenüber sozialen und natürlichen Belangen und politischen Zielen interpretiert werden.

Die vier Preise kommen zwar durch die jeweiligen Preisbildungsmechanismen auf dem Arbeitsmarkt, dem Devisen- und dem Kapitalmarkt und dem Energiemarkt zustande. Die Unterstellung, dass es sich dabei um jeweils autonome Märkte handelt, ist für die neoklassische Theorie zentral. Mit dieser Annahme kann nämlich begründet werden, dass es auf allen Märkten, wenn sie denn frei funktionieren und die Preise flexibel auf Angebot und Nachfrage reagieren, ein Marktgleichgewicht gibt und dass es Beeinträchtigungen der marktwirtschaftlichen Funktionsmechanismen sein müssen, wenn das Marktgleichgewicht gestört ist. Märkte sind oligopolistisch vermachtet und sie werden politisch durch den Staat beeinflusst und reguliert. Obendrein interferieren die Preisbildungsmechanismen auf den Märkten für Arbeit, Geld, Energie und Währungen, und schon deshalb ist die Preisbildung komplexer als im neoklassischen Modell.

Seit den 1970er Jahren wurde die politische Regulierung mehr und mehr zurückgenommen, so dass die Interdependenzen der Preisbildungsprozesse zur Geltung kommen. Das sind die Gründe, weshalb die Krisenprozesse der Finanzmärkte weit über die Finanzmärkte hinaus, also beispielsweise auch auf den Arbeitsmärkten Konsequenzen zeitigen. In aller Deutlichkeit machen sich die Interferenzen auch auf den Devisenmärkten geltend; die Finanzkrise setzt sich als Währungskrise fort. Diese hat ihrerseits Folgen für die nationalstaatliche Souveränität über das nationale Geld und, sofern die Leitwährung betroffen ist, für das Währungssystem insgesamt. Daraus ergeben sich auch Konsequenzen für die politische Hegemonialordnung in der Welt.

5.1 Autonomie der Zentralbank oder Souveränität der Wirtschaftspolitik

Die Geldvermögen der wichtigsten Akteure auf den globalen Währungsmärkten (private Banken oder institutionelle Anleger wie Versicherungsgesellschaften oder Pensionsfonds, Hedgefonds, Private equity-funds) werden in jenen Währungen gehalten, die höchste Renditen bei hoher Sicherheit des Geldwerts in Raum und Zeit auf den globalen Märkten versprechen. Wie realistisch diese Versprechen sind, ist objektiv nicht feststellbar. Nach der Liberalisierung der Preisbildungsprozesse auf allen Märkten ist die Bereitstellung des öffentlichen Gutes der Sicherheit des Geldwertes nicht mehr von staatlichen Instanzen einzufordern. Die Bildung und Stabilisierung von Wechselkursen findet bei den Zentralbanken als Illusionstheater statt, das vom „Spiegel" so beschrieben wird: „In Europa legt die Europäische Zentralbank (EZB) jeden Tag punkt 14.15 Uhr die Referenzkurse für den Euro fest – nach einem gemeinsamen Abstimmungsprozess unter den Zentralbanken innerhalb und außerhalb des Euro-Systems ... Doch die staatstragenden Konsultationen gaukeln einen hoheitlichen Akt vor, der so nicht existiert. Der Referenzkurs der EZB ist lediglich eine Momentaufnahme, ein Schnappschuss aus dem virtuellen Währungscasino namens Electronicc Banking Sytem, kurz EBS genannt. Auf ihren Bildschirmen dürfen die Zentralbankiers Tag für Tag mit ansehen, wie die internationale Hochfinanz auf der wichtigsten Handelsplattform der Welt täglich Milliarden der wichtigsten Währungen verschiebt" (Der Spiegel special Spiegel-Serie: Globalisierung, Nr. 8 7/ 2005: 113)

Die Privaten bestimmen also die Richtung, auch die der Entwicklung von Wechselkursen. Dabei kommen private Rating-Agenturen hilfreich ins Spiel, die eigentlich öffentliche Aufgaben erfüllen, dies aber als private Agenten für den privaten Profit tun. Das ist ein Widerspruch, der für eklatante Fehlurteile, für Bestechung und Korruption beim Rating und daher letztlich für das Versagen bei der Bewertung der Qualität von Schuldnern und verbrieften Schulden (Wertpapieren) in einem Rating-Verfahren verantwortlich ist, dessen Transparenz nicht immer gewährleistet ist.

Im Zuge dieser Privatisierungstendenzen auf Finanz- und Devisenmärkten verändert sich die Aufgabe der Zentralbank in der Währungskonkurrenz: von der geldpolitischen Unterstützung der Regierungen bei der Verfolgung ihrer wirtschaftspolitischen Ziele (des „magischen Dreiecks" von Vollbeschäftigung,

Geldwertstabilität und ausgeglichener Leistungsbilanz) zur Sicherung von Rahmenbedingungen der Verwertung von Geldvermögen privater Geldvermögensbesitzer auf globalen Märkten. Die Zentralbank als „Bank der Banken" wird auf den Finanz- und Währungsmärkten einerseits zu einem Akteur wie andere degradiert. Sie steigt im zweistufigen Bankensystem die Stufe, auf der die Zentralbank ihren Sitz hat, herab auf die Stufe, wo die Geschäftsbanken operieren. Andererseits ist die Zentralbank aber mit besonderer Macht im Vergleich zu anderen Marktakteuren ausgestattet, vor allem weil sie nicht bankrott gehen kann. Die Funktion der Zentralbank ist es, als „lender of last resort" die Kreditversorgung zu gewährleisten, und in der Währungskonkurrenz den relativen Wert der Währung und die Attraktivität des jeweiligen Finanzplatzes zu verteidigen und so die Rahmenbedingungen für die Mehrung der in der jeweiligen Währung angelegten privaten Geldvermögen zu erhalten. Dies kann aber nur geschehen, wenn den Signalen der globalen Finanzmärkte unbedingt gehorcht wird, und nicht den Anforderungen von Regierungen, die auch andere Ziele verfolgen müssen als das der strikten Verteidigung des inneren und äußeren Geldwerts einer Währung. Unter Bedingungen der Währungskonkurrenz gibt es die Möglichkeit der politischen Beeinflussung der Geldpolitik zur Verfolgung von sozialen und arbeitsmarktpolitischen Zielen nicht mehr oder sie ist sehr eingeschränkt.

Nur wenn die Regierungen sich zum Sachwalter der Finanzmärkte machen, können sie einen gewissen Einfluss auf die Notenbank ausüben. Das war im Frühjahr 2010 der Fall, als vor allem der französische Präsident Sarkozy die EZB dazu hat bringen können, Staatsanleihen vor allem mediterraner Euro-Staaten aufzukaufen und ins Portefeuille zu nehmen (FAZ, 16. 6. 2010: Mussler, Werner: Dauerbrenner Wirtschaftsregierung). Das geschah, nachdem die EU den „Rettungsschirm" von 750 Mrd. Euro für verschuldete EU-Staaten mit Zahlungsschwierigkeiten aufgespannt hatte. Allerdings verweigert die EZB Auskünfte über die aufgekauften Staatsanleihen, so dass nicht genau bekannt ist, von welchen Staaten und in welcher Höhe sie gegeben worden sind (FAZ, 11.6.2010). Das ist nicht Ausdruck von Scham über den „Tabubruch" (Die Welt vom 11. 6. 2010), der darin besteht, dass EU-Mitgliedsstaaten mit Zentralbankgeld finanziert werden. Es handelt sich vielmehr um den Versuch, der Spekulation eine Barriere zu errichten. Dass dies sogar notwendig sein kann, zeigte sich, als die großen Rating-Agenturen griechische Staatsanleihen herabstuften und die EZB daher die griechischen Anleihen nur mit einem Abschlag von 5% angenommen hat (FTD, 16. 6. 2010). Bekannt ist nur, dass die Beträge, die die EZB übernommen hat, sehr gering und obendrein rückläufig sind: von 16,3 Mrd. Euro Anfang Mai auf weniger als 200 Mio. Euro Ende Juli (FTD 27. 7. 2010, S. 17).

Die Finanzmärkte können dann tatsächlich der Aufforderung des ehemaligen Vorstandsvorsitzenden Breuer von der Deutschen Bank gehorchen und die „Politik ins Schlepptau nehmen" (in: Die Zeit vom 27.4.2000). Freilich wurde dies vor dem Ausbruch der Finanzkrise geschrieben, bevor die Konsequenzen dieser Aufforderung praktisch erfahren werden mussten. Das Ins-Schlepptau-Nehmen ist zur politischen Erpressung fortentwickelt worden, die in den ersten Krisenjahren öffentliche Billionensummen zur Rettung von privaten Finanzinstituten und der von ihnen verwalteten privaten Geldvermögen gekostet hat. Die privaten Finanzinstitute hatten hohe spekulative Risiken auf sich genommen, um im Interesse ihrer Klientel hohe Renditen zu erzielen. Im Risikofall verfügten sie jedoch nicht mehr über das Eigenkapital, mit dem sie haften konnten. Der Staat musste nun mit hohen Beträgen einspringen, um Banken zu retten. Dies hatte zur Folge, dass die Schulden der Staaten über das Maß angestiegen sind, das mit den Maastricht-Kriterien geeicht worden ist. Dieses Eichmaß ist zwar willkürlich 1991 im Maastricht-Vertrag festgelegt worden, hat aber in den nachfolgenden fast zwei Jahrzehnten eine gewisse allgemeine und über den Euroraum hinausgehende Akzeptanz gefunden: Das Haushaltsdefizit darf nicht über 3 % der BIP steigen und die öffentlichen Schulden dürfen nicht mehr betragen als 60 % des BIP. Infolge der zunehmenden Staatsverschuldung bei der Sozialisierung der Verluste in der Finanzkrise seit 2008 werden diese Maastricht-Grenzen erheblich überschritten. Der Schuldenstand liegt im Euroraum im Sommer 2010 knapp unter 80 %, das statthafte Etatdefizit von 3 % wird von fast allen Euro-Ländern überschritten, von einigen Ländern erheblich.

Im Jahre 2010 sind es private Rating-Agenturen, die das Risiko von Ausleihungen an Staaten, also deren Kreditwürdigkeit und die Prämien der Kreditausfallversicherungen (Credit Default Swaps), definieren. Letztere steigen mit dem Risiko. Damit wird die Höhe der Zinsen und der Versicherungskosten auf Staatsanleihen von jenen Finanzmarktakteuren bestimmt, die gerade mit öffentlichen Mitteln vor einer eventuell drohenden Pleite bewahrt und so aus dem selbst zu verantwortenden Schlamassel „herausgehauen" worden sind. Die diversen Bankenrettungsfonds werden in letzter Instanz aus Steuereinnahmen finanziert. Die Funktionsweise der Finanzmärkte setzt demokratische Verfahren, darunter auch das parlamentarische Prärogativ, über Staatseinnahmen und -ausgaben zu entscheiden, außer Kraft.

Auch die Zentralbank muss, so die Grundregel der neoliberalen Ordnung, der sich alle Akteure verschrieben haben, gegenüber Politik und Gesellschaft autonom operieren. Diese Autonomie gegenüber der Politik kontrastiert scharf mit der heteronomen Festlegung der Zentralbankpolitik einer Nation (oder eines

Währungsraums wie im Falle des Euro und der EZB) durch die globalisierten Finanzmärkte. In der Finanzkrise wird dies besonders deutlich. Denn nun muss die Zentralbank dafür sorgen, dass die Zinsen zur günstigen Refinanzierung der Finanzinstitute sinken, nachdem sie zuvor alles getan hat, um die Renditen der Geldvermögen und die Attraktivität des Finanzplatzes mit hohen Zinsen zu steigern. Wenn die Renditen nämlich ausbleiben, weil die Einkommensflüsse aus der Realwirtschaft versiegen, können diese mit billigem Geld, das den Finanzinstituten von der Zentralbank zur Verfügung gestellt wird, aufgefrischt werden. Mit billigem Geld lohnt es sich wieder, die lukrativen Geschäfte aus den Jahren vor der Finanzkrise fortzusetzen, da niemand die Banken gezwungen hat, das Geschäftsmodell zu ändern. Das Investmentbanking blüht wieder auf.

Die Zins- und Wechselkurssouveränität ist der Zentralbank im Zuge der Deregulierung und Liberalisierung der Finanzmärkte also abhanden gekommen. Neoliberale aller Schattierungen versprechen sich und der Öffentlichkeit von der Konkurrenz der Währungen die Bildung „richtiger", d.h. marktgerechter Wechselkurse. Doch das ist ein Irrtum. Freie Finanz- und Devisenmärkte senden falsche Signale, die gemessen an den realökonomischen Verhältnissen zu absurden Wechselkursrelationen beitragen. Das beste Beispiel gibt der US-Dollar, der nur aus politischen Gründen führende Weltwährung ist und bleiben kann. Würden „objektive" ökonomische Kriterien (zum Beispiel die Staatsschuld nach innen und außen, das Haushalts- und Leistungsbilanzdefizit, die Kaufkraftparitäten) eine Rolle spielen, müsste das Rating der US-Staatsanleihen gesenkt werden. Auch auf Devisenmärkten kommt es also zu „Marktversagen", das sich aus den impliziten und expliziten Regeln ergibt, denen die Marktakteure aus mikrorationalen Erwägungen folgen. Die makroökonomische Unvernunft ist unvermeidlich in einem System liberalisierter Finanz- und Währungsmärkte, auf denen „myopische", also kurzsichtige bis blinde Akteure Entscheidungen treffen.

5.2 Die Finanzkrise der Privaten wird zur Schuldenkrise souveräner Staaten …

Die notwendige Kapitalberichtigung durch die Abschreibung von entwertetem Kapital hat nach der Finanzkrise von 2008 ebenso wenig stattgefunden wie die Schließung von Banken, deren Eigenkapital nicht mehr zur Haftung für die Verpflichtungen reicht, oder eine Zufuhr von frischem Geld durch private „Investoren", um das Haftungskapital zu erhöhen. Die Krise hatte ihre „bereinigende Wirkung" also gar nicht vollständig ausüben können. Die Neoliberalen haben ihre eigene Theorie verraten. Denn diese verlangt von den Akteuren, dass Privateigentümer mit ihrem Eigentum für Verluste haften und Kapital nachschießen, um sie zu decken oder die bittere Pille der Insolvenz schlucken und dann vom Markt verschwinden. Doch die implizite oder explizite Adelung vieler Banken als „systemrelevant" hat sie vor diesem Schicksal gerettet. Die Zentralbanken und Regierungen mussten folglich sehr viel Geld in den Finanzsektor pumpen, um die Verluste und das Dahinschmelzen von Reserven und Eigenkapital zu kompensieren. Doch die öffentliche Rettungsaktion reichte zur langfristigen Rekapitalisierung der Finanzinstitute nicht hin und nicht her. Es schlummert noch immer ein großer Teil der faulen oder „toxischen" Papiere, wie nun die einstigen „Finanzinnovationen" verbriefter Kredite aus den Zeiten der Finanzbonanza genannt wurden, in den Tresoren. Nur ein Teil davon ist in „bad banks" staatlich subventioniert entsorgt worden. Der Sprecher des Sonderfonds Finanzmarktstabilisierung (SoFFin) hat die Möglichkeit, toxische Papiere in einer Bad Bank zu sammeln, korrekt als „eine Staatshilfe zur Verkleinerung" (in FAZ, 24. Juli 2009) interpretiert. Die Verstaatlichung von Bankinstituten, wie nach Ausbruch der Krise vernehmbar gefordert, verschwand wieder von der Agenda. Die politische Klasse überall in der Welt war nur noch für einen peinlichen, aber für sie wegen der zum Teil geretteten Boni und Prämien lukrativen Rückzieher, nicht aber für ein neues Regulierungsmodell des Finanzsektors zu haben. Auch wollten Banker keineswegs das faule Kapital mit gutem „Tier-I-Kapital", Eigenkapital der höchsten Bonität unterlegen, das war ihnen zu teuer. Den Stresstest der europäischen Banken im Juli 2010 kann man auch überstehen, wenn man sich wie bei Belastungsübungen in die Tasche lügt, indem man das Gymnastikgerät leichtgängig auf Wellness einstellt. Kaum konnten die Banken nach dem Stresstest „aufatmen" (FTD 27. 7. 2010, S. 17), setzte die „Bankenlobby laxere Regeln durch" (FTD 28. 7. 2010, S. 1), was die Eigenkapitalvorschriften anbelangt. Das Spiel kann also weitergespielt werden – bis zum nächsten crash.

Da den Banken seit 2008 Zugang zu sehr billigem Zentralbankgeld gewährt wurde, konnten sie ihre Geschäfte auch ohne hohes Eigenkapital fast risikolos, so schien es, fortsetzen und damit hohe Renditen erwirtschaften. Dass sie so den nächsten Crash vorbereiten, der spätestens dann zu erwarten ist, wenn die niedrigen Zentralbankzinsen – in den USA wenig über 0%, in Europa gestattet die EZB die Refinanzierung zu 0,25% bis 1,5% – wieder angehoben werden (müssen, um Inflationsgefahren zu begegnen), war kein Hinderungsgrund, auch nicht für die politisch Verantwortlichen. Diese machten vielmehr beim bösen Spiel mit dem Risiko mit, auch wenn einige Zentralbanker, wie der Vorsitzende des Financial Stability Board, Mario Draghi (FTD 11.1.2010), mahnend auf die Besorgnis erregende Instabilität der Finanzinstitute hinwiesen. Doch die meisten aus den politischen und ökonomischen Eliten spielten va banque. Das billige

Geld, das die Zentralbanken den privaten Banken zur Verfügung stellten, musste ja zinsgünstig angelegt werden können. Private Anlagemöglichkeiten waren begrenzt, weil die Renditen zu niedrig angesichts der Risiken schienen, auch wenn der Mittelstand nach Krediten nachgerade lechzte. Es kam den Finanzinstituten sehr zu Pass, dass die Staaten Anleihen zu ordentlichen Zinsen auflegen und bei den Instituten unterbringen mussten, die gerade mit staatlichen Kapitalspritzen und Bürgschaften gerettet worden sind.

Die Regierungen wussten, dass sie die Verluste ihres frivolen Spiels im Fall des Falles dem Steuerzahler aufhalsen konnten, dessen Geduld, wie sich mehrfach gezeigt hatte, kaum zu erschöpfen war. Das war vielleicht die einzige Lehre, die die Finanzgewaltigen aus der von ihnen mit zu verantwortenden Krise gezogen hatten. „Moral hazard" konnten sich die Akteure auf den Finanzmärkten sanktionslos leisten. Die Finanzkrise war 2009 trotz der Schönwetter-Berichte nicht überwunden, sie grummelte wie ein aktiver Vulkan im Untergrund und konnte jederzeit explodieren und Feuer speien.

Im Jahre 2009 gerieten nicht nur Island und die baltischen Staaten, Ungarn und die Ukraine und Dubai, sondern auch Griechenland oder Irland, Portugal und Spanien, und damit Mitgliedsländer des Euroraums an den Rand der Staatspleite. Selbst Großbritannien und Japan könnten in den Sog eines Staatsbankrotts geraten. Die Krise der privaten Finanzinstitute ist also durch die öffentliche Finanzierung der privaten Verluste in eine allgemeine Krise der Staatsfinanzen der entwickelten Industrieländer verwandelt worden. Die Defizite nahezu aller Länder stiegen weit über das nach Maastricht-Kriterien zulässige Maß. Die Art und Weise, wie die Finanzinstitute gerettet worden sind, nämlich durch Sozialisierung der im Finanzsektor entstandenen Billionen-Verluste, hat die Staaten in eine Falle getrieben, aus der kein leichtes Entrinnen möglich ist. Die Beendigung der Politik des leichten Geldes hätte den Banken das bequeme Weitermachen vermasselt, und eine rigide Haushaltspolitik hätte nicht nur die Reste des bereits rasierten Sozialstaats weggefegt und daher auch die effektive Nachfrage beschnitten, sondern auch die Banken und andere Unternehmen getroffen, die auf die staatlichen Transfers zur Aufbesserung ihrer privaten Bilanzen angewiesen waren und sind. Das Dilemma konnte nur verdrängt werden, indem der Anstieg der Staatsverschuldung zunächst hingenommen wurde. Doch löst dies im mit den staatlichen Schulden gestärkten Finanzsektor Befürchtungen aus, dass die Inflationsrisiken steigen. Also verschlechtern sich die Ratings der Rating-Agenturen generell. Die Langfristzinsen tendieren nach oben, die nominellen und realen Wachstumsraten tendieren nach unten – also steigt die Belastung der Staatshaushalte durch den Schuldendienst, und zwar nicht nur kurzfristig sondern für eine lange Dauer (vgl. „zur Dynamik von Schuldenquoten" Deutsche Bundesbank, Monatsbericht April 2010: 18ff.). Das Wachstum, das „beschleunigt" werden soll, wird erst recht abgewürgt und eine Chance, aus der Verschuldung herauswachsen zu können, gibt es nicht (vgl. dazu auch Wagenknecht 2010, Teil 2).

Solange die Staatsschulden durch Anleihen zinsgünstig finanziert werden können, ist das Problem beherrschbar. Nur müssen die Zinsen so niedrig sein, dass sie unter der Profitrate und unter der realwirtschaftlichen Wachstumsrate liegen. In der EU bringen die Staaten Staatsanleihen zu im internationalen Vergleich noch niedrigen Zinssätzen an den Kapitalmärkten unter, doch sind sie immer noch im Vergleich zur erzielbaren Profitrate und Wachstumsrate zu hoch. Griechenland muss wegen der Abschläge durch die Rating-Agenturen 2010 mehr als 6% Zinsen auf Staatspapiere zahlen, Deutschland weniger als 3%. Die Renditen Griechenlands sind wegen der Veränderungen des Ratings und wegen der Spekulation mit CDS sehr volatil, so dass sich die Zinszahlungen schon bis auf mehr als 13 % (am 27. 4. 2010) gesteigert haben. Auch die Kosten der Kreditversicherung (CDS) sind unterschiedlich, und mit CDS kann obendrein spekuliert werden, auch gegen das Land, das Kredite aufzunehmen gezwungen ist. Daher ist es möglich, an der Pleite eines Landes zu verdienen, daher werden Kreditausfallderivate auf Staatsanleihen gehandelt und je größer das Risiko kalkuliert wird, desto höher ihr Kurs und damit der Gewinn des Halters von CDS-Papieren. Griechenlands Ausfallversicherung ist im letzten Vierteljahr 2009 um 140 auf 263 Basispunkte gestiegen. Dies bedeutet, dass die Absicherung von 10 Mio Euro griechischer Staatsschulden 263.000 Euro kostet und nicht mehr rund 120.000 Euro wie zuvor (vgl. FTD 14.1.10 „Wetten auf Staatspleiten nehmen zu"). Spekulanten können mit der Kurssteigerung viel Geld machen, wenn sie die Kreditwürdigkeit Griechenlands nach unten und den Kurs der CDS nach oben treiben – Geld, das dem öffentlichen Sektor Griechenlands fehlt, z.B. Geld für soziale Projekte. Das Budgetdefizit wird also nicht nur durch Misswirtschaft, die es auch gibt, sondern auch durch die Spekulation gegen das verschuldete Land ausgeweitet.

5.3 … und die Verschuldung der Staaten wird zur Krise der europäischen Integration

Mit der wachsenden Staatsverschuldung wird ein Spaltpilz in den Euro-Währungsraum und daher – insbesondere seit Inkrafttreten des Lissabon-Vertrags am 1. Dezember 2009 – in die Europäische Union insgesamt getragen. Denn die Staatsverschuldung bleibt eine Angelegenheit, die der jeweilige Nationalstaat zu bewältigen hat, ohne auf das probate Mittel einer Währungsabwertung zurückgreifen zu können. Die Währungspolitik ist Sache der Gemeinschaft. Doch Einkommenspolitik, Steuerpolitik, Fiskalpolitik, Regional- und Industriepolitik bleiben in der Hoheit der Nationalstaaten. Eine europäische Wirtschaftsregierung fehlt, wenn man von Konferenzen und lockeren Koordinierungsversuchen absieht. Das ist eine Konsequenz der neoliberalen Marktvergötzung, der Dominanz der Finanzmärkte, die ja „die Politik ins Schlepptau" genommen haben, und einer Schwächung öffentlicher Institutionen nach drei Jahrzehnten der Privatisierung öffentlicher Güter und Dienste und einst öffentlicher Räume. Obendrein sind den Nationalstaaten mit dem von diesen selbst zu verantwortenden Lissabon-Vertrag die Hände gebunden. Denn die Regierungen dürfen sich nicht wechselseitig in akuten Krisen stützen. Das Gebot heißt: *no bail-out!* innerhalb der Europäischen Union. Für zwischenstaatliche europäische Solidarität ist da kein Spielraum.

Das Bekenntnis zum europäischen Sozialmodell ist zwar als politische Leitlinie in Lissabon bestätigt worden, doch ist es angesichts der Prädominanz der Marktkräfte und von Standortpolitik weniger wichtig als die Stärkung der Wettbewerbsfähigkeit auf globalisierten Märkten durch Druck auf die Lohnstückkosten. Dieser Druck ist in Deutschland sehr erfolgreich ausgeübt worden, so dass zwischen 2000 und 2009 die Lohnstückkosten nur um 7% gestiegen sind, während sie in Slowenien um 53%, in Irland um 39%, in Spanien um 35%, in Griechenland um 34%, in Italien um 32%, in Frankreich um 21% zugenommen haben (SZ vom 23. 6. 2010: S. 20 „Der Euro, eine schlechte Idee"). Wenn die Lohnsteigerungen so unterschiedlich sind und die Unterschiede der Löhne nicht durch Produktivitätsdivergenzen kompensiert werden können, kommt es unweigerlich zu Ungleichgewichten in den Außenbilanzen, auch innerhalb des Euroraums. Die Ungleichgewichte wirken sich im gemeinsamen Währungsraum zwar nicht als Leistungsbilanzdefizite aus, haben aber entweder einen Transfer von Vermögen zu Gunsten des Überschusslandes oder eine Zunahme der privaten und öffentlichen Verschuldung des Defizitlandes zur Folge.

Dies ist in der Finanzkrise zu einem akuten Problem geworden, weil die Ungleichgewichte und die daraus resultierenden Defizite nicht mehr zu akzeptablen Kosten über die Finanzmärkte refinanziert werden konnten. Wenn die Möglichkeiten der Abwälzung der Rettungskosten auf die Lohnabhängigen ausgeschöpft sind, weil diese im Zuge der „Arbeitsmarktanpassungen an die Rezession" (EZB-Monatsbericht Juli 2010: 57ff.) nicht grenzenlos geschröpft werden können, müssen Transfers von Hilfspaketen organisiert werden. Daraus ergibt sich entweder – positiv – eine Vertiefung der Integration, oder – negativ – eine größere Abhängigkeit verschuldeter Länder von den nicht oder weniger verschuldeten Ländern im Euroraum, weil diese im Wettbewerb um die Wettbewerbsfähigkeit, die immer komparativ, niemals absolut ist, die Nase vorn haben. Wenn Deutschland „gestärkt", wie Bundeskanzlerin Merkel erklärt, aus der Krise herauskommen soll, wird dies für andere Länder eine Schwächung ihrer Wettbewerbsposition bedeuten.

Die negativen Leistungsbilanzsalden von Griechenland und anderen mediterranen Ländern sind die Bedingung für die Leistungsbilanzüberschüsse vor allem in Deutschland. Beide Länder gehören zwar dem gleichen Währungsraum an, dennoch werden die Leistungsbilanzen länderspezifisch ausgewiesen. Das kann als Indikator für die Mangelhaftigkeit der europäischen Integration gewertet werden. Im Jahre 2008 hatte Deutschland einen Überschuss in Höhe von 6,4% des BIP, Griechenland ein Defizit von -14,5% und Spanien von -9,7% (SZ, 23. 6. 2010). Die Konflikte, die sich aus dieser krass unterschiedlichen Entwicklung ergeben, sind in den Krisenfällen von 2009, in Island und Griechenland, in Portugal und Spanien deutlich geworden. Von der Finanzkrise bereits gebeutelt – in Island sind alle Banken der Insel insolvent und hinterlassen einen im Vergleich zur Einwohnerzahl katastrophal großen Schuldenberg; in Griechenland können die öffentlichen Schulden nur durch neue und teure Kredite refinanziert werden – wird nun obendrein die reale ökonomische Leistungsfähigkeit in Frage gestellt. Es stellt sich als eine Binsenwahrheit heraus, dass die nationalen Wirtschaftsräume in der EU und insbesondere im Euroraum durch kommunizierende Röhren verbunden sind und daher ein System bilden, in dem alle „Subsysteme" voneinander abhängig sind. Die Defizite Griechenlands können aus eigener Anstrengung nur in einen Überschuss der Handelsbilanz verwandelt werden, wenn Überschussländer, also in erster Linie Deutschland, Defizite erlauben würden, also mehr Waren und Dienstleistungen aus anderen Ländern des Euroraums importierten als das Land exportiert. Genau das Gegenteil aber geschieht: Deutschland setzt das Modell, das in die Krise geführt hat, unverdrossen fort: mit einem Exportboom, der der nationalen Wirtschaft (insbesondere dem Kapital) zugute kommt, für die ökonomische Entwicklung anderer „nationaler" Ökonomien innerhalb des Euroraums aber schädlich ist. Wenn Defizitländer gezwungen werden, unilateral die Defizite im Staatshaushalt und in der Leistungsbilanz zu kürzen, können sie gar nicht anders, als für die gesamte Union eine Spirale nach unten in Gang zu setzen. Dann gibt es nur Verlierer. Und am Ende stellt sich heraus, dass der Euro-Raum den von Robert Mundell zu Beginn der 1960er Jahre formulierten Bedingungen eines „optimalen Währungsraums" (Mundell 1961) nicht genügt. Die Theorie des „optimalen Währungsraums" besagt, dass in einer Währungsunion die realökonomischen Verhältnisse (Produktivität, Lohnsätze und Lohnstückkosten) einigermaßen angeglichen sein müssen, wenn die Währungsunion auf Dauer gestellt und nicht zu vielen Spannungen ausgesetzt sein soll. Und die Wirtschaftspolitik muss der Logik der kommunizierenden Röhren Rechnung tragen und nicht überall zum Sparen aufrufen, weil dadurch überall Flüssigkeit aus dem Röhrensystem genommen wird mit dem Effekt, dass das Niveau unweigerlich fällt, hier: das Niveau der Beschäftigung. George Soros hat in einer Rede am 23. 6. 2010 an der Berliner Humboldt-Universität an der deutschen Wirtschaftspolitik explizit kritisiert, dass sie nicht nur von schwächeren Ländern die Verringerung der Haushaltsdefizite verlangt, sondern auch das deutsche Defizit reduzieren will: „When all countries are reducing deficits at a time of high unemployment they set in motion a downward spiral. Reductions in employment, tax receipts, and export reinforce each other, ensuring that the targets will not be met and further reductions will be required" (e-mail-Kommunikation).

James K. Galbraith hat darauf hingewiesen, dass auch die USA vor dem New Deal eher eine Zollunion mit gemeinsamer Währung als ein integrierter Wirtschaftsraum waren. Dieser Wirtschaftsverbund wurde in den 1920er Jahren „vor allem durch die spekulative Explosion des Immobilien- und Aktiengeschäfts ... beflügelt, bis das ganze System dann 1929 und 1930 zusammenbrach" (Galbraith 2010: 86). Erst durch den New Deal konnte das Wirtschaftsgebilde USA „strukturell erneuert" werden. Die wirtschaftlich divergente Entwicklung hat folglich politische Implikationen, die nur mit einem politischen Projekt, wie es der New Deal in den 1930er Jahren eines war, verarbeitet werden können, nicht aber dadurch, dass man die Richtung und Gestaltung der Entwicklung den Märkten, den Finanzmärkten zumal, überantwortet. Die privaten Akteure auf ihnen brauchen nicht nur einen „lender of last resort", sondern auch einen „debtor of last resort". Vom lender, das ist die Zentralbank, besorgen sich die Finanzmarktakteure billiges Geld, das sie an den debtor of last resort, das ist der Staat, ausleihen, selbstverständlich mit saftigen Margen. Daher ist es kein Wunder, dass die Gewinne der Finanzinstitute selbst in der Finanzkrise sprudeln und Boni und Prämien in manchen Fällen spektakulär gestiegen, und dass zugleich die Staatschulden – von Ausnahmen abgesehen – sowohl absolut als auch gemessen am BIP in die Höhe geschossen sind. Für viele Länder hat der Anstieg der öffentlichen Schulden eine Herabstufung des Rating zur Folge, so dass auch der Schuldendienst drückender wird und die „Angst vor der Pleite" (vgl. die visualisierte Aufstellung über die Staatsschulden in der Welt in der FTD, 11. Januar 2010) wie ein Gespenst in Europa umzugehen begann. Wenn Schuldner, ob öffentliche oder private, sich nicht mehr refinanzieren können, weil die Finanzflüsse wegen des gestiegenen Risikos ausbleiben, droht nicht nur die Pleite, dann bricht auch ein kreditfinanzierter Boom wie etwa in den baltischen Staaten zusammen: Das BIP schrumpft, die Arbeitslosigkeit steigt, die Masseneinkommen gehen dramatisch zurück und die öffentliche Verschuldung, im Fall der baltischen Länder gegenüber dem Ausland schießt nach oben (vgl. DIW Wochenbericht Nr. 40, 30. September 2009).

5.3.1 Ein isländischer Vulkan explodiert

Isländische Banken haben, als die Finanzblase zu Beginn des neuen Jahrhunderts aufgepumpt wurde, ein neues Geschäftsfeld erschlossen. Die drei für die kleine Nordatlantik-Insel großen Banken (Kaupthing, Landsbanki, Glitnir) boten Sparern in aller Welt, vor allem in den europäischen Nachbarländern, Einlagenzinsen oberhalb der üblichen Marktzinsen und haben mit diesem Köder Sparguthaben aus England und Deutschland, aus den skandinavischen Ländern und den Niederlanden in ihre Tresore gezogen. Mit dem so gesammelten Geld spekulierten die Banken auf dem globalen Kapitalmarkt, beteiligten sich also an der Finanzrallye mit der Wall Street im Zentrum. Das war bequemeres Geldverdienen als Kabeljau zu fischen. Spekulationsobjekte gab es ja mit verbrieften Papieren im Überfluss, und für grenzenlosen Nachschub von CDOs und ähnlichen Zeitbomben sorgten die Investmentbanken aus den USA. Das ging so lange gut, wie immer neue Spargelder akquiriert und Anlagen gefunden werden konnten, deren Rendite die Zinsen auf die Spareinlagen überstieg und bei denen es kein Fristenrisiko gab.

Denn die Gefahr bei dieser Art Geschäft ist immer, dass langfristig zu hohen und fixen Zinsen aufgenommenes Kapital mit kurzfristigen Geldern zu variablen Zinsen refinanziert werden muss. Das hat schon Emile Zola in seinem Roman „Geld" zu seinem Sujet gemacht, und das hat der Bostoner Betrüger Ponzi in den 1920er Jahren lernen müssen. Solange die Spargelder reichlich und billig fließen, gibt es kein Problem. Dann können die Renditeansprüche der „alten" Anleger aus dem „neu" eingeworbenen Kapital bedient werden. Wenn aber die Zinsen steigen und die neuen Anlagen zu gering im Vergleich zu den steigenden Renditeansprüchen sind, kommt das Geschäftsmodell dieses im Grunde ordinären Pyramiden- oder Pilotenspiels ins Rutschen wie ein Hochgebirgsgletscher im Klimawandel. Der betrügerische Finanzspekulant Madoff hat dieses Spiel von Florida aus gespielt und ist dafür in den USA für Jahrzehnte ins Gefängnis geworfen worden. Die ersten Erfahrungen der albanischen Bürger mit dem herbeigesehnten Kapitalismus nach dem Systemwechsel zu Beginn der 1990er Jahre waren die herben Verluste, die ihnen von mafiösen Pilotenspielern beigebracht worden sind.

Island entwickelte sich seit 2003, als die ökonomischen Vorzüge eines „small island state" entdeckt und mit Hilfe der Deregulierung des Finanzsektors zu Geld gemacht worden sind, zu dem unter den OECD-Ländern bei weitem – in Relation zum Bruttosozialprodukt – größten Kapitalanleger – mit 129% des BIP, dem aber externe Schulden in der Größenordnung von 234% des BIP entsprechen. An den Maastricht-Kriterien gemessen, ist das ein horrender Wert. Die OECD schlussfolgert, dass diese Relationen eher auf die Bilanz eines Hedge-Fonds als auf die eines souveränen Staates schließen lassen: „The net external equity position was extraordinary given that even countries that have been investing abroad for decades did not have remotely comparable net equity holdings in relation to GDP. Iceland's I(international) I(nvestment) P(osition) had come to resemble the balance sheet of a hedge fund, with large debt-financed equity positions." (OECD 2009d: 23) Islands Finanzwesen war wie ein Vulkan, der immer höheren Druck aufbaute, bis er explodierte.

Als die Finanzkrise ausbrach, trockneten die Zuflüsse von Spargeldern endgültig aus und das isländische Bankensystem geriet sehr schnell in den Sog der Zahlungsunfähigkeit, an den Rand des Bankrotts. Die Refinanzierung wurde schwieriger und teurer. Nur die Verstaatlichung konnte die Pleite noch abwenden, hatte aber zur Folge, dass nun der Staat sich über alle Maßen verschulden musste. Die Staatsverschuldung sprang von 53,6% des BIP im Jahre 2007 auf 142,5% Anfang 2010. Island war nun auf Kredite aus dem Ausland angewiesen. Russland sollte mit einigen Milliarden Euro einspringen. Da waren aber NATO, USA und EU davor und schließlich gaben die skandinavischen Länder; die EU und der IWF einen Kredit, den das Land über viele Jahre wird abbezahlen müssen. Obendrein fordern Großbritannien und die Niederlande die Rückzahlung von 3,8 Mrd. Euro an die sich geprellt fühlenden Sparer, die den isländischen Köder mit den hohen Zinssätzen geschluckt hatten: Aus Gier, für deren Folgen sie aber nicht aufkommen wollen. Dabei ist allgemein bekannt, dass die supergünstigen Zinsen der isländischen Banken auch eine Kompensation für das höhere Risiko enthielten, das die Sparer eingegangen sind. Die Risikoprämie haben sie kassiert, doch den Risikofall wollte niemand akzeptieren, wie schon etwa zehn Jahre zuvor in Argentinien, als die Gläubiger des Landes nicht nur die Welt, sondern alle ihre Gerichte in Bewegung setzten, um ihre Argentinienpapiere vor der Entwertung zu retten, obwohl jeder vernünftige Mensch schon vorher wusste, dass diese sehr risikoreich sein mussten. Kapitalanleger sind in aller Regel gierig, aber auch dumm.

Eine Rezession der „realen" Wirtschaft ist die Folge dieser gescheiterten Finanzspekulation. Die OECD schlussfolgert in einer Studie über die isländische

Finanzkrise: „Die Expansion der Banken hat einen beträchtlichen Aufbau von systemischen Risiken im isländischen Finanzsystem nach sich gezogen – alle Banken waren den gleichen Risikofaktoren ausgesetzt: verringerte Liquidität auf globalen Anleihemärkten, ein Verfall der Aktienkurse und die Abwertung der Währung. Zu diesen Risiken kam noch hinzu, dass die Zunahme der Bankkredite einen Boom der Aktienkurse unterstützt hat, so dass die Risiken noch mehr zugenommen haben. In der Konsequenz wurden die immer größer, sie wurden zu groß, als dass sie durch die isländische Regierung hätten gerettet werden können. Unter diesen Umständen wurde, als die globale Finanzkrise sich verschärfte, das Bankgeschäft sehr gefährlich" (OECD 2009d: 11 – eigene Übersetzung). Das isländische Geschäftsmodell, das den Isländern schnellen und bequem zu erwerbenden Wohlstand versprochen hatte, ist mit den Banken, die es entwickelt und praktiziert hatten, zusammengebrochen. Das Wolkenkuckucksheim fiktiven Kapitals ist auf eisigem Erdboden hart gelandet.

Der isländische Präsident, sicherlich in Übereinstimmung mit der Mehrheit der Bevölkerung, hat sich Anfang 2010 geweigert, ein Gesetz zu unterzeichnen, mit dem über viele Jahre den britischen und niederländischen Sparern die 3,8 Mrd. Euro, die sie bei Kaupthing und anderen Banken angelegt hatten, erstattet werden sollten. Das könnte eine Lehre sein für diejenigen, die – wie schon vor mehr als zehn Jahren im Fall Argentiniens – sich von Hochzinsangeboten locken lassen, obwohl sie wissen müssen, dass sie ein hohes Risiko eingehen. Der Risikofall ist in Argentinien 2001 eingetreten, in Island 2009. Nun beginnt das Gefeilsche, eine harte politische Auseinandersetzung darum, wer die Verluste trägt. Auf die isländische Regierung wird äußerer Druck ausgeübt, einen Betrag zu zahlen, der die kleine Insel mit ihren 300.000 Einwohnern überfordert. Diejenigen unter ihnen, die dagegen wie in Argentinien mit Kochtöpfen protestieren, werden vor den Kadi gezogen. Auch wenn das Finanzsystem zusammenbricht, funktioniert die staatliche Repression immer noch – auch in Island. Seit die gute Laune der Finanzmarktbonanza in einen schweren Kater umgekippt ist, weil die Verluste, die zu schultern sind, horrend sind, wird nach Schuldigen gesucht. Man kann sie identifizieren. Es sind nicht diejenigen, die das Debakel angerichtet haben, sondern jene, die mit ihrem Kochtopfgetrommel darauf aufmerksam gemacht haben. Die Finanzkrise wirft die nordische Insel nicht nur ökonomisch zurück, sie zerstört auch den gesellschaftlichen Zusammenhalt.

5.3.2 Das griechisch-mediterrane Lehrstück über die Fallstricke der Bereicherung

Während es in Island die heimischen Banken waren, die sich auf den globalen Finanzmärkten verspekulierten, waren es in Griechenland vor allem die global players aus Deutschland, den USA, Frankreich, Großbritannien, der Schweiz und anderen Ländern, die eine zunehmende Verschuldung von privaten Unternehmen, Banken, Haushalten und des öffentlichen Sektors finanziert haben. Im Jahre 2010 betragen nach einer Aufstellung der Financial Times Deutschland die Forderungen der Banken gegenüber Griechenland in Frankreich 108,3 Mrd. Euro, in den USA 45,6 Mrd. Euro, in Deutschland 44,4 Mrd. Euro, in der sonstigen Eurozone 43,0 Mrd. Euro, in Großbritannien 20,3 Mrd. Euro (FTD, 16. 6. 2010). Insgesamt haben, so die „Süddeutsche Zeitung" „Europas Banken ... in Griechenland 272 Mrd. Euro im Feuer, sie haben Portugal und Spanien 242 und 852 Mrd. Euro geliehen" (SZ vom 21. 5. 2010). Kreditvergabe beruht auf Vertrauen, enthält aber auch ein Risiko. Es zeigt sich 2010 auch, dass nicht nur Griechenland in finanziellen Schwierigkeiten ist, sondern viele andere Länder ebenfalls: Mediterrane Mitgliedsländer des Euroraums, die baltischen Staaten, Ungarn und Bulgarien, Irland und selbst Großbritannien.

Warum die hohen Außenstände vorsichtig kalkulierender Finanzinstitute gegenüber Ländern, deren Kreditwürdigkeit zweifelhaft ist? Sie rechnen damit, dass die Staaten dafür sorgen, dass aus dem jeweiligen Nationaleinkommen ein steter Strom des Schuldendienstes an die Kreditgeber in den Zentren der europäischen und der Weltfinanzen abgezweigt werden kann. Zumindest haben die Verantwortlichen das glaubwürdig versprochen, und dass dies glaubhaft war, hatte im griechischen Fall bereitwillig Goldman Sachs testiert. Hier zeigt es sich, dass das globale Finanzsystem nur funktionieren kann, wenn es Schuldner gibt und wenn deren Bonität durch willfährige Rating-Agenturen, Bankberater, Financiers auch wider besseres Wissen (also in vielen Fällen betrügerisch) bestätigt wird.

Da in der Finanzkrise private Schuldner ausgefallen sind bzw. umgekehrt die Finanzkrise verschärft wurde, weil private Schuldner mit dem Schuldendienst überfordert waren und insolvent wurden und weil die Banken nun das Risiko der Kreditvergabe an Private scheuten, haben sie Staatspapiere gekauft, um ihre Geschäfte mit hoher Eigenkapitalrendite fortsetzen zu können. Auch die Schulden der Staaten werden als Anleihen verbrieft und auf globalen Märkten von Banken und Fonds gehandelt. Das Risiko ist mit Credit Default Swaps versichert, die den tödlichen Vorzug haben, dass mit ihnen gegen den verschuldeten Staats spekuliert werden kann. Im griechischen Fall sind infolgedessen die Risikoaufschläge gestiegen und die Kurse der griechischen CDS ebenfalls, so dass das globale Bankensystem prächtig an der griechischen Misere verdienen konnte. Wie erfolgreich die Finanzvampyre dabei waren, beweisen die Milliardenprofite, die viele Banken auf globalen Finanzplätzen seit der Krise 2008 vermelden. Allein die Deutsche Bank gibt für die ersten drei Monate 2010 einen Gewinn von 2,8 Mrd. Euro an; ein Teil davon wird wohl mit griechischen und anderen Staatspapieren erzielt worden sein, von denen die Deutsche Bank mehr als 40 Mrd. Euro hält. Der private Reichtum stellt sich stolz zur Schau, die öffentliche Armut duckt sich unter den Austerity-Auflagen der globalen Finanzmarktpolizei, die in Gestalt des IWF inzwischen auch in Athen auf Einladung der EU vorgesprochen hat.

Ohne die Verschuldung Portugals, Italiens, Griechenlands und Spaniens, also der nach ihren Anfangsbuchstaben pejorativ „PIGS" genannten Staaten (und einiger anderer mehr in der Welt), könnte das Geschäftsmodell der Banken gar nicht florieren und sie hätten keinen Grund, über Profite, Prämien und Boni zu jubilieren. Diese kommen ja gar nicht durch reale Produktion zustande, sondern werden aus den Einkommensflüssen der Bürgerinnen und Bürger mit staatlicher Hilfe umverteilt. Die Bedienung der Wertpapiere der einen verlangt die Verschuldung der anderen. Wenn jedoch am reibungslosen Schuldendienst gezweifelt wird, kommt Panik auf. So wusste es bereits Karl Marx, als er sich über die Rolle der Staatsschulden im Prozess der ursprünglichen Akkumulation des Kapitals ausließ (MEW 23, 24. Kapitel). Heute beobachten ganz professionell private Rating-Agenturen die „performance" der von ihnen so genannten PIGS und werten die Qualität von Staatsanleihen ab, wenn der Schuldendienst in Gefahr zu geraten scheint. Dann wird auf die Zinsen der Staatsschuld ein höherer Risikofaktor als „spread" aufgeschlagen. Mit dem von privaten Rating-Agenturen eingeschätzten Risiko steigen also die Belastungen für die öffentlichen Kassen und die Gewinne der Banken in gleichem Maße. Die Last der Staatsschulden wird ebenso größer wie die privaten Geldvermögen. Das ist ein Mechanismus der Umverteilung vom öffentlichen an den privaten Sektor, und da die Halter von Staatsanleihen in erster Linie große Geldvermögensbesitzer sind, handelt es sich dabei auch um einen Mechanismus der Umverteilung von unten nach oben. Die Folge ist die mit gewissem Erstaunen zur Kenntnis genommene Polarisierung der Gesellschaften zwischen arm und reich. Alle politischen Kräfte überall in Europa versprechen, „die Mitte" zu fördern. Aber alle politischen Maßnahmen laufen zumal in der Finanzkrise darauf hinaus, „die Mitte" zum Verschwinden zu bringen.

Öffentliche Schulden sind also der Stoff, aus dem private Bankprofite gemacht werden – so lange die Staaten zahlen können. Für den Schuldendienst können

Regierungen besser als private Schuldner sorgen, weil sie über das Steuermonopol verfügen und bei den öffentlichen Ausgaben kürzen können, am besten unter dem äußeren Druck der EU oder indem sie Auflagen des IWF befolgen – zur Kürzung der Gehälter im Öffentlichen Dienst, bei den Sozialaufwendungen oder der Finanzierung der Infrastruktur. Regierungen wandeln sich dann, so wie es von der Regierung Zapatero in Spanien heißt, „von einem Apologeten der sozialen Rechte in einen Schnitter des Sozialstaats" (FAZ 12. 6. 2010). Auch werden im finanziellen Notstand öffentliche Güter und Dienste privatisiert, und zwar zu Preisen, die den privaten Erwerbern einen Profit versprechen (vgl. dazu Wehr 2010). Wenn es dagegen Widerstand gibt, können die Regierungen auf das Gewaltmonopol des Staates zurückgreifen und die repressiven Staatsapparate mobilisieren. Die werden auch unter dem Druck von Haushaltskürzungen intakt gehalten. Dies bedeutet, dass die Krise des Politischen infolge der Staatsverschuldung und des drohenden Bankrotts selektiv, ungleichmäßig und ungleichzeitig wirkt und den Sozialstaat, das Bildungssystem und die Gesundheitsversorgung etc. durch Unterfinanzierung an den Rand des Zusammenbruchs und darüber hinaus drängt. Das entleert die soziale Substanz einer politischen Demokratie, delegitimiert das politische Institutionensystem, stärkt die repressiven Staatsapparate im Vergleich zur Zivilgesellschaft und schafft auf diese Weise Räume für autoritäre, neonationalistische und xenophobische Entwicklungen. In Frankreich werden Roma deportiert, in Ungarn siegt eine chauvinistische Rechte, in Holland werden Allianzen mit der neuen Rechten geschmiedet und Italien ist seit dem toxischen Berlusconi so weit nach rechts derangiert, dass selbst die Postfaschisten um den Präsidenten der Abgeordnetenkammer Fini noch als honorige Gruppe auftreten können.

Im griechischen Fall nehmen die „Sachzwänge des Weltmarkts" die Gestalt der Auflagen von IWF und EU und der Kredite gebenden Mitgliedsstaaten der EU an. Die Konditionalität der Rettungskredite für Griechenland ist die Akzeptanz des neoliberalen Integrationsmodells, wie Peter Gowan in anderem Kontext vor Jahren kritisierte (vgl. Altvater/Mahnkopf 2007: 54ff.). Die disziplinierende Wirkung der Auflagen ermöglicht den Kredite gebenden und mit den griechischen und anderen Staatsanleihen Handel treibenden Finanzinstituten eine gute Gelegenheit zu opulenten Gewinnen. Der Risikoaufschlag ist so hoch, als ob Griechenland zahlungsunfähig wäre, obwohl de facto die griechischen Schulden in Konsortialschulden der Mitgliedsländer EU verwandelt worden sind. Denn die EZB hat sie ja zu einem Teil und zu einem öffentlich nicht bekannten Kurs aufgekauft.

Dies ist der Hintergrund der öffentlichen Polemik über die „griechische Misswirtschaft", darüber, dass die europäischen Steuerzahler von „griechischen Faulenzern" in Geiselhaft genommen würden. Das sind ungerechtfertigte und unwürdige Schuldzuschreibungen. Denn die Verhinderung des Staatsbankrotts von Griechenland ist die Bedingung dafür, dass auch in Zukunft z.b. die deutsche Industrie ihre Exportgeschäfte und die Rüstungsindustrie ihre Waffenverkäufe nach Griechenland oder die Finanzanleger ihre Spekulation mit griechischen Papieren und auf dem spanischen Immobilienmarkt fortsetzen können, auch wenn dies schwieriger und riskanter, vielleicht auch verlustreich geworden ist.

Die einfache Saldenmechanik lehrt, dass in einem Währungsraum nicht alle Mitgliedsländer einen Leistungsbilanzüberschuss aufweisen und daher Geldvermögen, also auch Auslandsguthaben akkumulieren können. Es muss immer auch Schuldner geben. Wenn alle EU-Mitgliedsländer die Schulden abbauen und eine positive Leistungsbilanz anstreben, wird die Quadratur des Kreises versucht, die selbstverständlich schief gehen muss. „Was wir in Europa sehen", so James Galbraith (2010b: 89), „ist politisch organisierte ökonomische Schrumpfung und fiskalische Restriktion, ein Austeritätswettlauf", in dem die griechische Politik sogar die IWF-Auflagen noch übertrumpft hat. Im ersten Halbjahr 2010 wurde das Haushaltsdefizit um 46 % reduziert, und nicht um die von IWF und EU verlangten 39,5 %. Gemessen am BIP kann die Defizitmarke des Staatshaushalts mit dieser Kraftanstrengung von 13,6 % 2009 noch unter die für 2010 vereinbarten 8,1 % gedrückt werden. Die Folgen sind für die griechische Gesellschaft dramatisch. Die Arbeitslosigkeit steigt, viele Unternehmen mussten den Konkurs anmelden. Die Löhne und Gehälter sind um 12 bis 15 % gekürzt und die Inflationsrate infolge der Erhöhung der Mehrwertsteuer und anderer Verbrauchssteuern nach oben geschnellt (Neues Deutschland, 10. August 2010: „Operation gelungen, Patient totkrank"). Der kurzfristige Sparerfolg in Griechenland hat aber langfristige Wirkungen: „Wenn man das BIP beschneidet, beschneidet man zugleich das Steueraufkommen. Wenn man aber das Steueraufkommen vermindert und die Arbeitslosigkeit steigert und so weiter, dann werden die Defizite nicht verschwinden" (Galbraith 2010b: 91f.).

Die Hoffnung ruht auf dem Ausland jenseits des Euroraums. Es muss sich gegenüber den Euroländern ein Leistungsbilanzdefizit leisten. Doch die Überschüsse des Euroraums sind ungleich verteilt. Deutschland vermeldet 2010 einen Exportboom, der auch das Wirtschaftswachstum stimuliert. Die Krise scheint aus deutscher Sicht überwunden. Doch der Frage kann nicht ausgewichen werden, wie die dem deutschen Überschuss entsprechenden Defizite anderer Länder, auch innerhalb des Euroraums, auf Dauer zu finanzieren sind.

Alternativen zur bloßen Fortsetzung des Entwicklungsmodells, das in die schwere Krise geführt hat, gibt es: Eine Konstruktion des europäischen Integrationsprojekts, in der die Fehler des Maastricht- und Lissabon-Vertrags korrigiert werden. Man kann keine Währungsunion errichten, ohne die Wirtschafts- und Sozialpolitik zu koordinieren. Eine europäische Zentralbank ist eine halbe Sache, wenn die Fiskalpolitik in der Verfügung der Nationalstaaten bleibt. Man müsste also das Projekt der „negativen" zu Gunsten der „positiven" Integration verändern (vgl. Altvater/Mahnkopf 2007: 2. und 3. Kapitel). Das ist aber derzeit in der neoliberal konzipierten EU kaum möglich, obwohl sich die Erkenntnis ausbreitet, dass die Zuspitzung der Finanzkrise zur Währungskrise und zur politischen Krise in der EU nicht in gleicher Weise hätte passieren können, wäre der Euroraum als Währungsunion mit gemeinsamer Geld- und Fiskalpolitik (von anderen Politikfeldern ganz abgesehen) realisiert worden.

6. Kapitel
Agonie der Hegemonie

Die Finanzkrise überschreitet das Terrain der privaten und öffentlichen Verschuldung und erfasst die globalen Devisenmärkte. Schon vor Ausbruch der Finanzkrise sind die „strukturellen Ungleichgewichte" in der Weltwirtshaft unübersehbar. Die hohen Außenschulden der USA und die ebenso hohen Dollarreserven einiger Länder, seit einigen Jahren in erster Linie Chinas (zuvor war es vor allem Japan, das hohe Devisenreserven sammelte), sind ein Thema, das sogleich ein anderes berührt: Wird der US-Dollar die Position der Reservewährung, der Transaktionswährung für Finanzkontrakte, der Handelswährung und nicht zuletzt den Status als Ölwährung halten können? Diese herausgehobene Stellung des US-Dollar ist das vielleicht wichtigste Insignium der US-Hegemonie in der globalisierten Wirtschaft und Politik. Verliert der Dollar seinen Status als wichtigste Währung in der globalen Währungskonkurrenz, hat dies also Folgen, die weit über die Devisenmärkte und deren Funktionsweise hinausreichen. Die Währungskrise, die als schleichende Dollarabwertung Begleitmusik der aufziehenden Finanzkrise im gesamten ersten Jahrzehnt des 21. Jahrhunderts war, hat also das Potential, die Hegemonialordnung zu verändern, die politische Gemengelage der Welt durcheinander zu bringen. Das wäre nicht mehr Begleitmusik, sondern der Paukenschlag, der ein neues Zeitalter ankündigte.

Ähnliches ist ja auch in der Großen Krise nach 1929 geschehen, als nach der Abwertung des Pfund Sterling und der formellen Beendigung der Goldkonvertibilität im Jahre 1931 Großbritannien nach und nach seine Hegemonialstellung in der Weltwirtschaft verlor. Der US-Dollar wurde im Gegenzug als Alternativwährung aufgebaut. Zunächst wurden in den USA Gold und Silber im privaten Besitz verboten und gegen eine Entschädigung beschlagnahmt. Mit dieser Maßnahme wurde der Handel mit Edelmetallen unterbunden und die Bildung eines Marktpreises für Gold oder Silber ebenfalls, so dass mit der politischen Fixierung des Gold- und Silberpreises durch die US-Regierung unter Roosevelt zugleich auch der Wechselkurs der Währung gegenüber der Goldreserve politisch fixiert war. So erweiterte der damalige US-Präsident Roosevelt den Spielraum sowohl für die interne Wirtschaftspolitik in den USA als auch in der Außenwirtschaftspolitik.

Denn nun konnte die Festlegung des Goldpreises zur Abwertung des US-Dollar genutzt werden, um auf diese Weise Wettbewerbsvorteile zu ernten – auch auf Kosten von Konkurrenten. Der Dollarpreis pro Feinunze Gold wurde 1933 von 20,67 USD auf 29,82 USD, also um fast 50% heraufgesetzt und der US-Dollar um den gleichen Satz abgewertet (vgl. Karuscheit 2010: 53f.). Kurze Zeit später, im Februar 1934 wurde der Preis der Feinunze auf 35 USD angehoben, und das wurde die spätere „Bretton Woods-Relation". Denn sie blieb auch über das Bretton Woods-Abkommen von 1944 bis zum Jahr 1971 formell erhalten. Dann aber war die Nixon-Administration veranlasst, die Goldkonvertibilität des US-Dollar zu diesem Preis aufzukündigen und kurze Zeit später Goldpreis und Wechselkurs freizugeben. Der staatlich geregelte Kurs der Währungen zum „Wertanker" US-Dollar wurde seitdem privaten Akteuren auf Devisenmärkten überlassen.

Nach dem Ende der Ära des Pfund Sterling infolge der Lösung vom Gold und der nachfolgenden Abwertung im Jahre 1931 hat die erneute Währungsstabilisierung einen Zeitraum von 13 Jahren benötigt. Das waren 13 Jahre der hegemonialen Auseinandersetzung zwischen US-Dollar und Pfund Sterling und zugleich eine Epoche des Kampfes um die Weltherrschaft. Das waren die sicherlich schlimmsten Jahre des „Zeitalters der Extreme" (Hobsbawm 1995), die Zeit des Nationalsozialismus und des Zweiten Weltkriegs. Währungsauseinandersetzungen können zu schweren politischen Konflikten ausufern, auch wenn die Ursachen sicherlich nicht zu allererst auf Devisenmärkten zu suchen sind. Damals wurde ein Abwertungswettlauf ausgelöst, an dessen Ende alle schlechter dastanden als zuvor. Die „Beggar thy neighbour"-Politik hatte verheerende Auswirkungen auf die gesamte Weltwirtschaft, und die nachfolgende Weltwährungs- und Weltwirtschaftsordnung wurde so gestaltet, dass es nicht noch einmal zu einem desaströsen Abwertungswettlauf kommen konnte.

Auch heute sind auf den Devisenmärkten „gemeingefährliche Devisenspiele" (Thomas Fricke in FTD, 11.12.09) im Gange. Anders als nach der Krise der 1930er Jahre, in denen in den USA der Staat die Kontrolle über die Währung übernahm, sind seit den 1970er Jahren die Währungsmärkte und der Markt für Gold ebenso dereguliert worden wie die Finanzmärkte. Die Bildung der Wechselkurse wurde den Akteuren auf Devisenmärkten überantwortet. Denn der fixierte Wechselkurs ist nur zu halten, wenn er der Entwicklung der „fundamentals" Rechnung trägt, also den Kaufkraftparitäten der Währungen in ihrer Eigenschaft als Zirkulationsmittel von Waren. Umgekehrt gilt das auch: Wenn der Wechselkurs fixiert worden ist, muss die Entwicklung der „fundamentals" dem Wechselkurs entsprechend gesteuert werden. Doch das war nach der Liberalisierung der Finanz- und Devisenmärkte schwer möglich. Die Wechselkurse pendelten sich nicht auf einem unterstellten Gleichgewichtsniveau ein, das „die Märkte" im Verlauf eines Suchprozesses finden würden. Die Wechselkursschwankungen der Währungen wurden vielmehr heftiger. Kein Wunder, denn die Volatilität bot Gelegenheit für die kurzfristige Währungsspekulation, die daher enorm zunahm. Stabile Wechselkurse hätten sie zum Erliegen gebracht. Seitdem werden die Wechselkurse weniger von der Handels- und Leistungsbilanz, also von den realwirtschaftlichen Exporten und Importen von Waren und von den langfristigen Kapitaltransfers bestimmt. Die Bewegungen der kurzfristigen Kapitalbilanz sind wichtiger.

Mit der Marx'schen Unterscheidung von Geldfunktionen ließe sich auch sagen, dass es weniger das Geld in seiner Funktion als Zirkulationsmittel ist, das den Wechselkurs bestimmt, als das gegenüber der Warenwelt verselbständigte Geld in seiner Funktion als Zahlungsmittel. Mehr als 95% aller Devisenmarkttransaktionen erfolgen kurzfristig, und keine 5% der Devisentransaktionen dienen der Zirkulation von Waren und Dienstleistungen oder der Finanzierung von langfristig angelegten Direktinvestitionen. Die kurzfristigen Kapitalbewegungen, das aber sind die „gemeingefährlichen Devisenspiele". Sie wirken in hohem Maße destabilisierend.

Scheinbar hat das Geld als Zahlungsmittel, als Kredit und Geldvermögen in seinem verselbständigten Dasein mit der realen Welt nichts zu tun. Doch dies ist eine Illusion. Diese platzte in den Finanz- und Währungskrisen der vergangenen drei Jahrzehnte; ganze Volkswirtschaften sind in Finanz- und Währungskrisen und Millionen Menschen sind aus Lohn und Brot getrieben worden – schon vor Ausbruch der gegenwärtigen Finanzkrise. Die zerstörerischen Folgen unzureichend regulierter Kapital- und Devisenmärkte waren es, die soziale Bewegungen weltweit dazu veranlasst haben, die Einführung einer Devisentransaktionssteuer zu fordern („Tobin-Steuer"), um vor allem in das Getriebe kurzfristiger Kapitalbewegungen „Sand zu streuen". Nach der Asienkrise der später 1990er Jahre, die infolge des plötzlichen Abzugs kurzfristig angelegten Kapitals nicht nur eine Finanz- und Bankenkrise war, sondern auch eine Währungskrise in den betroffenen asiatischen Ländern (vor allem in Thailand, Südkorea, die Philippinen, Indonesien) auslöste, wurde diese Forderung politikmächtig. Nicht zuletzt wegen der verheerenden Auswirkungen der Finanz- und Währungskrisen, wegen der zunehmenden Armut, dem Hunger in den von der Krise betroffenen Gesellschaften wurde als eine Gegenbewegung zunächst in Frankreich 1998 Attac gegründet. Der Name ist ja die Abkürzung für „association pour une taxation des transactions financières pour l'aide aux citoyens" („Vereinigung für eine Besteuerung von Finanztransaktionen zum Nutzen der Bürger").

6.1 Verfügbarkeit und Sicherheit der Weltwährung

Unter den Währungen der Welt ist eine Weltwährung sozusagen der „Fixstern", auf den sich die anderen Währungen beziehen und um den sie wie Planeten und Trabanten kreisen. Was dem Fixstern Masse und Energie sind dem Weltgeld Verfügbarkeit und Sicherheit. Dass diese beiden Bedingungen widersprüchliche Anforderungen stellen, ist der Grund dafür, dass Robert Triffin in seiner Analyse der Funktionsweise des Bretton Woods-Systems 1959 von einem Dilemma oder Paradox gesprochen hat: Besonders sicher ist das Gold wegen seiner stofflichen Gestalt. Es ist intrinsisch wertvoll, weil es nur mit Arbeitsaufwand und – wie alles auf dem Planeten Erde – nur in endlichen Quantitäten gefördert und in die Zirkulation gebracht werden kann. Daher ist die Verfügbarkeit begrenzt – eine schlechte Eigenschaft angesichts der Maßlosigkeit des kapitalistischen Akkumulationsprozesses. Papiergeld, Buch- und elektronisches Geld hingegen wird nicht durch materialen, konkreten Arbeitsaufwand verfügbar gemacht, sondern durch institutionellen Akt der Geldschöpfung seitens der Zentralbank zusammen mit den Geschäftsbanken. Natürliche Grenzen der Geldvermehrung sind hier kaum vorhanden, es könnte also unbegrenzt verfügbar sein, wenn dadurch nicht die Sicherheit unterminiert würde, für die nun die entsprechenden Institutionen, also in erster Linie die Zentralbanken, Verantwortung tragen.

Ein „zweistufiges Bankensystem" muss institutionell so entwickelt sein, dass es die Verfügbarkeit des Weltgeldes in den letzten Winkeln der Weltwirtschaft sicherstellen kann. Daher kann nur die Währung eines Landes zum Weltgeld werden, das über ein differenziertes und global präsentes Geld- und Kreditsystem verfügt. Daraus bereits ergibt sich die funktionale Notwendigkeit des zweistufigen Bankensystems. Eine potente Zentralbank ist dafür nicht zureichend, auch das System der Geschäftsbanken muss bestimmte Bedingungen zur Übernahme der Weltgeldfunktion erfüllen: es muss weltweit operieren und sich durch Offenheit und Kompetenz auszeichnen. Die globale Verfügbarkeit einer nationalen Währung ist allerdings nicht nur von monetären Faktoren abhängig, sie ist eine Folge der ökonomischen und politischen Präsenz des Nationalstaats im internationalen politischen System und des Umfangs von Direktinvestitionen des jeweils nationalen Kapitals, der transnationalen Konzerne und der Finanzinstitute.

Die Sicherheit der Währung hat verschiedene Dimensionen. Zum einen geht es um ökonomische Wertsicherheit in der Zeit (um Sicherheit vor Inflationsgefährdung) und im Raum (Sicherheit vor einer Abwertung gegenüber anderen Währungen). Diese Sicherheit herzustellen, ist die traditionelle Aufgabe von

Währungs-, Geld- oder Wettbewerbspolitik von Regierungen in Kooperation mit der Zentralbank. Zum anderen wird Sicherheit auch durch die Fähigkeit gewonnen, politisch und militärisch Eigentumsrechte, die Sicherheit von Welthandelsströmen, der Energieflüsse, der Direktinvestitionen und der Finanzanlagen zu gewährleisten. Das Triffin-Dilemma ist ein drohendes Damoklesschwert, aber es hing jahrzehntelang fest an seinem Faden.

Bis 1973 war der US-Dollar im Festkurssystem von Bretton Woods zentral. Diese zentrale Stellung ging zwar mit der Einführung flexibler Kurse verloren. Dafür eroberte der USD aber die wichtige Stellung als Währung, in der das Öl notiert und gehandelt wurde. Dies geschah nach dem Ölpreisschock von 1973, als alle Welt gewahr wurde, dass Öl eine begrenzt verfügbare Ressource ist. Zur Ölwährung konnte der US-Dollar dank des US-Finanzsystems werden, das genügend diversifiziert und überall in der Welt vertreten war, um die sprunghaft steigenden Einnahmen der Erdöl exportierenden Länder aus dem Nahen und Mittleren Osten zu rezyklieren. US-amerikanische Finanzinstitute boten also die Instrumente und fungierten als Drehscheibe für die infolge der Preiserhöhung des Öls stark gestiegenen Öleinnahmen. Damals bestand das „Recycling" der „Petrodollars" in erster Linie darin, diese mit Hilfe des US-amerikanischen Bankensystems an Kreditnehmer in der „dritten Welt" zu leiten. Das war *erstens* günstig für die US-Währung, denn der US-Dollar konnte als Ölwährung etabliert und als Weltwährung für Finanzkontrakte gestärkt werden, obwohl er bis 1979 an Wert verloren hatte. Das war *zweitens* von Vorteil für die US-Banken und die anderen international operierenden Banken in Zürich oder London und Frankfurt, die am Recycling prächtig verdienen konnten. Das war *drittens* eine Chance für Entwicklungsländer, die zunächst billig und ohne politische Auflagen (ganz anders als wenn sie IWF- oder Weltbankkredite aufgenommen hätten) an Kredite herankommen konnten. *Viertens* wurde auf diese Weise die US-Hegemonie in der Welt gestärkt, die infolge der Niederlage in Vietnam und der Abwertung des US-Dollar nach dem Ende des Festkurssystems von Bretton Woods im Jahre 1973 Risse bekommen hatte. Untermauert wurde dieser Öldeal, der den US-Dollar in die Rolle der Ölwährung hineinwachsen ließ, durch militärische Bündnisse mit einigen der Ölstaaten (vor allem mit Saudi-Arabien) und die Lieferung von Rüstungsgütern.

Die USA erfüllten also in der zweiten Hälfte des 20. Jahrhunderts die Bedingungen dafür, dass der US-Dollar zur Weltwährung aufsteigen konnte. Das Dilemma von Sicherheit und Verfügbarkeit einer jeden Leitwährung war aber nicht beseitigt und es kann verhängnisvoll werden. Denn die Dollarbestände im Ausland gibt es nur, weil die USA mehr ausgeben als einnehmen. Die Regierung bietet Entwicklungs- und Militärhilfe, die US-Unternehmen sind mit Direktinvestitionen und die Finanzinstitute mit Krediten und Wertpapieren im Ausland präsent. Das ist für die US-Unternehmen ein gutes Geschäft. Seit Anfang der 1970er Jahre erlauben sich die USA auch ein Defizit in der Handelsbilanz und seit Mitte der 1970er Jahre ein sehr hohes Leistungsbilanzdefizit. Dem entsprechen Überschüsse in anderen Ländern und die Akkumulation von Währungsreserven in der Dollar-Weltwährung außerhalb der USA. Der „Platzhirsch" Dollar ist als Reservewährung stark, weil die USA zu diesem Zweck Schulden auftürmen und dadurch den Dollar paradoxerweise letztlich schwächen. Im Ausland wird der Dollar gehalten, weil er vor inflationärer Entwertung abgeschirmt und durch die „einzige Weltmacht" sogar militärisch geschützt scheint. Der Präsident der chinesischen Zentralbank, Zhou Xiaochuan, hat 2009 in der Diskussion um den US-Dollar als Weltwährung explizit auf das „Triffin-Dilemma" verwiesen: „Das Triffin Dilemma existiert auch heute. Länder, die die Reservewährung bereitstellen, können nicht gleichzeitig deren Wert aufrecht erhalten und die Welt mit Liquidität versorgen." (eigene Übersetzung; http://www.pbc.gov.cn).

Die Wertsicherheit des Weltgeldes in der Zeit versucht die Zentralbank durch eine restriktive, anti-inflationäre Geldpolitik zu erreichen. Auch ein Goldschatz oder hohe Reserven harter Währungen dienen diesem Ziel. Keine dieser Bedingungen erfüllen zu Beginn des 21. Jahrhunderts die USA; der US-Dollar als Weltwährung könnte daher ein Anachronismus sein. Doch die Sicherheit der Währung hängt auch von der politischen und militärischen Stärke des Landes ab, das das Weltgeld stellt. Denn es muss politisch und militärisch dafür sorgen, dass Möglichkeiten der Finanzanlage in der Weltwährung gegeben sind und geschützt werden, beispielsweise in Form von attraktiv verzinsten und sicheren Staatsanleihen, die auf klar definierten und politisch und gegebenenfalls auch militärisch geschützten Eigentumsrechten beruhen. Obendrein müssen Öl exportierende Länder dazu gebracht werden, das Öl in der Weltwährung zu fakturieren und in keiner Währung sonst. Daraus schon ergibt sich, dass Auseinandersetzungen um die Weltwährung Hegemonialkonflikte sind, die immer eine militärische Komponente haben.

Diese Dimension der Sicherheit einer Weltwährung ist es möglicherweise, die die herrschenden Eliten in der EU veranlasst hat, im Lissabon-Vertrag vom Dezember 2009 der militärischen Präsenz in allen Weltregionen (Artikel 28a – 28e des Lissabon-Vertrags) eine so große Bedeutung beizumessen. Es geht um die Stellung des Euro im System der großen Währungen, die mit politischem und militärischem Nachdruck aufgebessert werden soll.

Verfügbarkeit und Sicherheit der Weltwährung sind also nicht nur ökonomische Qualitäten einer Weltwährung. Sie resultieren aus dem Zusammenwirken aller Kräfte im Komplex von Hegemonialpolitik. Sie besitzen wirtschaftspolitische, kulturelle, aber auch militärpolitische Dimensionen. Weil das so ist, sind Konflikte um die Weltwährung so vielschichtig. Dem US-Dollar ist schon oft wegen des Verlustes an ökonomischer Wettbewerbsfähigkeit der USA und wegen des daraus resultierenden doppelten Defizits in der Leistungsbilanz und im Staatshaushalt das Ende als führende Weltwährung vorausgesagt worden. Die Bedeutung als Ölwährung hätte der US-Dollar schon vor mehr als einer Dekade verlieren müssen. Doch dann kam die militärische Komponente der Währungssicherheit im Krieg gegen den Irak zum Einsatz und der US-Dollar war als Ölwährung wieder obenauf. Alle Ansätze, den Ölpreis in anderer Währung zu fakturieren oder gar eine nicht von den USA dominierte Ölbörse einzurichten, sind stecken geblieben.

Wir können das Dilemma von Verfügbarkeit und Sicherheit einer Währung in der nachfolgenden Tabelle zusammenfassen. Darin sind einige mögliche Weltwährungen aufgelistet und zugleich die Kriterien, an denen die Eignung gemessen wird. Die Kernfrage ist die nach der Regulation des Triffin-Dilemmas zwischen Sicherheit und Verfügbarkeit der Weltwährung. Ist die Währung verfügbar, dann leidet die Sicherheit. Soll sie sicher sein, muss die Verfügbarkeit eingeschränkt werden. Sicherheit hat allerdings verschiedene Dimensionen: ökonomische, finanzielle, politische und militärische. Der US-Dollar wird also erst dann von einer anderen Währung abgelöst, wenn eine „konkurrierende" Währung allen Dimensionen von Verfügbarkeit und Sicherheit Rechnung trägt. Dies kann heute von keiner großen Währung gesagt werden, und daher ist der US-Dollar trotz des hohen Defizits in der Leistungsbilanz und trotz des Verlustes an Wettbewerbsfähigkeit auch in der Finanz- und Währungskrise als Weltwährung hegemonial.

Tabelle 6.1
Sicherheit und Verfügbarkeit verschiedener Währungen und ihre Eignung
als Weltwährung

	USD	Euro	Ren-minbi	SZR	Regionale Währung	Multi-währung
Sicherheit						
Gegen Inflation	+/-	+/-	+/-	+/-	+/-	+/-
Gegen Abwertung	+/-	+/-	+/-	+/-	+/-	+/-
Eigentumsrechte	+	+	+/-	-	+/-	+/-
Anlagen	+	+	+	-	+/-	+/-
Reserven, Gold	-	+/-	+	+	+	+
Militärischer Zwang	+	+/-	-	-	+/-	-
Rating	+	+	+	+	+	+
Verfügbarkeit						
Leistungs-bilanzdefizit	+	+/-	-	-	+/-	+/-
Kapitalbilanz-überschuss	-	+	+	+	+/-	+/-
Rolle im globalen Finanzsystem	+	+	+/-	+	+/-	+/-

Die Tabelle hat vor allem einen heuristischen Wert; jedes Feld wirft Fragen auf, die beantwortet müssen, um über die Zukunft der Weltwährung Aussagen machen zu können. Ende 2009 werden von den 8,1 Billionen USD beim IWF gemeldeter Devisenreserven, von denen freilich nur 4,6 Billionen eindeutig zugerechnet werden können, 2,8 Billionen (ca. 60% von 4,6 Billionen) in USD gehalten, 1,3 Billionen (ca. 28%) in Euro, der Rest in anderen Währungen. Diese Zahlen zeigen das bestehende Übergewicht des USD als Weltwährung. Doch hat sich in den vergangenen zehn Jahren seit 1999 das Gewicht eindeutig zu Lasten des US-Dollar verschoben. Damals brachte es der Euro auf knapp 18% der zugeordneten Währungsreserven in Höhe von 1,2 Billionen USD, der USD auf ungefähr 71% (Daten IMF, Currency Composition of Official Foreign Exchange Reserves – Cofer – http://www.imf.org/external/np/sta/cofer/eng/cofer.pdf). Die Cofer-Daten geben nur die globale Aufteilung auf die großen Weltwährungen an, sie dokumentieren nicht die Größe der Devisenreserven einzelner Länder und Währungsräume. Die regionale und länderspezifische Aufteilung der weltweiten Devisenreserven ist äußerst ungleich. China allein hält im März 2010 Devisenreserven in der Größenordnung von 2447 Mrd. USD; Japan bringt es im April 2010 auf 990,51 Mrd. USD, das Eurosystem im Februar 2010 auf 668,43 Mrd. USD; Russland verfügt über 458,02 Mrd. USD im Juni 2010, Indien über 273, 36 und Brasilien über 252,53 Mrd. USD, um nur einige der devisenstarken Länder zu nennen, in denen sich die globalen Reserven von insgesamt 9007,51 Mrd. USD konzentrieren (vgl. die Zusammenstellung der Reserven von 154 Ländern in: Wikipedia, Foreign Exchange Reserves; siehe auch EZB, Monatsbericht Januar 2009: 83; 87ff; vgl. auch die Daten der BIZ). Der Euroraum hat im Februar 2010 nach Angaben der Europäischen Zentralbank 193 Mrd. USD (oder 145 Mrd. Euro) an konvertiblen Devisenreserven.

Vor allem Öl exportierende Länder sammeln die Deviseneinnahmen in Staatsfonds, deren Gesamtvermögen sich auf über 3.000 Mrd. USD beläuft, nachdem es noch 2008 mit 2.000 bis 3.000 Mrd. USD taxiert worden ist (EZB, Monatsbericht Januar 2009: 83; 87ff). Die Staatsfonds sind dabei, in den „alten" Industrieländern mit dieser geballten finanziellen Macht Industriepolitik zu betreiben. Die Schuldenexplosion in den USA und die ihnen spiegelbildlich entsprechenden wachsenden Währungsreserven anderer Länder haben eine geopolitische Dimension. In historisch ganz anderer Weise als in den 1930er und 1940er Jahren kommt darin die politische Verschiebung der ökonomischen und finanziellen Macht von den USA in Richtung Westen – vom Atlantik zum Pazifik – zum Ausdruck. Von diesen historischen Verschiebungen ganz abgesehen ist es aber auch eine saldenmechanische Notwendigkeit, dass die hohen Dollarguthaben außerhalb der USA in der Größenordnung von fast 10 Billionen (10.000 Mrd.) USD Anlage finden müssen. Kann die militärische und politische Sicherheit des USD die ökonomischen „Sicherheitsmängel", wie sie im strukturellen Leistungsbilanzdefizit und in der enormen äußeren Verschuldung der USA zum Ausdruck kommen, auf Dauer kompensieren? Oder findet bereits eine Abkehr vom USD statt? Gehen die Maßnahmen einzelner Zentralbanken zur Diversifizierung von Devisenbeständen in diese Richtung?

6.2 Trojanische Pferde der US-Hegemonie: Rating-Agenturen

Auch muss beachtet werden, dass das institutionelle System der Währungs- und Finanzmärkte die US-Dollar-Hegemonie stützt. Sowohl die Sicherheit als auch die Verfügbarkeit der Weltwährung wird von US-amerikanischen, und zwar ausschließlich von US-amerikanischen Rating-Agenturen bewertet. Von Rating-Agenturen sagte Thomas Friedman schon 1996: „Es gibt zwei Weltmächte: Die USA und die Rating-Agentur Moody's. Und glauben Sie mir, es ist nicht immer klar, wer mehr Macht besitzt." (nach: Der Spiegel 47/2009 vom 16.11.2009: 73)

Die Rating-Agenturen unterstützen stillschweigend mit ihrer Bewertungspolitik die US-Hegemonie gegen die Herausforderungen anderer, konkurrierender ökonomischer und politischer Mächte. Das Rating gelangt nur sehr vordergründig zu „objektiven" Bewertungen. Es spielen immer Willkür, aber auch Interessiertheit, die manchmal an Korrumpierbarkeit grenzt, eine Rolle.

Besonders problematisch wird das Rating durch private Rating-Agenturen, wenn es um souveräne Schuldtitel geht. Nun auf einmal stellt sich das Wort von den Finanzmärkten, die die Politik ins Schlepptau nehmen, als eine Bedrohung nicht nur der demokratischen Willensbildung in einem Land, sondern der nationalen Souveränität und der regionalen Integration heraus. Das Rating einiger Mitgliedsländer der EU durch das „Trio Infernale" (Der Spiegel 47/ 2009 vom 16.11.2009), das sind die drei großen Rating-Agenturen, zielt gegen die souveräne Gestaltung der Wirtschaftspolitik in den betroffenen Ländern, richtet sich gegen den Sozialstaat und stellt vor allem auch den Euro in Frage, d.h. die Währung, die heute den USD am ehesten herausfordern könnte. Der Euroraum wird in eine Zone von Unsicherheit durch das Rating einiger Mitgliedsländer der Währungsunion verwandelt.

Dadurch dass die Rating-Agenturen Staatsanleihen Griechenlands auf das Ramsch-Niveau abgewertet und auch die Staatsanleihen Spaniens und Portugals herabgestuft haben, haben sie den Euro geschwächt und spiegelbildlich den US-Dollar gestärkt. Die Kursentwicklung von Dollar und Euro im ersten Halbjahr 2010 zeigt es. Dabei ist die Begründung für die jeweilige Herabstufung interessant. Griechenland wurde wegen seiner Schulden, der Refinanzierungsprobleme fälliger Zahlungen und wegen des ausufernden Staatshaushalts im Rating abgewertet. Spanien hingegen verlor wegen des Sparpakets, das mittelfristig die Wachstumsaussichten verschlechtere. Wird also von Griechenland mehr Sparen gefordert, so von Spanien das Gegenteil, obwohl sich beide Länder im gleichen Währungsraum befinden, den gleichen (Maastricht)-Kriterien unterworfen sind und an den gleichen Rettungspaketen des Euro teilhaben können. Hier wird deutlich, dass das Rating intransparent zustande kommt, offensichtlich auf fragwürdigen Methoden aufbaut und politisch möglicherweise korrumpiert ist – auf jeden Fall aber einer beschränkten Rationalität der Finanzmärkte folgt und keine anderen Rationalitätskriterien gelten lässt.

Doch ein völlig entbettetes Neutrum, das nur der Renditenlogik der Finanzmärkte oder der Balancierung von Sicherheit und Verfügbarkeit der Währung verpflichtet wäre, sind Rating-Agenturen nicht. Sie operieren auch als trojanische Pferde der Supermacht USA, deren Rating schon längst hätte herabgestuft werden müssen, wenn die Kriterien wie im griechischen Fall oder bei der Prüfung eines Entwicklungslandes angewendet würden. Doch statt die Kreditwürdigkeit der USA abzuwerten, behalten sie die Bestnote AAA. Weil gleichzeitig einige Euro-Länder herabgestuft werden, verliert der Euro gegenüber dem US-Dollar. Es zeigt sich, dass tatsächlich Verfügbarkeit, Sicherheit und Werthaltigkeit einer Weltwährung nicht nur ökonomische Kategorien sind, sondern eine politische und auch militärische Dimension besitzen und nicht nach objektiven Kriterien rational kalkuliert, sondern politischen und ökonomischen Interessen folgend konstruiert werden.

Das inzwischen deutlich hervortretende Defizit des europäischen Integrationsprojekts darf dabei freilich nicht unterbelichtet werden. Es hat vor allem die Logik negativer Integration, der Markterweiterung verfolgt und die positive Integration durch Entwicklung einer europäischen Staatlichkeit, die zur wirtschafts- und währungspolitischen Regulation des Euroraumes in der Lage wäre, hintangestellt. Die europäische Integration ist an einem Scheideweg angelangt; der bislang eingeschlagene Weg kann nicht fortgesetzt werden, er verliert sich in einem Krisensumpf. Es gibt den Weg zurück, die Auflösung des Euroraumes, allerdings zu extrem hohen politischen, sozialen, ökonomischen Kosten. Und es gibt den Weg nach vorn, die Entwicklung einer europäischen Staatlichkeit, die gewappnet ist, die Herausforderungen der Krise zu bewältigen. Dabei wäre die Entmachtung der Rating-Agenturen von zentraler Bedeutung. Die Finanzmärkte müssen politisch reguliert werden. In einem solchen regulatorischen Rahmen wäre es sinnvoll, das öffentliche Gut der Transparenz von Kreditbeziehungen, der Kenntnis der Kreditwürdigkeit von Kreditnehmern und der Qualität von Wertpapieren und Währungen durch eine öffentliche Rating-Agentur bewerten zu lassen. Das Rating zum Zwecke der privaten Profiterzielung zeitigt desaströse Ergebnisse. Das Rating als ein privater Akt der Willkür, dessen Rationalität schwer nachvollziehbar ist, würde auch dann an Bedeutung verlieren, wenn die großen Finanzinstitute vergesellschaftet und nicht nur die Pleitebanken auf Kosten der Steuerzahler verstaatlicht würden.

6.3 Von der Währungskrise zum Hegemonialkonflikt um die Weltwährung

Eine Eigenschaft der Leitwährung ist deren Attraktivität für Geldvermögensbesitzer, für Finanzanleger. Zinsdifferenzen beeinflussen die Kapitalflüsse von einem „Finanzplatz" zu einem anderen, aus einer Währung in eine andere und daher das Wechselkursgefüge. Das sind so direkte Wirkungskanäle wie die durch die Preise auf Gütermärkten beeinflussten Exporteinnahmen und Importausgaben, die immer auch zum Ankauf bzw. Verkauf von fremder Währung führen. Auf Umwegen wirken auch die Veränderungen von Vermögenswerten auf die Wechselkurse. Wenn beispielsweise Immobilienpreise nach oben tendieren, weil mit billigen Immobilienkrediten die Nachfrage nach Kaufobjekten angekurbelt wird, kann auch die Konsumnachfrage zunehmen. Denn steigende Immobilienwerte verbessern die Sicherheit für Konsumentenkredite. Diese stärken die kaufkräftige Nachfrage, auch die nach importierten Waren. Dies ist ja während des US-amerikanischen „subprime"-Booms bis zu dessen Crash-Landung 2007/2008 in großem Umfang geschehen. Die Ausgaben der US-Konsumenten haben nicht nur die Wirtschaft in den USA angekurbelt, sondern auch den Import von Konsumgütern in großem Stil finanziert. Die Handelsbilanz wurde, da auf der Exportseite keine Kompensation erfolgte, ins Defizit gedrückt (vgl. dazu Foster/ Magdoff 2009). Die USA verschuldeten sich im Ausland immer mehr und folglich wuchsen die USD-Devisenbestände in den Ländern mit einem Exportüberschuss. Die weltwirtschaftlichen Ungleichgewichte wurden immer größer, wie die Entwicklung der Leistungsbilanzen wichtiger Handelsnationen oder –Ländergruppen zeigt (vgl. IMF 2010: 110; 172).

Der Wechselkurs wird trotz der Bedeutung kurzfristiger Kapitalbewegungen auch von der Leistungsbilanz, vor allem vom Handel mit Gütern und Dienstleistungen beeinflusst. Darin spiegeln sich mehr als in der Kapitalbilanz die „fundamentals", d.h. die Wettbewerbsfähigkeit der jeweiligen Wirtschaft. Hier spielen auch langfristige Faktoren eine bedeutendere Rolle als in der Kapitalbilanz, die sich sehr schnell verändern kann, wenn Kapitalströme aus kurzfristigen Renditeinteressen umgeleitet werden. Die Finanzkrisen Asiens und Lateinamerikas, in Russland oder in der Türkei seit Mitte der 1990er Jahre wurden durch kurzfristig angelegtes Kapital, das ebenso kurzfristig abgerufen worden ist, ausgelöst. Die Finanzkrisen fanden eine Fortsetzung als Währungskrisen. Denn der kurzfristige und in den meisten Fällen wegen des „Herdenverhaltens" der Kapitalanleger, die gern einem Leithammel unter ihnen (zumeist ein besonders erfolgreicher Spekulant) folgen, massive Kapitalabzug brachte den Wechselkurs der betroffenen Währungen zum Absturz. Zwar verbilligten sich nun Exporte für die Abnehmer im Ausland, aber das hatte nicht unbedingt einen positiven Einfluss auf die Einkommen des Exportlandes. Denn erstens müssen die Mengen exportierter Güter gesteigert werden, um die monetären Einnahmen auch nur konstant zu halten. Zweitens geht mit der Abwertung der Währung in aller Regel eine Verteuerung der Importgüter einher. Der terms of trade-Effekt ist unter Berücksichtigung der Gütermengen und der Einkommen für die von der Finanz- und Währungskrise betroffenen Länder per saldo nicht unbedingt positiv.

Obendrein verteuert sich im Falle der Abwertung der Schuldendienst. In fremder Währung (zumeist Weltwährung oder in der Währung des Gläubigerlandes) notiert (ceteris paribus) bleibt er zwar gleich, in heimischer Währung jedoch steigt er um den Abwertungssatz der Währung im Vergleich zur Währung, in der der Schuldendienst zu leisten ist. Das von John M. Keynes so genannte „budgetary problem" (Keynes 1929), die Aufbringung des Schuldendienstes, wird erschwert, da dieser ja mit der Abwertung der eigenen Währung in realen Größen zunimmt. Das kann so weit gehen, dass der Schuldendienst untragbar wird und eingestellt werden muss. Das ist die Vorstufe des Staatsbankrotts. Auslöser eines Zahlungsstopps können soziale Unruhen, politischer Widerstand oder die finanziellen Forderungen sein, die das durch die reale Leistungsfähigkeit – in diesem Fall – eines Landes gesetzte Maß übersteigen. Das ist alles vorgekommen, und es ist auch heute nicht ausgeschlossen, dass eine solche Sachlage wiederkehrt. Daher werden auch in der gegenwärtigen Krise Regeln einer Insolvenzordnung im Falle souveräner Schulden diskutiert, nachdem jeder Versuch einer Regelung in diese Richtung in den vergangenen Jahrzehnten der Schulden- und Finanzkrise ins Leere gelaufen ist.

In den 1980er Jahre waren fast ausschließlich Entwicklungsländer von der Schuldenkrise betroffen. In den 1990er Jahren scheiterten Schwellenländer. Im ersten Jahrzehnt des 21. Jahrhunderts aber drohen die Einstellung von Schuldendienstzahlungen und gar der Staatsbankrott vieler Länder des kapitalistischen Kerns in Nordamerika und Europa. Beim Schuldnerwechsel auf den globalen Finanzmärkten sind nun auch reiche OECD- und EU-Länder an der Reihe. Allein deshalb ist das Problem für die Machtzentren der Welt politisch dringlicher als je zuvor, es hat eine geopolitische Dimension erhalten, weil die Hegemonialordnung ins Wanken geraten könnte.

Das „Transferproblem", also der Transfer des Schuldendienstes in fremder Währung (ebenfalls Keynes 1929) hingegen wird erleichtert, weil die Gläubiger des Schuldnerlandes wegen der abgewerteten Währung alles günstiger gegen ihre aufgewertete Gläubigerwährung haben können – Waren und Dienstleistungen, Kapitalgüter, Anlagen, selbst Land und auch die nationale Währung. Dann kann es zum Ausverkauf der Wirtschaft im Schuldnerland kommen, dann kann Land auf den Markt kommen und von Regierungen von Staaten mit hohem Überschuss und daher hohen Devisenreserven gekauft oder langfristig gepachtet werden. „Land grabbing" ist inzwischen eine verbreitete Strategie, die auch Staatsfonds vor allem aus den Golf-Scheichtümern in Afrika verfolgen; so wird von einigen Ländern mit hohen Devisenreserven die Ernährungskrise zu lösen versucht (vgl. Fritz 2009).

Wie kann der in Finanz- und Währungskrise größer werdenden Verwundbarkeit eines Landes begegnet werden? Eine Möglichkeit wären internationale Abkommen und die Koordinierung der Politik gegen die erratischen Markttendenzen. Doch diese Perspektiven sind in aller Welt der neoliberal inspirierten Deregulierung von Politik und der Liberalisierung von Märkten zum Opfer gefallen. Wenn also die neoliberale Furie ungehemmt auf „Schnäppchenjagd" gehen kann und viele Länder dabei viel verlieren und arm oder ärmer werden können, bleiben nur noch zwei Möglichkeiten.

Erstens kann eine internationale Institution wie der IWF als eine Art „Devisenfeuerwehr" Ländern, die externe Zahlungsprobleme haben, mit harter Währung konditioniert aushelfen. Dies ist ein Angebot, das zum Beispiel auch Griechenland unterbreitet worden ist (vgl. IMF 2010; vgl. auch Äußerungen des IWF-Vize John Lipsky; http://www.imf.org/external/np/speeches/2009/121009. htm – 27.5.2010). Das große Problem dabei ist die Konditionalität der IWF-Hilfen. Diese ist der Grund dafür, dass viele Länder (bzw. deren Regierungen) die IWF-Hilfe zurückweisen und regionale Alternativen präferieren. So ist es in Lateinamerika oder in der Golfregion geschehen. Der IWF ist mit seiner von Anbeginn an immer gescheiterten Politik des „Washington Konsenses" (Williamson 1990; 2003) in vielen Weltregionen außerordentlich unbeliebt. Doch in Europa wird er eingesetzt, und vor allem von der deutschen Regierung zur Regulierung der griechischen Krise eingeladen.

Das ist ein schlagender Beweis dafür, dass die herrschenden Eliten in der EU kein Interesse an der Vervollständigung jenes Integrationsprojekts haben, für das sie sich verbal immer stark gemacht haben: für eine Währungsunion. Sie sind nicht bereit, die Wirtschafts- und Sozialpolitik im Rahmen einer europäischen Wirtschaftsregierung zu vereinheitlichen, obwohl deutlich hervortritt und von Mahnern häufig genug dargelegt worden ist, dass eine Währungsunion eine gemeinsame Wirtschafts- und Finanzpolitik erforderlich macht. Statt diesem Erfordernis zu folgen, sind Regeln etabliert worden, mit denen die autonome nationalstaatliche Wirtschafts-, Finanz- und Sozialpolitik indirekt durch den Druck der monetären Maastricht-Kriterien zur Anpassung an externe Gegebenheiten gezwungen werden soll. Doch funktioniert das gerade in der Krise nicht, weil alle Defizitkriterien alternativlos verletzt werden müssen.

Dann wird der Versuch gemacht, die notwendige Anpassung und deren Lasten den Lohnabhängigen aufzubürden. So heißt es im Monatsbericht der EZB vom Juli 2010: „Für ein reibungsloses Funktionieren des Euroraums und zur Stärkung der Aussichten für ein höheres sowie nachhaltiges Wachstum sind weitreichende Strukturreformen unabdingbar. Hierdurch würde auch der Prozess der Haushaltskonsolidierung unterstützt. Umfangreiche Reformen sind insbesondere in jenen Ländern erforderlich, die in der Vergangenheit Wettbewerbsverluste hinnehmen mussten oder zurzeit von hohen Haushalts- und Außenhandelsdefiziten betroffen sind. Die Maßnahmen sollten einen Lohnfindungsprozess sicherstellen, der eine flexible Anpassung der Löhne und Gehälter an die Beschäftigungslage und an eine verminderte Wettbewerbsfähigkeit ermöglicht. Reformen zur Stärkung des Produktivitätswachstums würden den Anpassungsprozess dieser Volkswirtschaften weiter unterstützen." (EZB Monatsbericht Juli 2010: 7) Die EZB kann sich aber offenbar nur eine flexible Anpassung der Löhne und Gehälter nach unten vorstellen. Für den Ausgleich im Euroraum ist nichts gewonnen, wenn vor allem die deutschen Lohnkosten „flexibel" nach unten angepasst werden, so dass die Divergenzen der Lohnstückkosten in der Währungsunion bleiben oder sogar größer werden. In einem Land mit hohem Produktivitätszuwachs, Leistungsbilanzüberschuss und nachhinkenden Löhnen (und daher sinkenden oder unterdurchschnittlich steigenden Lohnstückkosten) müssten die Löhne und Gehälter zum Ausgleich innerhalb des Euroraums angehoben werden.

Wenn dieser Anpassungsdruck nicht oder zu wenig wirkt, erschallt der Ruf in der Krise nach der externen Instanz des IWF, die nun von Washington aus den inneren Mangel einer koordinierten Wirtschaftspolitik der EU oder auch nur des Euroraums beheben soll. Dann wird ein Sanierungsprogramm für einzelne Länder aufgelegt, für Griechenland, aber im weiteren Verlauf auch für die Länder der iberischen Halbinsel und für Italien. Der IWF sorgt hingegen nicht dafür, dass das deutsche Lohnniveau nach oben korrigiert wird, um die Ungleichgewichte im Euroraum zu reduzieren.

Zweitens kann die währungspolitische Verwundbarkeit in der globalen Finanzkrise gemindert werden, wenn die Devisenreserven aufgestockt werden. Mit ihrer Schlagkraft kann auf den Währungsmärkten das spekulative Kapital in die Schranken gewiesen und daran gehindert werden, die eigene Währung zur Abwertung zu zwingen. Das ist einer der wichtigsten Gründe, warum in den letzten zehn Jahren nach der Asienkrise alle Schwellenländer hohe Devisenreserven gebildet haben. Diese sollten nach einer Faustregel etwa 25 – 50% der jährlichen Importe erreichen und nicht 400% wie im Falle der asiatischen Länder und Russlands oder 300% wie im Falle Lateinamerikas. Selbst arme Länder Afrikas südlich der Sahara sind dabei, für ihre Verhältnisse hohe Devisenreserven zu akkumulieren. Sie stiegen von 2000 bis 2007 von 54 Mrd. USD auf 282,7 Mrd. USD (Painceira 2008). Anfang 2009 erreichten die Devisenreserven der Schwellenländer mehr als 4,3 Billionen USD (BIZ 2009: 89). Diese sind zumeist in US-Dollar, also in US-amerikanischen Staatspapieren angelegt worden. Diese

Gelder werden von den USA zur Finanzierung ihres Zwillingsdefizits genutzt. Arme Länder stopfen aus den Exportüberschüssen oder auch aus den Mitteln, die als Entwicklungshilfe hereinkommen, die Löcher in der Leistungsbilanz der reichen USA. Die Armen der Welt finanzieren so die Konsumorgien, aber auch die Kriege der Reichen – gegen wen? Manchmal gegen diejenigen, die in die Anleihen investieren, um eine eigene „Kriegskasse" gegen die Währungsspekulation zu bilden.

Gleichzeitig ist die Kreditvergabe an die mächtige USA eine Bindung, die Alternativen für die Kreditgeber erschwert und den USA die Verschuldung erleichtert, denn sie müssen ja nicht den plötzlichen Abzug von Devisen fürchten, der beispielsweise in der Asienkrise zum Zusammenbruch der Wirtschaft der betroffenen asiatischen Länder beigetragen hat. Die USA profitieren davon, dass die Sicherheit der Weltwährung eine politische und militärische und nicht nur eine ökonomische Komponente hat.

Wodurch kommt das Defizit in der US-Leistungsbilanz zustande? Ist die überschießende Ersparnis („savings glut") in China, Japan, Indien und in anderen Nationen für die destabilisierenden Defizite der USA verantwortlich, wie von US-amerikanischer Seite behauptet wird? Das Argument, die asiatischen Länder, in erster Linie China, würden eine protektionistische Politik verfolgen und gleichzeitig den Wert der eigenen Währung absenken, um so Exportvorteile zu erzielen (so Krugman in: New York Times, 22. 3. 2010), ist absurd, wie Martin Wolf in einem Artikel der „Financial Times" (13. 6. 2005) differenziert dargelegt hat. Denn wenn die asiatischen Überschussländer weniger sparen und mehr konsumieren würden, heißt das noch längst nicht, dass die USA und ihre Bürger auf Konsum verzichten, mehr sparen und exportieren und so das Leistungsbilanzdefizit verringern, zumal die dann notwendige Abwertung des USD Konsequenzen für den externen Schuldendienst der USA haben würde. Die weltwirtschaftliche Saldenmechanik sagt nichts über die Ursachen von Veränderungen oder über die Motive der handelnden Subjekte und über die Optionen, die sie möglicherweise haben.

Die strukturellen Ungleichgewichte könnten geringer werden, wenn der US-Dollar abgewertet bzw. Währungen der Überschussländer aufgewertet werden. Der Versuch einer Dollar-Abwertung könnte in die Realität umgesetzt werden, weil so die Verluste des Finanzsektors und die nachfolgenden Kaufkraftverluste der Währung externalisiert würden. Die Möglichkeit der Externalisierung haben freilich nur Länder, deren Währung als Reservewährung gehalten wird, andere Länder haben sie nicht. Wenn diese die Währung abwerten, kann es wie in den 1930er Jahren zu einem Abwertungswettlauf kommen, um auf diesem Weg der

Verzweiflung Marktanteile auf umkämpften Weltmärkten zu halten oder auszuweiten. Die Abwertung mit dem Ziel der Externalisierung von Finanzverlusten hingegen hat einen anderen Charakter. Die USA könnten mit einer Entwertung des US-Dollars zu erreichen versuchen, dass die amerikanischen Steuerzahler nicht mit den Billionen-Verlusten ihres Finanzsystems und dem Dienst an den Schulden aus der Zeit des Konsumrausches und des Feldzugs gegen den „Terrorismus" belastet werden. Freilich ist das Instrument der Abwertung ein zweischneidiges Schwert. Seine Nutzung würde die Abkehr vom US-Dollar schon deshalb beschleunigen, weil jedes Land um den Abwertungssatz Devisenreserven verlieren und daher alles tun würde, um die Verluste zu vermeiden – durch Flucht aus dem US-Dollar.

Die Entwertung findet heute schon statt. Der USD hat seit Ausbruch der Krise 2007 4 % seines Außenwertes verloren, während der japanische Yen 40%, der chinesische Renminbi 4 % und der Euro 9 % zugelegt haben (Fricke in FTD 11.12.09). Diese Entwicklung hat sich aber im ersten Halbjahr 2010 umgekehrt. Der Euro hat beträchtlich, nämlich an die 20% seines Wertes verloren, der US-Dollar entsprechend gewonnen. Diese Entwicklung zeigt, wie volatil die Wechselkursrelationen sind, wie wenig aktuelle Kurse mit den „fundamentals" zu tun haben, welche massiven Einflüsse von monetären Entwicklungen ausgehen und wie bedeutsam „Stimmungen" sind, die nicht zuletzt von Bewertungen durch Rating-Agenturen ausgelöst werden. Durch eine Abwertung könnten die USA die Schuldenlast teilweise loswerden. Sie würden aber eine der Bedingungen für die Sicherheit der Leitwährung US-Dollar unterminieren. Das genau befürchten jene Länder, die über Dollarguthaben verfügen, und die deshalb dazu übergehen, ihre Handelsgeschäfte in ihren eigenen Währungen, in Yuan oder in Peso abzuwickeln.

Gegen den Wertverlust der Dollarreserven kann sich keine Zentralbank schützen, indem sie US-Dollars auf dem Devisenmarkt verkauft. Dies würde den Kurs weiter absacken lassen und erst recht Verluste provozieren. Obendrein würde die eigene Währung aufgewertet, und dies würde die Exporte belasten. Dies ist der Grund für eine Stützung des US-Dollars durch asiatische Länder (vgl. SZ 12.1.2010), und dafür, dass China aus seinen Währungsreserven hohe Stützungskredite an eine Reihe von Ländern vergeben hat, um sie in der Finanzkrise zu stärken und die Währung zu stabilisieren. China wird zum „Paten Afrikas", „öffnet das Tor nach Südosteuropa", „China wird zur neuen Weltbank" (alle Überschriften aus FTD, 28.1.2010). Die Dollarreserven können also für jene Länder, die davon sehr hohe Beträge akkumuliert haben, zu einer Falle werden, aus der nicht einfach oder nur dadurch zu entkommen ist, dass neue Anlagefelder, z.B. auch die Finanzierung von Staatsschulden, aufgetan werden.

Der IWF versucht im World Economic Outlook vom April 2010 anhand von Beispielen aus der jüngeren Geschichte zu zeigen, dass eine Währungsaufwertung in Überschussländern globale Ungleichgewichte reduzieren kann, ohne dass es zu negativen Konsequenzen in dem Aufwertungsland kommen muss. Denn die Wechselkursänderung kann fiskal- und geldpolitisch sowie mit lohn- und strukturpolitischen Maßnahmen aufgefangen werden (IMF 2010: 4. Kapitel). Nur darf diese kompensierende Politik nicht zu erfolgreich sein, weil sonst der Effekt nicht eintritt, der ja mit der Aufwertung beabsichtigt wird: nämlich die Leistungsbilanzüberschüsse im Aufwertungsland und die Defizite im Abwertungsland zu mindern. Die IWF-Ökonomen haben bei ihren Modellen nicht berücksichtigt, dass Währungspolitik Hegemonialpolitik ist, zumindest im Fall des US-Dollar.

6.4 Strittige Ölwährung

Ist eine Abwertung und daher Inflationierung des US-Dollar überhaupt realistisch, wenn im Jahre 2010 alle Signale in die entgegengesetzte Richtung deuten, in Richtung Deflation und in Richtung einer Schwächung von konkurrierenden Währungen wie des Euro? Die Deflationstendenzen sind der monetäre Ausdruck der realwirtschaftlichen Depression, in die die Weltwirtschaft seit Ausbruch der Finanzkrise 2007 abgerutscht ist. Mit Bankenrettungs- und Konjunkturpaketen wird geklotzt und nicht gekleckert. Keine Regierung möchte sich vorhalten lassen, zu zögerlich und zu zimperlich Fiskalinjektionen in die Wirtschaft geleistet zu haben. Das negative Medienecho ist so dröhnend wie noch vor wenigen Monaten die Fanfaren, die die Hymnen vom schlanken Staat und restriktiver Geldpolitik begleiteten. Also ist die Wirtschaft zwar wie in der Depression der 1930er Jahre auf Schrumpfkurs, aber im Gegensatz zur Restriktionspolitik vor 80 Jahren wird alles andere als gespart, wenn es um die Ankurbelung der Wirtschaft und die Rettung maroder Banken geht. Diese Rosskur kann nur erfolgreich sein, wenn man das Fieber der inneren Inflation und äußeren Währungsabwertung zu ertragen bereit ist. Noch herrscht die Deflation mit ihren vernichtenden ökonomischen Folgen für Schuldner, aber auch für Arbeitsplätze und Lohneinkommen in der so genannten Realwirtschaft.

Doch die Inflation grollt schon von Ferne. Zentralbanker und Finanzmarktakteure haben ein gutes Gehör und wissen, was kommen kann und wogegen Vorsichtsmaßnahmen zu treffen sind. Eine Abwertung des Dollars gegenüber anderen Währungen wäre für alle Länder bzw. Währungsräume mit Dollarguthaben schmerzhaft. Denn es würden die in Dollar gehaltenen Währungsreserven entwertet, und das wäre ein Signal über den Dollarraum hinaus. Der Binnenmarkt der EU ist zwar bedeutsam, könnte aber nur im Zuge von Anpassungsprozessen zwischen Ländern, Regionen und Industrien die Minderung von Exporten in den Dollarraum kompensieren. Dazu müsste in Sonderheit eine Kräftigung der inneren Nachfrage nach Konsumgütern gehören. Folglich müssten die Masseneinkommen, die Löhne und Gehälter, die seit zwei Jahrzehnten in der Europäischen Union relativ gesunken sind, ansteigen. Das könnte aber nur gelingen, wenn Länder mit hohem Budget- und Leistungsbilanzdefizit nicht gezwungen würden, diese zu reduzieren, ohne dass die Überschussländer eine expansive Wirtschaftspolitik einleiten.

Eine Dollarabwertung könnte die Ölexporteure veranlassen, ihre Ölexporte nicht mehr in US-Dollar, sondern in anderen Währungen zu fakturieren. Die Versuche, die bislang in diese Richtung zielten, haben nicht viel bewirkt. Nachdem Saddam Hussein das „Oil for Food"-Programm im Jahr 2000 von USD auf Euro umstellte, marschierten die USA begleitet von ihrer „Allianz der Willigen" etwa drei Jahre später in den Irak ein und schon im Mai 2003 verkündete die OPEC, dass Öl in Zukunft wieder ohne Ausnahme in Dollar fakturiert würde. Auch die iranische Ölbörse, seit Jahren im Gespräch, hat sich gegen die traditionellen Ölhandelsplätze in London (an der International Petroleum Exchange) und in New York (an der New York Mercantile Exchange) nicht durchsetzen können. Das Öl wird immer noch in USD fakturiert, wenn auch nicht unbedingt in USD gezahlt. Aber die Abrechnung in USD sichert dem Dollar den Thron und den Finanzinstituten der USA und ihrem Tross von Beratungs-und Rating-Agenturen eine Monopolstellung mit schönen Gewinnen. Ein Angriff auf diese Stellung wird daher schwer geahndet. Die Sanktionen gegen den Iran sind weniger Antwort auf das iranische Atomprogramm als Vorbereitung zur Intervention gegen die geplante Entthronung des US-Dollars als Ölwährung. Die Golfscheichtümer haben inzwischen zwei Weltfinanzzentren, Abu Dhabi und vor allem Dubai, die genügend Fazilitäten haben, um ihr Öl nicht mehr in Dollar, sondern in Euro oder in einem Korb regionaler Währungen zu fakturieren und zu handeln. Dieses Projekt hat allerdings durch die Finanzkrise Dubais und die neue Abhängigkeit von Abu Dhabi gelitten und ist zurückgeworfen worden, so dass von den westlich, d.h. US-orientierten Golfscheichtümern keine Infragestellung des USD als Ölwährung zu erwarten ist.

In Lateinamerika ist ein regionaler Währungsblock im Rahmen des ALBA-Projekts im Entstehen. Der venezolanische Präsident Chavez hat bereits auf seiner Reise im März 2009 in die Golfstaaten die Kooperation zwischen den beiden Regionen angeboten. Die findet auch in der Form statt, dass ein Teil des Außenhandels nicht mehr in den Weltwährungen (USD oder Euro) abgewickelt wird, sondern in den Regionalwährungen. Das ist ganz anders als nach dem Ölpreisschock von 1973; damals gab es keine Alternative zum US-Dollar, heute ist sie im Entstehen. Es ist zwar wahrscheinlich, dass der Euro gestärkt wird, wenn der US-Dollar an Wert verlieren sollte. Doch die Finanz- und Wirtschaftskrise einzelner EU-Mitglieder und ihre Fortsetzung als Budgetkrise in der Europäischen Union können auch einen Strich durch diese Rechnung machen. Denn keineswegs ist es sicher, dass die Staaten Mittel-und Osteuropas und die „PIGS" den Bankrott abwenden können. Wenn die stark exponierten Banken dann abgeschirmt werden müssen, werden die Maastricht-Vorgaben verletzt. Der Fall Griechenlands zeigt, dass Zweifel an der untadeligen Solidität des Euro angebracht sind. Anders als es vor der Finanzkrise schien, wird der Euro nicht automatisch stärker, wenn der US-Dollar schwächelt.

Auch der chinesische Renminbi ist (noch) keine Alternative als neue Weltwährung; dies machen die oben tabellarisch erfassten Bedingungen für Verfügbarkeit und Sicherheit der Weltwährung deutlich. Die Währung ist nicht voll konvertibel und das chinesische Finanzsystem ist zu wenig internationalisiert, um die Weltgeldfunktionen wahrnehmen zu können (vgl. dazu Bernoth/ Fisher/ Stier 2010). Auf liberalisierten Währungsmärkten mit vielen privaten Akteuren ist die freie Konvertibilität die Voraussetzung dafür, dass eine Währung als Leit-, Reserve-, Handels- und Ölwährung akzeptiert wird. Auch muss der nationale Kapitalmarkt voll in das internationale Finanzsystem integriert und Handelsfriktionen und -restriktionen müssen weitgehend beseitigt sein. Die Bedingungen für Sicherheit und Verfügbarkeit der Währungen, wie sie oben dargelegt worden sind, müssen also beachtet werden. China ist heute (noch) nicht in der Lage, sie alle zu erfüllen. Weil das so ist, hat der chinesische Zentralbankchef Zhou Xiaochuan trickreich vorgeschlagen, den USD mit „Sonderziehungsrechten" (SZR) als internationaler Verrechnungseinheit zu ergänzen. Das wäre eine internationale Kunstwährung, die es seit 1969 zwischen Zentralbanken und als Rechnungseinheit im IWF gibt. Sie kann sich so lange nicht durchsetzen, wie hinter ihr nur der IWF, nicht aber eine mächtige Zentralbank steht.

Doch Zhou beabsichtigt gar nicht, den US-Dollar vom Thron zu stoßen, sondern mit dem Vehikel SZR das Gewicht des USD in den Währungsreserven zu reduzieren (denn in den Wert der SZR gehen nicht nur der USD, sondern viele Währungen ein) und die SZR möglicherweise für bestimmte Handelskontrakte in Position zu bringen, vielleicht auch für Ölgeschäfte. Dafür spricht auch die Einfädelung von bilateralen Swap-Geschäften, beispielsweise zwischen China und Argentinien, in denen die beiden Währungen Peso und Renminbi getauscht werden, ohne auf den US-Dollar oder andere Währungen zurückzugreifen. Das könnte als Rückfall in einen währungspolitischen Bilateralismus interpretiert werden. Die Vielfalt von Währungsregimen ist durch die Krise der US-Währung provoziert und durch die Finanz- und Wirtschaftskrise zum hegemonialen Chaos zugespitzt worden. Es kann sicherlich nicht von heute auf morgen geordnet werden. Es ist heute nicht absehbar, welche einigermaßen stabile Konstellation aus dem chaotischen Nebel der Währungskonflikte emporsteigen wird. Der Niedergang der US-Hegemonie in den kommenden höchstens zwei Jahrzehnten wird von einer Reihe seriöser Wissenschaftler vorausgesagt. Dafür sprechen auch noch andere als die hier im Vordergrund stehenden währungspolitischen Gründe. Doch die Nation, die den Staffelstab im globalen Rennen um die Weltwährung und die Hegemonie übernehmen könnte, ist nicht in Sicht. China? Die EU? Oder bleibt er in den USA? Alles wäre möglich, und nichts ist sicher.

Dritter Teil

Wachstum und Expansion auf der begrenzten Kugelfläche des Planeten Erde

Das Bild der Kugelfläche verwendet Immanuel Kant in seiner Schrift zum „ewigen Frieden" (Kant 1795/1964; im Internet: http://www.sgipt.org/politpsy/vorbild/kant_zef.htm). Im dritten Definitivartikel zum ewigen Frieden heißt es, dass „das Weltbürgerrecht ...kein Gastrecht, ... sondern ein Besuchsrecht (seyn soll), welches allen Menschen zusteht, sich zur Gesellschaft anzubieten, vermöge des Rechts des gemeinschaftlichen Besitzes der Oberfläche der Erde, auf der, als Kugelfläche, sie sich nicht ins Unendliche zerstreuen können, sondern endlich sich doch neben einander dulden zu müssen (40f.)"

Jede Kugelfläche und daher auch die des Planeten Erde ist begrenzt und deshalb gibt es auch beim Umgang der Menschen mit der Natur Grenzen zu beachten, also Regeln einzuhalten. Es gibt offensichtlich nicht nur die „harte Budgetrestriktion" der globalen Finanzmärkte, also die Zinsen oder Renditen, die zu zahlen sind, wenn jemand investieren möchte. Es gibt auch harte Restriktionen in der Gesellschaft und in der Natur. Diese zu missachten oder zu unterschätzen kann größten Schaden verursachen. Wenn bei Förderung und Transport ein Fass Öl ausläuft, das im Jahre 1862 mit Pferden vom Oil Creek in Titusville, Pennsilvania, zur neu errichteten Eisenbahnlinie transportiert wird, ist die Reichweite des Schadens begrenzt; die Verseuchung der Böden war da ein geringerer Schaden als das Feuer, das einem Unfall mit brennbarer Flüssigkeit folgen konnte. Wenn jedoch 140 Jahre später aus einem Bohrloch im Golf von Mexiko täglich Millionen Liter Öl ins Meer entweichen, ist das eine globale Katastrophe von unkalkulierbaren Ausmaßen. Die Missachtung von Grenzen der Natur kann dazu führen, dass Teile der Kugelfläche unbewohnbar werden, wie Teile Weißrusslands infolge der Atomkatastrophe von Tschernobyl. Es kommt kein „ewiger Frieden" zustande, wenn die Menschen zwar lernen sollten, miteinander gut auszukommen, doch in ihrem Metabolismus mit der Natur auf deren Grenzen keine Rücksicht nehmen, weil die harte Budgetrestriktion der Finanzmärkte dies so verlangt.

7. Kapitel
Wirtschaftliches Wachstum und Naturverbrauch

Wir müssen aus der bisher vermessenen Welt des autopoetisch erzeugten illusionären Kapitals in die Niederungen der realen Produktion jener Überschüsse hinabsteigen, aus denen die Finanzalchimisten die hohen Renditen abzweigen. Finanzansprüche, also Renditen und Zinsen, können in den siebten Himmel hoch getrieben werden, das wirkliche, reale Wachstum aber ist einem Tempolimit unterworfen, das auch eine satte konservativ-liberale Mehrheit des Deutschen Bundestags mit einem „Wachstumsbeschleunigungsgesetz" nicht aufheben kann. Die kapitalistische Ökonomie ist keine virtuelle Veranstaltung, wie postmoderne Theoretiker gern unterstellen: Reale Werte kommen nicht durch die Kreation von Geldforderungen und durch Finanzakrobatik auf spekulativen Märkten zustande, sondern durch produktive Arbeit. Die Gesetze der Ökonomie werden als Sachzwänge verhimmelt, auf Erden aber wirken auch Naturgesetze, deren Relevanz nur von jenen bestritten wird, für die sich die Natur in Kapital verwandelt, und die in einer raum- und zeitlosen und daher ebenso unendlichen wie irrealen Modellwelt ihr ökonomisches Dasein fristen.

Güter und Dienste werden für den Markt produziert, also als Waren. Diese finden einen Marktpreis vor oder dieser wird ausgehandelt, so dass durch die Zuschreibung von Werten die bunt verschiedenen Warenkörper als einheitlich graue Eminenzen des Geldes auftreten können. Wachstum ist daher monetäres Wachstum. Zwar können auch andere Indikatoren als das in Geldgrößen ausgedrückte Sozialprodukt die Zufriedenheit, das Wohlergehen oder das Glück der Menschen ausdrücken; sie können wachsen und sinken. Doch der wirtschaftliche Leistungspegel wird mit monetären Indikatoren gemessen. Dann erscheint das qualitativ andere nur noch als quantitative Verschiedenheit des „mehr" oder „weniger".

7.1 Wachstumsfetischismus

Wachstum ist in der Neuzeit ein alle gesellschaftlichen Verhältnisse und individuellen Äußerungen durchziehendes und das gesellschaftliche Leben daher konditionierendes Muster. Es ist wie eine sektiererische Religion, ist tief im Bewusstsein der Menschen abgesenkt, macht sie fanatisch. Es prägt die Kultur der modernen Gesellschaften – mit katastrophischen Auswirkungen. In den vielen Jahrhunderten, ja Jahrtausenden der Menschheitsgeschichte bis zur industriellen Revolution in der zweiten Hälfte des 18. Jahrhunderts war Wirtschaftswachstum unbekannt, Es betrug bestenfalls ca. 0,2% im Jahr (Maddison 2001). Nicht Wachstum, sondern Stagnation bestimmte die Lebenserfahrung der Menschen und daher gab es auch keinen Wachstumsdiskurs, keinen Innovationswettlauf, und der Standortwettbewerb war ein Fremdwort. Jemand, der einem Menschen des Mittelalters oder der frühen Neuzeit von Wachstum der Wirtschaft erzählt hätte, wäre auf Unverständnis gestoßen. Bäume wachsen nicht in den Himmel, und Kinder müssen zwar wachsen, aber sie werden auch erwachsen. Wenn sie dennoch weiter wachsen würden, wäre das ein großes Unglück. Innovationen wurden daher nicht gefördert, sondern unterdrückt. (vgl. etwa das Beispiel in: MEW 23: 451) Veränderungen im Verlauf der Entwicklung und die dann geforderten Anpassungsleistungen wurden nicht immer in der Menschheitsgeschichte als unabwendbar und als positiver Beitrag zum „Fortschritt" verstanden. Dennoch entwickelten sich die Gesellschaften, gelangten sogar zu wissenschaftlichen und technischen Meisterleistungen, brachten hohe Kulturen hervor. Eine Gesellschaft ohne Wachstum ist keine Gesellschaft ohne Fortschritt und Entwicklung.

Doch seitdem sich die Produktionsmethoden der modernen Industriegesellschaft und das fossile Energieregime durchgesetzt haben, verzehnfachte sich das Wachstum. In den fast 200 Jahren von 1820 bis 1998 betrug nach Berechnungen von Angus Maddison der jahresdurchschnittliche Anstieg der Pro-Kopf-Einkommen 2,21% (Maddison 2001). Natürliche Wachstumsschranken sind in der mit Kohle und Koks und später mit Öl und Gas befeuerten Welt der Maschinen und Fabriken aufgehoben. Wirtschaftliches Wachstum ergibt sich aus dem Fortschritt der Arbeitsproduktivität und nicht mehr wie in vor-industriellen Zeiten vor allem aus der Zunahme der Bevölkerung und daher des Arbeitsvolumens. Dieses hing vom Zuwachs der Güter und Dienste zur Subsistenz und Reproduktion der Menschen ab. Dies war der rationale Kern der Theorie von Robert Malthus, der gemäß das Bevölkerungswachstum von der Verfügbarkeit von Lebensmitteln für eine wachsende Bevölkerung reguliert würde (Malthus 1970). Seit der industriellen Revolution jedoch ist das Wachstum nicht mehr hauptsächlich von der Zufuhr von Arbeitskräften und der Fruchtbarkeit der Böden abhängig, sondern vom Anstieg der Produktivität industrieller Arbeit.

Wachstum ist also machbar, so scheint es. Je höher die Wachstumsraten, desto erfolgreicher scheinen die Macher des Wachstums. Daher gibt es inzwischen kaum eine internationale Organisation oder Institution, die in ihren Publikationen nicht dem Wachstumsfetisch Liebesdienst erweist. Eine der jährlich erscheinenden so genannten „flagship-publications" der OECD läuft unter dem Titel „going for growth", und für das Wachstum wird nach OECD-Auffassung am ehesten etwas getan, wenn die Märkte liberalisiert werden (http://www.oecd.org/document/ 0/0,3343,de_34968570_34968855_38078336_1_1_1_1,00.html – 10.06.10). Wachstum ist der „Schlüssel" (DIW 2009: 692) zur Lösung nahezu aller Probleme in der Finanz- und Wirtschaftskrise: Armutsrisiko und Arbeitslosigkeit werden „spürbar" verringert, neue Entwicklungschancen werden durch „klimaverträgliches" Wachstum eröffnet, die „persönlichen Entfaltungsmöglichkeiten" gefördert (ebenda). Wachstum sei „gut für die Armen", verspricht die Weltbank, Wachstum kann aus der Beschäftigungskrise herausführen, meinen Gewerkschafter und ohne Wachstum ließe sich die Finanzkrise nicht überwinden, stellen wirtschaftliche Sachverständige aller Richtungen fest. „Dahinter steckt ein Glaube," so Angelika Zahrndt (Mitglied im Nachhaltigkeitsrat der Bundesregierung), „dass Wirtschaftswachstum alle Probleme lösen wird: Mehr Wohlstand, weniger Arbeitslosigkeit und mehr Glück, weil alle mehr Güter haben... Doch Wirtschaftswachstum führt nicht zu sozialem Ausgleich. Wir haben trotz Wirtschaftswachstum eine vertiefte soziale Spaltung..." (http://www.heise.de/tp/r4/artikel/32/32774/1. html). Vielleicht muss das „trotz" durch ein „wegen" ersetzt werden.

Die Liberalisierung der Finanzmärkte gab zwar dem Wachstum einen Impuls, weil auf diese Weise die Wirkung der „harten Budgetrestriktion" knappen Geldes globalisiert worden ist. Der Zwang zur Überschussproduktion ist dadurch enorm gesteigert worden. Doch die durch die Funktionsweise liberalisierter Finanzmärkte forcierte wirtschaftliche Überschussproduktion gerät an Grenzen der Natur (zu den Grenzen vgl. Dietz/Wissen 2009). Die zu erzielenden Profitraten der realen Wirtschaft sind zu niedrig, um die finanziellen Renditen aus den laufenden Erträgen und nicht aus der Substanz bedienen zu können. Dass es harte Restriktionen der Natur gibt, wird auf einmal auch für naturblinde Ökonomen erfahrbar – und zwar als crash der Finanzmärkte. Die realen und keineswegs virtuellen Überschüsse lassen sich nicht exponentiell steigern, so wie es die Renditelogik der Finanzmärkte verlangt.

Die höchsten durchschnittlichen Wachstumsraten der Wirtschaftsgeschichte (für die Daten vorliegen) über eine längere, mehrere Jahrzehnte umfassende Periode wurden in der zweiten Hälfte des 20. Jahrhunderts erzielt. Sie folgten einem verbreiteten Muster. In Europa waren sie zu Beginn der „Rekonstruktionsperiode" nach den Kriegszerstörungen sehr hoch, um seit den 1960er Jahren abzufallen (vgl Jánossy 1968; Armstrong/Glyn/Harrison 1991; Brenner 2002).

In anderen, weniger entwickelten Ländern waren sie zu Beginn einer Epoche der nachholenden Industrialisierung hoch und gaben dann im weiteren Verlauf nach. Die Wachstumsraten „normalisierten" sich gewissermaßen und die Norm wird dann doch von natürlichen Wachstumsgrenzen vorgegeben. Die externalisierten Kosten machen sich als Kostensteigerung (z.B. wegen der notwendigen Aufbereitung von Wasser, der De-Kontaminierung von Böden, der Umsiedlung von Menschen etc.) bemerkbar und müssen „internalisiert" werden. Und irgendwann sind auch die Ressourcen erschöpft, so dass ihre Beschaffung teuer und vielleicht unmöglich wird und Substitute gesucht werden müssen, die kostspielig zu produzieren sind.

Die Ölreserven von Titusville, wo das Ölzeitalter um 1860 anfing und Rockfeller's Standard Oil gegründet wurde, erreichten dreißig Jahre später 1891 ihr Fördermaximum. Doch das war für die USA unerheblich, weil reichlich Ersatz in Texas und Oklahoma und anderswo in den USA und in der Welt gefunden werden konnte. Doch wieder etwas mehr als 100 Jahre später wird das globale Fördermaximum überschritten. Die „Oberfläche der Erde" ist eine endliche Kugelfläche, die nicht grenzenlos als Ressourcenspeicher und Schadstoffsenke geplündert und belastet werden kann. So wie Lohnabhängige nicht voll dem Regime des kapitalistischen Produktionsprozesses unterworfen werden können, sondern widerständigen Eigensinn bewahren und daher zu eigensinnigem Widerstand befähigt bleiben, hält sich auch in der kapitalistisch zugerichteten (äußeren) Natur ein Rest, der sich als Grenze des grenzenlosen Verwertungs- und Akkumulationstriebs herausstellt, und zwar zum Leidwesen der vielen Wachstumsfetischisten unter den Ökonomen und Politikern und entgegen den Interessen der Kapitalisten, die Wachstum wollen, weil sie nach Profit streben.

Das sind fetischhafte Sachzwänge, deren Gesetzmäßigkeit sich die moderne Wissenschaft der Ökonomie annimmt. Die Ökonomie wird nicht als eine Gesellschaftswissenschaft oder als Teil der politischen Philosophie wie bis zur Entstehung der klassischen politischen Ökonomie im 18. Jahrhundert, sondern als Kunst des rationalen Umgangs von abstrakten Individuen mit Sachzwängen konzipiert; die moderne Ökonomie folgt dem Prinzip des „methodologischen Individualismus" (Schumpeter 1908) und wird dabei „autistisch", wie die Bewegung für eine „post-autistische Ökonomie" heute kritisiert (vgl. Dürrmeier/Egan-Krieger/Peukert 2006). Doch die Deutung von Sachzwängen verschafft Ökonomen ebenso hohes Ansehen wie den römischen Auguren die Interpretation des Vogelflugs. Sie sind die autoritativen Sachwalter der „Leitwissenschaft" des 20. Jahrhunderts und wollen auch im 21. Jahrhundert den Ruf als Hohepriester der Moderne nicht lassen. Vor allem geht es ihnen wie den Auguren auch um „Orientierung" (die Auguren steckten das Tempelgelände in östlicher Richtung, also zum Orient hin, ab), und die liefert heute die wirtschaftliche Wachstumsrate. Wenn diese hoch ist, stimmt die Richtung; ist sie niedrig, ist „Re-orientierung" angesagt.

In der klassischen politischen Ökonomie von Adam Smith oder David Ricardo spielt wie in den Theorien vor ihnen ökonomisches Wachstum keine herausgehobene Rolle (generell zum Wachstumsdiskurs vgl. Luks 2001). Die Verankerung des Lebens noch im 19. Und frühen 20. Jahrhundert in landwirtschaftlich geprägten Welten wirkt lange Zeit nach. Die Eingriffe des fossil-industriellen Systems in die geologischen Kreisläufe zur Gewinnung fossiler Ressourcen und zu ihrer Transformation in Abfälle, Abluft und Abwasser setzen nicht auf einen Schlag ein, sondern verändern das ökonomische System nach und nach (vgl. dazu Henseling 2008). Erst mit der Schwerindustrialisierung seit der zweiten Hälfte des 19. Jahrhunderts und der fordistischen Durchrationalisierung aller Lebenssphären im 20. Jahrhundert ist der landwirtschaftliche Anker gelichtet worden. Das Leben wird hektisch, und Wachstum wird eine dominante Norm. Eine stationäre Wirtschaft, Kontemplation und ein langsamer Lebensstil der Nachhaltigkeit, wie von John Stuart Mill gegen die Wachstumshektik vertreten, passen nicht in das neue Zeitregime der Atemlosigkeit, der „dromologischen" Beschleunigung und von fast food. Die Wirtschafts- und Finanzkrise und ökologische Katastrophen können auch als Opfergabe für den Fetisch von Geld und Wachstum interpretiert werden (Virilio 2009).

Erst seit den 1920er Jahren entsteht die Wachstumstheorie im modernen Sinne, und zwar in der frühen Sowjetunion (vgl. Feldman 1965). Mit der keynesianischen makroökonomischen Wende nach dem großen Schock der Weltwirtschaftskrise in den 1930er Jahren kommt das Wachstumsthema auch in der westlichen ökonomischen Theorie auf die Agenda, zumal inzwischen der „Systemwettbewerb" ausgebrochen ist. Das erklärte Ziel im „Osten" lautet: Steigerung der Wachstumsraten, um den Kapitalismus „einzuholen und zu überholen". Im „Westen" wird alles daran gesetzt, um den Vorsprung gegenüber der Sowjetunion zu bewahren und durch Wachstum Arbeitsplätze zu schaffen.

In „fordistischen Zeiten" nach dem Zweiten Weltkrieg wird darauf geachtet, dass dem steigenden Angebot von Waren, das dem Produktivitätszuwachs geschuldet ist, die Nachfrageentwicklung entspricht. Dies ist aber nicht Wirkung eines systemimmanenten Automatismus, sondern Ergebnis von gewerkschaftlichen Lohnkämpfen und von sozialen Auseinandersetzungen um den Sozialstaat. Bis in die 1970er Jahre waren die westlichen Industriegesellschaften durch dieses Ensemble von fordistisch poduziertem Angebot und Nachfrage gemäß westlichen Konsummustern und den dieses Ensemble regulierenden sozialen Formen und politischen Institutionen geprägt. Massenproduktion und Massenkonsumtion haben spezifische Technologien und soziale und kulturelle Praktiken hervorgebracht, und sie hatten (und haben) einen ebenfalls massenhaften Naturverbrauch zur Folge. Auch konnte dieses Ensemble sozialer Formen nur funktionieren, solange die Finanzmärkte reguliert waren, sich also nicht gegenüber der realen Wirtschaft verselbständigen konnten.

Die Grenzen der Verfügbarkeit von Rohstoffen und der Tragfähigkeit der Ökosysteme für alle möglichen Schadstoffe ließen ökologische Grenzen des Wachstums erkennen, die vom „Club of Rome" (Meadows u.a. 1972) mit großer medialer Aufmerksamkeit thematisiert worden sind. Doch diese existierten immer schon. Sie wurden von Friedrich Engels in seiner „Dialektik der Natur" aus den 1870er Jahren, also ein Jahrhundert vor den Warnungen des „Club of Rome" hervorgehoben: „Schmeicheln wir uns ... nicht zu sehr mit unsern menschlichen Siegen über die Natur. Für jeden solchen Sieg rächt sie sich an uns ... so werden wir bei jedem Schritt daran erinnert, daß wir keineswegs die Natur beherrschen, ... sondern daß wir mit Fleisch und Blut und Hirn ihr angehören und mitten in ihr stehn, und daß unsre ganze Herrschaft über sie darin besteht, im Vorzug vor allen andern Geschöpfen ihre Gesetze erkennen und richtig anwenden zu können." (Engels in: MEW 20: 453) Da war Friedrich Engels optimistischer als es nach Tschernobyl und Deep Water Horizon die Zeitgenossen zu Beginn des 21. Jahrhunderts sein können, „als es nach Tschernobyl und Deep Water Horizon die Zeitgenossen zu Beginn des 21. Jahrhundert sein können" – und daher kommt Wachstumsskepsis auf. Vier Fünftel der befragten Personen in einer Emnid-Umfrage sind der Auffassung, das derzeitige System berücksichtige weder den Schutz der Umwelt noch führe es zum sozialen Ausgleich. Jeder soll daher seine Lebensweise darauf überdenken, „ob wirtschaftliches Wachstum für ihn alles ist". Und dennoch halten ebenso viele Menschen Wirtschaftswachstum für nötig, „um die politische Stabilität zu erhalten" (nach: Die Zeit, 19.8.2010). Die zwei Seelen von Wachstumsfetischismus und Wachstumsskepsis sind zumindest in der deutschen Gesellschaft eine „Kohabitation" eingegangen.

7.2 Der historische Trick des Kapitalismus: Wenig Energie investieren, viel Energie ernten

Wo kommt die Energie her, die den Produktionsprozess, ja die Evolution des Lebens antreibt? Vor der industriell-fossilen Revolution stammte nahezu alle Energie, die das Leben auf Erden braucht, von der Sonne. Die Sonnenenergie entsteht durch Kernfusion, im „Sicherheitsabstand" von etwa 150 Millionen km von der Erde entfernt. Die Intensität der Sonneneinstrahlung beträgt an der Grenze der Erdatmosphäre etwa 1367 kW/m². Ein Teil dieser als „Solarkonstante" bezeichneten eingestrahlten Energie wird von der Erdoberfläche und der Atmosphäre – vor allem von Wolken – reflektiert (Albedoeffekt), ein anderer Teil wird absorbiert und in Wärme umgewandelt. Nur etwa 165 W/m², erreichen die Erdoberfläche. Dort treibt die Sonnenenergie die Photosynthese an. 165 W/m² scheinen nicht viel zu sein. Doch ist die gesamte auf die Erdoberfläche auftreffende Energiemenge mehr als fünftausend Mal größer als der gegenwärtige Energiebedarf der Menschheit. Es gibt allerdings zwei Probleme ihrer Nutzung. *Erstens* können Pflanzen durch den Prozess der Photosynthese nur etwa ein Prozent dieser Energie in Biomasse umwandeln und dies auch nur unter der Voraussetzung, dass genügend Wasser und Bodennährstoffe (insbesondere Stickstoff, Phosphor und Kalium) vorhanden sind. Dies setzt dem gesellschaftlichen Energiemetabolismus relativ enge Grenzen. *Zweitens* erschweren die schwankende Intensität der Strahlung (Tages- und Jahreszeiten, Lokalisierung auf dem Planeten Erde) und die geringe Energiedichte die Nutzung der Sonnenenergie für industrielle Produktionsprozesse, für den schnellen und massenhaften Transport, für die inzwischen globalen kommunikativen Netzwerke.

Wenn sich die Wirtschaft an den solaren Rhythmus anpassen ließe und auf die Nutzung der erschöpflichen mineralischen und fossilen Ressourcen verzichtete, wäre das ewige (Wirtschafts)Leben, angetrieben vom Energiestrom der Sonne, möglich. Doch die Nutzung fossiler Energieträger hat viele Vorteile im Vergleich mit den erneuerbaren Energieträgern.

Erstens können fossile Energieträger anders als Wasserkraft oder Windenergie weitgehend ohne räumliche Bindung flexibel eingesetzt werden. Sie können von den Lagerstätten relativ leicht zu den Verbrauchsorten verbracht werden. Inzwischen sind globale logistische Netzwerke von Tankerrouten, Pipelines, Eisenbahnlinien, Stromnetzen, Straßen etc. entstanden, die die Energieversorgung verstetigen, wenn die polizeiliche und militärische Sicherheit der verletzlichen Netzwerke gewährleistet wird. *Zweitens* sind fossile Energieträger anders als Solarenergie und Energie aus Biomasse zeitunabhängig, da sie leicht zu speichern sind und 24 Stunden am Tag, und dies das ganze Jahr über, zur Verfügung stehen. *Drittens* erlauben die fossilen anders als die biotischen Energien, die nur dezentral in zumeist kleinen Einheiten in nützliche Arbeit umgesetzt werden können, die Konzentration und Zentralisierung ökonomischer Prozesse als Großprojekte, aber auch die Steigerung der Wucht von politischer Herrschaft. Sie können jedes Größenwachstum mitmachen, also mit der Akkumulation des Kapitals mitwachsen, jedenfalls solange noch fossile Brennstoffe, vor allem Öl, zur Verfügung stehen.

Die fossilen Energieträger (zuerst die Kohle, dann Öl und Gas) sind der kapitalistischen Produktionsweise systematischer Überschussproduktion in höchster Weise angemessen. Sie sind die Quelle, aus der sich die hohen wirtschaftlichen Wachstumsraten speisen. Ohne sie käme die „Akkumulation um der Akkumulation willen" schnell zum Erliegen. Die fossilen Energieträger ermöglichen als Inputs verdichteter Energie den steigenden Output von Waren, deren Ensemble den „Wohlstand der Nationen" bilden.

Das Verhältnis von energetischen Inputs und Output, von investierter und geernteter Energie ist also für die Entwicklung entscheidend. Dieses Verhältnis wird als „energy return on energy invested" (ERoEI) gemessen. Die Maßzahl kann die unmittelbar eingesetzte Energiemenge mit der geernteten Energie vergleichen. Bei fossilen Energieträgern kann sich der EroEI auf jede einzelne Lagerstätte beziehen, die je nach Zugänglichkeit, der Größe der vorhandenen Reserven, deren physiogeographischer Lage (zu Lande, in seichten Küstengewässern oder in der Tiefsee), dem Gestein und der Permeabilität, Porösität und – bei Öl – der Dickflüssigkeit (vgl. IEA 2008: 231) unterschiedlichen Energieaufwand zur Förderung der Ressource erforderlich macht. Das Verhältnis zwischen Energy Return und Energy Invested bewegt sich im Fall des Erdöls zwischen 2 und 10, im Falle des Biodiesels bei 3 und des Bioethanols bei 1,1 – 1,5. Die Daten vermitteln lediglich eine grobe Orientierung, und sie verändern sich bei erschöpflichen und daher begrenzt verfügbaren Ressourcen mit dem Grad der Entleerung der jeweiligen Lagerstätten. Sie hängen auch von der gewählten Technologie und vom technischen Fortschritt ab. Die im britischen Kohlenbergbau eingesetzten frühen Dampfpumpen hatten einen energetischen Wirkungsgrad von weniger als 1%. „Da sie aber mit Kohle bzw. Kohleabfällen (Staub oder unverkäuflichen kleinen Kohlestücken) befeuert wurden, war ihr Einsatz doch noch wirtschaftlich, solange mit der erhöhten Kohleförderung die Kosten für den Betrieb gedeckt werden konnten" (Sieferle et al 2006: 134f.). Beim nächsten Glied in der Energiekette, bei der Wandlung von Primärenergie (Kohle, Braunkohle, Öl und Gas) beispielsweise in Elektroenergie zählt der Wirkungsgrad: Wie viel Elektroenergie ergibt eine bestimmte Menge in Kohle gespeicherte chemische Energie? Bei alten Braunkohlenkraftwerken liegt der Wirkungsgrad bei unter 30% (d.h. mehr als zwei Drittel der in der Braunkohle gespeicherten Energie wird bei der Wandlung in Elektroenergie „verpulvert"), bei Kohle und beim Öl ist er etwas höher. Hier vor allem setzen die Maßnahmen der „Effizienzrevolution" an.

Auch Nahrung ist eine Form der Energie. Ein erwachsener Mensch in den Industrieländern konsumiert täglich Nahrungsmittel, die ihm oder ihr zwischen 3,000 und 3,500 Kilokalorien zuführen. Die pflanzlichen und tierischen Nahrungsmittel und die notwendigen Zusatzstoffe (Vitamine etc.) müssen erzeugt werden, und dazu wird Energie benötigt (Krausmann et al. 2003: 8; vgl. auch Sieferle et al 2006: 140 – 247). Energieaufwand und energetischer Ertrag lassen sich kalkulieren. Die Relation von Energieoutput und Energieinput, der ERoEI, beläuft sich in Österreich im Jahre 1995 auf 1,02; er betrug im Jahre 1950 1,07, 1965 0,86 und 1980 ebenfalls 0,86. Wahrscheinlich hat sich in der Zeit nach 1995 der ERoEI nicht entscheidend verändert.

Wenn die geerntete Energie gerade die investierte Energie ersetzt, ist es kaum möglich, wie nach der neolithischen Revolution vor einigen tausend Jahren, Hochkulturen herauszubilden, Wissenschaft und Forschung voranzubringen, ein differenziertes und reiches gesellschaftliches Leben zu entwickeln. Der ERoEI muss sehr groß sein, um die Kraft zur kulturellen Revolution zu haben. Denn aus den energetischen Überschüssen müssen viele (als Energieproduzenten) „unproduktive" Menschen alimentiert werden. Freilich muss hier Vorsicht walten: Der EroEI für einen singulären Energiewandlungsprozess ist nicht erheblich. Es geht um das Energiesystem insgesamt, das mehr Energie bereitstellen muss als die eigene Reproduktion erfordert, um kulturelle Diversifikation zu ermöglichen. Nicht zu vernachlässigen ist auch, dass mit den Energieüberschüssen die Kriegführung ermöglicht worden ist, die immer auch eine ungeheure Energievernichtung war und ist. Das US-Militär beispielsweise verbraucht so viel Öl wie die gesamte griechische Nationalökonomie (vgl. Bridge 2010: 523). Der ERoEI gibt auch das Potential der Produktivitätssteigerung an, die wiederum für die wirtschaftliche Wachstumsrate verantwortlich ist. Wichtig ist, dass mit der industriell-fossilen Revolution ein energetischer Überschuss zur Verfügung steht, mit dem etwas geleistet werden kann, was heute auch mit gesetzlichen Vorschriften nicht herbeigeführt werden kann: nämlich eine historisch einzigartige Beschleunigung des Wachstums.

Die Wachstumsrate des Bruttoinlandsprodukts w_Y summiert sich aus aus der Zunahme des Arbeitsvolumens w_L (Arbeitsbevölkerung und Arbeitszeit) und der Wachstumsrate der Arbeitsproduktivität $w_{Y/L}$.

$$w_Y = w_L + w_{Y/L}$$

Die Steigerung des Arbeitsvolumens ist jedoch nur auf den ersten Blick eine einfache Angelegenheit und unabhängige Größe. Kulturelle Traditionen einschließlich der Regelung der Geschlechterverhältnisse spielen eine Rolle. Arbeitszeitregeln, die Gestaltung der Alterssicherung, die Bildungspolitik sind Einflussfaktoren. Obendrein ist zu berücksichtigen, dass unter kapitalistischen Verhältnissen Arbeitskräfte nur eingestellt werden, wenn damit Gewinne gemacht werden können. Daher kommt es immer auch auf die Arbeitsproduktivität $w_{Y/L}$ an, wenn das Arbeitsvolumen w_L gesteigert werden soll. Die Größen in der obigen Gleichung sind also nicht unabhängig voneinander, sie sind in ihrer Wirkung auf das Wachstum interdependent.

Die Erhöhung der Produktivität der Arbeit ist ein komplexer Prozess. Er verlangt nicht nur technischen Fortschritt, sondern Bildung und Ausbildung der Arbeitskräfte, angepasste soziale und organisatorische Arrangements, entsprechende politische Rahmenbedingungen. Auch sind ökonomische Abschreibungen veralteter und Investitionen in neue Anlagen notwendig. In aller Regel steigen dann mit der Arbeitsproduktivität auch die Kapitalintensität (Kapitaleinsatz je Arbeitskraft) und der Kapitalkoeffizient, d.h. der Kapitaleinsatz je Einheit des produzierten Sozialprodukts.

Daher kann wohl mit der Produktivitätssteigerung die Wachstumsrate der Wirtschaft angehoben werden. Dies wird dann der Fall sein, wenn die Produktion konkurrenzfähig ist und mit zunehmendem Warenabsatz das Arbeitsvolumen zunächst zunimmt. Doch der steigende Kapitalkoeffizient oder – in Marx'scher Begrifflichkeit – die steigende organische Kapitalzusammensetzung – lassen gleichzeitig die Profitrate sinken. Wenn dies dann dazu führt, dass weniger investiert wird und folglich die Akkumulationsrate abnimmt, und liquides Kapital eher im Finanzsektor als in der realen Wirtschaft investiert wird, verringert sich im weiteren Verlauf der Entwicklung auch die wirtschaftliche Wachstumsrate.

7.3 Die Produktivitätssteigerung beim Übergang von einem offenen zu einem geschlossenen Energiesystem

Produktivitätssteigerungen können im Rahmen eines gegebenen technischen und sozioökonomischen Paradigmas stattfinden oder den Rahmen des Paradigmas und daher die tradierten Muster des sozioökonomischen Metabolismus sprengen. Dies geschieht insbesondere dann, wenn eine Energiequelle durch eine andere auf breiter Front substituiert wird. Die fossil-industrielle Revolution vor mehr als 200 Jahren war solch ein energetischer Paradigmenwechsel. Lebendige Arbeit (Arbeitsenergie) und biotische Energie von Tieren und Pflanzen wurde durch fossile Energieträger und die entsprechende Maschinerie zur Wandlung von chemisch gebundener Energie in Arbeitsenergie ersetzt. Das war die Bedingung für jene Produktivitätssteigerungen, die für den von Adam Smith bejubelten Wohlstand der Nationen verantwortlich waren. Für ihr Zustandekommen war die Vertiefung der Arbeitsteilung entscheidend. Arbeitsabläufe konnten rationalisiert werden, so dass die Produktion je Kopf enorm gesteigert wurde. Marx hatte das Ensemble von Werkzeug- oder Arbeitsmaschine, Bewegungsmaschine und Transmissionsmechanismus vor Augen, um das Revolutionäre beim Übergang zum industriellen Maschinensystem hervorzuheben. Dabei war nicht zu übersehen, dass dieser Übergang nur durch die Substitution der biotischen Energien (Nutzung von Tieren, Pflanzen und menschlicher Arbeitskraft) durch fossile Energien (die Verbrennung fossiler Energieträger) gelingen konnte. Denn nur so konnte ein hoher ERoEI erzielt werden. Für Adam Smith war dies noch nicht klar erkennbar. Denn obwohl die Werkzeugmaschinen bereits revolutioniert waren, wurden sie noch vorwiegend mit nicht fossiler Energie und den dazu passenden Bewegungsmaschinen und Transmissionsmechanismen (Wasser- und Windkraft; „Pferdestärken") angetrieben. Aber für Marx war es bereits klar, dass „die Schöpfung der Werkzeugmaschinen ... die revolutionierte Dampfmaschine notwendig macht" (MEW 23: 396). Also schließt der Produktivitätssprung im Verlauf der industriellen Revolution auch die Substitution der einen Energiequelle durch eine andere, in diesem Fall die fossilen Energieträger, ein. Diese selbst kommen als ein Element eines komplexen fossil-industriellen Systems zur Geltung.

Die technischen Neuerungen werden als technischer Fortschritt in die Produktionsmittel inkorporiert. Später erfassen sie auch die „lebendige Arbeit" durch die mit dem Namen F. W. Taylor verbundene „wissenschaftliche" Re-Organisation der Arbeit (vgl. dazu die immer noch wichtigen Ausführungen von Alfred Sohn-Rethel 1970). Dabei ist in Rechnung zu stellen, dass dieser sozialökonomische Prozess der „Verwissenschaftlichung" der industriellen Produktion immer auch ein Substitutionsprozess von Formen der Energie ist. Dies ist in den Sozialwissenschaften bis heute viel zu wenig beachtet. Denn wie die thermodynamischen Hauptsätze darlegen, wird keine neue Energie geschaffen. Es werden Energiearten (endosomatische Körperkraft durch exosomatische Kräfte z.B. fossiler Energieträger) ersetzt, und zwar zum Zweck der Steigerung der Produktivität der Arbeit.

Dabei wird etwas in der gesamten Menschheitsgeschichte ökologisch Unerhörtes eingeleitet: Das wirtschaftliche System auf dem Planeten Erde nutzt mit geeigneten Absorptions- und Wandlungssystemen nicht mehr die Strahlenenergie der Sonne, also eine externe Energiequelle, sondern holt sich seine Energieträger aus der Erdkruste. Zur Leistung von Arbeit werden Kohle und später Öl und Gas verbrannt. Die Verbrennungsprodukte, die bei der Wandlung der Energieträger in Arbeitsenergie anfallen, werden in der Atmosphäre der Erde deponiert, wo sie den inzwischen bekannten und bedrohlichen Treibhauseffekt auslösen. Das Energiesystem der Erde, das ist die eigentliche kapitalistische Revolution, wird aus einem offenen in ein isoliertes, geschlossenes Energiesystem verwandelt.

Die Energie, die das Leben ermöglicht, stammt zwar zu fast 100 % von der externen Energiequelle Sonne; die Energie, die den kapitalistischen Akkumulationsprozess in seiner stofflichen Form als Arbeits- und Produktionsprozess antreibt, wird hingegen zum allergrößten Teil, nämlich nach Angaben der IEA (IEA 2009) bis 2030 zu 80 % aus den Beständen fossiler Energieträger in der Erdkruste extrahiert, um dann zur Erzeugung von Arbeitsenergie verbrannt zu werden.

Einschränkend und erläuternd ist hinzuzufügen, dass dieser Substitutionsprozess nur im Bereich der Arbeitsenergie Bedeutung hat, nicht bei der Erzeugung von Nahrungsenergie. Kohle kann man nicht essen und Öl nicht trinken. Dazu bedarf es unbedingt der Produktion der erneuerbaren Energieform Biomasse. Aber zur Erzeugung von Arbeitsenergie, die in vorindustriellen Zeiten zum allergrößten Teil von Wind und Wasser, von der Biomasse und von Tieren geliefert wurde, wird mehr und mehr fossile Energie genutzt, die die Biomasse teilweise ersetzt, teilweise ergänzt.

Auch sozioökonomisch handelt es sich bei diesem Substitutionsprozess um eine Revolution. Denn nun ist es möglich, die Produktionsbedingungen in der Wirtschaft den Prinzipien des Kapitals entsprechend zu organisieren. Das ist der Kern dessen, was Marx als die „reelle Subsumtion" von Arbeit – und, so müssen wir hinzufügen – von Natur unter das Kapital bezeichnet. Die relative Mehrwertproduktion, d.h. die durch die Steigerung der Produktivität der Arbeit ermöglichte „Senkung der Lohnstückkosten" bzw. die Ausdehnung des Anteils am Wertprodukt, der vom Kapital als (relativer) Mehrwert angeeignet werden kann, wird erst mit den fossilen Energien und den ihnen angepassten Wandlungssystemen möglich. Diese werden, dem „Stachel der Konkurrenz" gehorchend, fortentwickelt – über die von Marx so bezeichnete „große Industrie" hinaus zum so genannten „Fordismus" und möglicherweise zum „finanzgetriebenen Postfordismus" unserer Tage.

Wenn heute versprochen wird, sowohl von den fossilen Energieträgern wegzukommen als auch die Energieeffizienz um den Faktor 4 oder gar 10 (von Weizsäcker/ Lovins 1997) zu erhöhen, muss gefragt werden, welche Energieträger für diesen wundersamen Quantensprung verantwortlich sein könnten, welche Energiequelle einen so hohen ERoEi verspricht, dass der energetische Ertrag den energetischen Aufwand um ein Vielfaches übersteigt. Die lebendige Arbeitskraft kann es nicht sein, denn die wurde gerade wegen ihres im Vergleich zu den fossilen Energieträgern begrenzten Wirkungsgrades freigesetzt. Der ERoEI biotischer Energieträger ist, wie bereits gezeigt worden ist, sehr gering. Welche Energiequelle soll die fossilen Energiequellen dann ersetzen? Auf diese Frage gibt es keine überzeugende Antwort. Wir wissen zwar einiges über den Übergang vom prä-fossilen zum fossil-industriellen System (und dabei ist es unerheblich, ob es prä-fordistisch, fordistisch oder postfordistisch genannt wird), aber wir erfahren nichts über den Übergang vom fossil-industriellen zu einem post-fossilen System. Welche Bewegungsmaschinen, Transmissionsmechanismen und Arbeitsmaschinen werden mit welcher Energiequelle angetrieben und wie ist dieser Übergang innerhalb kapitalistischer Verhältnisse möglich? Oder ist er nur jenseits der kapitalistischen Formen von Produktion und Konsumtion, von Arbeit und Leben zu denken und zu realisieren?

Es werden zwar viele Versuche unternommen, die nicht-fossilen Energien, die thermisch oder photovoltaisch gewonnene Elektroenergie, Wind- und Wasserkraft, auch nukleare Energie und vor allem die Energie aus Agromasse so zu nutzen, dass sie viele der Vorzüge fossiler Energieträger (Speicherbarkeit, Transportierbarkeit, Konzentrierbarkeit) aufweisen. Doch hat dies den negativen Begleiteffekt, dass auf diesem Wege die Vorzüge der nachhaltigen, erneuerbaren Energien verloren gehen und diese an die zentralisierende Infrastruktur des fossilen Energiesystems angepasst werden. Das sind einerseits die technischen und ökonomischen Artefakte, andererseits aber auch die darin materialisierten ökonomischen Verwertungs- und politischen Herrschaftsstrukturen. Die „grenzüberschreitenden" Potentiale erneuerbarer Energieträger werden nicht genutzt, wenn sie in die während der fossilen zweihundert Jahre entstandenen Energieerzeugungs- und Verteilungssysteme eingespeist werden.

Daher ließe sich auch energetisch begründen, warum trotz aller Anstrengungen die wirtschaftlichen Wachstumsraten allenfalls vorübergehend gesteigert werden können. In der ökonomischen Theorie gibt es Erklärungsangebote für die gar nicht zu übersehenden tendenziell rückläufigen Überschüsse und die daher abnehmenden wirtschaftlichen Wachstumsraten; angefangen mit dem klassischen Gesetz des abnehmenden Ertragszuwachses, über die post-keynesianische Theorie einer säkularen Stagnation bis zur Theorie von den Grenzen des Wachstums in der ökologischen Ökonomie – und der Marx'schen Theorie vom tendenziellen Fall der Profitrate. Dass die Naturgrenzen keine Rolle spielen und Wachstum dauerhaft „triumphieren" könne (Easterlin 1998), meinen nur die, den Doppelcharakter der Arbeit und der Produktion für unerheblich oder eine marxistische Flause halten und dem Wachstumsfetisch bedingungslos Referenz zollen.

7.4 Die Folge der kapitalistischen Revolution: Überflüssige Arbeit

Dass Arbeitskräfte überflüssig werden, hat grundsätzlich mit jenem Prozess zu tun, der während der industriellen Revolution begann und heute an das Ende einer Sackgasse zu geraten scheint: Biotische Energie, auch die Arbeitsenergie des Menschen, wird überflüssig und mehr und mehr ersetzt durch fossile Energie und die Systeme der fossilen Energiewandlung. Die Industrie gewinnt und die Landwirtschaft verliert zum ersten Mal in der Menschheitsgeschichte an Gewicht. Im beginnenden 21. Jahrhundert ist nur noch eine Minderheit von Menschen mit Ackerbau und Viehzucht beschäftigt. In den Industrieländern, die das Modell der Globalisierung vorexerzieren, sind es weniger als 5%; in der EU arbeiten nur noch 1,8% der Arbeitskräfte in der Landwirtschaft. Dort, wo agrarische Produktion in größerem Umfang betrieben wird, ist diese in aller Regel durchindustrialisiert. Krausmann et al. (2003: 5) geben für die österreichische Landwirtschaft an, dass die Zahl der landwirtschaftlichen Arbeitskräfte zwischen 1950 und 1995 von 967.000 auf 166.000, die Zahl der Pferde von 263.000 auf 73.000 zurückgingen, die Zahl der Traktoren sich aber von 17.000 auf 369.000 mehr als verzwanzigfachte und der Einsatz chemischer Düngemittel von 18.000 Tonnen auf 128.000 Tonnen Nitrogen gesteigert wurde. Diese Transformation des Agrarsektors ist von den Saatgut- und Düngemittel-Multis, von den Landmaschinen- und großen Nahrungsmittelkonzernen betrieben worden, welche die Agrarprodukte verarbeiten.

Die Landwirtschaft ist subalterner Teil einer industriell beherrschten Produktionskette von Tieren (Schweinen, Hühnern, Kühen) und Pflanzen. Oder die Landwirtschaft wird degradiert zu einer Subsistenzökonomie, die billige Arbeitskräfte für die Industrie auf prekäre Weise bereitstellt und eine stetige Quelle der Emigration ist. Dies ist eine Erfahrung in manchen Ländern der „Dritten Welt" und es ist eine Ausdrucksform der Redundanz der Arbeit. Die Tendenz der „De-Ruralisation" (Wallerstein 2009) hat vor allem in der zweiten Hälfte des 20. Jahrhunderts dazu geführt, dass Menschen das Land fliehen und sich in ausufernden, also aus allen sozialen Traditionen, kulturellen Bindungen, politischen Regularien etc. „entbetteten" Städten wiederfinden. Mike Davis analysiert diese Tendenz in der „Dritten Welt" (aber nicht nur dort) als Verwandlung der Erde in einen „planet of slums" (Davis 2004). Dies ist die dramatische Zuspitzung einer durchgängigen Tendenz der Informalisierung und Prekarisierung des gesellschaftlichen Lebens generell und der Städte speziell.

Immer weniger Menschen können immer mehr Produkte produzieren und auf den Markt werfen. Die unvermeidliche Kehrseite des wachsenden Reichtums ist daher die Freisetzung von Arbeitskräften. David Ricardo erwähnt die „redundant population" (Ricardo 1817/1959: 385) als Folge des Produktivitätsfortschritts. Daher hat wirtschaftliches Wachstum – mit Ausnahme der „goldenen Jahrzehnte" von 1950 bis in die 1970er Jahre – in den europäischen Industrieländern und in der Zeit der nachholenden Industrialisierung in Schwellenländern – noch niemals in der Geschichte des kapitalistischen Systems eine dauerhafte Steigerung der Beschäftigung oder gar Vollbeschäftigung hervorgebracht. Das freigesetzte Arbeitsvolumen ist eben „redundant" und nur in historischen Ausnahmeperioden eine Ressource für das wirtschaftliche Wachstum.

Dass im Zuge der Erhöhung der Produktivität per Saldo Arbeitsplätze verloren gehen, kann im Inland möglicherweise verborgen bleiben, weil ja durch Produktivitätssteigerungen die Wettbewerbfähigkeit auf Weltmärkten verbessert und daher mit dem Absatz von Waren im Ausland auch die Beschäftigung im Inland ausgedehnt werden kann. Damit dieser positive Effekt im produktiveren Land einsetzt, muss der Warenhandel (und nicht unbedingt der Kapitalverkehr) liberalisiert sein. Das ist der Grund, warum die wettbewerbsfähigen Länder glühende Parteigänger des Freihandelsregimes sind. Im Ausland jedoch gehen die Arbeitsplätze verloren, und wenn dann dort ebenfalls die Produktivität gesteigert wird, sind die Rückwirkungen auf die Zahl der Arbeitsplätze in der Weltwirtschaft insgesamt umso nachteiliger.

Von einer Beschleunigung des Wachstums also mehr Arbeitsplätze zu erwarten, ist eine fatale Illusion. Die Annahme, dass die Überflussbevölkerung durch Wachstum (und durch eine Ausdehnung des Arbeitsvolumens) wieder beschäftigt werden könne, hatte Marx schon in seiner Auseinandersetzung mit der „Kompensationstheorie" kritisiert (MEW 23: 461ff.). Diese Kritik ist auch heute noch im Prinzip gültig. Denn die Zahl der formellen Arbeitsplätze nimmt nicht in einem Maße zu, dass die „redundant labour" absorbiert werden könnte. Nur die Zahl der informellen und zumeist prekären Arbeitsplätze steigt überall in der Welt (zur Informalisierung von Arbeit, Geld und Politik vgl. Altvater/Mahnkopf 2002). Daher ist auch die Zahl der arbeitenden Armen (der „working poor"), das sind nach ILO-Kriterien Menschen, die für weniger als 2 US-Dollar pro Tag arbeiten müssen, in Afrika, Lateinamerika, Süd- und Südostasien gestiegen. Die Zahl der arbeitenden Armen in aller Welt verharrt im Zeitraum von 1995 bis 2005 nur deshalb bei etwa 1,4 Milliarden Menschen, weil sie in Ostasien, also vor allem in China zurückgegangen ist, während sie in Südostasien, in Lateinamerika und Afrika angestiegen ist. In Afrika und Südostasien machen die arbeitenden Armen fast 90 % der Gesamtbeschäftigung aus, in Lateinamerika etwa ein Drittel (ILO 2007, http://www.ilo.org/public/english/employment/strat/download/getb07en.pdf).

Auf prekäre, informelle Weise werden alle Weltregionen, seit 1989 das gesamte einstmals „sozialistische Lager" hinter dem „Eisernen Vorhang", in den kapitalistischen Weltkreis ein- und zur Mehrwertproduktion herangezogen. Dabei hat die Liberalisierung der Finanzmärkte eine entscheidende Rolle gespielt. Die extensive Kreditvergabe hat zu einer wachsenden Verschuldung und zu einem immer drückender werdenden Schuldendienst im globalen Süden geführt und mit der „Gewalt des Geldes" viele Länder ökonomisch und politisch destabilisiert. Nach der Öffnung nationaler Märkte, die in den wirtschaftspolitischen Auflagen aller internationalen Institutionen verlangt worden ist, sorgten die Finanzmärkte mit ihren hohen Renditen für jene „harte Budgetrestriktion" knappen Geldes, die hohes Wachstum von Überschüssen und daher eine beschleunigte Modernisierung und mit ihr die Freisetzung von „unterbeschäftigter" Arbeitskraft verlangte. Wenn aber dabei die Ausdehnung der relativen Mehrwertproduktion durch Produktivitätssteigerung an Grenzen stößt, bleibt vor allem die Produktion des absoluten Mehrwerts als ein vorübergehender Ausweg. Das ist die sogenannte „accumulation by dispossession" (Harvey 2003), die eine von Rosa Luxemburg (1966) beschriebene lange Tradition hat und in der Finanzkrise immer deutlicher die Züge eines Mafia-Kapitalismus der Ausplünderung herauskehrt.

Also gehen mit den Produktivitätssteigerungen formelle Arbeitsplätze verloren, die Arbeitslosigkeit steigt, und neue Jobs, die die Freisetzungen zum Teil kompensieren, entstehen nur als informelle und prekäre Beschäftigungsverhältnisse. Die „redundant population" ist daher kein quantitatives Problem überzähliger Arbeitskräfte. Es verändert sich die Qualität der Arbeit, das „Normalarbeitsverhältnis" ist nicht mehr normal (ausführlich: Altvater/Mahnkopf 2002). Die Gesellschaft wird durch Rückgriff auf fossile Energieträger, den hohen ERoEI und die daher möglichen Produktivitätssteigerungen und Wachstumsraten tatsächlich revolutionär verändert. Im Metabolismus von Mensch und Natur werden alle Grenzen der Tragfähigkeit der Natur gesprengt. Das kann in einer Katastrophe enden, wenn nicht rechtzeitig der vorherrschende Entwicklungspfad gewechselt wird.

Das Niveau der Beanspruchung der Natur ist heute ungleich höher als vor 100 oder 250 Jahren. Die gleiche Zuwachsrate drückt daher etwas sehr Unterschiedliches aus. Am Ende des 19. Jahrhunderts konnte die wirtschaftliche Expansion noch in „weiße Flecken auf der Landkarte" erfolgen und Ressourcen weit diesseits der Verfügbarkeit in Anspruch nehmen. Doch weiße Flecken gibt es 100 Jahre später nicht mehr, und die Ressourcen und Senken der Erde sind inzwischen fast allesamt überbeansprucht. Das heißt allerdings nicht, dass die Globalisierung zum Stillstand gekommen wäre. Sie ist nicht mehr nur Expansion im geographischen und lebensweltlichen Raum. Das ökonomische Interesse richtet sich auf die Meeresböden, um dort nach Erzen zu schürfen oder nach Öl zu bohren und Methanhydrat zu fördern. Das erdnahe Weltall wird ins Visier genommen, um den Datenaustausch zwischen den Kontinenten zu intensivieren, zu vereinfachen, zu verbilligen und zu beschleunigen. Das sind überhaupt die Systemvoraussetzungen dafür, dass die Spekulations-Software des finanzgetriebenen Kapitalismus laufen kann. Öffentliche Güter werden zur privaten Kapitalanlage frei gegeben. In der Welt der Gene gibt es unendlich viel zu patentieren und durch Erzeugung von intellektuellen Eigentumsrechten in Wert zu setzen (vgl. OECD 2009b). Wo die räumliche Expansion in die Makro-, die Mikro- und die Nanosphäre (mit der Bio- und Gentechnologie) schließlich an Grenzen der Inwertsetzung stößt, findet sie, wie von Virilio immer wieder betont worden ist, als enorme Beschleunigung in der Zeit statt. Denn Zeit ist Geld, erkannte schon Benjamin Franklin und diese Erkenntnis ist der Schlüssel zum Rätsel kapitalistischer Rationalität.

7.5 Die Zinsen und die Wachstumsraten

Es ist also nicht verwunderlich, dass *erstens* tatsächlich und paradoxerweise im Gegensatz zu den Erwartungen derjenigen, die das Wachstum beschleunigen wollen, die realen Wachstumsraten in der langen Frist, wenn auch ungleichmäßig in den kapitalistischen Industrieländern zurückgehen. Sie verringern sich *zweitens* ohne ein bewusstes Zutun jener ökologischen Ökonomen, die für eine Wachstumsverlangsamung plädieren, um die Natur nicht zu überlasten, und gar nicht glücklich darüber sein können, dass der Wachstumseinbruch als Krise stattfindet, zumal *drittens* die Wachstumskrise von vielen Betroffenen, insbesondere von denjenigen, die abhängig beschäftigt oder arbeitslos sind, als eine Bedrohung ihrer sozialen Sicherheit erfahren wird. *Viertens* wirkt sich die Verlangsamung des Wachstums negativ auf die Stabilität des Finanzsektors aus, dessen Krisen wegen der Verflechtungen des Reproduktionsprozesses die reale Ökonomie, also Produktion und Reproduktion des Kapitals, in Mitleidenschaft ziehen.

Wachstum in der Zeit und Expansion im Raum gehören zusammen, sie sind untrennbar. Die ständige Tendenz der Inwertsetzung hat die vertiefte und erweiterte Integration aller Regionen der Welt zur Folge. Technologische Revolutionen im Transport zu Lande (Automobil und Eisenbahnen), in der Luft (das Flugzeug), zur See (das Container-Frachtschiff, der Tanker) haben eine enorme Beschleunigung und daher eine „Kompression von Raum und Zeit" (Harvey 1990) möglich gemacht. Die wichtigste technologische Revolution, das Sinnbild für die moderne Globalisierung sind das Internet und der Container, mit dem die Integration der verschiedenen Transportmedien (Land-, Luft- und Seeverkehr) gelungen ist, und Produktion und Konsumtion logistisch verbunden werden konnten.

Tabelle 7.1
Jahresdurchschnittliche Wachstumsraten 1970 – 2000

	70-73	73-79	79-89	89-2000	70-2000
Jahresdurchschnittliche Wachstumsraten des realen BIP					
OECD	5,1	3,0	2,8	2,6	3,0
EU 15	4,6	2,5	2,3	2,1	2,5
Euro-Zone	4,8	2,8	2,3	2,1	2,5
USA	5,0	3,0	3,0	3,1	3,2
Deutschl.	4,0	2,4	2,0	1,8	2,2
Japan	7,0	3,5	3,8	1,8	3,3
Jahresdurchschnittliche Wachstumsraten des realen BIP pro Kopf					
OECD	3,9	2,0	2,0	1,8	2,1
EU 15	4,0	2,1	2,0	1,7	2,1
Euro-Zone	4,1	2,3	2,0	1,7	2,2
USA	3,8	2,0	2,0	2,1	2,2
Deutschl.	3,5	2,5	1,9	1,4	2,0
Japan	5,4	2,4	3,2	1,5	2,6

Quelle: OECD (2002): Historical Statistics 1970 – 2000 (http://titania.
   sourceoecd.org/vl=9225318/cl=27/nw=1/rpsv/cgi-bin/fulltextew.pl?prpsv=/ij/
   oecdthemes/99980118/v2002n3/sl/p1l.idx)

Das Wachstum in den 1990er Jahren (vorletzte Spalte) liegt überall unter dem Durchschnitt der letzten drei Jahrzehnte des 20. Jahrhunderts. Das änderte sich im ersten Jahrzehnt des 21. Jahrhunderts, in der „neuen Weltordnung" nach dem Ende des „real existierenden Sozialismus". In der Welt insgesamt stieg die jahresdurchschnittliche Wachstumsrate von 2,9% in den 1990er Jahren auf 3,8% im Durchschnitt der Jahre 2000 bis 2009 (für 2008 und 2009 Prognosen). Der Grund sind die hohen Wachstumsraten in den aufholenden Ökonomien von China und Indien, von Brasilien und Südafrika, die in der Weltwirtschaft ein beträchtliches Gewicht gewonnen haben. In den „advanced economies" der OECD aber sank die durchschnittliche reale Wachstumsrate weiter von 2,7% auf 1,9%, in den USA von 3,1% auf 1,4%, in Deutschland von 2,3% auf 0,3%, und nur wenn das Krisenjahr 2009 nicht berücksichtigt wird, kommt ein durchschnittliches Wachstum im ersten Jahrzehnt des 21. Jahrhunderts von knapp 1% zustande (Economic Report of the President 2009: 412; http://www.whitehouse.gov/administration/eop/cea/economic-report-of-the-President; vgl. auch Brenner 2009).

Wir können nun die Perspektive wechseln, von der Rückschau in die Zeit „before present" in die Vorschau auf mögliche Zukünfte. Die Finanzkrise seit 2007/2008 hat gelehrt, dass Prognosen nicht darin bestehen, Trends einfach fortzuschreiben. Es müssen plausible Annahmen entwickelt werden, die einer theoretischen Grundlegung bedürfen. Denn noch so ausgefeilte ökonometrische Modelle können der chaotischen Vielfalt der globalgesellschaftlichen Entwicklung niemals Rechnung tragen. In einer Studie über die Zukunft der „Bioeconomy" (OECD 2009b) heißt es, dass die durchschnittliche jährliche wirtschaftliche Wachstumsrate von 2005 bis 2030 in der Welt bei 2,79%, in der OECD bei 2,26% in China bei 4,95%, in Afrika bei 4,53%, in Lateinamerika bei 3,04% liegen wird. Die Bevölkerungszahl wird weltweit von 6,494 Mrd. auf 8,236 Mrd. Menschen steigen, das durchschnittliche Pro-Kopf-Einkommen von 5.488 USD (im Wert von 2001) auf 8.606 USD. Die regionalen Unterschiede bleiben groß, auch wenn sie nach OECD-Einschätzung nicht dramatisch ansteigen. Im Jahre 2030 liegt danach das Pro-Kopf-Einkommen eines Bürgers in Nordamerika (in USD von 2001) bei 47.495 USD, in Afrika im Durchschnitt bei 1.525 USD. Das wäre zwar eine Verdoppelung des Pro-Kopf-Einkommens von 2005 (740 USD). Doch ein Nordamerikaner würde immer noch 31 mal mehr verdienen als die durchschnittliche Afrikanerin.

In diesen Zahlen kommt ein grundsätzliches Problem beim Vergleich von Wachstumsraten zum Ausdruck. Es kann nicht nur um den Vergleich der Geschwindigkeiten gehen, sondern auch um den Vergleich der Niveaus, auf denen das Wachstum stattfindet. Anders ausgedrückt: Wachstum von z.B. 5% pro Jahr ist im 19. Jahrhundert etwas anderes als das 5%ige Wachstum um 2030. Wachstum ist ein irreversibler Prozess des Ressourcenverbrauchs beim Stoffwechsel zwischen Mensch und Natur und daher wächst (oder schrumpft) nicht nur das in Geld gemessene BIP, sondern es werden die funktionalen Räume verändert, gestaltet, sie werden geöffnet und geschlossen. Räume bzw. Flächen, die in einer bestimmten Entwicklungsperiode z.B. für landwirtschaftliche Produktion offen waren und dafür genutzt wurden, sind es in einer anderen Periode nicht mehr, z.B. infolge der Versiegelung von Land durch die Errichtung urbaner Infrastrukturen (dazu ausführlicher: Sieferle et al 2006; auch SOS-Projekt 2010).

Es ist auch zu bedenken, dass das wirtschaftliche Wachstum bei einer Bevölkerung von 1 Mrd. Menschen, die auf der irdischen Kugelfläche im Jahre 1804, also etwa zu Kants Zeiten, lebte, etwas anderes ist als die gleiche Zunahme bei einer Weltbevölkerung von bereits 6,5 Mrd. Menschen im Jahr 2005 oder von 8,2 Mrd. Menschen auf der nicht wachsenden Kugelfläche der Erde im Jahre 2030. Wenn man obendrein das Bevölkerungswachstum betrachtet, so stellt sich erstens die Frage, wodurch es zustande kommt: durch eine hohe Geburtenrate oder/und eine Verringerung der Sterblichkeit. Dies führt zu der zweiten Frage nach dem Wandel der Altersstruktur, die ihrerseits Rückwirkungen auf die wirtschaftlichen Wachstumsraten zeitigt, und drittens muss die Frage nach den Geschlechterverhältnissen und deren Konsequenzen für ökonomisches Wachstum und den sozialen Metabolismus aufgeworfen werden.

Obwohl die Daten der Tabelle 7.2, darauf verweisen die Autoren der OECD-Studie selbst, infolge der Finanz- und Wirtschaftskrise seit 2007 nach unten korrigiert werden müssen (OECD 2009b: 35f.), bleiben die Aussichten des wirtschaftlichen Wachstums in den kommenden zwei Jahrzehnten positiv. Eine sinkende Tendenz ist in den Prognosen bis 2030 nicht vorgesehen. Einige Veränderungen allerdings wird es laut OECD geben. Indien wird China als die am schnellsten wachsende Region noch vor 2020 ablösen. Alle Schwellenländer werden eine Reduzierung der Wachstumsraten in dem Maße hinnehmen müssen, wie ihre Ökonomien „reifer" werden. Wegen des verlangsamten Wachstums der Bevölkerung werden China und Indien die höchsten Wachstumsraten der Pro Kopf-Einkommen erzielen, aber dennoch nur etwa ein Fünftel des Niveaus der Pro-Kopf-Einkommen in den entwickelten Industrieländern erreichen. Es ist bezeichnend für Prognosen dieser Art, dass die Wachstumsraten der Zukunft (hier von 2015 bis 2030) im Schnitt höher angesetzt werden als die Wachstumsraten der Gegenwart (hier von 2007 bis 2015). Daraus sprechen ein prognostischer Optimismus und das Vertrauen in die „sich selbst erfüllende Prophezeiung", so als ob es die Grenzen des zunehmenden Naturverbrauchs nicht gäbe.

Die abnehmenden Wachstumsraten des BIP, auch wenn sie prognostisch geschönt werden, sind ein ernst zu nehmendes Memento. Die Überschüsse in Relation zum Sozialprodukt werden geringer. Der Verteilungsspielraum zu Gunsten des zinstragenden Kapitals bzw. in Richtung der Geldvermögensbesitzer wird kleiner. Wenn in dieser Situation auf deregulierten Finanzmärkten der Renditenrausch weitergehen kann, ist der Eklat unausweichlich. Die „finanziellen Instabilitäten" nehmen also in dem Maße zu, wie Papiere mit hoher Rendite „originiert" werden und gleichzeitig eine Steigerung der realen Wachstumsrate nicht möglich ist.

Die nächste Krise kommt bestimmt, zumal dann, wenn die Realzinsen über die reale wirtschaftliche Wachstumsrate steigen. Wenn dies der Fall ist, kann der Schuldendienst nicht mehr aus den Überschüssen (aus dem Zuwachs des BIP) abgezweigt werden, sondern nur noch aus der Vermögenssubstanz von Schuldnern, die daher irgendwann einmal Bankrott gehen und den Schuldendienst einstellen müssen. Dagegen kann natürlich der Einwand formuliert werden, dass hohe Realzinsen dann gezahlt werden können, wenn der Schuldenstand in

Tabelle 7.2
Reale Wachstumsraten des BIP, nach Regionen

	1980-1990	1990-2007	2007-2015	2015-2030	2007-2030
OECD	3,0%	2,5%	1,4%	1,9%	1,8%
Nordamerika	3,1%	2,9%	1,8%	2,3%	2,1%
USA	3,3%	2,9%	1,8%	2,2%	2,0%
Europa	2,4%	2,3%	1,0%	1,8%	1,5%
Pazifik	4,3%	2,3%	1,3%	1,3%	1,3%
Japan	3,9%	1,4%	0,7%	1,1%	1,0%
Nicht-OECD	2,1%	4,6%	5,7%	4,1%	4,6%
Osteuropa/Eurasien	-0,2%	0,5%	3,3%	3,3%	3,3%
Russland	k.A.	0,3%	3,3%	3,4%	3,4%
Asien	6,6%	7,4%	7,2%	4,6%	5,5%
China	8,9%	10,0%	8,8%	4,4%	5,9%
Indien	5,8%	6,3%	7,0%	5,9%	6,3%
Mittlerer Osten	-1,3%	3,8%	4,5%	4,0%	4,2%
Afrika	2,3%	3,7%	4,7%	3,1%	3,7%
Lateinamerika	1,2%	3,4%	3,1%	2,5%	2,7%
Brasilien	1,5%	2,9%	3,1%	2,5%	2,7%
Welt	2,7%	3,3%	3,3%	3,0%	3,1%
Europäische Union	k.A.	2,2%	1,1%	1,8%	1,5%

Berechnet auf Basis des BIP in USD von 2008 nach Kaufkraftparitäten
Quelle: IEA 2009: 62

einer Gesellschaft gering ist, die Einkommensflüsse aber groß sind. Doch dieses Argument sticht letztendlich nicht. *Erstens* sind Geldvermögen, die Forderungen darstellen, und Schulden, die Verpflichtungen sind, ungleich verteilt. Auch die Fristigkeit ist höchst unterschiedlich. Daher saldieren sich Schulden und Vermögen zu einem bestimmten Zeitpunkt nicht. Dies ist allenfalls über einen konjunkturellen Zyklus hinweg der Fall.

Der Finanzmarkt ist daher *zweitens* ein umso mächtigeres Vehikel der Umverteilung von Schuldnern zu Geldvermögensbesitzern, je höher die Realzinsen sind. Die Verteilungswirkung hoher Realzinsen ist daher in der Tendenz regressiv (vgl. Enquete Kommission 2002). Wenn hohe Realzinsen den Geldvermögen zugeschlagen werden, wachsen diese in geometrischer Folge (das war bereits Aristoteles' Thema) und stellen somit ein zunehmendes Gewicht in der Ökonomie dar, das mit seiner Gravitationskraft immer höhere Anteile der Einkommensflüsse auf sich zieht. Die Geldvermögensbesitzer, die großen Fonds und privaten Anleger, werden also reicher. Die deshalb zunehmende Ungleichheit lässt sich in nahezu allen Gesellschaften und weltweit beobachten. Der „world wealth report" gibt darüber Auskunft (www.us.capgemini.com/worldwealthreport06/wwr06_1. asp), insbesondere auf dem Hintergrund der Daten über die soziale Ungleichheit in der Welt, wie sie im Human Development Report des UNDP publiziert werden (www.hdr.undp.org/reports/global/2005/pdf/HDR05_chapter2.pdf).

Nun könnte *drittens* eingewandt werden, dass Realzinsen unterhalb der realen Wachstumsrate einen Anreiz zur Verschuldung und nicht zur Geldvermögensbildung darstellen. Dies ist freilich nicht richtig, denn jedes Geldvermögen ist eine Forderung und saldenmechanisch entsprechen ihm Schulden in gleicher Größe. Die aus den Vermögensbeständen generierten Zinsflüsse sind also genauso wichtig wie die Bestände selbst. Vielmehr: sie werden umso wichtiger, je höher die Realzinsen sind. Weil das so ist, tun Geldvermögensbesitzer und ihre Lobby alles, um Nominalzinsen möglichst niedrig zu halten, die Inflationsrate zu drücken, also die Realzinsen zu erhöhen und gleichzeitig die reale Ökonomie zur Überschussproduktion zu stimulieren, aus der ja der Schuldendienst geleistet werden muss. Gelingt dies, können die finanziellen Instabilitäten leicht eingedämmt werden. Lässt sich die Überschussproduktion, aus welchen Gründen auch immer, nicht hochfahren und stockt dann der Schuldendienst, z.B. indem Wertpapiere „toxisch" werden, spitzen sich die finanziellen Instabilitäten zu Krisen zu.

7.6 Glück im Unglück des Kapitalismus?

Ist ein naturverträgliches, nicht-materielles Wachstum möglich? Die Unzufriedenheit mit den traditionellen monetären Maßzahlen des Wachstums des Sozialprodukts ist verständlich, weil tatsächlich der monetäre Wohlstandszuwachs mit immer höheren sozialen Kosten verbunden ist, die irgendwann untragbar werden. Ein fünfprozentiges Wachstum bedeutet über 200 Jahre eine Versiebzehntausendfachung des BIP. Darin zeigen sich die Absurdität und Hilflosigkeit des Quantitativismus der Wachstumsgesellschaft.

Seit der Etablierung technischer Systeme zur Nutzung fossiler Energieträger, um mit hoher Produktivität der Arbeit Stoffe und Energien zielgerichtet in jene Produkte zu transformieren, die zur Befriedigung von menschlichen Bedürfnissen geeignet sind, erhöht sich nicht nur das BIP, sondern auch das von Nicolas Georgescu-Roegen (1971) so bezeichnete „enjoyment of life". Zu ihrer Lebensfreude machen die Menschen so etwas Verrücktes, wie Müll zu produzieren, die Erdatmosphäre aufzuheizen oder die Mühsal der Arbeit („work drudgery") auf sich zu nehmen. „Das eigentliche 'Produkt' des ökonomischen Prozesses ist kein materieller Güterstrom, sondern ein psychischer Fluss – die Lebensfreude eines jeden Mitglieds der Bevölkerung ... Die einzige Rechtfertigung für die geschäftige Hetze ist eine größere Lebensfreude." (Georgescu-Roegen 1971: 284 – eigene Übersetzung).

Die Orientierung der Wirtschaft auf die Steigerung von Glück, auf das „enjoyment of life" oder den in der amerikanischen Verfassung erwähnten Grundsatz des „pursuit of happiness" ist keine Garantie dafür, dass dies auch zustande kommt ,und vor allem nicht dafür, dass dies auch dauerhaft ist. Dies ist im Kapitalismus unerheblich, denn nicht Lebensfreude oder das „Glück" sind der Zweck des Wirtschaftens, sondern die Erzielung von Profit bzw. von Renditen. Dies ist ein „muss", weil sonst die mit verselbständigten Wertpapieren verbrieften Forderungen nicht bedient werden könnten. Doch dass Geld allein nicht glücklich macht, ist nicht nur philosophische Erkenntnis, sondern populäre Binsenweisheit. Auch steigt die Lebensfreude nicht linear mit dem Lebensstandard, sondern nimmt ab, wenn ein bestimmtes Niveau des ökonomischen Output erreicht worden ist.

Doch sind Wohlstands- oder Glücksindikatoren eine Alternative zur Wachstumsrate des BIP, kann man für das Glück eine Maßzahl finden? Ist es sinnvoll, etwas messen zu wollen, was zwar „Maß und Mitte" (das sind ja bei Aristoteles die Kriterien des „guten Lebens") hat, aber nicht zu messen ist und stattdessen nur gequält mit mehr oder weniger geeigneten Indikatoren ausgedrückt werden kann?

Der französische Präsident Nicholas Sarkozy hat eine hochrangige Kommission mit Amarthia Sen und Joseph Stiglitz 2008 beauftragt, jenseits der Wachstumsraten des BIP Wohlfahrtsindikatoren zu entwickeln, mit denen die produktive Leistung von Nationen bedürfnisnah gemessen werden kann (http://www.stiglitz-sen-fitoussi.fr/en/index.htm). Die Urenkel von Keynes sollen mit einem anderen Wohlfahrtsmaß auch in den Genuss einer anderen Wohlfahrt gelangen können. Das kommt denen, wie dem Geschäftsführer der „Initiative Neue Soziale Marktwirtschaft", entgegen, die „Glücksfaktoren außerhalb der Einkommenssteigerung stärker in den Blick" nehmen wollen (nach Frankfurter Rundschau vom 16.12. 2009: Mario Müller, Der Mensch lebt nicht vom BIP allein). Das befindet sich auch in Übereinstimmung mit liberalen Gerechtigkeitstheoretikern wie John Rawls. Das Glück zu steigern kostet – anders als Lohnerhöhungen, die eine Umverteilung zu Gunsten der Arbeit bewirken können – die Unternehmer nichts. Freilich gilt dies nur so lange, wie die durch das Wirken der Finanzmärkte herbeigeführte extreme Ungleichverteilung von Einkommen und Vermögen nicht in Frage gestellt wird und eine Umverteilung daher nicht auf der politischen

Agenda steht. Andernfalls „kostet" die Vergrößerung des Glücks die „Habenden" einen Teil ihrer monetären und nicht-monetären Privilegien. Glücklicher würden, das hat schon Erich Fromm (2004) herausgearbeitet, Menschen in einer an den Bedürfnissen orientierten, solidarischen und demokratisch-partizipatorischen Wirtschaft und Gesellschaft, in der das Verhältnis zur Natur nicht ausbeuterisch und daher zerstörerisch, sondern kooperativ als Allianz gestaltet ist. Doch ob diese Aussage von den Begünstigten des „Raubtierkapitalismus" geteilt würde, ist zweifelhaft. Das Glück fällt also nicht wie Sterntaler vom Himmel, es muss erkämpft werden.

In den Maßzahlen verschwindet die gesellschaftliche Form, wie wir schon mit Hinweis auf Georgescu-Roegen gezeigt haben. In der kapitalistischen Gesellschaft geht es um Profit und Rendite und nicht um das Lebensgefühl oder die Lebensfreude der Menschen oder um das „gute Leben", auch wenn manche Autoren auf einmal in der Finanzkrise die frei zu legenden Spuren des „guten Kapitalismus" (Dullien/Herr 2009) entdecken. Überdies nützen Glücksindikatoren auch deshalb wenig, weil sich das Handeln der Menschen, die obendrein in Klassen geschieden sind, gar nicht an ihnen orientieren kann. Dieses Problem wird noch dadurch verschärft, dass das Glück relativ bzw. komparativ ist. Das Glück kann steigen, wenn man sich über andere zu erheben vermag. „Wie glücklich wir sind, hängt weniger von unsrem eigenen Wohlstand ab, als vielmehr von der Differenz zu anderen" (Siedenbiedel 2010). Es kann aber auch, und dies wird von konservativen Glücksbringern nahe gelegt, zunehmen, wenn Verzicht geübt wird, wobei offen bleibt, zu wessen Gunsten.

Dazu schreibt Andreas Exner (2010) pointiert: „Hier wird die Gefährlichkeit der herrschaftsförmigen Wachstumskritik sichtbar. Grundsätzlich ist nämlich Profitproduktion ohne Wachstum des Gesamtkapitals denkbar: als ein Verdrängungswettbewerb der angesichts von energetischer und ökonomischer Krise bedrohten Einzelkapitalien oder aber – in einem 'Steady State-Kapitalismus' – als ein 'parasitäres' Abschöpfen des Mehrwerts für Luxuskonsum. Die aus dem Lohn- und Kapitalsystem Herausfallenden sollen unter diesen Vorzeichen die einzige Perspektive, die man ihnen bisher vorspiegelte, aus 'ökologischen Gründen' aufgeben: das Wachstum des Bruttoinlandsprodukts. Dafür erklärt man ihnen, dass Geld und Konsum nicht glücklich machen. – Die moralisch ebenso wie analytisch fehlgeleitete Verzichtsökologie, über Jahrzehnte hinweg von wohlmeinenden Ökoaktivistinnen diskursiv vorbereitet, droht sich solcherart mit dem blanken Faktum fehlender Wachstumsmöglichkeiten des Kapitals zu verbinden. Eine Produktionsweise, die ihr 'Menschenmaterial' mangels Verwertbarkeit fortschreitend ausstößt, das 'Bruttosozialglück' zur zynischen Maxime erhebt, während de facto das Elend sich verbreitet ... wird sich freilich auch mit ideologischen Verrenkungen nicht am Leben halten können." Das Glück kann also mit dem Verzicht größer werden, auch im Rahmen kapitalistischer Produktionsverhältnisse. Nur ist das Glück nicht ungeteilt. Die einen haben mehr davon, die anderen weniger.

Bei komparativer Betrachtung gibt es immer noch andere, denen es schlechter geht als einem selbst; das „Pareto-Optimum" (das besagt, dass eine Umverteilung von Einkommen bis zu dem Punkt akzeptabel sein kann, an dem der Wohlstandsgewinn der Begünstigten geringer ausfällt als der Wohlstandsverlust derjenigen, denen genommen wird) ist also noch nicht erreicht, so dass eine gewisse Umverteilung effizienztheoretisch zu rechtfertigen ist. „Wohlstand", so heißt es im Report der Sustainable Development Commission, „ist mehr als materielles Wohlbefinden ... Er ergibt sich aus der Lebensqualität, der Stärke unserer sozialen Beziehungen, dem Vertrauen in die Gemeinschaft. Er zeigt sich, wenn wir mit der Arbeit zufrieden sind und gemeinsame Einstellungen teilen und voll am Gemeinschaftsleben teilhaben können. Der Wohlstand besteht darin, dass wir als Menschen erblühen können – innerhalb der ökologischen Grenzen eines endlichen Planeten" (Jackson 2009: 5). Wohlstand also weit jenseits der kapitalistischen Einzäunungen, ohne dass der Kapitalismus in Frage gestellt wird. Im Himalaya-Königreich Bhutan ist man bereits so weit. Dort gilt die Maßzahl des „Bruttosozialglücks".

Der glückliche Mensch kann daher anders als der Engel der Geschichte auf dem Gemälde von Paul Klee, das Walter Benjamin so faszinierend interpretierte, den Blick optimistisch in die Zukunft und nicht auf Trümmerberge des Fortschritts der Vergangenheit richten. Doch werden die Grenzen des Planeten Erde, wird die Begrenztheit der Oberfläche einer Kugel respektiert, wenn hohe Renditen des Finanzsektors hohe Überschüsse im Produktionsprozess erzwingen? Das Glück ist dann von kurzer Dauer, denn es ist unvermeidlich, dass im Prozess der Stoff- und Energietransformationen Abfälle, Abwärme, Abwasser etc. entstehen und damit das Unglück von Klimakrise und anderen Umweltschäden heraufbeschworen wird. Zwar bleiben Stoffe und Energien erhalten, aber ihre Qualität – ganz anthropozentrisch – für die Nutzung durch Menschen und für deren „enjoyment of life" hat sich unwiderruflich verschlechtert. Niedrige Entropie, die Voraussetzung, ja die Definition der Gebrauchswerteigenschaft von Materie und Energie, deren Nutzung Lebensfreude bereitet, ist in höhere Entropie verwandelt worden.

Es ist zwar eine attraktive Idee, das monetär in Euro ausgewiesene BIP durch geeignete „Indikatoren des Glücks" (Diefenbacher/Zieschank 2010) zu ersetzen (oder zu ergänzen), die zumindest die Zufriedenheit der Menschen messen. Doch nützt eine alternative Messmethode nicht sehr viel, wenn das Gemessene nicht im Sinne der Kriterien des Messens verändert wird. Dann aber zeigt es sich, dass soziale und politische Eingriffe in Wirtschaft und Gesellschaft nötig werden, in das Energiesystem, in die Funktionsweise der Finanzmärkte, in die Verfügungsmacht über Wirtschaftsprozesse, in die Eigentumsordnung. Sonst ist der unglückselige Naturverbrauch im Kapitalismus nicht zu stoppen und das versprochene und sogar wissenschaftlich indizierte Glück wird sich schnell als Fata Morgana herausstellen.

8. Kapitel
Die Plagen der Moderne: Peak Oil, Klimakollaps und Ernährungskrise

Die Menschen der Beschleunigung und des Wachstums sind von einem anderen Schlag als die der Ruhe und Behäbigkeit in einer Welt, die noch nicht den „Hexensabbat" von Kapitalismus und Fossilismus erleben mussten. Dieser kommt erst zur Ruhe, „wenn die letzte Tonne Erz mit der letzten Tonne Kohle verhüttet sein wird." So gibt Werner Sombart ein Gespräch mit Max Weber wieder (Sombart 1927/1969: III/2, 1010). Diesem Zeitpunkt nähern wir uns. Der Höhepunkt der Ölreserven – so lange wie die geförderte Menge von den neu gefundenen Reserven übertroffen wird – liegt nicht mehr im Nebel der fernen Zukunft, sondern ist hartes Datum in Prognosen, die bis zur Mitte des Jahrhunderts reichen. Der Begriff „Peak Oil", bis vor einem Jahrzehnt nur Spezialisten der Ölindustrie geläufig, ist in die Alltagssprache eingedrungen.

Wenn die endlichen Ressourcen – also nicht nur das Öl, sondern auch mineralische Rohstoffe einschließlich der seltenen Erden – tatsächlich zur Neige gehen, fehlen die Stoffe, die den Wirtschaftsmotor befeuern. Die politische Klasse lechzt jedoch nach Wachstum, da ohne Wachstum, wie ihre Repräsentanten meinen, keines der drängenden Probleme gelöst werden kann, angefangen bei der Arbeitslosigkeit von Millionen Individuen und nicht endend bei der Reduzierung des Budgetdefizits des Staates. Auch müssen die auf globalisierten Finanzmärkten erzeugten Renditeansprüche aus stetig steigenden Überschüssen der Produktion befriedigt werden. Die Politik wird also tatsächlich „ins Schlepptau" der Finanzmärkte genommen. Deren Lobbyisten ziehen heftig daran und verlangen die Nutzung von fossilen Energieträgern und der Atomkraft, um Überschüsse, d.h. Profite der Energiewirtschaft und Wachstum zu fördern (vgl. den so genannten „energiepolitischen Appell" von Energie-, Bank- und Medienlobbyisten gegen den Ausstieg aus der Kernkraft als Anzeige in allen größeren Tageszeitungen, z.B. SZ, 21./22. August 2010). Die Plünderung der Natur wird zur Leitlinie, sie soll zum Gesetz erhoben werden, auch wenn Wachstum „ökologisch" sein soll und das Prinzip der Nachhaltigkeit in allen Diskursen beschworen wird. Doch den Nachhaltigkeitsbeteuerungen zum Trotz ist die Plünderung der Natur des

Planeten Erde weit fortgeschritten. Der Klimawandel ist bereits eingetreten, und er kann zur Katastrophe geraten.

8.1 Der ökologische Fußabdruck: Übernutzung der Ressourcen und Überlastung der Schadstoffsenken

Nach Berechnungen des Global Footprint Network (http://www.footprint-network.org/en/index.php/GFN/page/sitemap/ – download 10.06.2010) wird heute mehr Natur verbraucht als im von der Sonne angetriebenen Lebenszyklus nachwächst. Die Energie- und Stoffbilanz der Lebens- und Produktionsweise der Menschheit in einer kapitalistisch geprägten Welt ist negativ. Auf die Dauer ist ein Leben jenseits der Tragfähigkeit der Natur des Planeten Erde nicht möglich. Doch ist diese keine starre und fixierte Größe. Die Elastizitäten sind beträchtlich. Sie haben zur Folge, dass Überlastungen der Natur beim sozialen Metabolismus zwischen Menschen und Natur lange Zeit unbeachtet bleiben oder verdrängt werden können. Das gilt für Jahre, vielleicht für Jahrzehnte, sicher nicht für Jahrhunderte. Es kommt also auf den Zeithorizont der jeweils lebenden Generation an.

Es gibt enorme Unterschiede zwischen reichen und armen Ländern hinsichtlich des ökologischen Fußabdrucks und zwischen mit Biokapazität reichhaltig ausgestatteten Regionen und Kontinenten (wie die beiden Amerikas) und denjenigen Regionen und Kontinenten, die über eine vergleichsweise geringe Biokapazität verfügen (weite Regionen Asiens und Afrikas); der globale Durchschnitt lässt diese Unterschiede nicht erkennen. Insbesondere die Länder im Tropenwaldgürtel besitzen eine hohe biologische Kapazität (der Kongo bringt es beispielsweise auf 13,2 global ha/Kopf; Bolivien auf 19,3). Die waldreichen nordischen Länder Schweden oder Russland sind deshalb auch mit hoher Biokapazität ausgestattet, die einen großen ökologischen Fußabdruck kompensieren kann.

Die zunehmende Ungleichheit der Vermögens- und Einkommensverteilung hat Folgen für den sozialen Metabolismus. Wohlhabende Menschen essen mehr Fleisch als arme Menschen und bewirken daher, nicht immer absichtsvoll, die Umwidmung von ökologisch wertvollem Land, z.B. von tropischen Regenwäldern in Rinderweide. Sie nutzen die technischen Möglichkeiten der Mobilität (Auto, Flugzeug etc.) intensiv und extensiv, haben einen großen Raumbedarf (ausgedrückt als qm Wohnfläche pro Person). Das gelingt nur wegen der höheren monetären Kaufkraft, die sich zum Teil der Funktionsweise der globalen Finanzmärkte verdankt, und aufgrund der Externalisierung von Umweltlasten: „Not in my backyard". Die Nutzung der verfügbaren Biokapazität ist abhängig vom Einkommensniveau und von dessen Verteilung im globalen Raum. Der ökologische Fußabdruck ist also dann besonders groß, wenn die monetären Einkünfte groß sind, und dann besonders klein, wenn die Geldeinkommen zur Ausübung kaufkräftiger Nachfrage gering ausfallen. Er ist also größer in Ländern mit ungleicher Einkommens- und Vermögensverteilung als in Gesellschaften mit ausgeglichener Verteilung.

Die Nutzung der fossilen Reserven ist für mehr als die Hälfte des globalen ökologischen Fußabdrucks verantwortlich. Das sind in den Industrieländern 3,85 ha/Kopf von insgesamt 6,1 ha/Person. Wenn die fossilen Energieträger ausgehen (Peak Oil) und obendrein auch klimapolitisch der Übergang zu erneuerbaren Energien notwendig wird und wenn dies zur stärkeren Nutzung von Biomasse zur Energieerzeugung veranlasst, sinken die Anteile des ökologischen Fußabdrucks, die der Förderung und Verbrennung fossiler Energieträger geschuldet sind, während die Anteile, die auf Ackerland, Grasland und in Wäldern ihre Spuren hinterlassen, größer werden. Dann nehmen auch die Konflikte um die angemessene Raumnutzung zu (vgl. WBGU 2008; Fritz 2009). Die Vorboten dieser Konflikte sind bereits heute als Landkonflikte zu beobachten.

Wenn dem so ist, stellen die Grenzen des Umweltraums auch harte Schranken für einen neuen Wachstumszyklus dar, mit dem der Versuch gemacht werden könnte, die realwirtschaftlichen Überschüsse zu steigern, um auf diese Weise die Finanzmärkte zu stabilisieren und einen neuen Investitions- und Innovationszyklus zu initiieren. Allerdings kommt die Idee auf, dass ein sozial-ökologisches Innovationsprogramm im Rahmen eines „grünen" Kapitalismus Investitionen fördern könnte, die auf eine Verkleinerung des ökologischen Fußabdrucks ausgerichtet sind. Doch mit Investitionen wird man dem Problem schon deshalb nicht beikommen können, weil die Verringerung des Naturverbrauchs eher durch Veränderung von Lebensstil, Konsumgewohnheiten und durch Produktionseinschränkungen bewirkt wird als durch Effizienzverbesserungen oder gar durch einen Zuwachs des Kapitalstocks. Mit zusätzlichen Investitionen bleibt man im Kreislauf des quantitativen Wachstums, aus dem man zur Verringerung des ökologischen Fußabdrucks aber ausbrechen müsste.

Dies legen auch Daten des Umweltbundesamtes der BRD nahe. Der durchschnittliche jährliche „Treibhausgas-Fußabdruck" eines deutschen Bundesbürgers beträgt in Kohlendioxidäquivalenten im Bedürfnisfeld Wohnen 2,72 Tonnen, im Bedürfnisfeld Mobilität 2,52 Tonnen. Bei der Ernährung werden 1,65 Tonnen, beim sonstigen Konsum 2,75 Tonnen emittiert (http://www.ifeu.org/energie/pdf/UBA_IFEU_CO2_REchner.pdf – 5. 7. 2010). Für das Klimasystem der Erde erträglich wären Emissionen von etwa 1 – 1,5 Tonnen pro Kopf und Jahr.

Die notwendige Reduktion ist mit Effizienzsteigerungen beim Energieverbrauch nicht zu erzielen. Daher verbreiten diejenigen, die vom Faktor 4 oder 5 sprechen, um den der Energie- und Ressourcenverbrauch durch höhere Effizienz reduziert werden könne, Illusionen. Die Fortsetzung der heute hegemonialen Produktions- und Lebensweise (vgl. Brand/Görg 2003; Brand 2007) ist nicht möglich. Die Nutzung der begrenzten fossilen Ressourcen geschieht vor allem durch deren Verbrennung, und dabei werden Emissionen in die Atmosphäre freigesetzt. Die Treibhausgase haben bereits zu einem Wandel des Klimas beigetragen, der wiederum die Möglichkeiten der Landnutzung zur Produktion von Nahrungsmitteln verändert. Die Folgen des kapitalistischen Wachstums stellen sich also tatsächlich als moderne Plagen heraus: Peak Oil, Klimakollaps und Ernährungskrise sind die Emanationen des fossilen Akkumulationsregimes.

Bei derzeitigem Wachstum müsste schon in wenigen Jahrzehnten ein Ersatzplanet zur Verfügung stehen, um den Bedarf der Menschen auf der Erde befriedigen zu können, und dabei ist an andere Lebewesen noch gar nicht gedacht. Es gibt aber nur einen Planeten Erde; „Mutter Erde" hat keine oder nur garstige Trabantenkinder wie den Mond, und daher bedürfen der Zugang zu natürlichen Ressourcen und die Nutzung von Schadstoffsenken auf der begrenzten „Kugelfläche" der Regulation, vergleichbar dem „kategorischen Imperativ", den Immanuel Kant vom gleichen Ausgangspunkt einer räumlich begrenzten Erde für den „ewigen Frieden" vor mehr als 200 Jahren entwickelt hat. Denn eines hat gerade die jüngste Entwicklung gezeigt: Die marktliberale Regulation, insbesondere wenn diese von den Finanzmärkten und deren Lobby übernommen wird, führt nicht nur in die Finanzkrise mit ihren herben finanziellen Verlusten, sondern zur irreversiblen Zerstörung der Natur des Planeten Erde. „Nach uns die Sintflut" kann in gewagter Finanzspekulation infolge des hohen Risikos hohe Gewinne eintragen, und einige haben sich bei der Verfolgung dieses Geschäftsmodells goldene und andere blutige Nasen geholt. Für den Umgang mit der Natur ist diese Formel kein brauchbares Regulativ.

8.2 Entropiemigration oder der Maxwell'sche Dämon

Neu sind die Plünderung der Natur und die damit verbundene Ausbeutung von Menschen nicht. In den Jahrhunderten der Kolonialgeschichte und der Nord-Süd-Beziehungen haben die heute entwickelten Länder ihren Reichtum aus den Ressourcen des Südens geschöpft (dazu vgl. Foster 1994; Crosby 1991; Ponting 1991). Sie haben mit ihren Emissionen die Atmosphäre so sehr belastet, dass den südlichen Ländern kaum noch ein Spielraum der Entwicklung auf fossiler Basis bleibt. Für die Abfälle aus dem Norden – für Elektronikschrott und Giftmüll, für Schiffswracks und Altautos, für überproduzierte Hühnerflügel und Altkleider – werden immer noch Schadstoffsenken im Süden genutzt.

Es steigt mit dem Energie-, Arbeits- und Materialinput nicht nur der beabsichtigte und nützliche, sondern auch der Output unerwünschter Schadstoffe. Man will sie loswerden und deshalb werden sie auf „Migration" geschickt, dorthin, wo sie die Lebensgrundlagen von Menschen beeinträchtigen, die sich mangels politischer Macht, medialer Präsenz und ökonomischer Ressourcen nicht zur Wehr setzen können. Ihnen bleibt nur die „Exit-Option". Wenn Menschen diese wahrnehmen und in die Länder des kapitalistischen Kerns zu migrieren versuchen, werden sie auf jene harten Grenzen stoßen, die für die Exporte von Schadstoffen unter Verweis auf das Freihandelsprinzip der WTO abgebaut worden sind. Entropiemigration findet also, gefördert durch die Regeln der Weltwirtschaftsordnung im globalen Raum vom globalen Norden in den globalen Süden statt, der transnationalen Migration von Menschen in umgekehrter Richtung sind harte Grenzen gesetzt.

Diese Ungleichbehandlung der Migration von Menschen und von Entropie erinnert an den „Maxwell'schen Dämon", auch wenn bei Analogien zwischen Naturgesetzen, noch dazu wenn diese auf unter fragwürdigen Annahmen konstruierte Konstellationen angewandt werden, und sozioökonomischen Mechanismen Vorsicht walten muss. Der Maxwell'sche Dämon hat die Fähigkeit, dem naturgesetzlichen Entropieanstieg entgegenzuwirken (zur Kurzinformation vgl. Fischer 2008: 99 – 110). Er verhindert, dass die Atome eines heißen Gases in den Behälter des kalten Gases „migrieren", und er lässt nur die heißeren Atome aus dem Behälter des kalten Gases in den mit dem heißen Gas passieren. So kommt es nicht zu einer Durchmischung, die bei einer gemeinsamen Temperatur der Gase beider Behälter den Fluss eines wärmeren Gases zum kälteren aufhören ließe. Die Entropie hätte in diesem Fall für das System der beiden Behälter ihr Maximum erreicht. Doch der kalte Behälter bleibt dank des dämonischen Wirkens kalt und der wärmere bleibt warm, der Entropieanstieg wird gebremst.

Auf unseren Fall aus dem sozioökonomischen Leben angewandt bedeutet dies: Die armen Leute, die migrieren würden, bleiben in ihrem armen Ambiente und die reicheren Menschen bleiben reich, weil sie ihren Wohlstandsmüll auf einseitige Entropiemigration schicken können. Die modernen Nimbys (not-in-my-backyard) bedienen sich einer Art Maxwell'schen Dämons. Das unerwünschte Resultat der Beeinträchtigung der Natur, wenn diese im Produktionsprozess transformiert wird, kann nur vermieden werden, wenn für die „Migration der Entropie" gesorgt wird, indem also der Müll „not in my backyard" (Nimby) abgeladen wird, sondern in des „Nachbarn" Garten. Bei der Produktion von nützlichen

Gebrauchswerten, denen wegen der thermodynamischen Gesetze unvermeidlich Schadstoffe als „Kuppelprodukte" zugeordnet sind, kann ein Mehrwert erzeugt werden. Bezogen auf den Kapitalvorschuss kommt eine positive Profitrate heraus, welche die Mühe, sprich den Kapitalvorschuss lohnt und die Entropiesteigerung, d.h. die Verwandlung nützlicher Dinge in Müll, rechtfertigt, zumal dieser infolge der Entropiemigration nicht vor der eigenen Haustür abgeladen werden muss. Die bleibt nämlich frei für die Lieferung all jener Stoffe und Energieträger, die für die Inganghaltung des industriellen Reproduktionsprozesses notwendig sind.

8.3 Peak Oil – das Ende des fossilen Zeitalters naht

Öl ist der heute wichtigste Energieträger, aber auch Rohstoff für viele Chemieprodukte, für Plaste und Elaste. Ersatzstoffe gibt es nicht für alle Produktlinien des Öls, und daher ist das drohende Ende der Ölversorgung bei gleichzeitig wachsender Nachfrage ein bedeutsamer Stressfaktor, der die Überwindung von Wirtschafts- und Finanzkrise auf der energetischen Grundlage der vergangenen 100 Jahre erschwert, vielleicht sogar verunmöglicht. Die gegenwärtige Krise ist daher nicht nur konjunkturelle und (wie Münchau zugesteht – „Mogelpackung Aufschwung" in: FTD 14.7.2010) strukturelle Krise; es handelt sich um eine Krise der fossilen Zivilisation. Ganz traditionell betrachten wir zunächst die Nachfrage nach fossilen Ressourcen und danach das Angebot.

8.3.1 Die unersättliche Nachfrage nach fossilen Energieträgern

Die Nachfrage nach Energie, darunter vor allem nach Öl, das ja zu etwa vier Fünfteln zum Energiemix beiträgt, folgt im Großen und Ganzen vier Trends, die bis 2030 selbst bei Berücksichtigung der Folgen der globalen Finanz- und Wirtschaftskrise einen jährlichen Anstieg des Energieverbrauchs von im Durchschnitt 1,5% zum Ergebnis haben: *Erstens* dem hohen und immer noch zunehmenden Energieverbrauch, der aus der globalen Verallgemeinerung des energieintensiven westlichen Konsum- und Produktionsmodells folgt. Die Schwellenländer sind dabei, es zu übernehmen. Obwohl die Energieeffizienz beträchtlich gesteigert worden ist und diese Tendenz, allerdings mit großer Wahrscheinlichkeit bei abnehmenden Steigerungsraten, auch für die nächsten Jahrzehnte fortgeschrieben werden kann, wachsen die verbrauchten Mengen. Dies ist beredter Ausdruck des „rebound-Effekts", der auch als „Jevons-Paradox" bekannt ist: Wenn die Effizienz der Gewinnung einer Ressource steigt (zu William St. Jevons Zeiten im 19. Jahrhundert ging es vor allem um die Kohle), kann der Preis sinken und der Verbrauch bei gleichem monetären Budget daher zunehmen, so dass durch Effizienzverbesserung entgegen den Mutmaßungen nicht Einsparung, sondern Mehrverbrauch der Ressource das Ergebnis ist (Jevons 1866). Von einer „Effizienzrevolution" die Senkung des Ressourcenverbrauchs zu erwarten, ist daher bestenfalls ignorant gegenüber den Erfahrungen der Industrieländer aus einer zweihundertjährigen Geschichte der Nutzung erschöpflicher Ressourcenbestände.

Heutige Entwicklungsländer folgen mit Zeitverzögerung 'nachholend' diesem Trend. China hat zwischen 1997 und 2007 seinen Ölverbrauch von 4.179.000 Barrels per day (bpd) auf 7.855.000 bpd gesteigert, Indien von 1.828.000 bpd auf 2.748.000 bpd mehr als verdoppelt. (Maggio/Cacciola 2009: 8) Im Juli 2010 war in der Presse zu lesen, dass die Volksrepublik China die USA als größten fossilen Energieverbraucher der Welt abgelöst habe. Auch wenn der Pro-Kopf-Verbrauch in China weit unter dem US-amerikanischen liegt, ist der Gesamtverbrauch auf 2,25 Mrd. Tonnen Öläquivalent gestiegen (nach: Junge Welt, 22. Juli 2010).

Zweitens zwingen die Finanzmärkte mit ihren hohen Renditeforderungen auch die Wachstumsraten des BIP nach oben. Das geht gegen den Trend der historischen Wachstumsbedingungen der realen Ökonomie, wie im vorangegangenen Kapitel gezeigt worden ist. Die realen Wachstumsraten können trotz technischen Fortschritts nur gesteigert werden, wenn auch der Energieverbrauch zunimmt – jedenfalls auf der vorherrschenden technologisch und sozial bestimmten Trajektorie der Entwicklung. Also hat der Energieverbrauch auch etwas mit der deregulierten Wirkungsweise der Finanzmärkte zu tun, die mit Finanzinnovationen dafür gesorgt hat, dass die finanziellen Renditen über die realen wirtschaftlichen Wachstumsraten und die Profitraten des Kapitals angehoben werden (dazu vgl. Enquete-Kommission 2002: 69ff.). Allerdings dürfen die Renditenansprüche an das real produzierte BIP nicht zu lange Zeit zu hoch sein, weil dann der positive Wachstumsanreiz wie ein übermäßig dosiertes Aufputschmittel zum Kollaps führen kann. Das Wachstum bricht zusammen, die Krise ist da.

Drittens hat auch der Zwang zur Verbesserung der Wettbewerbsfähigkeit in der globalen Konkurrenz der Standorte diese Wirkung. Denn Wettbewerbsfähigkeit wird in aller Regel durch Produktivitätssteigerungen verbessert und letztere sind ceteris paribus nur möglich, wenn fossile Energie zur Beschleunigung aller Abschnitte des Produktions- und Zirkulationsprozesses von Kapital genutzt wird. Alle diese „Sachzwänge" haben zur Folge, dass wie in der Vergangenheit die Nachfrage nach fossiler Primärenergie auch im 21. Jahrhundert zunehmen wird (Maggio/Cacciola 2009: 8; vgl. auch IEA 2009: 74)

Dabei findet eine Verschiebung zwischen den fossilen, nuklearen und erneuerbaren Energieträgern nach Auffassung der IEA nur in geringem Maße statt. Im Verlauf des halben Jahrhunderts von 1980 bis 2030 wird der Anteil der fossilen Energieträger leicht von etwa 85% auf 80% sinken, während der Anteil der erneuerbaren Energien nur von etwa 13% auf etwa 14% zunimmt. Der Anteil der nuklearen Energie hingegen dürfte sich mehr als verdoppeln, nämlich von 2,6% auf 5,7%. Ob diese Erhöhung aber eintritt, ist in hohem Maße abhängig von politischen Entscheidungen, die schnell geändert werden können, und von sozialen Bewegungen, die den Ausbau der nuklearen Energieversorgung zu verhindern und die Nutzung erneuerbarer Energien zu steigern versuchen. Sie geraten dabei mit der Nuklearlobby in Konflikt, die ihre finanzielle Macht zur Verlängerung des fossil-nuklearen Energiesystems einsetzt. Sie kann freilich nicht die Kant'sche Erkenntnis von der begrenzten Kugelfläche der Erde außer Kraft setzen; auch der Rohstoff der Nuklearenergie, das Uran, ist begrenzt und reicht nur noch für wenige Jahrzehnte. Und ob es überhaupt Räume für sichere Endlager des atomaren Mülls gibt, ist zweifelhaft.

Die Energiemärkte werden von sehr vielen intervenierenden Variablen beeinflusst: von der politisch regulierten Lagerhaltung, politischen und militärischen Konflikten in Rohstoffgebieten, der Investitionspolitik transnationaler Konzerne etwa bei der Errichtung von Transport- und Raffineriekapazitäten und nicht zuletzt von der Entwicklung der globalen Finanzmärkte, die die Oil futures-Märkte beeinflussen und, vermittelt über sie, die Ölpolitik der Ölstaaten und der privaten Ölkonzerne. Das geostrategische Feld ökonomischer Interessen, politischer Konflikte und sozialer Bewegungen verändert sich also. Im Endeffekt freilich steigt die Nachfragekurve nach fossilen Energieträgern, während die Angebotskurve in der Tendenz rückläufig ist (vgl. das Schaubild in: Leigh 2008: 18 (http://www.bentham.org/open/togeogj/openaccess2.htm – 10.6.2010). Den Gesetzen der Marktwirtschaft entsprechend muss in solcher Lage der Preis des Öls tendenziell steigen, was ja der tatsächlichen Entwicklung entspricht. Der nominale Ölpreis ist zwischen 2000 und 2008 von 28,00 USD auf 97,19 USD pro Barrel gestiegen (in realen USD von 2008 von 34,30 auf 97,19 USD), und es wird bis 2030 ein Anstieg auf 189,65 nominalen USD bzw. auf 115,00 USD von 2008 prognostiziert (IEA 2009: 64). Aufgrund der Nachfrageschwäche in der durch die Finanzkrise geschüttelten Wirtschaft kann zeitweise auch die Nachfrage nach Energieträgern zurückgehen und daher der Ölpreis in eine Baisse geraten. Dann ist Öl heute leichter zu kaufen, aber morgen möglicherweise knapper, weil die Ölkonzerne wegen des sinkenden Preises weniger in die Technik der Ölförderung und in die Ölinfrastruktur investieren.

Öl gehört nicht zu dem von Marx so bezeichneten ordinären „Warenpöbel" (MEW 23: 72), es ist eine begehrte Ware, weil ohne sie „nichts läuft". Daher dürfte

„die Rivalität um die verbleibenden Reste höchstwahrscheinlich dramatische ökonomische und geopolitische Folgen zeitigen, denen gegenüber das Finanzchaos von 2008 in Europa und in den USA als ein fröhliches Ereignis erscheint. Letztlich könnte es noch nicht einmal einer Nation gelingen, ein industrielles Modell aufrechtzuerhalten wie wir es aus dem 20. Jahrhundert kennen." (NEF 2010: 69 – eigene Übersetzung) Öl ist, so lässt sich diese Aussage interpretieren, das Elixier des kapitalistischen Lebens.

8.3.2 Das Angebot fossiler Energieträger ist nicht zu steigern

Die Entwicklung des Angebots von Öl (auf andere fossile Brennstoffe und die Atomkraft kann hier nicht eingegangen werden, doch liegen die Verhältnisse ähnlich) hängt zu allererst von Naturbedingungen ab. Doch müssen die objektiven Naturbedingungen (die Verfügbarkeit von Ressourcen) subjektiv gewusst werden. Wissen entsteht im Zuge wissenschaftlicher Forschung und in ökonomischen, sozialen und politischen Diskursen (im weitesten Sinne); der Raum ist nicht naturgegeben, sondern wie Henri Lefèbvre (1974) ausführt, diskursiv konstruiert. Im physischen Raum mit seinen Eigenschaften, d.h. auch mit den Rohstoffreserven in ihm, gibt es viele Schätzungen der „ultimately recoverable reserves, der letztlich erschließbaren Reserven, und viele „koexistierende Möglichkeiten" der Entwicklung und des Zugriffs auf die Reserven. Denn die Schätzungen stammen von sozialen, ökonomischen, politischen Akteuren mit subjektiv erworbenem und gefiltertem Wissen, mit Interessen und daraus resultierenden Bindungen innerhalb einer Gesellschaft. Die diskursive Konstruktion des Raums verleitet dazu, eine objektive Existenz der Natur abzustreiten und polemisch zugespitzt „Ökologie (als) neues Opium fürs Volk" (Swyngedouw 2009) zu bezeichnen, weil so dem Verständnis von Natur als äußerer Macht, als einem Fetisch Vorschub geleistet würde. Denn „in der Natur gibt es keine Sicherheit – Natur ist unvorhersehbar, erratisch und blind" (Swyngedouw 2009: 376). Doch stimmt das, wenn überhaupt, nur zum Teil. Denn dies ist unterschiedlich in kleinem und in großem räumlichem Maßstab und lange und kurze Fristen müssen ebenfalls unterschieden werden. Und blind ist möglicherweise nicht die Natur, sondern ein Mensch, der meint, Naturgesetze nicht beachten zu müssen.

Ressourcen und Reserven. Der WBGU definiert Ressourcen als „nachgewiesene oder mit gewisser Unsicherheit als vorhanden eingeschätzte Vorkommen, die mit heutiger Technologie und unter den heutigen ökonomischen Verhältnissen noch nicht förderbar sind, die jedoch als potenziell förderbar gelten. Weitere Vorkommen können weder als Reserven noch als Ressourcen klassifiziert werden. Sie werden geologisch vermutet, aber das Ausmaß der Vorkommen und die technologischen und ökonomischen Bedingungen ihrer Förderbarkeit sind noch sehr unsicher." (WBGU 2003: 47) Reserven von energetischen und mineralischen Rohstoffen hingegen werden definiert als „bekannte Vorkommen, die mit großer Genauigkeit erfasst und heute aus technologischer und ökonomischer Sicht jederzeit abbaubar sind." (WBGU 2003: 47)

Die Unterscheidung von Ressourcen und Reserven im geophysischen Raum mit seinen Eigenschaften, d.h. auch mit den Rohstoffen in ihm, ist wichtig. Werden die Ressourcen kalkuliert, ist das Fördermaximum von Öl weit entfernt. Die Daten über Reserven hingegen lassen Peak Oil, den Höhepunkt der Ölförderung, in näherer Zukunft, vielleicht in der Gegenwart erkennen. Es gibt nicht wenige, die meinen, die modernen Gesellschaften hätten schon so viel Öl verbraucht, dass man Peak Oil nur noch im Rückspiegel sehen könnte. Da Ressourcen durch Investitionen in die Exploration, die Förderung, die Aufbereitung, die Transportkapazitäten in Reserven transformiert werden können, ist hier *erstens* sehr viel Spielraum der Interpretation von Ressourcen und Reserven gegeben. Harte geologische Fakten werden durch ökonomische und politische Interpretationen und Entscheidungen „aufgeweicht". *Zweitens* lassen sich so ins taktische Kalkül passende politische Empfehlungen formulieren. Die von der IEA für die nächsten zwei Jahrzehnte geforderten gewaltigen Investitionen von tausenden von Milliarden USD in die Förderung, die Logistik und die Verarbeitung von Öl (vgl. diverse Ausgaben des World Energy Outlook der IEA) können mit eben dieser Unterscheidung von Ressourcen und Reserven begründet werden.

Die IEA geht 1998 von 2100 bis 2800 Gigabarrels (Gb) Rohölreserven aus, 2001 aber gibt sie 3345 Gb an. Im Jahre 2008 meldet die IEA 3577 Gb, wenn nicht-konventionelle Ölreserven mitberücksichtigt werden (nach Maggio/Cacciola 2009: 4). Die Grenze zwischen Ressourcen und Reserven ist eine Grauzone, die viele interessierte Interpretationen zulässt und sogar eine Zunahme von Reserven in der Zeit plausibel erklären kann, obwohl doch von gestern bis heute die Reserven um viel Öl, nämlich um täglich etwa 70 Millionen Fässer, erleichtert worden sind. Ob den Reserven auch in Zukunft aus den Beständen der „Ressourcen" Teile hinzugefügt werden können, ist ebenso ungewiss wie die Verbringung der Reserven durch Förderung aus den subterranen und submarinen Lagerstätten an die Oberfläche und dann mit Hilfe des terrestrischen oder maritimen Transportnetzes zu den Verbrauchern. Denn ob in die Förderung, den Transport, die Verarbeitung investiert wird, hängt von ökonomischen Entscheidungen der Ölfirmen, aber auch von Energieversorgern upstream der Energiekette und von industriellen Energieverbrauchern und Haushalten downstream ab. Nicht zuletzt spielen die Finanzmärkte eine Rolle, denn diese sind entscheidend für die Preisbildung von oil futures, die ihrerseits die Preise des Öls und anderer Rohstoffe auf spot markets beeinflussen.

Tabelle 8.1
Gesicherte Reserven von Öl in Mrd. barrels

	Ende 1988	Ende 1998	Ende 2007	Ende 2008	Anteil in %	Verhältnis von Reserven zur Produktion
Welt	998,4	1068,5	1261,0	1258,0	100,0	42,0
EU	8,3	8,9	6,7	6,3	0,5	7,7
OECD	118,3	89,2	90,3	88,9	7,1	13,2
OPEC	764,0	827,2	857,1	955,8	76,0	71,1
Nicht-OPEC	173,5	157,6	174,7	174,4	13,9	14,8
Ehemalige SU	80,9	83,8	129,2	127,8	10,2	27,2
Ölsände Kanadas			150,7	150,7		
Reserven plus Ölsände			1411,7	1408,7		

Quelle: BP Oil statistics (2009: 6)
(http://www.bp.com/sectiongenericarticle.do?categoryId=9023769&contentId=7044915)

Die Reserven und die Produktion (Extraktion) von Öl lassen sich regional zuordnen und die regionale Aufteilung zeigt, dass es in Asien und im Pazifik gesicherte Reserven in der Größenordnung von 42,0 Mrd. Barrel (billion barrels, bnb), in Nordamerika von 70,9 bnb, in Süd- und Zentralamerika von 132,2 bnb, in Afrika von 125,6 bnb, in Europa und Eurasien von 142,2 und im Mittleren Osten von 754,1 bnb gibt. Insgesamt summieren sich die Reserven also zu 1258,0 bnb. Freilich hängt die Größenangabe vom Wissen und von der Bewertung ab und diese schaffen, wie schon gezeigt worden ist, Interpretations- und politische Gestaltungs-, wenn nicht Manipulationsspielräume. Wie schnell die Reserven wachsen und gleichzeitig verbraucht werden, ist einerseits von Naturbedingungen der Reserven abhängig, andererseits – da die Reserven ja als Kapital in Unternehmensbilanzen zu Buche schlagen – von ökonomischen und politischen Interessen und von wissenschaftlicher Expertise. Der Kapitalwert der Reserven ergibt sich auch durch die krisenhafte Funktionsweise der Finanzmärkte und er hängt von Management-Praktiken, der Evaluierung durch Rating-Agencies und von der Börsenaufsicht ab.

Die IEA hat versucht, größere Klarheit in die Peak Oil-Kontroverse zu bringen, indem sie die Ölfelder der Welt jeweils einzeln („field-by-field") vermessen hat

(IEA 2008: 221ff.). Es gibt zwar an die 70.000 Ölfelder in der Welt, aber ein Viertel der globalen Ölförderung (19,2 Millionen Barrel täglich im Jahre 2007) stammte aus nur 20 „super-gigantischen" („super-giant") Feldern mit mehr als 5 Mrd. Barrel gesicherten und wahrscheinlichen Reserven zu Beginn der Förderung. Hinzu kommen die „giant fields" mit anfänglichen Reserven von 500 Millionen bis zu 5 Mrd. Barrels. Das allergrößte Ölfeld Ghawar in Saudi-Arabien trug 2007 mit 5,1 Mio Barrel/d zur Weltrohölförderung bei. Insgesamt zählt die IEA 317 super-giant und giant Ölfelder, davon 89 offshore. 83 befinden sich im Mittleren Osten, 62 in der kaspischen Region, 46 in Nordamerika, 41 in Afrika, 40 in Lateinamerika, 23 in den europäischen OECD-Staaten (vor allem Nordsee) und 20 in Asien (IEA 2008: 227).

Aber ob super-gigantisch, gigantisch oder nur groß – alle Ölfelder folgen einem Extraktions- bzw. Produktionsprofil. Nach dem Beginn der Förderung steigt diese sehr schnell an, erreicht einen Höhepunkt und verbleibt danach auf einem leicht abfallenden Plateau der Produktion, um irgendwann erschöpft zu sein. Die Höhe des jährlichen Rückgangs der Förderung („decline rate") hängt von einer Reihe von Faktoren ab. *Erstens* davon, wie lange das jeweilige Feld bereits ausgebeutet worden ist, wie hoch die Reserven zu Beginn der Ausbeutung waren und wie hoch die täglichen Fördermengen sind. Erst in den 1980er Jahren entwickelte Ölfelder sind infolge modernerer Technologien schneller erschöpft als ältere Ölfelder. *Zweitens* wird die natürliche Abnahme der Förderung zu einem Teil durch Investitionen in die Förderung kompensiert. Geologische Fakten werden also durch ökonomische Investitionsentscheidungen aufgeweicht; Ressourcen werden durch Investitionsaufwand zu Reserven. Rechnet man die Wirkung von Investitionen auf den Rückgang der Förderung heraus, sind die „natural decline rates" höher als die tatsächlich beobachteten (IEA 2008: 245). Der Rückgang der Förderung beläuft sich weltweit in allen Ölfeldern im Durchschnitt auf -6,7% pro Jahr. Die regionalen Unterschiede sind beträchtlich. Am geringsten ist der jährliche Rückgang der Förderung im Mittleren Osten mit -3,4%, am höchsten in Europa (Nordseeöl) mit -12,6%. Diese Daten indizieren deshalb ein Problem, weil auch die „discovery rates", also die Entdeckung und Erschließung neuer Ölfelder, rückläufig sind. Super-gigantische Ölfelder sind seit Jahrzehnten nicht mehr gefunden worden. „Peak-discovery" scheint in den 1960er Jahren erreicht worden zu sein (Bridge 2010: 526).

Der Rückgang der Förderung wie auch der Funde von neuen Ölfeldern zeigt unmissverständlich, dass es doch jenseits aller postmodernen Offenheit „eherne" Grenzen der Natur gibt. Je später das Jahr des Peak Oil angesetzt wird, desto größere ultimative Reserven werden unterstellt (Maggio/Cacciola 2009: 7). Aber dieses wunderbare Ergebnis kommt nur zustande, weil nicht-konventionelles Öl in die Reservenschätzung einbezogen wird, das nur aufwändig zu erschließen ist (Teersände, Ölschiefer, Tiefseeöl, polares Öl) und dessen Extraktion und Aufbereitung zumeist einen großen Energieeinsatz erforderlich macht und mit unvorhersehbaren ökologischen Zerstörungen verbunden ist. Der ERoEI fällt also beim nicht-konventionellen Öl geringer aus, so dass die Vorzüge der Ressource Öl für die kapitalistische Entwicklung verloren gehen können. Die Katastrophe im Golf von Mexiko im April 2010 hat obendrein deutlich vor Augen gehoben, wie risikoreich die nicht-konventionelle Ölförderung ist. In die globalen Medien hat sie Eingang gefunden, weil sie vor der US-amerikanischen Südküste geschah und nicht im Nigerdelta. Dort sind die Begleiterscheinungen der Ölförderung nicht nur mit dem Desaster im Golf von Mexiko vergleichbar, sie haben auch heftige soziale und politische Konflikte ausgelöst (vgl. dazu Zalik 2009), denen allerdings die geopolitische Bedeutung fehlt.

Naturkapital. Die mineralischen Reserven transformieren sich in den Bilanzen der Konzerne, von denen sie als Waren auf dem Weltmarkt verkauft werden, in Kapital. Die physischen Reserven erhalten einen monetären Ausdruck. Die Bewertung der Reserven als Kapital ist nur möglich, wenn die erzielbaren Preise bekannt sind und eine Profitrate bzw. Zinsen oder die erzielbare Rendite zur Kalkulation des Kapitalwerts unterstellt werden kann. Die Bestimmung des Kapitalwerts der zu extrahierenden Reserven folgt der Angebots- und Nachfragekonstellation auf Gütermärkten, sofern sie für die Preisbildung des physischen Rohstoffs Öl, für das so genannte „wet oil" Relevanz besitzt. Sie orientiert sich an der Rendite auf Finanzmärkten in der Spekulations- oder Arbitrageökonomie, weil in diesem Rahmen die Preisbildung des „paper oil", d.h. der Wertpapiere auf das „wet oil", beeinflusst wird. Der Kapitalwert von Reserven steigt (und sinkt) unter dem Eindruck der Preisbildungsprozesse für wet oil und für paper oil. Der Börsenwert des Unternehmens, das über Reserven verfügt, bewegt sich also zum einen mit der Größe der physischen Reserven in Barrel oder Tonnen und zum anderen mit den Bewertungen der physischen Barrel Öl auf Güter- und Finanzmärkten. Das war der Grund dafür, dass Shell 2005 seine physischen Reserven nach oben frisierte, um so den Börsenwert und mit dem Börsenwert auch die Boni für das Management zu steigern. Da dies einer schweren Täuschung der 'Shareholder' und der Investoren an der Börse gleich kommt, ist die Börsenaufsicht der USA eingeschritten und hat die geologischen Reserven und daher auch den Börsenwert von Shell nach unten korrigiert. Das hatte auch Folgen für die Boni der Manager und für deren Posten. Dass also die Reserven nicht nur 'objektiv' gegeben sind, sondern von Finanzinteressen abhängen, wird hier besonders deutlich (vgl. dazu auch Altvater 2005).

Das Barrel Öl kostet Anfang 2008 120 US$, Anfang 2010 um die 75 US$. Der Wert des Öls zirkuliert aber auch verselbständigt als paper oil und wird auf speziellen Termin- und Future-Märkten an den Rohstoffbörsen in Chicago, New York oder London gehandelt. Paper oil sind verbriefte Titel, Wertpapiere über das Eigentum an Tankerladungen, über Ansprüche an Zins- oder Renditezahlungen in der Gegenwart oder über Verkäufe und Käufe einer bestimmten Ware (in unserem Fall des Öls) auf Termin in der Zukunft.

Doch sind es nicht nur die ökonomischen Interessen, die auf die Größe der Reserven einwirken. Auch politisches Kalkül ist entscheidend: „the reporting of reserves is a political act", so Maggio/Caciola (2009: 2) unter Bezugnahme auf Laherrère/Campbell (1998). Anna Zalik bemerkt, dass Shell nicht nur die Reserven aus durchsichtigen ökonomischen Gründen manipulierte, sondern auch das soziale und kulturelle Umfeld in Zeiten der ökologischen Krise und sozialer Umwelt- und Gerechtigkeitsbewegungen zu beeinflussen versucht, immer mit der Absicht, auf diese Weise „to reshape ... social resistance to fossil capitalism" (Zalik 2009: 5). Es ist auch bekannt, dass in den 1980er Jahren einige Golfstaaten ihre Reserven von einem Jahr auf das andere zum Teil beträchtlich angehoben haben, ohne auch nur einen bedeutsamen neuen Fund nachweisen zu können. So wollten die Staaten ihre Exportquoten innerhalb der OPEC steigern, um an höhere Deviseneinnahmen zu gelangen. Der Irak, der seine Ölreserven Mitte der 1980er Jahre auf 110 Mrd. Barrel heraufsetzte (und diese Reserveangaben trotz Extraktion bis zum dritten Golfkrieg beibehielt), wollte seine Einnahmen zur Finanzierung des Kriegs gegen den Iran erhöhen. Auch Saudi-Arabien hat in den 1980er Jahren seine Reserven auf 260 Mrd. Barrel heraufgesetzt und hat in den vergangenen 15 Jahren diese Reserveangabe beibehalten, obwohl zwischenzeitlich mehr als 100 Mrd. Barrel extrahiert worden sind (NEF 2010: 73). Obwohl keine physischen Zuwächse der Reserven durch neue Funde zu erwarten sind, vermeldet das Emirat Dubai im Februar 2010 den Fund eines „riesigen Vorkommens". Die „Financial Times Deutschland" berichtet darüber unter der Überschrift „Ölprahlerei" (FTD, 8. 2. 2010). Dubai braucht neue Reserven, um nach dem Platzen der Immobilienblase im Golfscheichtum im Jahre 2009 die Schulden von ca. 80 Mrd. USD bei den Gläubigern absichern zu können – auch wenn es sich bei dem gefundenen Öl um ein Phantom handelt. Die argentinischen Reserven wurden 2003 sprunghaft erhöht, um im darauffolgenden Jahr ebenso sprunghaft wieder nach unten korrigiert zu werden. Der Grund: Argentinien hatte die bolivianischen Ölreserven der argentinischen Ölfirma Repsol Argentinien zugeschlagen und musste dies nach der Wahl von Evo Morales und den veränderten politischen Verhältnissen im Nachbarland zurücknehmen.

Nicht-konventionelles Öl. In allen diesen Beispielen kommt sehr klar zum Ausdruck, dass die physischen Verhältnisse der – konventionellen – Ölförderung nicht allein, es sei denn 'in letzter Instanz', ausschlaggebend für die Strategien der Ölkonzerne sind. Das gilt erst recht für nicht-konventionelles Öl. Darunter werden extraschweres Öl (Bitumen), Teersände, Ölschiefer, verflüssigtes Erdgas und hydrierte Kohle, Ölvorkommen in schwer zugänglichen Lagen, z.b. im Polarmeer, in Permafrostgebieten oder in der Tiefsee verstanden. Dessen Extraktion und Verarbeitung zu Öl, das an die Qualitätsstandards von konventionellem Öl heranreicht, könnte im globalen Durchschnitt um jährlich 6,6% (in der Nicht-OPEC-Welt: 6,2%, in der OPEC 10,7%) steigen, unterstellt optimistisch die IEA. Doch gilt hier James Leigh's Warnung: „no one really knows how much unconventional oil may yet be discovered. However, it will likely fall under one of the following categories: impossible to extract, or due to difficult extraction circumstances, not worth it because of low or negative net energy gain; or not extractable with present technology to today's prices" (Leigh 2008: 17). Es wäre hinzuzufügen, dass zur Extraktion des nicht-konventionellen Öls auch sozialer und politischer Widerstand überwunden werden muss, die Ölfirmen sich also um eine, wie es Anna Zalik formuliert, „social license to operate" (Zalik 2009a) z.B. bei der Ausbeutung der Teersände und des Ölschiefers von Alberta in Kanada bemühen müssen. Die Dringlichkeit dieses Problems konnte im Fall bedrohter Fischgründe mexikanischer Fischer oder im Niger-Delta noch von den großen Energiekonzernen und deren Regierungen missachtet werden (Zalik 2009a), das geht nicht mehr, seitdem das auslaufende Öl der BP-Plattform Deepsea Horizon im Golf von Mexico die Küsten der USA bedroht.

Der ERoEI des nicht-konventionellen Öls ist sehr viel niedriger als der des konventionellen Öls, der in günstigen Fällen bei 100 liegt, in ungünstigen auf 10 sinken kann, aber im Falle des unkonventionellen Öls noch wesentlich geringer ausfällt. Die Förderung kann sogar ökologisch irrational werden, wenn der ERoEI unter 1 sinkt. Doch schon wenn er niedriger wird, kann es zu Problemen kommen (vgl. http://anz.theoildrum.com/story/2006/8/2/114144/2387 – 10.7.2010) – es kann sich nicht um eine „prometheische Lösung" des Energieproblems im Sinne von Nicholas Georgescu-Roegen (1971) handeln, wenn der EROEI gering ist. In seinem Verständnis gab es in der Menschheitsgeschichte nur zwei prometheische, große energetische Revolutionen: die neolithische, als die Menschen lernten, die Energie der Sonne systematisch in der Landwirtschaft in Bioenergie umzuwandeln, und das Feuer, dessen Nutzung „eine universelle Eigenschaft des Homo sapiens" ist (darauf verweisen Sieferle et al 2006: 14f.), systematisch bei der Rodung von Flächen, bei der Jagd oder der Nahrungszubereitung einzusetzen.

Mit der Sonnenenergie war sehr viel Nahrungsenergie zu produzieren, die sogar ausreichte, um nicht nur die unmittelbaren Wandler der Energie, die Ackerbauern zu ernähren, sondern um sedentäre Hochkulturen zu entwickeln. Viele tausend Jahre später war es im ausgehenden 18. Jahrhundert unserer Zeitrechnung die fossil-industrielle Revolution, in der mit geringem Energieeinsatz (die endosomatische oder biotische Arbeitskraft des Bergmanns und von Tieren) eine sehr hohe Energieausbeute (in Form der Kohle) erreicht wurde. Später wurden auch fossile Energien mit Hilfe der Dampfmaschine eingesetzt, um sehr viel mehr fossile Energie durch Abbau von Flözen oder durch Erschließung von Öl- und Gasfeldern zu ernten. Nur unter der Annahme, dass die zur unkonventionellen Energiegewinnung eingesetzte Energie kostengünstiger produziert werden kann als die „geerntete" Energie, wird die Extraktion von Energie ökonomisch rational, auch wenn dies ökologisch irrational ist. Es kommt ein ökonomischer Überschuss heraus, obwohl der ökologische Überschuss gering oder gar negativ ist.

Ökonomische und ökologische Logik geraten also in Konflikt; ökonomisch mag die Förderung nicht-konventionellen Öls rational sein, ökologisch ist sie es nicht. Denn es wird weniger Energie geerntet als aufgewendet. Obendrein ist heute im Fall des nicht-konventionellen Öls zu berücksichtigen, dass die Förderung mit großen Umweltschäden verbunden ist (vgl. die Angaben in http://www.oilsandswatch.org/ – 10.7.2010). Dies ist besonders dort der Fall, wo die Ökosysteme wie in den polaren Regionen sehr sensibel sind. Dies war ja auch einer der Gründe, warum die Ölvorkommen in den polaren Regionen nicht genau exploriert und bislang nicht ausgebeutet worden sind – so lange wie genug konventionelles Öl verfügbar war. Das ändert sich in dem Maße, wie Peak Oil erreicht wird und nicht-konventionelles Öl die zur Neige gehenden Reserven auffüllen soll. Dann werden auch die nicht-konventionellen Lagerstätten, z.B. im arktischen Ozean exploriert. Es werden claims abgesteckt, das bisherige 'Niemandsland' wird angeeignet, und dies kann auf der endlichen Kugelfläche der Erde nicht nur sehr leicht zu Konflikten zwischen Nationen führen, sondern auch zu Konflikten zwischen Umweltschützern und Ölkonzernen, die sich Bohrlizenzen auch in ökologisch sensiblen und schwer zugänglichen polaren Regionen oder zu Tiefsee-Lagerstätten verschaffen.

Bei nicht-konventionellem Öl sind die Belastungen von Umwelt und Gesellschaften hoch, so dass sich Widerstand gegen die Förderung des nicht-konventionellen Öls formiert, in Kanada (Alberta), im Orinoco-Becken Venezuelas, in Afrika oder in Sibirien und in Grönland und auch an den Küsten des Golfs von Mexiko. Hier zeigt sich, dass der konkrete Raum mit all seinen Eigenschaften, zu denen auch die Verfügbarkeit von Ölreserven gehört, keine objektive

Angelegenheit ist, sondern in sozialen Konflikten erstritten wird. Dabei ist die Raumnutzung zentral, insbesondere wenn diese konkurrierend ist ('Raumnutzungskonkurrenz'): als Fördergebiet oder als Naturreservat, als Lebensraum von an die Naturbedingungen angepassten indigenen Völkern oder als 'Pipelinistan' für den Transport der Brennstoffe von den Extraktions- in die Produktionsregionen, als Rastplatz für Zugvögel oder als Flüssiggas-Terminal.

Investitionen in die fossile Energiekette. Damit die Reserven auch extrahiert und verarbeitet werden können, sollte nach Auffassung der IEA die Ölindustrie 25.555 Mrd. USD in die Erschließung, Förderung, Raffinade und Transportlogistik fossiler Brennstoffe (vor allem des Öls) investieren (IEA 2009). Diese Daten stammen allerdings aus der Zeit vor dem Ausbruch der Finanz- und Wirtschaftskrise. Der Großteil der Investitionen soll sowohl in der OECD als auch in der Nicht-OECD in die Elektrizitätsversorgung gehen. In der OECD sind für Gas mehr Mittel vorgesehen als für Öl, in der Nicht-OECD ist es genau umgekehrt. Darin kommen die unterschiedlichen Entwicklungsniveaus und die daraus sich ergebenden Optionen zum Ausdruck. Allerdings sind die Investitionsabsichten nicht gesichert. Die IEA zeigt auch (IEA 2009: 140), dass infolge der Finanzkrise nahezu alle Erdöl- und Erdgasunternehmen ihre Investitionspläne zum Teil beträchtlich nach unten korrigiert haben. Der Rückgang beträgt von 2008 auf 2009 bei den 50 größten Unternehmen 15,6%. Ausnahmen sind vor allem die chinesischen Unternehmen, die noch Zuwächse im einstelligen Bereich verzeichnen können.

Die Investitionen in die fossile Energiekette von der Förderung, dem Transport, der Raffinade bis zur Distribution an die Verbraucher können Peak Oil eventuell auf der Zeitachse verschieben, aber sie sind nicht geeignet, seinen Konsequenzen zu entkommen. Peak Oil ist der Ausdruck dafür, dass eine objektive Schranke für den Fortgang der Entwicklung auf dem fossilen Energiepfad erreicht ist, dass daher ein Pfadwechsel ansteht. Dies hat der „Hirsch-Report", der noch von der Bush-Regierung in Auftrag gegeben worden ist, im Jahre 2005 zum Ausgangspunkt genommen und geschlussfolgert, dass zeitig auf die Herausforderung reagiert werden müsse, um ökonomische, soziale und politische Erschütterungen zu vermeiden, zumal es „viable mitigation options ... on both the supply and demand sides" geben würde. Der Hirsch-Report fügt hinzu: „but to have substantial impact, they must be initiated more than a decade in advance of peaking". Wenn dies stimmt, könnte es im Jahre 2010 bereits zu spät sein, um auf Peak Oil ohne größere Verwerfungen, ökonomische Krisen, soziale Unruhen und politische Konflikte zu reagieren. Der Chefökonom der IEA Fatih Birol erwartet spätestens im Jahr 2020 Peak Oil. Anfang 2008 hat er in einem Interview *erstens* erkennen lassen, dass die noch ausbeutbaren Ölreserven von der IEA in aller Regel zu hoch eingeschätzt worden seien und daher nach unten korrigiert werden müssten und dass *zweitens* mit einem dauerhaft hohen Ölpreis zu rechnen sei. *Drittens* zweifelt Birol auch daran, dass „Märkte allein die Probleme lösen können" (Birol 2008: 38). Er schlussfolgert: „Ich denke, wir sollten das Öl verlassen, bevor das Öl uns verlässt ..." (Birol 2008: 41). Geologen von der „Association fort he Study of Peak Oil" konstatieren nüchtern, dass Peak Oil wahrscheinlich schon erreicht sei. Dann ist die Zeit, die bleibt, um angemessen auf Peak Oil zu reagieren, bereits verstrichen.

Was für Öl gilt, ist auch bei anderen fossilen Energieträgern, wenn auch zeit-verschoben, zu erwarten: der Höhepunkt der Kohlen- und Gasreserven wird später erreicht als derjenige des Öls. Der Peak ist auch bedeutungsvoll im Falle mineralischer nicht-energetischer Ressourcen, deren Verfügbarkeit zu günstigen Preisen für die ökonomische Entwicklung der Industrie- und Schwellenländer ausschlaggebend ist. Der „Peak Everything" (Heinberg 2007) wird Realität für diese oder die nachfolgende Generation. Insofern bewahrheiten sich die Prog-nosen des Club of Rome aus den frühen 1970er Jahren, wenn auch mit einer beträchtlichen Zeitverzögerung. Die Prognosen hatten einen richtigen Kern, nur das „timing" war verfehlt.

8.4 Treibhausgase und Klimakollaps

Am Anfang der fossilen Energiekette sprudelt das Öl, und an ihrem Ende nach der Verwendung des Öls zum Antrieb der fossilen Produktions- und Konsum-tionsweise werden Treibhausgase emittiert, die das globale Klima verändern. Die von der IEA 2007 unterstellten Steigerungsraten des Ölverbrauchs hätten klimapolitisch zur Folge, dass die CO_2-Emissionen 2030 um ein Viertel höher sind als im Jahr 2010 (IEA 2007: 3). Auch die OECD prognostiziert bis 2030 (im Vergleich zu 2005) steigende Treibhausgasemissionen um 37% und bis 2050 um 52% (OECD 2008: 4), obwohl doch der Intergovernmental Panel on Climate Change (IPCC) von einer notwendigen Reduktion von 50% bis 2050 (viele Kli-maforscher halten eine Reduktion von mindestens 80% für notwendig) ausgeht und die EU immerhin beschlossen hat, bis 2020 den Treibhausgasausstoß um 20% zu reduzieren. Sollten sich die OECD- und IEA-Prognosen bewahrheiten, wären selbst die minimalen Verpflichtungen aus dem Kyoto-Protokoll Makulatur. Die fossilen Energieträger werden vollständig aus der Erdkruste geholt und daher wird auch vollständig das in ihnen gebundene Potential von Treibhausgasen in die Erdatmosphäre freigesetzt.

Damit wird deutlich, dass die Energiekette im fossilen Energiesystem eigentlich eine Zange darstellt. Am Anfang, wo fossile Brennstoffe in die Energiekette eingespeist werden, zeigen sich irgendwann Grenzen der Reserven. Peak Oil wirkt auf das Angebot restringierend und, da die Nachfrage steigt, bewegt sich das Energiepreisniveau nach oben. Dies hat zur Folge, dass weniger fossile Energieträger verbraucht (und verbrannt) werden und dass gleichzeitig alternative, erneuerbare Energien ökonomisch rentabel werden können. Das ist dann die Stunde der Agro-Kraftstoffe, die das Öl zu einem Teil ersetzen. Gleichzeitig wird die Restriktion der klima-tolerablen Aufnahmefähigkeit der Erdatmosphäre für Treibhausgase wirksam, die am Ende der Energiekette als „Output" emittiert werden. Die Grenzen der Aufnahmefähigkeit werden ziemlich willkürlich bei höchstens 450 ppm angesetzt. Es gibt Klimawissenschaftler, die die Grenze bei 355 ppm sehen, also bereits unterhalb des inzwischen faktisch erreichten Konzentrationsgrades von mehr als 380 ppm. Also ergibt sich ein Zwang zum energiepolitischen Umsteuern sowohl an der Inputseite der Energiekette als auch auf der Outputseite, bei den Emissionen.

Wie funktioniert der Kohlenstoffzyklus? Die in der Erdkruste gebundenen Kohlenwasserstoffe werden durch Verbrennung freigesetzt und in die Atmosphäre emittiert. Die Inputs fossiler Energie (Kohlenwasserstoffe) haben daher unausweichlich bei ihrer Verbrennung einen CO_2-Output. Ein Barrel Öl (159 Liter oder ca. 0,16 Tonnen) wird bei der Verbrennung um den Faktor 2,5 in etwa 0,4 Tonnen CO_2 transformiert. Die heute täglich mehr als 70 Mio Barrel (mehr als 11,2 Mio Tonnen) Öl (von Kohle und Gas ganz abgesehen) verwandeln sich in etwa 28 Mio Tonnen CO_2, Tag für Tag. Diese Emissionen summieren sich auf mehr als 10,2 Mrd. Tonnen im Jahr, die die CO_2-Bestände in der Erdatmosphäre erhöhen. Deren Verweildauer in der Atmosphäre beträgt etwa 120 Jahre (Enquete-Kommission „Schutz der Grünen Erde" 1994: 9). An diesem CO_2-Eintrag in die Atmosphäre sind die Menschen in den verschiedenen Weltregionen sehr unterschiedlich beteiligt. Die USA bringen es auf derzeit 20 Tonnen CO_2 pro Person im Jahr, die EU im Durchschnitt auf 9 Tonnen. In China sind es heute noch 3,5 und in Indien etwa 1 Tonne pro Kopf. Auch am Treibhausgasausstoß gemessen ist der ökologische Fußabdruck erstens zu hoch, um einen gefährlichen Temperaturanstieg zu vermeiden, und zweitens außerordentlich ungleich in der gegenwärtigen Welt.

Die bis zur industriellen Revolution weitgehend abgeschlossenen natürlichen Lagerstätten fossiler Energieträger umfassen etwa 5.000 Gigatonnen Kohlenstoff. Das ist nicht viel verglichen mit den mehr als 100 Mio Gigatonnen, die in Sedimenten und Ozeanen (z.B. als Methan-Hydrat) gebunden sind (vgl. Kromp-

Kolb/Formayer 2005: 133ff.). Dennoch hat ihre Freisetzung bei der Nutzung in Produktion und Konsumtion fatale Folgen für das planetarische Klima. Zu einem Teil wird CO_2 zwar beim Wuchs von Pflanzen „konsumiert", aber auch wieder beim Absterben der Pflanzen oder bei der Verbrennung der Biomasse oder bei der anderweitigen Nutzung der Pflanzen ausgeschieden und freigesetzt. Zum Teil wird das CO_2 von den Ozeanen absorbiert, entweder durch die vertikale Strömung, die CO_2 in die Tiefsee „verklappt", oder indem es biologisch abgebaut wird. Die Rückkopplungsmechanismen des Kohlenstoffzyklus sind ungewiss (und zum Teil auch unbekannt). Wenn die fossilen Energieträger erst einmal wie der „Geist aus der Flasche" (Rahmstorf/Schellnhuber 2007: 133) aus den geschlossenen Reservoirs im Erdboden geholt worden sind, verbleibt ein großer Teil der CO_2–Emissionen in der Atmosphäre: „once above ground, carbon constantly flows back and forth among vegetation, water, soils and air" (Lohmann 2006: 6; ähnlich Kromp-Kolb/Formayer 2005: 133ff). Auch in diesem Fall zeigt sich die große Bedeutung der Irreversibilität von Austauschprozessen verschiedener Ökosysteme innerhalb des irdischen „Umweltraums".

Kohlendioxid und die anderen im Kyoto-Protokoll explizit erwähnten sechs Treibhausgase sind für den Strahlenhaushalt der Erde verantwortlich. In den vergangenen Millionen Jahren der Erdgeschichte lag die CO_2-Konzentration bei unter 280 ppm. Doch die Bestände von CO_2 in der Atmosphäre sind seit der industriellen Revolution auf mehr als 380 ppm zu Beginn des 21. Jahrhunderts gestiegen. Höher als 450 ppm sollten sie nicht steigen, um den Anstieg der Erdmitteltemperatur um 2°C zu begrenzen. Das ist der Grund, weshalb die IEA ein „Szenario 450" für die Kalkulation des Energieverbrauchs bis 2030 verwendet, in dem immerhin der banalen Erkenntnis Rechnung getragen wird, dass der fossile Energieinput reduziert werden muss, wenn der unerwünschte Output der fossilen Verbrennungsprodukte verringert werden soll.

Die Verwandlung von nützlicher, im Kohlenstoff gebundener Energie in Treibhausgase ist physikalisch ein irreversibler Entropieanstieg bei der Transformation von Stoffen und Energien. Für neoklassische Ökonomen handelt es sich dabei um negative ‚externe Effekte', die durch monetäre Kompensation reversibel werden. Die ökonomische Rationalität ist eine andere als die der thermodynamischen Physik (vgl. Altvater 1992). Die Ökonomie unterstellt Reversibilität, in der Natur sind alle Prozesse gerichtet und prinzipiell irreversibel. Daran ändert die Internalisierung externalisierter Effekte gar nichts. Die einmal frei gesetzten Kohlenwasserstoffe zirkulieren in und zwischen den Sphären des Planeten Erde. Doch die Exploration von Reserven, deren Förderung, der Transport und die Transformation in Nutzenergie sind Gegenstand der Rentabilitätsrechnung von

Unternehmen der Energieversorgung, heute zumeist von transnationalen Konzernen. Deren Zeithorizont ist sehr viel kürzer als die Zeitdauer der Bildung der fossilen Reserven (über viele Millionen Jahre) und der Verweildauer von CO_2 in der Atmosphäre (120 Jahre). Er richtet sich vor allem nach den auf globalisierten Finanzmärkten gebildeten Zinssätzen. Je höher diese sind, desto kurzsichtiger und volatiler verhalten sich ökonomische Akteure.

Das ist die beklagte Myopie der an kurzfristiger Rendite interessierten Spekulanten. Deshalb sind die (ökonomischen und politischen) Einflussfaktoren auf die Höhe der Zinsen energie- und klimapolitisch von nicht zu unterschätzender Bedeutung. Ökonomen, aber auch viele Klimawissenschaftler versprechen sich vom Handel mit 'Oil-Futures' etc. und mit Zertifikaten auf die CO_2-Emissionen eine Risikostreuung und Effizienzgewinne bei Energieerzeugung und -verbrauch und entscheidende Fortschritte bei der Reduktion von CO_2-Emissionen. Ob die freilich zustande und dann der Klimastabilisierung zugute kommen, ist zumindest unsicher. Sicher freilich ist, dass der Emissionshandel den beteiligten privaten Unternehmen und einer Vielzahl von Consulting-Firmen und Lobby-Gruppen eine „Möglichkeit zur Entwicklung neuer Geschäftsfelder" bietet, wie der deutsche Umweltminister der großen Koalition Sigmar Gabriel versprochen hat (BMU 2006: 5). Kein Wunder, wenn quasi mit öffentlichem Segen das Kyoto-Protokoll von Kapitalanlegern als eine „Gelddruckmaschine" genutzt wird. Insbesondere im Rahmen des Clean Development Mechanism (CDM), d.h. mit der Unterstützung beispielsweise von Wiederaufforstungsprojekten in der „Dritten Welt" (in Afrika oder Lateinamerika) können mit geringen Kosten Gutschriften für CO_2-Emissionen erworben werden, die in den Industrieländern beispielsweise an Kraftwerksbetreiber verkauft werden können. Der Handel mit Zertifikaten wird umso stärker zunehmen, je mehr Treibhausgase in die Atmosphäre gelangen. Denn dann müssen die Verschmutzer zum Ausgleich Emissionsrechte kaufen. Dies ist ein Geschäft für die Händler mit Verschmutzungszertifikaten, die daher überhaupt kein Interesse daran haben können, dass der Ausstoß von Treibhausgasen gemindert wird. Die Logik des Emissionshandels gemäß Kyoto-Protokoll ist also nicht die des Schutzes der Erdatmosphäre, sondern die der Schaffung neuer Finanzinstrumente für Anleger liquider Mittel auf globalen Finanzmärkten.

Alle Elemente und Abschnitte der fossilen Energiekette verdoppeln sich also. Auf der einen Seite die irreversiblen physischen, chemischen und biologischen Veränderungen. Erdölreserven in der Erdkruste werden durch das Bohrloch an die Oberfläche gepumpt, dann durch Pipelines und mit Hilfe von Tankern in die Raffinerien verbracht, dort zu Nutzenergie verarbeitet, die mit Hilfe komplexer Distributionsnetze in die Tanks von Autos etc. gelangt, die nicht nur das Benzin

175

in mechanische Kraft zur Fortbewegung umwandeln, sondern auch CO_2 (und andere Gase) in die Atmosphäre emittieren. Diese Transformation führt unvermeidlich dazu, dass weniger Öl in den Reserven und mehr CO_2 in der Atmosphäre ist. Das ist der Zyklus des wet oil, der sich in Emissionen von Treibhausgasen erfüllt, die nun ihren eigenen Kohlenstoffzyklus durchlaufen.

In der Ökonomie aber zirkuliert die fossile Energie als ökonomischer Wert, der immer wieder zu sich selbst, und zwar um den Gewinn vermehrt, zurückkehrt. Profite sind, wie dies im Englischen präzise ausgedrückt wird, returns to capital. Der reversible Kapitalzyklus muss also spiralförmig verlaufen, soll er den eigenen Rationalitätskriterien genügen. Das paper oil ist ein monetärer Vermögenswert, der auf Finanzmärkten gehandelt wird und mit seiner physischen Grundlage, dem wet oil kaum noch etwas zu tun hat. Er ist eines der vielen verselbständigten Finanzprodukte auf globalen Finanzmärkten. Infolge der Liberalisierung globaler Finanzmärkte in den vergangenen Jahrzehnten sind genügend innovative Instrumente der Verbriefung entwickelt worden, um sowohl ein wachsendes Volumen an paper oil bewältigen als auch den Zertifikatehandel mit CO_2-Verschmutzungsrechten abwickeln zu können. Denn auch die Emissionen bei der Verbrennung von fossilen Energieträgern, denen wir jeden Gebrauchswert abgesprochen haben, können einen Wert erhalten, wenn der atmosphärische Raum für ihre Ablagerung bewirtschaftet wird. Das ist seit dem Kyoto-Abkommen der Fall. Auf der einen Seite das luftige, fast geruchs- und farblose CO_2, das sich gemessen in ppm in immer höherer Konzentration in der Atmosphäre sammelt und für den Treibhauseffekt verantwortlich ist. Auf der anderen Seite das paper CO_2 in Gestalt von staatlich lizenzierten Verschmutzungsrechten der Atmosphäre durch Treibhausgase, die als verbriefte Zertifikate verkauft werden können, wenn man sie nicht braucht, und gekauft werden müssen, wenn man sie benötigt. Die Emissionszertifikate sind ein „originierter" Wert wie andere Wertpapiere auch. Sie sind ein Wirtschaftsgut, das ebenso real und irreal, fiktiv oder illusionär ist wie andere Wertpapiere auch. Die mit den zirkulierenden und verbrieften Werten, mit dem paper oil ebenso wie mit dem paper CO_2, erzielbaren Renditen vergleichen sich mit den Renditen, die mit anderen Wertpapieren auf Finanzmärkten gemacht werden können. Energie- und Klimapolitik werden eine Angelegenheit von Renditejägern. Der Markt für Emissionszertifikate boomt wie Weltbank-Autoren vor dem Kollaps der Finanzmärkte 2007/2008 schreiben: Allein von 2006 auf 2007 hat sich das Volumen der weltweit gehandelten Emissionszertifikate (zu 99% innerhalb des Europäischen Handelssystems) von etwa 25 Mrd. US\$ auf 50 Mrd. US\$ verdoppelt.

Auch der Handel im Rahmen des Clean Development Mechanism, also zwischen den 'nördlichen' Industrieländern und den 'südlichen' Entwicklungsländern (dabei spielt China 'im Süden' die herausragende Rolle), hat sich mehr als verdoppelt, und zwar von 6,5 Mrd. US$ auf 13,6 Mrd. US$ (Capoor/Ambrosi 2008:7 und 25). Das sind Daten aus der Zeit vor der Eruption des Vulkans toxischer Finanzpapiere. Das enorme Wachstum der letzten Jahre dürfte sich nun verlangsamen. Ein, wie Umweltpolitiker sagen, 'zentrales' klimapolitisches Instrument, der Emissionshandel nämlich, wird stumpf. Wenn nämlich Emissionsrechte und Ölwerte verbrieft werden, vergleichen sich ihre Renditen mit denen anderer Papiere. Wenn die Börsen und die Finanzmärkte in die Krise geraten, dann sind Öl- und CO_2-Papiere davon nicht ausgenommen. Nicht nur, dass es schon bei der Zuteilung von Verschmutzungsrechten, vor allem im Rahmen des „Clean Development Mechanism" zu – wie UNDP schreibt – „pandemic cheating" kommt. Denn mit geringen Kosten können Gutschriften für CO_2-Emissionen erworben werden, die in den Industrieländern beispielsweise an Kraftwerksbetreiber verkauft werden können (vgl. z.B. FTD 11./ 12./13. 12.2009: Milliardenbetrug im Klimahandel; FTD 14. 12. 2009: Rauchzeichen, S. 23; Der Spiegel 7.12.2009: Die Klima-Mafia, S. 90; SZ 29.4.2010; S. 11: Razzia gegen Betrug mit Klimazertifikaten, S.5; FAZ 29.4.2010). Beim Handel der auf dubiose Weise „originierten" Papiere an den Börsen sind offenbar die Betrügereien fortgesetzt worden, wie Europol kritisiert (vgl. FTD 29.4.2010; FAZ 29.4.2010).

Nicht nur die CO_2-Emissionen aus Kraftwerken und Zementfabriken, aus Heizungen und vor allem aus den Auspuffs der mehr als 600 Millionen Automobile auf Erden tragen zum Treibhauseffekt bei. Auch die Vernichtung der Waldbedeckung, vor allem der Regenwälder durch Abholzung, Brandrodung, Ausdünnung hat diesen Effekt und zwar gleich doppelt. Denn *erstens* sind Verbrennung und Degradation von Biomasse mächtige Quellen von CO_2 und *zweitens* werden mit den Wäldern bedeutsame Schadstoffsenken vernichtet, in denen das andernorts frei gesetzte CO_2 für lange Zeit gespeichert werden könnte. Die tropischen Wälder sind als Senken für CO_2-Emissionen schon seit den Vereinbarungen von Kyoto 1995 im Visier der Klimapolitiker. Doch als Quellen von CO_2, die es stillzulegen gilt, werden sie erst in jüngster Zeit, seit der 11. Vertragsstaatenkonferenz des Klimarahmenabkommens im Jahre 2005 in Montreal und seit der Konferenz von Poznan im Dezember 2008, zum Gegenstand klimapolitischer Verhandlungen. Die Verfechter einer „Reduction of Emissions from Deforestation and Degradation" (REDD) erhoffen sich von der Inwertsetzung der Natur deren Schutz. Natur muss als Kapital konzipiert werden („Naturkapital"), und dann zeigt sich der Wert einer Rettung der Regenwälder, den man mit den bei der Abholzung und Vernichtung der Wälder zu erzielenden Renditen und deren Kapitalisierung vergleichen kann. Dann lässt sich, so wird unterstellt, begründen, dass die Entscheidung für den Schutz der Wälder gegen deren Degradierung durch Abholzung, gegen die Aneignung von Fläche für Soja-Plantagen (dazu vgl. die Reportage von Steinberger 2009) und andere industriell-landwirtschaftliche Nutzungsarten ökonomisch rational und obendrein ökologisch sinnvoll ist. Bei diesem Kalkül spielen lokal und regional angepasste indigene Lebensweisen der Subsistenz in den Wäldern oder deren Bedeutung für die Artenvielfalt keine Rolle. Es zählt eine dem Kapitalismus eigene Verwertungsrationalität, die sich auch des Systems der Nahrungsversorgung bemächtigt. Wälder, die vor der Abholzung bewahrt werden sollen, gelten als Kohlenstoffspeicher, für dessen Erhalt die Kohlenstoff-Emittenten zahlen sollen. Ihre Bedeutung als Lebensraum für Menschen, für die Biodiversität und daher die Evolution des Lebens, als Orte der ästhetischen Anschauung ist unerheblich. REDD ist ein Versuch, die Opportunitätskosten der Nicht-Abholzung in Rechnung zu stellen und vor allem von den Industrieländern als den Hauptemittenten von Treibhausgasen Kompensationszahlungen zum Ausgleich des entgangenen Gewinns der Inwertsetzung von natürlichen Ressourcen und der Kosten des Waldschutzes zu verlangen. Dabei könnte der Mechanismus des Emissionshandels genutzt werden. CO_2-Emissionsrechte werden generiert, die auf dem Zertifikatemarkt verkauft werden können. Der Käufer in den Industrieländern erwirbt das Recht, CO_2 in die Erdatmosphäre zu emittieren, weil im globalen Süden Wälder nicht abgeholzt werden oder weil – ein vergleichbares Projekt – die Ölreserven in der Yasuni-Region Ecuadors nicht aus dem Boden geholt und Ecuador dafür entschädigt wird.

Ob per saldo dabei eine globale Minderung des Ausstoßes von Treibhausgasen herauskommt, ist ungewiss – und wegen der vielen Möglichkeiten des „cheating", des Betrugs also, auch unbekannt. Klimapolitik mit Marktmechanismen, die den Handel mit originierten Wertpapieren aus dem Clean Development Mechanism oder aus REDD einschließen, kann zwar einen positiven Beitrag zur Wertpapierspekulation leisten, der Beitrag zum Klimaschutz hingegen ist negativ.

Wenn die Lagerstätten der Kohlenwasserstoffe leer geräumt wären, bevor die Zunahme der Konzentration ihrer Verbrennungsprodukte in der Atmosphäre die Erdmitteltemperatur bis zu dem Punkt ansteigen lässt, an dem das planetarische Klimasystem kippt, hätten wir mit einem Schlag die Lösung für die Energie- und Klimakrise. Doch hat Günther Anders möglicherweise Recht: Die Erde ist eine ausbeutbare Mine, also muss sie ausgebeutet werden (Anders 1995: 32). Das wäre die sarkastische Alternative zu Kants moralischem Imperativ, der seine

Begründung in der Notwendigkeit findet, sich in den und mit den Grenzen der Kugelfläche der Erde arrangieren zu müssen. Die fossilen Energieträger werden also restlos aus der Erde geholt – und bleiben dann als Treibhausgase in der Atmosphäre des Planeten. Mit dem „Prinzip Verantwortung" von Hans Jonas (1979) könnte normativ begründet gefordert werden, alles zu unterlassen, was sich jenseits der gesellschaftlichen Kontrollgrenzen in Zeit und Raum befindet oder bewegt.

Hier zeigt sich ein prinzipieller Unterschied zwischen Gebrauchswert und Wert, zwischen den Transformationen von Werten und jenen von Stoffen und Energien. Geld verliert man, aber man stirbt nicht daran, wenn es verloren wurde. Monetäre Schäden können ersetzt werden, beispielsweise indem sie versichert werden. Doch wenn die Natur durch die Klimakrise verändert wird, wenn Pflanzen- und Tierarten vernichtet werden, sind die Verluste irreversibel. Die Klimakrise ist viel gravierender als die ökonomischen Verluste und sozialen Verwerfungen, die die Finanzkrise verursacht.

Die monetären Kalkulationen der Kosten des Klimawandels im Stern-Review (2006) oder in den Berichten des Intergouvernmental Panel for Climate Change – IPCC und anderswo (IPCC 2007) sind daher ein Selbstbetrug. Man kann zwar bei Werttransformationen einen Mehrwert erzeugen und einen Profit machen. Doch mit noch so viel Geld wird man die Natur nicht wiederherstellen können, wenn sie geschädigt und verändert oder zerstört worden ist, ebenso wenig wie der König Krösus mit all seinem Gold ein Glas Wasser bekommen konnte, um den Durst zu löschen, weil sich das Wasser bei der Berührung durch den unglücklich reichen Krösus sogleich in Gold verwandelte, das er nicht trinken konnte.

Dem hält Bjorn Lomborg (2002) entgegen, dass die ökologischen Gefahren in der Regel übertrieben dargestellt würden. Wenn nämlich kühl gerechnet würde, wären manche Maßnahmen des Umweltschutzes oder der ökologischen Reparatur teurer als die Umweltschäden selbst. Sein Buch hat daher den provokanten Titel „Apokalypse No!". Das mag richtig sein oder auch nicht. Keiner kann es genau wissen, und zwar wegen eines einfachen, aber beunruhigenden Grundes: Es ist nicht möglich, die von Menschen verantworteten Veränderungen der Natur in Geld zu kalkulieren. Die Natur lässt sich nicht in Geldgrößen bewerten, und daher haben wir keinen Maßstab, an dem wir mit Sicherheit Kosten von Vermeidung und Reparatur der Umweltschäden und diese selbst bemessen und vergleichen könnten. Daher weichen die Kalkulationen des Intergovernmental Panel on Climate Change (IPCC), von Nicholas Stern, Lomborg und anderen beträchtlich voneinander ab. Noch deutlicher zeigen sich die Grenzen der monetären Bewertung von Naturerhalt und Naturschäden, wenn die Evolution berücksichtigt wird. Wir wissen einfach nicht um die Sekundär-, Tertiär- usw.

Effekte der Umweltschäden. Wegen dieser unaufhebbaren Unsicherheit ist auf der UNO-Konferenz zu „Umwelt und Entwicklung" von Rio de Janeiro im Jahre 1992 das Vorsorgeprinzip zur Richtschnur politischen Handelns erklärt worden. Doch darauf antwortet Lomborg, dass alle politischen Entscheidungen in allen Bereichen des gesellschaftlichen Lebens unter Unsicherheit und mit irreversiblen Folgen getroffen werden müssen. Also sei abzuwägen zwischen dem Aufwand, den Entscheidungen verursachen, und dem Ertrag, den sie bringen. Es muss nämlich verhindert werden, dass Geld „für relativ unbedeutende Probleme verpulver(t) und den weit wichtigeren Problemen die Mittel vorenthalten" werden (Lomborg 2002: 409). Das ist eine „Kanonen statt Butter"-Philosophie, die dazu verhelfen soll, „unsere Angst vor dem drohenden Kollaps (zu) vergessen" (ebenda).

Wie als eine Art Kommentar zu dieser frivolen Position hat das „Global Humanitarian Forum", dessen Präsident der ehemalige Generalsekretär der UNO Kofi Annan ist, Ende Mai 2009 einen Report zum Klimawandel publiziert (Global Humanitarian Forum 2009), der mit „Anatomie einer stillen Krise" betitelt ist. Heute sterben etwa 300.000 Menschen jährlich an den direkten und indirekten Folgen des Klimawandels, die Lebensbedingungen von 325 Millionen Menschen sind bereits heute davon ernsthaft, d.h. negativ betroffen. Das ist die materielle Seite der Folgen ökonomischer Transformationen. Auf der wertmäßigen, monetären Seite werden die Verluste mit jährlich 125 Mrd. US-Dollar berechnet. Ungefähr so viel hat auch die Rettung der HRE gekostet. Aber wie viel US-Dollar sind ein Menschenleben oder auch nur eine Pflanze wert?

8.5 Landnutzungskonkurrenz und Ernährungskrise

Beides, das absehbare Ende des billigen Öls und anderer Rohstoffe, und die katastrophalen Folgen des Klimawandels sind der Anlass für die hektische Suche nach neuen, noch nicht erschlossenen Rohstoffvorkommen und vor allem nach alternativen Energiequellen. Deren Erschließung wird vor allem von Agrokraftstoffen erhofft. Ackerfläche wird für den Anbau von Energiepflanzen umgewidmet, die zu Ethanol oder Biodiesel vor allem für Automobile verarbeitet werden. So entsteht eine fatale Nutzungskonkurrenz von Flächen zur Produktion von Nahrungsmitteln für Menschen oder von Energiepflanzen für Motoren (vgl. dazu die Untersuchung des WBGU 2008: 61ff; SOS-Projekt 2010). Die Alternative kann man auf eine Parole bringen, die man derzeit häufig hört: voller Bauch oder voller Tank, „food or fuel". Große Landstriche in vielen Weltregionen sind heute schon für Soja und Zuckerrohr, für Ölpalmen und Mais, für Raps und Rüben reserviert, zumeist von multinationalen Konzernen in großen Plantagen bewirtschaftet. Kleinbäuerliche Produktion von Nahrungsmitteln hat dagegen kaum eine Chance. Folglich geht es nicht nur um eine andere Bepflanzung von Landflächen, sondern auch um die soziale Art der Bewirtschaftung, um die Gestaltung des sozialen Metabolismus.

Die Ernährungssouveränität der landwirtschaftlichen Produzenten ist bedroht, wenn großflächig Energiepflanzen für den Ersatz fossiler Energieträger oder für den Export auf Weltmärkte („cash crops") angebaut werden und dafür der Anbau von Nahrungsmitteln für die Versorgung der Bevölkerung weichen muss. Dann kehrt auch der Hunger zurück. Die FAO gibt an, dass die Zahl der Hungernden nicht, wie zur Jahrtausendwende in den „Millenniums-Entwicklungszielen" versprochen, bis 2015 auf die Hälfte reduziert wird, sondern im Jahre 2009 die Milliardengrenze überschritten hat (FAO 2009; WGBU 2008: 62ff). Nahrungssicherheit sollte für jedermann und jede Frau gewährleistet werden. Dies sei dann der Fall schreibt sogar das wirtschaftsfreundliche „Weltwirtschaftsforum", „when all people, at all times, have physical and economic access to sufficient, safe and nutritious food to meet their dietary needs and food preferences for an active and healthy life. Food security, similar to energy security, is not only about avoiding physical disruptions to supply, but also about ensuring supply at a price which allows economic activity and wellbeing to flourish" (nach: World Economic Forum 2008: 12). Doch die Finanz- und Wirtschaftskrise hat dazu geführt, dass „der Fortschritt gegen die Armut aus dem Gleis geworfen wurde" (United Nations 2009: 6), nicht zuletzt wegen der die sozialen Netzwerke zerstörenden Wirkungen der Krise. Doch geht es nicht nur um Nahrungssicherheit, die ja auf verschiedene Weise hergestellt werden könnte. Die modernen Bauernbewegungen streben Ernährungssouveränität an, weil nur dann gesichert ist, dass die unmittelbaren Erzeuger von Nahrungsmitteln auch für deren Produktion Verantwortung tragen und alles tun, damit die Versorgung langfristig gesichert bleibt, und zwar auch dann, wenn Rentabilitätsziele mit der Nahrungsmittelproduktion nicht erreicht werden können.

Mehr als 200 Millionen der Unterernährten und Hungernden leben am Ende des ersten Jahrzehnts des 21. Jahrhunderts in Afrika südlich der Sahara. Mehr als 20 Millionen von ihnen leiden unter chronischem Hunger. Im Schwellenland Indien mit seiner modernen Industrie sind zugleich 221 Millionen, also ein Fünftel der Bevölkerung, unterernährt. In China, dem Giganten unter den aufstrebenden Schwellenländern, hungern 142 Millionen, in Lateinamerika sind es 53 Millionen Menschen. Selbst im reichsten Land der Erde, in den USA, sind 10 Millionen Bürgerinnen und Bürger unterernährt und für weitere 35 Millionen ist Ernährungssicherheit nicht gewährleistet. Hunger tötet. 30 Millionen Menschen, darunter 6 Millionen Kinder, sterben jährlich an Hunger. Diese Situation ist weder natürlich, noch „Gott gegeben", sondern von Menschen gemacht und von den Funktionsbedingungen und Krisen des gesellschaftlichen Systems verursacht. Jean Ziegler, der ehemalige Sonderberichterstatter der Vereinten Nationen für das Recht auf Nahrung, kommt angesichts dieser dramatischen Fakten zu dem Schluss: „Letztes Jahr sind nach dem Welternährungsbericht jeden Tag 100.000 Menschen an Hunger oder seinen unmittelbaren Folgen gestorben, alle 5 Sekunden ist ein Kind unter 10 Jahren verhungert. Und dies, obwohl die Weltlandwirtschaft schon heute – ohne Gentechnik, etc. – problemlos 12 Milliarden Menschen ernähren könnte, wie derselbe Bericht feststellt. D.h., es gibt keinerlei Fatalität für die Massenzerstörung der Welt. Ein Kind, das heute an Hunger stirbt, wird ermordet." (Jean Ziegler im Interview mit der Germanwatch-Zeitung Nr. 4/2005: http://www.germanwatch.org/zeitung/2005-4-ziegler.htm 10. 7. 2010; vgl. auch www.fride.org/download/COM_childrendied_ENG_feb09. pdf). Wirtschaftliches Wachstum und Fortschritt auf der durch die Wirkungsweise der globalen Finanzmärkte gewiesenen Entwicklungsbahn sind ungeeignete soziale und politische Projekte, um die Lebensbedingungen der Menschen zu verbessern oder gar den Hunger aus der Welt zu schaffen.

Von 2004 bis 2007 stiegen die Preise für Nahrungsmittel um durchschnittlich 83 %, die des Weizens um 181 % und die von Reis sogar um 201 %. Und die Weltbank resümiert: Dies sei keine vorübergehende, sondern eine dauerhafte Erscheinung, auch wenn es immer wieder konjunkturelle Preissenkungen – wie 2008 und 2009 infolge der schweren Weltwirtschaftskrise – geben sollte. Immer mehr Menschen können sich daher die Grundnahrungsmittel nicht leisten. Da kein Vulkan ausgebrochen ist, der die Sonne verdunkelt, und Missernten die Nahrungsmittelknappheit ebenfalls nicht zufrieden stellend erklären können, wird man die Ursachen der sich ankündigenden Tragödie in der sozialen Organisation der globalen Gesellschaft und in den ökonomischen Verhältnissen, also in der Gestaltung des sozialen Metabolismus auf globaler Ebene suchen müssen. Bei Betrachtung der Mechanismen der Globalisierung und der krisenhaften Entwicklung der kapitalistischen Ökonomie werden wir tatsächlich fündig:

Erstens führt der Freihandel – vereinbart in der Welthandelsorganisation oder in bilateralen Handelsverträgen (vgl. Altvater/Mahnkopf 1999, 5. Kapitel) – dazu, dass sich die wettbewerbsfähigsten Anbieter von Agrarprodukten durchsetzen können. Das sind in aller Regel große Konzerne der Agro- und Nahrungsmittelindustrie, die Monokulturen für die Massenproduktion betreiben und kleine Produzenten und ihre Vielfalt der regional angepassten agrarischen Produktion auf einem Weltmarkt, auf dem vor allem normierte Waren gehandelt werden, verdrängen. Diese Großkonzerne sind an den Massenmärkten mit kaufkräftiger Nachfrage in den Industrieländern interessiert und nicht so sehr an den „armen Schluckern" in den Entwicklungsländern, die über wenig Geld und daher geringe Kaufkraft verfügen.

Die negativen Folgen des Freihandels für die Ernährungssicherheit haben eine lange Geschichte. Nach dem Ausbruch des indonesischen Vulkans Tambora im Jahr 1815 verdunkelten die um den Globus ziehenden Aschewolken die Sonne. Millionen Menschen hungerten, und viele verhungerten selbst im entfernten Europa und in Nordamerika, weil der Sommer in den folgenden Jahren ausfiel. In den 40er Jahren des 19. Jahrhunderts zwang die Kartoffelfäule mehr als eine Million Iren zur Auswanderung in die Neue Welt, um dem Hunger zu entfliehen. Alternativen hatten sie auf dem Lande nicht, da die Getreideproduktion für den englischen Markt, also für „cash crops" und nicht zur Ernährung der einheimischen Bevölkerung vorgesehen war. Die Dürren der zweiten Hälfte der 1870er Jahre in Indien und China forderten Hungertote in zweistelliger Millionenzahl. Der Grund dafür, dass der Monsun mehrmals hintereinander ausblieb, war das El Niño-Phänomen im Pazifik, das auch heute periodisch wirksam ist: Die äquatorialen Luftströmungen kehren sich um und Trockengebiete wie an den Westküsten Lateinamerikas erhalten zu viel Regen und im östlichen Pazifik und im indischen Ozean bleiben die Monsun-Winde aus. Der asiatische Kontinent leidet unter der Dürre. Dass sich das ungewöhnliche Wetterereignis in eine Hungerkatastrophe verwandelte, ist der von der damaligen Hegemonialmacht Großbritannien aufgezwungenen Politik des Freihandels und daher der Verwandlung der Subsistenzlandwirtschaft in eine Landwirtschaft, die marktgängige Produkte für den Weltmarkt (cash crops) herstellte, geschuldet. Ernährungssicherheit und Ernährungssouveränität wurden der Vermarktung geopfert. Der Stärkung von Markt und Kapital entspricht die Schwächung von Staaten und Regierungen, die sich gegenüber dem privaten Bankensektor verschulden. Die Transportinfrastruktur und die Irrigations- und Kanalsysteme konnten nicht mehr finanziert und erhalten werden. Auch die Bevorratung von Lebensmitteln (Getreidespeicher) für Mangelperioden konnte unter der britischen Herrschaft und den Gesetzen des Weltmarktes nicht mehr fortgesetzt werden. Die Schutzgesetze für die Armen wurden abgeschafft, so dass unter diesen ökonomischen, politischen und sozialen Rahmenbedingungen das ungewöhnliche Wetterereignis, das unter anderen sozioökonomischen und politischen Umständen hätte aufgefangen werden können, sich zu einem Desaster auswuchs, das zig Millionen Menschenleben forderte (vgl. dazu ausführlich Davis 2001; 2002; Fritz 2009).

Heute wird der Freihandel noch durch die Subventionspolitik der führenden Handelsblöcke in Nordamerika und Westeuropa ergänzt. Zwei kontrastierende Prinzipien – Freihandel und Subventionen – wirken zu Gunsten der Anbieter aus der EU oder aus den USA zusammen, so dass sie ihre Produkte zu Preisen anbieten, mit denen kleine lokale Produzenten in Entwicklungsländern nicht mithalten können. Es ist fatal, dass diesen der Preisanstieg der agrarischen Rohstoffe während der vergangenen Jahre nicht viel nutzt, da die Vermarktungsketten der großen Agrar- und Nahrungsmittelmultis lokale und regionale Versorgungsnetzwerke verdrängt haben und die aus den Preissteigerungen resultierenden Extraprofite selbst ernten. Außerdem monopolisieren die großen Konzerne den Zugang zu und die ökonomische Nutzung der natürlichen Ressourcen, darunter auch die genetischen Codes von Pflanzen und Tieren durch Patente. Daran hat die seit nahezu zwei Jahrzehnten in der UNO verhandelte Biodiversitätskonvention bislang nichts ändern können. Die Natur wird von den großen Konzernen der Lebensmittel-, Pharma- oder Kosmetikindustrie „in Besitz" genommen und diese machen sich natürliche Ressourcen „zu eigen ..., die Naturvölker bereits seit Jahrhunderten nutzen" (FTD, 21. Juli 2010, S. 10: „Mehr als nur Brokkoli"), ohne mit Hilfe von „intellectual property rights" die Exklusivität der Nutzung zu beanspruchen.

Zweitens breitet sich das westliche Modell des Fleisch essenden Konsumenten aus, auch in Ländern, in denen die Menschen in Jahrhunderten eher vegetarisch von Reis, Mais, Gemüse, Obst und Salaten gelebt haben. Ab und an Fisch, zu Festtagen gab es auch schon einmal Fleisch. Doch McDonald ist inzwischen selbst in New Delhi, Rio de Janeiro oder Beijing vertreten – zumindest also in den urbanen Zentren der Schwellen- und Entwicklungsländer. Um das Fleisch der täglichen Bouletten zu erzeugen, braucht man sehr viel Fläche und Futterpflanzen für Rinder. Die Produktion einer Kalorie in der Form von Fleisch erfordert 5 bis 7 pflanzliche Kalorien, ist also eine energetisch und klimatisch und auch für die Gesundheit der Konsumenten irrationale Maßregel (vgl. Faaij 2008: 6ff.; auch Bernau 2008: 10f.). Obendrein ist die Kalorie der Carnivoren teurer als die der Vegetarier. Die Pflanzen fehlen vielen Menschen in ihrer täglichen Essensration. Das Fleisch können sie sich zumeist nicht leisten.

Drittens werden die landwirtschaftlichen Produktionsbedingungen infolge des Klimawandels schwieriger. Darauf verweisen inzwischen auch die Berichte der Klimakommission der UNO (IPCC 2007) oder der OECD und FAO (OECD-FAO 2009). Auch der IEA (IEA 2007: 3) zufolge sind die Konsequenzen der prognostizierten Erderwärmung für die Ernährung schlicht katastrophal. Dabei ist der vergleichsweise langsame mittlere Temperaturanstieg auf Erden weniger bedeutsam als die sich häufenden „ungewöhnlichen Wetterereignisse": Hitzeperioden in Nord- und Osteuropa und Zentralasien, in denen die halbe Ernte verloren geht, Überschwemmungen im Ausmaß der Sintflut in Ostasien und auf dem indischen Subkontinent. Wenn davon devisenreiche Länder betroffen sind, sorgt das Prinzip des Freihandels dafür, dass sie den Ernteausfall durch Nahrungsimporte ersetzen können. Doch was ist mit denen, die nicht über die Devisen verfügen, um die für die Ernährung notwendigen „cash crops" auf dem Markt zu kaufen, und die Ernährungssouveränität zur Subsistenz verloren haben? Diese Länder werden zu einem Fall der internationalen Katastrophenhilfe.

Die Nahrungskrise wird sich bei einem weiteren Temperaturanstieg in den kommenden Jahren unweigerlich verschärfen. Die Dürreperioden an den einen und die Überschwemmungen an anderen Orten werden Unruhen auslösen, auch wenn auf den ersten Blick der Klimawandel und die dadurch bedingten „ungewöhnlichen Wetterereignisse" Verursacher sind. Aber inzwischen weiß man, dass die Überschwemmungen des Sommers 2009 in der Westsahara ebenso zum Teil auf den Klimawandel zurückzuführen sind wie die seit mehreren Jahren anhaltende Trockenheit im Osten Afrikas. In den kleinen pazifischen Inselstaaten schwindet die land- und ernährungswirtschaftlich nutzbare Fläche mit dem klimabedingten Anstieg des Meeresspiegels. Wichtiger als der Landverlust freilich sind der Verlust und die Versalzung des Wassers (DESA 2008: 88f.).

Wenn dann noch schlechte Regierungsführung („bad governance") hinzukommt, fehlen die sozialen und politischen Puffer, die ein auf den ersten Blick natürliches Ereignis abfedern könnten. Der Präsident der Weltbank, Robert Zoellick, hat die Nahrungsmittelknappheit heute denn auch mit den alttestamentarischen „sieben Plagen" im pharaonischen Ägypten verglichen, wobei ihm möglicherweise entgangen ist, dass die Institutionen der globalen Regulation des Kapitalismus, also auch Weltbank und IWF, eine „achte Plage" sind (vgl. dazu Altvater 2009c).

Eine *vierte* Ursache der Preisrallye von Nahrungsmitteln ist der Anstieg des Ölpreises. Wir befinden uns auf einmal in der absurden Situation, dass die Preisentwicklung der fossilen Brennstoffe, vor allem des Öls, die Preise von Biomasse und daher auch die von Nahrungsmitteln beeinflusst. Steigt der Ölpreis, und der ist 2008 auf mehr als 100 US-Dollar je Fass in die Höhe geschossen (um danach wieder zu fallen), dann steigt auch der Preis der Nahrungsmittel. Denn bei hohem Ölpreis wird die Produktion von Agroenergie rentabel und Flächen werden statt zur Produktion von Nahrungsmitteln für die Erzeugung von Ethanol und Biodiesel genutzt. Nahrungsmittel werden im Zuge dieser Inbesitznahme von Natur teurer. Dabei ist die Nutzung der Biomasse zur Produktion von Ethanol und Agrodiesel die energetisch verlustreichste Art und Weise, Biomasse in Energie zu wandeln. Denn die Energieausbeute beträgt in den Tanks von Autos nur 20

%, jedenfalls unter den heute gängigen technischen Bedingungen. Der ERoEI („energy return on energy input"), ist sehr gering, wenig mehr als 1, manchmal sogar noch weniger; dann ist der größte Teil der eingesetzten Energie vergeudet (Holt-Giménez 2007). Doch wenn auch vergeudet, ist sie entsprechend dem ersten Hauptsatz der Thermodynamik immer noch da, allerdings zu einem beträchtlichen Teil in der unerwünschten Gestalt von Treibhausgasen.

Die Verknappung der begrenzten Ressource Öl („Peak Oil") lässt den Preis steigen, so dass ein Anreiz entsteht, fossiles Öl zum Teil durch Agrotreibstoffe zu ersetzen. Daher wird die Fläche für die Erzeugung von Agrokraftstoffen ausgeweitet und die für die Erzeugung von Nahrungsmitteln entsprechend eingeschränkt. In den USA entfiel 2007 die Hälfte des Nachfrageanstiegs bei Zuckerrohr und Mais auf die Produktion von Ethanol (IMF 2008; WB 2008; auch World Economic Forum 2008: 14). Um die fossilen Energieträger zu 5% durch Agrokraftstoffe zu ersetzen, muss die Anbaufläche von Energiepflanzen um 20% ausgeweitet werden. Auch die Regenwälder fallen dem Anbau von Energiepflanzen mehr und mehr zum Opfer, in Brasilien allein 21 Millionen, in Argentinien 14 Millionen Hektar.

Die Konkurrenz um die Nutzung von Land nach „Peak Oil" und „Peak Soil" (McMichael 2008: 14) nimmt zu, und im Konflikt um „food or fuel" in der Landwirtschaft sind häufig die Interessen der „fuel"-Produzenten die Sieger, nicht die der „food"-Landwirte (vgl. Fritz 2008; Oxfam 2008). Dabei geht es aber nicht nur um unterschiedliche agrarische Kulturen und deren Verwendung, sondern immer auch um die Art und Weise des Produzierens. Nahrung wird häufig in kleinbäuerlichen Strukturen erzeugt, Agrotreibstoffe in großflächiger, monokultureller Plantagenwirtschaft mit hohem Pestizid- und Düngereinsatz. Dies ist ein wesentlicher Grund dafür, dass die erhoffte Einsparung von CO_2-Emissionen, wenn statt fossiler regenerative Treibstoffe verbrannt werden, nicht zustande kommt. Im Gegenteil, Oxfam rechnet vor, dass bis 2020 die CO_2-Emissionen aus der Palmöl-Produktion für Biodiesel, der in der EU dem fossilen Diesel beigemischt wird und ihn eventuell ersetzen soll, 46 bis 68 Mal größer sind als die jährlichen Einsparungen (Oxfam 2008: 1). Diese ungünstige Energiebilanz der Biomasse hat dazu beigetragen, die Beimischungsquoten von Agrokraftstoffen zu reduzieren (SOS-Projekt 2010).

Fünftens sind die Armen der Welt durch Preissteigerungen der Nahrungsmittel auch deshalb besonders betroffen, weil der eine US-Dollar, der als Armutsschwelle gilt, nur noch 60 oder 70 Cents wert ist, wenn die Preise für Grundnahrungsmittel mehr steigen als jene für andre Gebrauchsgüter. Immer mehr Menschen werden daher in das Heer der Armen gezogen, wie der schon zitierte UNO-Report

2009 über die Millenniums-Entwicklungsziele ausweist. Dennoch kann man bei der OECD über den Anstieg der Nahrungsmittelpreise in neoliberaler Frivolität schreiben, diese könnten längerfristig ein „Glück im Unglück" sein („a blessing in Disguise for Africa" – OECD Development Center, Policy Insights No. 66, May 2008), weil es sich nun lohne, die Subsistenz-Landwirtschaft der weniger entwickelten Länder in ein „profitable business" zu verwandeln und die Vermarktung von Nahrungsmitteln voranzubringen. Dieser „Segen" des Marktmechanismus kann sich freilich wie bereits in der Vergangenheit sehr schnell in einen fürchterlichen Fluch verkehren, weil ja Lebensmittel, die zur Handelsware geworden sind („cash crops"), auf die Märkte geliefert werden, wo kaufkräftige Nachfrage lockt, und nicht dorthin gelenkt werden, wo der menschliche Bedarf oder gar die Not zu Hause sind. Lebensmittel dienen dann nicht dazu, den Bauch zu füllen, sondern den Geldsack. Schlimmer ist darüber hinaus die Zerstörung der tradierten Landwirtschaft und ihrer Vermarktungswege, wenn die Landwirtschaft in ein „profitable business" für transnationale Agrokonzerne verwandelt wird. Wenn es um Profit geht, bleiben die Nahrungssicherheit und die Ernährungssouveränität als fundamentale Menschenrechte auf der Strecke.

Sechstens wird die landwirtschaftliche Produktion auch ein Opfer der Finanzspekulation. Nach dem Zusammenbruch der Immobilienspekulation im Jahre 2007 in den USA („subprime crisis") hat sich liquides, rentable Anlage suchendes Kapital auch auf die Märkte für Rohstoffe und für Nahrungsmittel geworfen. So erklärt es sich, dass die Preise für Nahrungsmittel an den Futures-Märkten stärker stiegen als die Preise an den Spot-Märkten und im Kleinhandel (DESA 2008: 18). Die Spekulation mit Lebensmitteln an intransparenten Futures-Märkten treiben Hedge-Fonds im Interesse ihrer vermögenden Anleger mit Kauf- und Verlaufsorders an, mit denen erratische Preisbewegungen ausgelöst werden können. Daran, d.h. an der so ausgelösten Unsicherheit von Ernteerträgen für kleine agrarische Produzenten, verdienen die spekulierenden Fonds und Anleger. Im Sommer 2010 war kurzzeitig die Spekulation an den Futures-Märkten für Kakao Thema der internationalen Wirtschaftspresse. 7 % der Jahresernte wurden von einem Hedge-Fonds aufgekauft, nicht um sich gegen zukünftige Preisschwankungen abzusichern, sondern um mit der Menge (7 % der gesamten globalen Ernte ist sehr viel) die Preise zu beeinflussen und in einem Nullsummen-Spiel spekulativ zu verdienen.

Siebentens kann auch der Emissionshandel, sofern er überhaupt voll in Gang kommen sollte, höchst negative Folgen für die Nahrungsversorgung der Menschen zeitigen. Nicht nur dass die von politischen Instanzen zugeteilten Verschmutzungsrechte eine perverse Inwertsetzung der Atmosphäre als Deponie für Treibhausgase darstellen – der Handel mit diesen unrechten Rechten ist ein Anreiz, Agrokraftstoffe an Stelle von fossilen Energien einzusetzen. Insbesondere der Clean Development Mechanism des Kyoto-Protokolls eröffnet viele Möglichkeiten, Zertifikate für Kohlenstoffsenken, d.h. Biomasseanpflanzungen, zu „originieren". Wenn die Biomasse zu Biosprit destilliert und dann verbrannt wird, wird nicht CO_2 gebunden, sondern der Ausstoß gesteigert. Selbst unter der Annahme, durch eine Ausweitung von Kohlenstoffsenken könne der Klimawandel verlangsamt oder gar gestoppt werden (was der Oxfam-Bericht und viele andere Studien bezweifeln), bleibt der Konflikt um die Landnutzung für „food or fuel" virulent. In der Finanzkrise müssen nicht nur Spekulanten, Börsenjobber und „Bankokraten" Verluste einstecken. Die waren bei ihnen nicht so hoch, dass sie am Hungertuch nagen müssen. Wohl aber haben viele Menschen ihren Arbeitsplatz verloren, bekommen die Kürzungen von Lohneinkommen und Sozialleistungen zu spüren und können sich die etwa 3.000 Kalorien, die der erwachsene Mensch zur täglichen Ernährung benötigt, nicht leisten, weil die Preise infolge der Landnutzungskonkurrenz nach oben getrieben worden sind. Die Finanzmarktakteure hingegen erhalten die Gelegenheit, im Rahmen einer marktwirtschaftlich organisierten Klimapolitik, d.h. im Zuge der Inwertsetzung der Atmosphäre, eine Anlagesphäre für das nach dem Zusammenbruch der Spekulation brachliegende Kapital zur Renditesteigerung zu nutzen.

Letztlich entscheidet auch im neoliberal dominierten Kapitalismus die Macht und nicht der Markt. Dann weicht das Freihandelsprojekt dem Projekt einer neoimperialen Aneignung von Nahrungsmitteln für die eigene Bevölkerung dadurch, dass direkt auf Ackerfläche zurückgegriffen wird. Ein *achter* Grund für den Hunger in der Welt ist „Offshore-farming", das angesichts der Überausbeutung von Böden und klimabedingten Ernteausfällen die food security der nationalen Bevölkerung sicherstellen soll, indem jenseits der eigenen nationalen Grenzen („offshore") Landflächen langfristig gepachtet oder geleast werden. Die Ernährungssouveränität der lokalen Bauern und der übrigen Bevölkerung wird missachtet. In Afrika, Asien, in einigen europäischen Ländern wie Russland und zum Teil auch in Lateinamerika haben sich inzwischen devisenreiche Länder wie China oder Saudi-Arabien und einige Golf-Scheichtümer mit Pachtverträgen eingekauft, um die Nahrungsmittel für die eigene Bevölkerung auf fremdem Boden an den lokalen Farmern vorbei produzieren zu können (vgl. Rinke 2009; Fritz 2008; Pilardeaux 2009).

Länder mit großen Devisenreserven sichern sich „offshore" Land in einem Tauschgeschäft: Ackerfläche für Devisen (eine Art „debt-for-soil-swap"), die manche Länder benötigen, um beispielsweise Energieimporte aus Ölländern oder Technologieimporte aus Industrieländern bezahlen zu können. Das ist durchaus vergleichbar den „debt for nature"-swap-Geschäften, die während der Schuldenkrise der „Dritten Welt" in den 1980er Jahren angeboten wurden: Schutz des bolivarischen oder brasilianischen Regenwaldes gegen einen teilweisen Schuldenerlass. Damals ist es nicht zu den ursprünglich ins Auge gefassten großen Geschäften, sondern nur zu einigen kleineren Swaps, darunter das Beni-Naturpark-Projekt in Bolivien und ein anderes Projekt in Costa Rica, gekommen. Die in Brasilien geplanten Tauschgeschäfte scheiterten vor allem an der Weigerung der brasilianischen politischen Klasse, auf die nationale Souveränität über auch nur kleinere Teile des Staatsgebiets zu verzichten oder darin Einschränkungen hinnehmen zu müssen.

Hungernde Menschen haben sehr wohl begriffen, dass es keinen Sinn macht, gegen schlechtes Wetter zu demonstrieren, gegen die preistreibenden Spekulanten mit Nahrungsmitteln auf die Straße zu gehen, aber sehr wohl. „A hungry man is an angry man", erinnert Thomas Fritz (2008: 3). Wenn die Bedingungen des Überlebens schwinden, wehren sich die Menschen. Sie haben dabei die Wahl zwischen „exit" und „voice" (dazu ausführlich Hirschman 1970). Sie können „abhauen" und als Migranten versuchen durchzukommen. Wie schwierig das ist, zeigen die täglichen Flüchtlingstragödien an Europas Grenzen. Oder sie müssen ihre Stimme erheben, aufbegehren und versuchen, ihre Lage zu ändern, und dies scheint offenbar noch schwieriger zu sein, wie Charlotte Wiedemann in einem Bericht über die „Mythen der Migration" bemerkt: „aus der Parole 'Europa oder der Tod' spricht eine entsetzliche Resignation; sie ist eine Bankrotterklärung Afrikas ... Wenn die jungen Leute mit der Kraft, dem Wagemut und der Hartnäckigkeit, die sie durch die Sahara und über die Meere treibt, ihren Regierungen entgegenträten" (Wiedemann 2009: 13). In Demokratien kann dies – unter günstigsten Voraussetzungen – in geregelter Weise und friedlich stattfinden, doch meist kommt es zur Gewalt, die von den Verteidigern des Status quo einer Herrschaft ausgeht, die noch nicht einmal mehr Nahrungssicherheit gewährleistet. Vor dieser Wand von Engstirnigkeit und primitiver Abwehr schlägt „voice" in die erwähnte Resignation um und in einen Aufbruch, der auch der exit in den Tod sein kann – es sei denn es werden jene Nischen einer oftmals verklärten „Autonomie der Migration" genutzt.

Doch die Befürchtung, dass sich die Hungernden irgendwann einmal entgegen den Erwartungen zur Wehr setzen könnten, ist da. Ihr möglicher Widerstand wird als eine „Gefahr für die internationale Ordnung" interpretiert (Fritz 2008). Klimawandel, Armut, Hunger und gewaltsame Konflikte werden dann im „erweiterten Sicherheitsdiskurs" der mächtigen Akteure, der USA und der EU, der NATO, aber inzwischen auch Chinas zur militärischen Doktrin ausgearbeitet; der Klimawandel und seine Folgen werden „versicherheitlicht" (Wagner 2008: 29) und aus einer diffusen Bedrohung in ein machtpolitisches Szenario transformiert.

Nun wird auf dramatische Weise deutlich, dass nicht nur in der Finanzkrise der harten Budgetrestriktion des Geldes Rechnung zu tragen ist, dass es daher auch ein tragischer, wenn nicht skandalöser Irrtum der Finanzlobby ist, die „Politik ins Schlepptau" nehmen und mit Hilfestellung des Simpelindikators der Rendite auf Finanzanlagen die Welt steuern zu wollen. Die Restriktionen der Natur und die des gesellschaftlichen Zusammenhalts sind wichtiger und wirksamer als die Sachzwänge der Finanzmärkte zur Sicherung der Renditen. Mit den Reichtümern der Welt im Casino zu spielen ist ein kurzfristiges Vergnügen, auf die Natur zu wetten, beschert nur Verluste, auch jenen, die auf ihrem Konto noch so horrende Gewinne verbuchen.

Denn Grenzen auf der Kugelfläche der Erde sind erreicht und manchmal bereits überschritten. Die energetischen Ressourcen stehen nicht mehr im Überfluss und daher billig zur Verfügung, auch wenn diese Botschaft noch nicht überall angekommen sein sollte. Die Belastung der Schadstoffsenken, der Atmosphäre, der Meere, der Böden überschreitet die Tragfähigkeit, und die erneuerbaren Alternativen sind keine Lösung. Die Krise ist also nicht nur Finanz- und Wirtschaftskrise. Es handelt sich um eine Krise des sozialen Metabolismus, eine Krise der Energieversorgung, der Schadstoffbelastung und nicht zuletzt der Nahrungsversorgung der Menschen. Bei den politischen Paketen zur Überwindung der Finanzkrise ist folglich darauf zu achten, dass dies nicht mit Maßnahmen geschieht, die die genannten existenziellen Krisenerscheinungen verschärfen.

Es geht also um die Krisen der „äußeren" Natur des Menschen. Es darf aber nicht die „innere" Natur des Menschen vergessen werden. Die langfristigen Auswirkungen des Hungers auf die physische Gesundheit aller Menschen und die Lernfähigkeit von Kindern und Jugendlichen sind äußerst negativ (Braßel/ Paasch 2005: 1473ff.) und für die ökonomische, soziale, kulturelle Entwicklung ganzer Gesellschaften schädlich. Alle Entwicklungsanstrengungen können zunichte gemacht werden, wenn es nicht gelingt, die weltweite Nahrungskrise zu überwinden.

9. Kapitel
Krise der Kapitalakkumulation und Fall der Profitrate

Im Unterschied zum Begriff des Wachstums umschreibt jener der Akkumulation von Kapital die Kreisläufe durch die „reale" *und* die finanzielle Ökonomie, die Entwicklung des gesellschaftlichen Verhältnisses zwischen den Klassen, den sozialen Metabolismus bei der Nutzung von Energien und Stoffen, also das Verhältnis der Menschen und der Gesellschaft insgesamt zur Natur und nicht zuletzt die politisch regulierten Herrschaftsverhältnisse von der lokalen bis zur globalen Ebene. Das ist ein Prozess, viel zu komplex, als dass er in einem einfachen Wachstumsindikator (als Zunahme des Bruttoinlandsprodukts in einem Jahr oder mit einem der vielen „Glücksindikatoren", die wir erwähnt haben) ausgedrückt werden könnte. Vor allem aber ist dies ein Prozess, dessen Ausgang sowohl theoretische als auch empirische Zweifel daran aufkommen lässt, dass er in den sozialen Formen der kapitalistischen Produktions- und Regulationsweise auf Dauer möglich ist. Wir haben ja bereits (im vorangegangenen Kapitel) gesehen, dass die fossilistische Grundlage kapitalistischer Entwicklung schon wegen der Grenzen der Verfügbarkeit fossiler Energieträger und wegen der Grenzen der natürlichen Tragfähigkeit für die Emissionen erodiert und damit auch das Kapitalverhältnis als Herrschaftsverhältnis in Frage gestellt wird. Die Krise der Kapitalakkumulation ist also umfassender als die Wirtschaftskrise, die sich mit negativen Wachstumsraten des BIP ankündigt.

9.1 Akkumulation und Gewalt

In einer kapitalistischen Ökonomie ist die Erzielung von Profit die Voraussetzung von Akkumulation und Wachstum – und umgekehrt. Profite sind die verwandelte Form des produzierten Mehrwerts, sie sind die als Wachstumsrate gemessenen wertmäßigen Überschüsse in der kapitalistischen Produktionsweise. Sie können nur in Geld realisiert werden, wenn die Waren, in denen sie stecken, auf entsprechende Geldnachfrage treffen. Im Prinzip kann es dabei zu einem „stationären" Gleichgewicht kommen. Die einfache Reproduktion ist möglich, die Wirtschaft wächst nicht, obwohl Profite gemacht und diese akkumuliert werden. Doch das dabei vorausgesetzte Gleichgewicht der sich dynamisch verändernden Reproduktionsstrukturen ist selbst eine Ausnahme der kapitalistischen Akkumulation und daher instabil. Die Regel ist die erweiterte Reproduktion, Akkumulation des Kapitals, Wachstum. Also müssen sich auch die Märkte für die produzierten Waren ausweiten, sonst können die produzierten Profite nicht realisiert werden. Angebot und Nachfrage müssen sich über die Zyklen hinweg im ungefähren Gleichschritt entwickeln.

Rosa Luxemburg hat bezweifelt, dass dies in kapitalistischen Verhältnissen überhaupt möglich sei. Das Kapital muss in nicht-kapitalistische Räume und Schichten expandieren können, sonst bricht der Akkumulationsprozess ab (Luxemburg 1913/1975). „Was die kapitalistische Produktionsweise vor allen früheren besonders auszeichnet, ist, dass sie das innere Bestreben hat, sich mechanisch auf die ganze Erdkugel auszudehnen und jede andere, ältere Gesellschaftsordnung zu verdrängen ... Dadurch werden die naturwüchsigen Gesellschaftsverhältnisse und die Wirtschaftsweise der Eingeborenen überall vernichtet, ganze Völker werden zum Teil ausgerottet" (Luxemburg 1975b: 772 f.). Diese Ausdehnungsfähigkeit des Kapitalismus betrachtet sie als einen Fortschritt, bis aufgrund der dem Kapitalismus eigenen „fundamentalen" Widersprüche die „Unmöglichkeit des Kapitalismus deutlich zutage" tritt (ebenda: 778). „Er ist ein lebendiger historischer Widerspruch in sich selbst ... Auf einer gewissen Höhe der Entwicklung kann dieser Widerspruch nicht anders gelöst werden als durch die Anwendung der Grundlagen des Sozialismus" (Luxemburg 1975a: 411).

Es ist freilich fraglich, ob die kapitalistische Entwicklung in diese Richtung führt, zumal wenn Grenzen der Natur als eine Entwicklungsschranke explizit von Rosa Luxemburg ausgeschlossen werden: „An sich kennt die Ausdehnungsmöglichkeit der kapitalistischen Produktion keine Grenzen, weil der technische Fortschritt und damit auch die Produktivkräfte der Erde keine Grenzen haben" (Luxemburg 1975b: 775). Rosa Luxemburg hat also zu Beginn des 20. Jahrhunderts nicht erkannt, dass mit dem Kapitalismus auch ein spezifisches gesellschaftliches Naturverhältnis entstanden ist, durch das nicht nur die Arbeiterklasse dem Kapitalismus in revolutionärer Aktion Grenzen setzt – dies war die große Hoffnung der Klassiker des Marxismus. Auch die Natur setzt Grenzen, und zwar aus den inneren Funktionsbedingungen der kapitalistischen Produktionsweise heraus. Denn sie ist zu einem Element des Kapitalverhältnisses geworden. Die Schranken der Natur werden von sozialen Bewegungen politisch artikuliert und sie lösen Umweltkonflikte aus.

Trotz der fragwürdigen Interpretation des Mensch-Natur-Verhältnisses hat Rosa Luxemburg Entwicklungsschranken des Kapitalismus ausfindig gemacht, paradoxerweise wohl infolge eines theoretischen Fehlers, den sie bei der Interpretation der Reproduktionsschemata des Kapitals begeht. Sie ging davon aus, dass der produzierte Mehrwert nicht vollständig durch die Käufe der Arbeiter- und Kapitalistenklasse realisiert werden könne, es bleibe ein überproduzierter, in voll ausgebildeten kapitalistischen Verhältnissen nicht realisierbarer Rest. Daher ist der Kapitalismus „auch in seiner vollen Reife in jeder Beziehung auf die gleichzeitige Existenz nicht kapitalistischer Schichten und Gesellschaften angewiesen" (Luxemburg 1975a: 313 f.), die für die Realisierung des Mehrwerts notwendig sind. Sie sind es, die die Akkumulation des Kapitals in Gang halten. Sie werden dazu – wie die Geschichte belegt – durch äußere Gewalt gezwungen.

Wie sich das Kapital die Erde gewaltsam unterordnet, wird zum Gegenstand der Darstellung der „geschichtlichen Bedingungen der Akkumulation" im 27. bis 32. Kapitel der „Akkumulation des Kapitals" aus dem Jahre 1913 (Luxemburg 1975a: 316 bis 411). Rosa Luxemburg beschreibt in einer grandiosen historischen Darstellung die Integration aller geographischen und sozialen Räume in den Prozess kapitalistischer Wertbildung und Verwertung: Zunächst schildert sie eindrücklich und leidenschaftlich, wie die Naturalwirtschaft durch das Kapital im Namen von Fortschritt und Moderne bekämpft, also das nicht kapitalistische Milieu zugleich genutzt und dabei zerstört wird, wie die Warenwirtschaft auf den Trümmern der Naturalwirtschaft eingeführt wird, wie Märkte mit militärischer Gewalt (wie in den so genannten Opiumkriegen in China während der 40er Jahre des 19. Jahrhunderts) geöffnet werden. Jetzt zeigt sich, wie sehr der politisch-ökonomische Machtkomplex das Kolonialsystem prägt, wie sehr die Ausdehnung der „freien Marktwirtschaft" mit brutaler Gewalt verbunden war. Das ist uns ja schon in Mike Davis' Darstellung des Hungers in Asien begegnet. Im 29. Kapitel der „Akkumulation des Kapitals" zeigt sie, wie die Bauernwirtschaft und andere Formen der Subsistenzökonomie vernichtet, also die Ernährungssouveränität unterminiert, danach, wie durch internationale Anleihen, also durch Staatsverschuldung Ägypten und das osmanische Reich im späten 19. Jahrhundert „ausgeblutet" und in Abhängigkeit von den imperialen Mächten gebracht werden. Die Dynamik von Verschuldung und Geldvermögen ist nicht erst heute für die ökonomischen Krisen und politischen Abhängigkeiten verantwortlich. Dann geht es (im 31. Kapitel) darum, wie mit Schutzzöllen und gleichzeitiger Freihandelsrhetorik die imperialistischen Kernländer ihre Wirtschaft schützen und die Ökonomien der abhängigen Länder öffnen, um sie in den globalen Akkumulationsprozess und so in ihren politischen und ökonomischen Herrschaftsbereich zu integrieren. Die gleiche Methode ist uns bei der Analyse der Ernährungskrise heute begegnet: Die reichen und mächtigen

Gesellschaften nutzen zugleich das Prinzip des Freihandels und der Protektion, um die Profitrate des Kapitals zu stützen.

Dabei spielt (dies ist Gegenstand des 32. Kapitels) die Gewalt eine herausragende Rolle und daher begleitet der Militarismus „die Schritte der Akkumulation in allen ihren geschichtlichen Phasen" (Luxemburg 1975a: 398). Es ist eben nicht möglich, die Einbeziehung des nichtkapitalistischen Milieus in das imperialistische Weltsystem zu erörtern, ohne dabei die Rolle von Politik und Staat – und daher von Gewalt – zu berücksichtigen. Der Prozess, der von Rosa Luxemburg dargestellt wurde, ist Geschichte. Aber er ist daher nicht beendet und Vergangenheit. Ähnliche Tendenzen können wir auch in der Gegenwart beobachten, wie unter Rückgriff auf Rosa Luxemburg David Harvey (Harvey 2003) oder Mike Davis (2001; 2002) dargelegt haben. So wurde Europa um die neo-europäischen territorialen Eroberungen in Amerika, Afrika, Asien, Australien erweitert (dazu: Crosby 1991), und die Erweiterung Europas, also das Wachstum im Raum war zugleich die Herstellung eines imperialistischen Weltsystems.

Der theoretische Fehler, in den Reproduktionsschemata, wie sie Marx im zweiten Band des „Kapital" entwickelt (MEW 24), den Beleg vermeintlich dafür gefunden zu haben, dass der Kapitalkreislauf weder in einfacher (stationärer) noch erweiterter (dynamischer) Reproduktion aufgeht und dass ein kapitalistisch nicht realisierbarer Rest bleibe, hat Anlass für eine beindruckende historische Analyse der kapitalistischen Inwertsetzung und ihrer Gewaltförmigkeit geboten. Diese historische Analyse ihrerseits hat theoretische Anstrengungen zur Analyse der gegenwärtigen Formen einer „Akkumulation durch Enteignung" provoziert.

9.2 Die Profitrate – eine Struktur- und Entscheidungsgröße

Der Begriff des Wachstums weckt positive Assoziationen, denn mit wirtschaftlichem Wachstum, so haben wir im siebenten Kapitel gesehen, scheint es, als ob die meisten Probleme der kapitalistischen Produktionsweise gelöst, als ob die Finanz- und Wirtschaftskrise leicht überwunden werden könnten. Doch zeigt es sich, dass die Akkumulation des Kapitals nur dann nicht ins Stocken gerät, wenn erstens die realwirtschaftliche Profitrate positiv ist und wenn erwartet werden kann, dass sie positiv bleibt, wenn zweitens die Warenwerte, in denen auch die Profitraten kalkuliert sind, realisiert werden können, und wenn drittens die Profitrate den Vergleich mit den auf Finanzmärkten erzielbaren Renditen aushält. Die Profitrate ist also einerseits eine Orientierungsgröße für Akkumulationsentscheidungen von Managern einzelner Kapitale. Andererseits ist die Profitrate eine strukturelle Größe, deren tendenzielle Entwicklung sich aus vielen einzelkapitalistischen Entscheidungen, in sozialen Auseinandersetzungen zwischen Lohnarbeit und Kapital und durch Setzung eines politischen Rahmens ergibt. Auch der Mensch-Natur-Metabolismus, vor allem die Verfügbarkeit von fossiler Energie zu passablen Kosten und die Belastbarkeit von Schadstoffsenken, sind entscheidend. Im Sinne von James O'Connor (1988) handelt es sich dabei um allgemeine Produktionsbedingungen, die gewährleistet sein müssen, damit die Profitrate nicht fällt und dann die Akkumulation von Kapital und das wirtschaftliche Wachstum ins Stocken geraten. Doch gerade diese für die kapitalistische Akkumulation notwendigen Produktionsbedingungen sind – nach O'Connor – „unterproduziert". Die einzelkapitalistischen Entscheidungen sind nicht geeignet, Strukturen zu erzeugen, die die Profitabilität des Gesamtkapitals auch nur erhalten, geschweige denn sie heben. Die Bedingungen der Entwicklung der Profitrate müssen daher in den Strukturen der Reproduktion des historischen Kapitalismus aufgespürt werden (dazu Röttger 2003).

Das lässt sich bei einer näheren Betrachtung des Zusammenhangs von Kapitalakkumulation und Profitrate zeigen. Wir beginnen mit der tautologischen Beziehung von Investitionen I (also akkumuliertem Kapitalzuwachs ΔC) und gesamtem vorgeschossenem Kapital (C). Die Beziehung $\Delta C/C$ lässt sich erweitern zu $\Delta C/P \times P/C$, wobei P die Profite (bzw. den Mehrwert) indiziert. Die Größe $\Delta C/P$ ist der Anteil der Investitonen, d.h. des akkumulierten Kapitals am Profit, und P/C ist die Profitrate. Man kann nun vereinfachend unterstellen, dass die Investitionen nur aus den Profiten getätigt werden, dass also $I = \Delta C = P$ ist. Unter dieser Annahme wird $\Delta C/P = 1$. und die Akkumulationsrate ($\Delta C/C$) ist gleich der Profitrate (P/C). Die Profite (P) sind aber gleich dem Wertprodukt bzw. dem (als statistische Maßeinheit) Bruttoinlandsprodukt (Y) abzüglich der direkten und indirekten Lohn- und Gehaltseinkommen (W), d.h. die Profite sind P = Y – W. Die Lohn- und Gehalts- sowie Transfereinkommensbezieher können aus ihren Einkommen nur wenig sparen, so dass der Zuwachs des Kapitals zum überwiegenden Teil oder ganz aus den Profiten stammt. Auch wenn es sich um eine Tautologie handelt und viele Modifikationen dieser direkten Beziehungen eingeführt werden können, zeigen sich doch die Abhängigkeit der Akkumulationsrate von der Profitrate und eine Abhängigkeit der wirtschaftlichen Wachstumsrate von der Akkumulationsrate.

Die Höhe des Kapitalvorschusses im Nenner der Relation P/K, die die Profitrate indiziert, ist abhängig von der Arbeitsproduktivität Y/L und von der Kapitalintensität, also dem Kapitaleinsatz pro Arbeitsplatz K/L. Die Größen sind erstens nicht unabhängig voneinander, sie beeinflussen sich wechselseitig, und dies macht die Entwicklung der Profitrate P/K zunächst unbestimmt. Denn Y/L kann in aller Regel nur zunehmen, wenn auch die Kapitalintensität K/L steigt. Ist der Anstieg der Arbeitsproduktivität höher als der der Kapitalintensität, ergeben sich positive Auswirkungen auf die Profitrate; steigt aber die Kapitalintensität mehr als die Arbeitsproduktivität, fällt die Profitrate. Obendrein ist zweitens die Frage der „scale", der Reichweite von großer Bedeutung. Die Verteilung zwischen Löhnen und Profiten wird durch die Traditionen der industriellen Beziehungen, die sozialstaatliche Regulation, Sprache und Kultur in erster Linie im national-staatlichen Raum bestimmt. Kapitalintensität und Arbeitsproduktivität hingegen unterliegen den globalen Sachzwängen der Standortkonkurrenz, der sich lokale Einheiten oder selbst mächtige Nationalstaaten nur schwer entziehen können.

Als Marx das Gesetz des tendenziellen Falls der Profitrate formulierte, konnte er berechtigt davon ausgehen, dass die Tendenzen des Ausgleichs der Profitraten in den Branchen und zwischen den Branchen im Wesentlichen innerhalb der Grenzen von Nationalstaaten wirksam sind. Denn die Exploitationsbedingungen der Arbeitskraft und daher die für die Höhe der Profitrate so wichtige Mehrwertrate werden durch Regelungen bestimmt, die vor allem nationalstaatliche Reichweite haben. Die Lohnverhandlungen, die Arbeitsgesetze, die Arbeitszeitregelungen etc. werden alle im nationalstaatlichen Regulationsraum gestaltet. Der Fall der Profitra-te ist daher immer als die Tendenz eines historischen Durchschnitts der Profitraten z.B. des englischen, deutschen oder französischen Gesamtkapitals gedacht.

Doch diese nationalstaatlichen Ausgleichsmechanismen sind immer weniger wirksam. Sie werden unterlaufen durch internationale Migrationsströme, durch die zunehmenden Direktinvestitionen, durch die Globalisierung des finanziellen Kapitals, durch die Internationalisierung selbst von Arbeitsbeziehungen – und die Arbeit ist im Vergleich zum Kapital ein höchst immobiler „Produktions-faktor". Die Bedeutung der nationalstaatlichen Regulationsräume ist reduziert. Folglich ist es mehr als fragwürdig, beim tendenziellen Fall von Profitraten in Zeiten der Globalisierung noch die Bildung nationalstaatlicher Durchschnitte vorauszusetzen und dann zwischen den Nationen die Entwicklungstendenzen über die Zeit zu vergleichen (wie von der „Profitratenanalysegruppe" an der Universität Hamburg praktiziert – Deumelandt o.J.). Denn die Bedingungen der Mehrwertproduktion sind nicht mehr nationalstaatlich gesetzt, sondern das Resultat globaler Konkurrenz. Insbesondere werden sie von den internati-onalisierten Finanzmärkten in einem Ausmaß beeinflusst, das zu Marx' Zeiten nicht vorstellbar war.

Dies kann nicht heißen, dass es keine nationalstaatlichen oder Branchenunter-schiede und dass es keine Tendenz der fallenden Profitraten gäbe. Die Profitraten fallen tatsächlich, und vorsichtig interpretiert kann man dies auch für einzelne

Länder feststellen und daraus „vorsichtige" Schlussfolgerungen für nationalstaatliche Unterschiede („varieties of capitalism") und die Entwicklungsbahn des kapitalistischen Weltsystems insgesamt ziehen (vgl. die empirischen Ausführungen von Brenner 2002; Beitel 2009). Die länderspezifischen Unterschiede kommen infolge unterschiedlicher Produktionsbedingungen, der Ungleichmäßigkeit und Ungleichzeitigkeit der Entwicklung zustande. Die Profitraten können dann aber aus ganz unterschiedlichen Gründen bzw. strukturellen Konstellationen von Wertgrößen sinken oder auch steigen. Ein Land wie die USA z.B. kann nach dem zweiten Weltkrieg sehr lange infolge eines Produktivitätsvorsprungs Extraprofite auf liberalisierten Weltmärkten verbuchen, die eine höhere Profitrate ermöglichen, als sie realisierbar wäre, wenn es den Produktivitätsvorsprung zwar gäbe, aber der Austausch im freien Handel eingeschränkt oder unterbunden wäre. In weniger konkurrenzfähigen, technisch und organisatorisch nachholenden Ländern kann der Vorsprung des produktiveren Landes durch entsprechend niedrigere Lohnkosten kompensiert werden (so argumentierten Altvater/Hoffmann/Semmler 1979; auch Brenner 2002 und implizit Beitel 2009).

Doch Extraprofite verschwinden irgendwann in der Konkurrenz und Löhne werden in Phasen erfolgreicher Akkumulation erhöht, auch wenn dies den durch die Globalisierung ausgeübten Druck auf die Lohn- und Gehaltseinkommen, wie Beitel darlegt (Beitel 2009: 80), nicht aufhebt (dazu auch IMF 2007). In den USA steigt der Kapitalkoeffizient von Ende des Zweiten Weltkriegs bis heute merklich an, bzw. der Kehrwert, die „Kapitalproduktivität" (Real output/ capital ratio) fällt von 1,64 im Jahr 1965 auf 0,81 im Jahr 2007. Beitel schlussfolgert: „In realen Größen ist der Kapitalstock heute nur halb so produktiv wie vor 40 Jahren" (Beitel 2009: 76). Die Wirkung auf die Profitrate ist jedenfalls negativ, und dazu haben nationalstaatliche und globale Faktoren beigetragen.

Bei Betrachtung des Akkumulationsprozesses wird klar, dass finanzielle wie reale Sektoren, dass Produktion und Zirkulation, Kapazitäten und Einkommen, Angebot und Nachfrage Bedeutung haben und dass der wirtschaftliche Gesamtreproduktionsprozess zu beachten ist, wenn die Dynamik des Kapitalismus verstanden werden soll. Die reale Wirtschaft ist immer eine gesellschaftliche Veranstaltung mit sehr vielen Beteiligten, die unterschiedliche, ja gegensätzliche Interessen haben. Diese können über Jahrzehnte einigermaßen balanciert werden, wenn gesellschaftliche Arrangements des Interessenausgleichs zwischen den Klassen, vor allem also zwischen Lohnarbeit und Kapital, zwischen Branchen und Nationen gefunden und wenn diese politisch erfolgreich reguliert werden, so dass auch makroökonomische Verhältnisse stimmen: zwischen Einkommenssteigerungen und Produktivitätsentwicklung, privater Akkumulation und der

Bereitstellung öffentlicher Güter, innerem Markt und ökonomischen Außenbeziehungen, vor allem auch zwischen produktivem und finanziellem Kapital. Diese Arrangements sind, wie von der Regulationstheorie hervorgehoben, immer Garanten für eine gewisse, d.h. niemals dauerhafte und oftmals auch prekäre gesellschaftliche Stabilität.

Die Profitrate des Kapitals muss eine hohe Akkumulationsdynamik erlauben. Doch sinkt die Profitrate in der Tendenz. Das haben bereits die klassischen Ökonomen, vor allem David Ricardo so gesehen (mit der Begründung sinkender Grenzerträge von Lebensmitteln für Arbeitskräfte, so dass mit steigenden Lebensmittelpreisen auch die Lohneinkommen zunehmen müssen und dementsprechend die Profite abnehmen). Aber es war vor allem Marx, der den tendenziellen Fall der Profitrate als das wichtigste „Bewegungsgesetz" der modernen kapitalistischen Gesellschaft identifizierte und den tendenziellen Fall als Ergebnis der widersprüchlichen Akkumulationsdynamik entschlüsselte.

Wenn die Profitrate tendenziell fällt, müssen auch die Wachstumsraten der Wirtschaft abnehmen. Tatsächlich gehen im Gegensatz zu den Erwartungen derjenigen, die das Wachstum immer weiter beschleunigen wollen, die realen Wachstumsraten in der langen Frist, wenn auch ungleichmäßig, zurück (vgl. Tabelle 7.1). Hohes, quantitativ gemessenes Wirtschaftswachstum ist Folge einer hohen Akkumulationsrate, die aber nur zustande kommen kann, wenn die Profitrate hoch ist. Da die Profite bei gegebenem Sozialprodukt negativ mit den direkten und indirekten Lohneinkommen korrelieren, wird die Profitrate – niemand wird überrascht sein – positiv durch sinkende Löhne und reduzierte Sozialausgaben beeinflusst. Jedoch kann dadurch die Realisierung der Profitrate erschwert werden, weil bei zu niedrigen Löhnen die Nachfrage nach Waren nicht ausreicht, um das Angebot zu profitablen Preisen vom Markt zu räumen. Im „Fordismus" der westlichen Industriegesellschaften vom Ende des Zweiten Weltkriegs bis etwa zum Ende der 1970er Jahre wurden daher Produktivitätsentwicklung und die Entwicklung der Pro-Kopf-Einkommen so reguliert, dass sie ungefähr im Gleichschritt erfolgen, auf der „knives edge". Der in den 1970er Jahren vorbereitete und in den 1980er Jahren par force erzwungene Übergang zum neoliberalen Entwicklungsmodell war auf der einen Seite eine Überwindung von Blockaden, auf der anderen Seite eine Auflösung von Stabilität bietenden sozialen Sicherheiten. Der nun entstandene „flexible Kapitalismus" bot neue Chancen für alle Beteiligten, und er wurde deshalb auch von Teilen der Arbeiterklasse akzeptiert. Er bot vor allem Frauen mehr Möglichkeiten zur besseren Vereinbarung von Arbeit in Produktion und Haushalt. Der Übergang vom Fordismus zum Neoliberalismus konnte nur wegen der Schwächung der sozialdemokratischen

Nachkriegskoalition eines regulierten, eines „geplanten Kapitalismus" (Shonfield 1968) gelingen, in dem die sozialstaatlich regulierte „reale Wirtschaft" mit ihren räumlich-territorialen Bindungen das Zentrum der Entwicklung darstellte.

Wenn wir aber das Wachstum der Wirtschaft als Akkumulation des Kapitals begreifen, geraten erstens die Strukturbedingungen des Kapitals, also Arbeitsproduktivität und Kapitalintensität, also in Marx'scher Terminologie die organische Kapitalzusammensetzung, und zweitens die Ausbeutungs- und Enteignungsprozesse ins Blickfeld, die Rosa Luxemburg für das Zeitalter des „klassischen" Kolonialismus und Imperialismus beschrieben hat und die David Harvey als Folie benutzt, um die gegenwärtige Entwicklung des „neuen Imperialismus" als „Akkumulation durch Enteignung" zu dechiffrieren (Harvey 2003). In den Marx'schen Kategorien würde dies heißen, dass der absoluten Mehrwertproduktion wieder größere Bedeutung zukommt, weil offensichtlich die Steigerung der relativen Mehrwertproduktion durch Erhöhung der Arbeitsproduktivität im Rahmen der fordistischen" Regulationsweise an Grenzen stößt (vgl. dazu auch Altvater 2005) und nun nicht nur die Lohnentwicklung, sondern auch die strukturellen Produktionsbedingungen (die organische Kapitalzusammensetzung) auf die Profitabilität negativ wirken.

Im kategorialen Rahmen der „Regulationstheorie" kann die Entstehung einer „postfordistischen" Regulationsweise auf der Grundlage eines neuen technologisch-sozialen Paradigmas begründet werden (vgl. Brand/Raza 2003), das geeignet ist, die Profitabilität wieder herzustellen und die Herrschaftsbedingungen und daher die politische Hegemonie des Kapitals aufrechtzuerhalten. Doch kann es durchaus sein, dass die kapitalistische Entwicklung nicht in die Richtung eines aus dem Fordismus sich so oder so entfaltenden Postfordismus weist, sondern eher in die Richtung der absoluten Mehrwertproduktion, der Akkumulation durch Enteignung. Eine solche Tendenz ist im Rahmen der Regulationstheorie nicht mehr erfassbar; der theoretische Rahmen muss also zumindest erweitert werden, um die neuen Tendenzen der Akkumulation durch Enteignung begreifen zu können.

Marx betont mehrfach, dass „dieselben Ursachen, die das Fallen der allgemeinen Profitrate hervorbringen" (MEW 25: 249), auch für die Gegenwirkungen verantwortlich sind. Dies muss freilich nicht so sein. Wenn die Profitrate fällt und wenn die hohen Renditen auf Finanzmärkten in der Krise zusammenbrechen, werden auch Kräfte gestärkt, die den normativen Rahmen der kapitalistischen Vergesellschaftung in Richtung illegitimer und krimineller Aktivitäten brechen (dazu finden sich Hinweise in Altvater/Mahnkopf 2002). Es sind also nicht immer und notwendig dieselben Ursachen, die für das Fallen der Profitrate verantwortlich sind und die auch gegen diese Tendenz mobilisiert werden können. Die Gegentendenzen wirken außerhalb der formellen Strukturen der Akkumulation. Die Profitrate kann daher auch außerhalb der Legalität gesteigert werden, nur geht daran die Gesellschaft zugrunde.

9.3 Gegentendenzen und Gegenbewegungen

Marx hat nach der Darstellung des „Gesetzes des tendenziellen Falls der Profitrate" ein Kapitel den „entgegenwirkenden Ursachen", die dem Gesetz seinen ehernen Charakter nehmen, gewidmet: „Es müssen gegenwirkende Einflüsse im Spiel sein, welche die Wirkung des allgemeinen Gesetzes durchkreuzen und aufheben und ihm nur den Charakter einer Tendenz geben ... Gegenwirkungen ... heben das Gesetz nicht auf, schwächen aber seine Wirkung ab." (MEW 25: 242; 249) Marx führt solche Gegenwirkungen auf: (a) die „Erhöhung des Exploitationsgrades der Arbeit" durch Arbeitszeitverlängerung und Erhöhung der Arbeitsintensität, (b) das Herunterdrücken des Arbeitslohns unter seinen Wert, (c) die „Verwohlfeilerung der Elemente des konstanten Kapitals", (d) die relative Überbevölkerung, (e) den auswärtigen Handel, (f) die Zunahme des Aktienkapitals. Dies sind Gegentendenzen innerhalb der Strukturen der Akkumulation. Aus dem „Gesetz des tendenziellen Falls" wird infolge der entgegenwirkenden Ursachen eine Tendenz und diese historisch langfristige Tendenz hat in der kürzeren und mittleren Frist einen zyklischen Charakter.

Erstens handelt es sich um die Einflussfaktoren auf Löhne und andere Arbeitskosten, also auch auf die Arbeitszeit und Arbeitsintensität und die Soziallohnkomponente, die in der Debatte als „Lohnnebenkosten" bezeichnet wird. Einerseits sind hier Unternehmensstrategien zur Senkung der Lohnkosten in einzelnen Betrieben und Unternehmen oder auch in Branchen und Regionen wirksam, andererseits werden Maßnahmen zur Begrenzung oder Senkung von Arbeitskosten politisch absichtsvoll konzipiert, beispielsweise mit den „Lissabon-Strategien", um die Europäische Union zur „wettbewerbsfähigsten Region" der Welt zu entwickeln. Letztlich geht es dabei mehr als zu Marx' Zeiten um staatliche Umverteilungspolitik zur Verbesserung der Kapitalverwertung. Infolge der Schwäche der Arbeiterbewegung überall in der Welt, der Krise von sozialistischen und sozialdemokratischen Parteien ist es kaum möglich, Widerstand gegen die Maßnahmen zur Reduktion der Lohnkosten und das heißt: zur Steigerung der Profitabilität des Kapitals zu organisieren. Die Höhe der Profitrate ist daher immer auch ein Indikator der Klassenstärke. Diese ist tatsächlich nationalstaatlich verschieden. Selbst in der Europäischen Währungsunion und in der EU sind die

Entwicklungen der Lohnstückkosten sehr unterschiedlich. Sie sind in Deutschland sehr niedrig, liegen weit unter dem Durchschnitt von Euroraum und EU, in den mediterranen Ländern und in Osteuropa im Vergleich dazu sehr hoch.

Hier wird schon deutlich, dass die „entgegenwirkenden Ursachen", die „Gegentendenzen" eine politische Komponente aufweisen, also politische Gegenbewegung sind. Diese haben aber unterschiedliche Wirkungen. Die Gegenbewegungen gegen eine Verbesserung der Verteilung für die Lohnabhängigen haben, sofern sie erfolgreich sind, eine Anhebung der Profitrate zum Ergebnis. Soziale Bewegungen gegen die Externalisierung von Naturschädigungen haben eine Vergrößerung der Auslagen von konstantem Kapital zur Folge und daher üben sie Druck auf die Profitrate aus. Dieser wiederum wird von „grünen" Ökologen genommen, die angesichts der unbestreitbaren Überbeanspruchung der Natur im kapitalistischen Akkumulationsprozess für „Verzicht", für eine Genügsamkeitsstrategie plädieren (so Paech 2010). Ihr Ziel ist eine „Post-Wachstums-Ökonomie", die aber keineswegs „post-kapitalistisch" sein muss. Und daher trifft sich „grüner" Verzicht mit kapitalistischer Austerity, d.h. mit den Kürzungen der Sozialausgaben, der Lohnsenkung durch Kurz- und Leiharbeit und viele andere Formen prekärer Beschäftigung. Der Verzicht wird der griechischen Bevölkerung durch Auflagen von IWF und EU abverlangt. Von Verzicht zu reden und von Kapitalismus zu schweigen, ist ein sozial regressives und politisch repressives Projekt, auch wenn es „grün" angestrichen wird.

Zweitens haben wir es mit Wirkungen auf die Kosten des konstanten Kapitals zu tun, also auf Verfügbarkeit und Kosten der Rohstoffe, insbesondere von Energie, aber auch mit Einflussfaktoren auf die Kosten, die Klimaschutz, Reinigung von Abwässern, Bodenschutz etc. verursachen. Hier geht es zum einen um das große Thema der Externalisierung negativer Effekte von Produktion und Konsumtion auf die Natur, deren „carrying capacity" dadurch beansprucht – und überbeansprucht – wird. Zeitweise allerdings können auf diese Weise der Profit und *ceteris paribus* die Profitrate gesteigert werden. Von diesen Abwälzungsstrategien auf die Natur sind immer Menschen betroffen; die Anwohner eines Kernkraftwerks, die unter der Strahlung leiden, die Arbeiter, die gefährliche und gesundheitsgefährdende Arbeiten auszuführen haben, die Fischer in ölverseuchtem Meer, die Nutzer verschmutzten Wassers, die von Pseudo-Krupp geschädigten Atemwege von Kindern etc. Sie wehren sich und bilden soziale Bewegungen gegen die Naturzerstörung, und wenn sie erfolgreich sind, zwingen sie Unternehmen zu manchmal kostspieligen Vermeidungsmaßnahmen, die die Profitrate unweigerlich senken. Sie sind die Personifikationen der von James O'Connor (1988) so genannten „second contradiction" des modernen Kapitalismus. Sie demonstrieren, dass der Kapitalismus nicht nur zyklische Krisen hervorbringt, sondern die für seine Existenz notwendigen Produktionsbedingungen unterminiert.

Also sind von den dem Fall der Profitrate entgegenwirkenden Ursachen die sozialen Gegenbewegungen gegen die negativen sozialen und ökologischen Folgen der Kapitalakkumulation zu unterscheiden. Die Krisen der Kapitalakkumulation reichen mit ihren sozialen Wirkungen weit über den unmittelbaren Produktionsprozess hinaus und sie bleiben auch nicht nur Widersprüche, sondern verwandeln sich in soziale Gegensätze und politische Konflikte. Die darin involvierten Subjekte, die Arbeiterklasse und (beispielsweise von Umweltschäden) betroffene Bürgerinnen und Bürger können daher gar nicht anders, als sich politisch gegen die aus Profitgründen bewirkten oder in Kauf genommenen Zerstörungen der Natur zu artikulieren und zu formieren. Sie herrschen dem Kapital Schutzmaßnahmen der Arbeit und der Natur auf, die den Kapitalvorschuss steigern und so auf die Profitrate negativ wirken. Das hat Karl Polanyi erkannt (Polanyi 1978). Weil der aus den gesellschaftlichen Ligaturen entbettete Arbeitsmarkt wie eine „Satansmühle" zerstörerisch auf die Arbeitskraft wirkt, entstehen Gegenbewegungen, die in einem langen historischen Prozess den Schutz durch den Sozialstaat erkämpfen; in vielen Fällen ist dies sehr opferreich geschehen.

Auch die Natur wird zerstört, wenn die Konkurrenz der Einzelkapitale auf entbettetem Markt zur Kostensenkung durch Externalisierung zwingt. Dann bilden sich über kurz oder lang Umweltbewegungen, die eine ökologisch-sensitive Regulation des unregulierten Marktes einfordern. Auf diese Idee würden neoliberale Ökonomen nicht kommen. Denn sie haben als Lösung von Interessenkonflikten zwischen Verursachern und Leidtragenden von Umweltschäden Verhandlungen zwischen Vertragspartnern im Sinn. Man kann sich ja vertraglich einigen, lautet die Botschaft: auf eine Entschädigung für erduldete Umweltschäden durch den Verursacher oder auf das Abstellen der Schädigung. Vorausgesetzt wird immer, dass die betroffenen Personen oder Personengruppen individualistisch Schäden und Kosten kalkulieren, dass sie dazu in der Lage sind und dass sie nicht kollektiv als Bewegung handeln. Bei Marx heißt es: „Die kapitalistische Produktion strebt (zwar) beständig, (die) ihr immanenten Schranken zu überwinden, aber sie überwindet sie nur durch Mittel, die ihr diese Schranken aufs neue und auf gewaltigerem Maßstab entgegenstellen." (MEW 25: 259f.) Es sind die sozialen und ökologischen Gegenbewegungen, die immer wieder diese Schranken herablassen und damit bestimmte Wege und Zielmarken der Akkumulation blockieren. Individualistische Auswege mögen für den einen oder anderen möglich sein, für die Massen von Betroffenen und bei der Schwere und Reichweite von Umweltschäden in räumlicher und zeitlicher Hinsicht heute ist das unmöglich.

Für die Kosten des konstanten Kapitals sind auch die Bezugsbedingungen der energetischen, mineralischen und agrarischen Rohstoffe maßgeblich. In reichen und mächtigen Industrieländern ist Freihandel ein wichtiges und durch die politischen Instanzen (Nationalstaaten und internationale Organisationen) gefördertes Prinzip, da dann jenen Ländern, die über Devisen verfügen, Zugang zu den Rohstoffen, die knapper werden und in aller Welt Rohstoffsicherungsstrategien ausgelöst haben, gewährleistet ist. Dies wird in den militärischen Sicherheitsdoktrinen der NATO, der EU, Deutschlands und anderer Länder explizit formuliert. Dass immer auch politische und militärische Optionen ins freihändlerische Kalkül einbezogen werden, hat mit Blick auf die deutsche militärische Präsenz am Hindukusch und am Horn von Afrika der deutsche Bundespräsident mit entwaffnender Naivität ausgeplaudert. Er musste dafür am 31. Mai 2010 seinen Hut nehmen.

Drittens wird mit dem Verweis auf die Zunahme des Aktienkapitals eine „Finanzinnovation" aus dem 19. Jahrhundert erwähnt, die dem Fall der Profitrate und seinen Folgen entgegenwirkte. Denn mit der Gründung von Aktiengesellschaften konnte an der Börse Kapital eingeworben werden, das sich mit der Zinsrate zufrieden gibt, die in der Regel niedriger ist als die Profitrate. Jedenfalls war dies im noch nicht finanzgetriebenen Kapitalismus des 19. und frühen 20. Jahrhunderts so. Daher konnte mit dem Börsenkapital ein Geschäft günstig finanziert und per Hebelwirkung („leverage") ausgedehnt werden. Auf ganz anderen Wegen wird auch im 21. Jahrhundert mit Hilfe von Finanzinnovationen der Versuch gemacht, die Verwertung von Kapital zu steigern, indem die Hebelwirkung des Eigenkapitals durch günstige Methoden der Verschuldung mit hohem Risiko erhöht wird. Dies hat einerseits hohe Eigenkapitalrenditen ermöglicht, die die realwirtschaftlich erzielbaren Profitraten weit in den Schatten stellten, andererseits aber mit zur schweren Finanzkrise seit 2007 beigetragen. Auch neue Managementstrategien, etwa auf der Grundlage des „Shareholder -value"-Konzepts (dazu Enquete-Kommission 2002: 86ff), wirken dem Fall der Profitrate und seinen Folgen zeitweise entgegen. Denn kurzfristig hohe Renditen, die auf Markterwartungen gegründet sind und nicht real im Produktionsprozess produziert werden müssen, zählen mehr als langfristig erzielbare Profite. Sind die Erwartungen infolge guter Börsenstimmung hoch, kann der Wert eines Unternehmens steigen, auch wenn sich an den realen Produktionsbedingungen nichts geändert hat.

Für die Realisierung der Profitrate bedarf es einer ausreichenden Nachfrage, die jedoch durch Maßnahmen der Kostensenkung vom Management einzelner Unternehmen gesamtwirtschaftlich kontraproduktiv abgesenkt wird. Die Rationalität von Einzelkapitalen ist eine andere als die des Gesamtkapitals. Obendrein sind die Wirkungen von Akkumulationsentscheidungen widersprüchlich. Aus der ökonomischen Theorie ist bekannt, dass Investitionen (in der Realwirtschaft) immer zwei Effekte haben. Sie erweitern die Produktionskapazität und daher das Angebot von Waren und Dienstleistungen. Das ist der Kapazitätseffekt. Und sie steigern die Einkommen und daher die Nachfrage, das ist der Einkommenseffekt. Freilich ist die Wirkungsweise dieser Effekte vielfach gebrochen. Der Massenmarkt nimmt die erzeugten Waren nur in dem Maße auf, wie die Bevölkerung wächst und die Arbeitseinkommen zunehmen, es sei denn die Nachfrage, die für die Realisierung der produzierten und auf dem Markt angebotenen Werte notwendig ist, kommt zustande, weil sich Arbeiterhaushalte zunehmend verschulden. Das ist ja vor allem in den USA im Zusammenhang mit subprime-Darlehen und Kreditkartenverschuldung in größtem Ausmaß geschehen (Foster/Magdoff 2009: 27ff.). Und so hat diese Finanzinnovation kurzfristig die Akkumulation infolge hoher Gewinne gestützt – aber nicht weil diese produziert worden wären. Sie waren eine Folge der Akkumulation durch Enteignung.

Wenn mit der Mobilisierung „entgegenwirkender Ursachen" der Fall der Profitrate nicht aufzuhalten und die Krise nicht zu vermeiden ist und wenn obendrein Gegenbewegungen die Externalisierungsstrategien der Einzelkapitale bekämpfen oder zivilgesellschaftlich oder durch politisch-hoheitlichen Akt (durch gesetzliche Regelung) unterbinden, wird ganz traditionell die „periodische Entwertung des vorhandnen Kapitals" das „der kapitalistischen Produktionsweise immanente Mittel", zeitweise den Fall der Profitrate aufzuhalten und „die Akkumulation von Kapitalwert durch Bildung von Neukapital zu beschleunigen." (MEW 25: 259f) Mit anderen Worten: die zyklische Krise ist ein notwendiges Moment von Akkumulation und Wachstum.

Diese bricht zwar auf den Finanzmärkten aus, erfasst aber sehr schnell Produktion und Konsumtion, also die „reale Wirtschaft", das Produktionssystem insgesamt. „In einem Produktionssystem", so schreibt Karl Marx, „wo der ganze Zusammenhang des Reproduktionsprozesses auf dem Kredit beruht, wenn da der Kredit plötzlich aufhört und nur noch bare Zahlung gilt, muß augenscheinlich eine Krise eintreten ... Auf den ersten Blick stellt sich die ganze Krise nur als Kreditkrise und Geldkrise dar ... Namentlich in den Zentren, wo das ganze Geldgeschäft ... zusammendrängt ... erscheint diese Verkehrung; der ganze Vorgang wird unbegreiflich, weniger schon in den Zentren der Produktion." (MEW 25: 507) Anders als zu Marx' Zeiten sind heute die „Zentren des Geldgeschäfts" protzig sichtbar, während die „Zentren der Produktion" fast schon verschämt in den Hintergrund gerückt sind. Eine räumliche Verschiebung hat stattgefunden.

Finanzstandorte werden nach anderen Kriterien ausgesucht als die Standorte, wo Öl zu finden ist oder Automobile produziert werden können. Gleichwohl macht sich gerade in der Krise der Zusammenhang von realer und finanzieller Akkumulation geltend. Die Finanzkrisen scheinen durch die „Verrücktheiten" der finanziellen Akkumulation und Spekulation provoziert zu sein, obwohl sie ohne die Widersprüche und realen Schranken der Akkumulation nicht ausbrechen würden. Werden sie im finanzgetriebenen Kapitalismus aber ausgelöst, erfassen sie sehr schnell alle Bereiche von Produktion und Zirkulation. Und sie lassen sich nur überwinden, wenn die Profitrate steigt, weil sonst die Verwertung des finanziellen Kapitals nicht gewährleistet ist. Der Anstieg der Profitrate ist die Bedingung für die Wiederaufnahme des Akkumulationsprozesses. Kein Wunder, dass sich darauf auch die Wirtschaftspolitik konzentriert.

Vierter Teil

Politik gegen die Krise:
Reparatur? Reform? Sozialismus!

Drei Reaktionsweisen auf die Krise des kapitalistischen Systems sind im Prinzip vorstellbar: *Erstens* geht es den herrschenden politischen Eliten zusammen mit dem „mainstream" des wissenschaftlichen Sachverstands um die Reparatur des Systems. Es soll durch die Krise hindurch- und wieder zum Laufen gebracht werden, ohne wichtige Ersatzteile oder gar mit der Hardware auch die Software des finanzgetriebenen Kapitalismus austauschen zu müssen. Es soll weitergehen wie bisher, nur effizienter soll das Geschäftsmodell verfolgt werden. Denn man habe ja, keine Behauptung ist öfter zu hören oder zu lesen, aus den Erfahrungen der Krise gelernt. Die Krise hat also das hegemoniale System nicht erfasst oder gar ins Wanken gebracht. Eine politische Erneuerung steht daher nicht an, man kann in den gleichen Politik-Konstellationen weitermachen wie bisher.

Zweitens kann das Projekt eines „grünen Keynesianismus", also eines ökologisch moderierten Staatsinterventionismus auf die politische Agenda gesetzt werden. Die Erfahrungen des „New Deal" der 1930er Jahre werden aufgegriffen. Doch an den Grenzen des Umweltraums, angesichts des bereits zu großen „ökologischen Fußabdrucks", zielt der New Deal zu Beginn des 21. Jahrhunderts nicht nur auf die Schaffung von Arbeitsplätzen und sozialstaatliche Umverteilung, sondern auch auf den Schutz der Umwelt, für den hohe Investitionen („green investment") vorgesehen werden. Der grüne Keynesianismus wäre ein Reformprojekt, das sich den Grenzen des Systems bereits nähert, ohne dessen Logik, nämlich eine möglichst hohe positive Profit- und Wachstumsrate, und die systemischen Funktionsbedingungen in Frage zu stellen. Die Vertreter des grünen New Deal hegen sehr häufig versöhnliche „win-win"-Gedanken: In der unterstellten „green technological revolution" kann Gutes „for business, for the environment and for development, ... for the poor and the well-off alike" herauskommen (aus einer Presseerklärung von UNDP vom 22. Oktober 2008 über den „Global Green New Deal" http://www.unep.org, download 6.1.09). Konflikte kann es in dieser harmonischen grünen Welt nicht geben. Hegemoniale Auseinandersetzungen um die Macht sind ausgeschlossen.

Drittens kann die Krise dazu genutzt werden, die überall in der Welt entstandenen und entstehenden Initiativen einer genossenschaftlichen, solidarischen Ökonomie zu fördern und in einen sozialen und politischen Zusammenhang mit der Entwicklung eines solaren, d.h. erneuerbaren Energieregimes und des nachhaltigen Umgangs mit der Natur zu bringen. Nicht nur muss die Finanzkrise durch wirksame regulatorische Maßnahmen auf den Finanzmärkten überwunden werden, auch die negativen Folgen der Klima- und Energiekrise sind abzuwenden. Der Hunger in der Welt, unter dem immer mehr Menschen, nach Angaben der FAO 2010 mehr als 1,1 Mrd. nicht nur in den Entwicklungsländern leiden, muss wirksam bekämpft werden. Die ökonomische, soziale, die politische und kulturelle Entwicklung soll aus der Sackgasse, aus der weder die Reparatur-Option noch der grüne Keynesianismus hinausführen können, auf einen neuen Entwicklungspfad einschwenken. Das geht nicht ohne die Umverteilung von Einkommen und Eigentum und daher auch von Macht. Wenn sich dafür soziale Bewegungen stark machen, wird Widerstand provoziert. Denn die alten, aus der fossil-kapitalistischen Zeit stammenden Strukturen des sozialen Metabolismus werden entwertet, wenn tatsächlich der Übergang zum „Sozialismus des 21. Jahrhunderts", in eine solidarische Ökonomie und solare Gesellschaft eingeleitet wird.

10. Kapitel
Reparaturen am System

Die Sinnbilder des finanzgetriebenen Neoliberalismus, die imperialen Finanzinstitute mit ihren marmor- und aluminiumverkleideten Glitzerfassaden
verlieren in der Finanzkrise ihren Glanz und manche Bank-Manager werden
entgegen ihrem Naturell kleinlaut. Gleichzeitig wackeln die noch aus der ersten Hälfte des 20. Jahrhunderts stammenden Kathedralen der fordistischen
Industriegesellschaft; einige der großen Automobilkonzerne in Nordamerika,
Europa und anderswo geraten sogar an den Rand der Pleite. Die Zeitalter des
staatsinterventionistischen Fordismus und des finanzgetriebenen Neoliberalismus, scheinen im Sturm der Finanz- und Wirtschaftskrise gemeinsam ihrem
Ende entgegenzugehen.

Dass diese Entwicklung eintreten kann, ist ohne Zweifel ein geschichtliches
Novum, ein historischer Bruch, der nicht immer als solcher wahrgenommen
wird, zumal wenn die Konjunktur sich zwischenzeitlich erholt und mit positiven
Verkaufszahlen auf den Weltmärkten gute Stimmung gemacht werden kann
(wie im Frühsommer 2010 in Deutschland, als die Exporte der deutschen Industrie einen sprunghaften Zuwachs verzeichneten). Also kann der systemische
Zusammenhang der Krisen in Deutschland zwar ausgeblendet werden. Aber ist
das auch in Griechenland oder in Rumänien möglich? Es wird auch verdrängt,
dass nach Peak Oil das konventionelle Öl nicht mehr billig in die Autotanks
sprudelt, dass Tiefseebohrungen nach Öl aber nicht nur sehr teuer sind, sondern
auch Desaster wie im Golf von Mexiko im April 2010 auslösen können. Der
Ölverbrauch wiederum wird durch die Politik der Krisenüberwindung stimuliert
anstatt abgebremst, z.B. durch die „Abwrackprämie" (die in neusprech-deutsch
„Umweltprämie" genannt wird) und bis 2009 in der Höhe von 2500 Euro je
verschrottetem und ersetztem Automobil gezahlt worden ist, um die Flotte von
Automobilen zu verjüngen.

Angesichts von Energieengpässen, drohendem Klimakollaps und Nahrungs-
notstand ist eine Politik, die wie in den vergangenen Jahrzehnten auf wirtschaftliches Wachstum setzt, unbedacht, blind gegenüber den Konsequenzen, „Wahnsinn mit Methode" (Wagenknecht 2008). Der Wahnsinn wird in Deutschland

mit einem Gesetz auf die Spitze getrieben, das das Wachstum „beschleunigen" soll („Wachstumsbeschleunigungsgesetz" vom Dezember 2009). Mit dem seit der Krise der 1930er Jahre zum wirtschaftspolitischen Dogma geronnenen Wachstumsrezept ist die Hoffnung auf zusätzliche Arbeitsplätze, aber auch auf eine Stabilisierung des Finanzsektors verbunden. Doch Produktivitätssteigerungen verlangen auf dem gegebenen Entwicklungspfad einen höheren fossilen Energieeinsatz und dieser führt zu höheren CO_2-Emissionen. Die Reparatur der Wirtschafts- und Finanzkrise hat also eine Verschärfung der Peak Oil-Krise und der Klimakrise zur Folge. Beides ist geeignet, die Krise der Ernährung von Milliarden Menschen zuzuspitzen. Obendrein werden durch Produktivitätssteigerungen Arbeitskräfte freigesetzt. Eine Kompensation der Freisetzungen durch die Schaffung neuer Arbeitsplätze kommt nur unter besonderen, heute eher unrealistischen Bedingungen zustande. Die Wirtschaftspolitik der Reparaturen, um die Finanz- und Wirtschaftskrise zu überwinden, ist also geeignet, die Systemkrise zu „verschlimmbessern". Da das System insgesamt nicht zur Debatte oder gar zur Disposition steht, schaffen Reparaturen nur Stückwerk. Die Löcher, die irgendwo gestopft werden, reißen an anderer Stelle wieder auf.

Man könnte es auch deftig ausdrücken: Die wirtschaftspolitische Reparaturmannschaft ist dabei, mit dem Gesäß einzureißen, was sie mit den Händen gerade zu richten versucht.

10.1 Der Staat als „ideeller Gesamtbankier"

Wenn das private Eigentum keinen Rechtstitel auf private Aneignung verbürgt, ist es wertlos und eher Last denn Lust, und nur die Hoffnung auf späteren Wertzuwachs beflügelt deren Käufer. Auch banale Bilanzierungsregeln und die Finanzaufsicht verlangen, dass ein Kredit, der nicht ordentlich bedient wird, wertberichtigt, also teilweise abgeschrieben wird. Auch die Rating-Agenturen „downgraden" Kreditnehmer, also private und öffentliche Schuldner, oder aber strukturierte Papiere, die Finanzinstitute unter das Publikum bringen, wenn deren Risiko erkennbar steigt, weil der Ausfall von Zahlungen zu erwarten ist. Die Akteure der Finanzmärkte und die großen Unternehmen, die auf Wolken satter Prämien und Boni völlig abgehoben die Freiräume der Bereicherung („enrichissez-vous") in einem Ausmaß nutzen, wie es selbst in Zeiten des „Nachtwächterstaats" oder des „laissez faire, laissez aller" der französischen Merkantilisten des frühen 18. Jahrhunderts nicht möglich war, müssen nun erleben, dass in der Krise der Staat die fast wertlosen Papiervermögen des Finanzsektors retten, d.h. übernehmen, und im Gegenzug die Privaten, die in wilder Spekulation das Vermögen der Geldhäuser verspielt haben, mit gutem Zentralbankgeld ausstatten muss.

Der Neoliberalismus ist in der Krise, zumal nun die für obsolet erklärten keynesianischen Vorstellungen neue Anziehungskraft gewinnen und massive Staatseingriffe nicht mehr tabu, sondern en vogue sind. Also wird der marktgläubige Neoliberalismus wie eine aus der Mode geratene Kutte zusammen mit den kontaminierten Finanzprodukten mit dem dernier cri eines neoliberalen Keynesianismus modisch aufgemöbelt: „Wir müssen umdenken – ja sogar durchaus keynesianisch", so der neoliberale hardliner Wolfgang Schäuble (in einem Interview im Handelsblatt vom 28.11.08). Angebotspolitik, das A&O neoliberaler Politikkonzepte, ist wirkungslos, weil der private Sektor sich auf einmal risikoscheu zurückhält. Daher muss der Staat Liquidität bereitstellen, die auf dem Interbankenmarkt nicht zu bekommen ist, und obendrein mit massiver Nachfrage die Unternehmen stützen und evtl. gar entgegen dem neoliberalen Dogma übernehmen. Sonst schnappt die Liquiditätsfalle zu. Denn „wer marode Geldhäuser retten will, muss sie zeitweise verstaatlichen" (Ulrich Schäfer in SZ, 6.2.09). Doch welche Rolle wird der Staat spielen? Die der Banken (und Bankster, wie sie von Präsident Roosevelt abwertend bezeichnet worden sind), die den crash mit verursacht haben? Oder kann der plötzliche und überraschende neue Spielraum auch für alternative Konzepte genutzt werden?

Die inzwischen (quasi)bankrotten Hauptakteure des Investmentbankensystems werden mit hunderten von Milliarden Euro, mit zig Mal mehr Geld als die Industrieländer für den Schutz des Weltklimas auszugeben bereit sind, vorläufig und vor dem ärgsten Schicksal der Pleite gerettet. Wäre das Weltklima eine Bank, so der venezolanische Präsident Hugo Chavez mit bitterem Spott auf der Kopenhagener Klimakonferenz im Dezember 2009, hätte man es längst gerettet. Doch die Frage danach, was dringlicher wäre, die Rettung der Investmentbanken oder der Schutz des Weltklimas oder die wirksame Bekämpfung des Hungers verhallt hinter den zur Bankenrettung aufgetürmten Schuldenbergen, die den praktischen Vorteil haben, die Sicht auf die Trümmer des Systems zu versperren.

Neoliberalen Dogmatikern erscheint die Verstaatlichung von Banken zunächst als eine allen Glaubenssätzen der herrschenden Lehre widersprechende Enteignung. Die helleren Köpfe unter den Neoliberalen allerdings wissen, dass nur mit einem Bruch neoliberaler Glaubenssätze der Kapitalismus und seine Institutionen in der Krise der Gesellschaftsformation zu retten sind. Die Verstaatlichung ist ja nicht als Projekt der ökonomischen Konversion und politischen Kontrolle der systemischen Strukturen, gar als die Ouverture zu einer anderen Eigentumsordnung konzipiert, sondern vor allem als die Übernahme von faulen Außenständen durch den Staat. Die Privaten werden also entlastet und die öffentliche Hand, also in letzter Instanz die Steuern zahlenden Bürgerinnen und Bürger, belastet. Die Banken haben sich verspekuliert, und zwar in einem Ausmaß, dass das haftende Eigenkapital „eigentlich" weg ist. Selbst Josef Ackermann von der Deutschen Bank „glaubt nicht mehr an die Selbstheilungskräfte des Marktes" (zit. nach Köhler 2008: 177).

Unter der Hand verwandelt sich der neoliberale, finanzgetriebene Kapitalismus in einen staatsgetriebenen und vom Staat vor den privaten Verlusten geretteten Kapitalismus. Der Staat, der von Friedrich Engels als „ideeller Gesamtkapitalist" (MEW 19: 222) bezeichnet worden ist, weil er alle jene Funktionen übernimmt, die für das System insgesamt zwar wichtig und notwendig sind, aber von den Privaten nicht ausgeführt werden, weil dabei kein Profit zu machen ist, wird – so können wir sagen – zum „ideellen Gesamtbankier". Denn der Staat kann in seiner Eigenschaft als Steuerstaat auf Einnahmequellen zurückgreifen, die mit Marktmechanismen nicht angezapft werden können: auf die Einkommensflüsse der Bürgerinnen und Bürger in Form von Steuern an den Staat. Nun garantiert der Steuerstaat mit hoheitlicher Gewalt monetäre Flüsse an den Bankensektor, mit denen der Wert von eigentlich wertlosen Wertpapieren gesichert wird. Es sind im Wesentlichen vier Wege, auf denen der Staat eingreift, um die maroden Finanzinstitute aus der Krise „herauszuhauen".

Der Staat sorgt *erstens* dafür, dass Kontoinhaber und andere Gläubiger nicht das Vertrauen in „ihre" Bankinstitute verlieren. Dies kann mit einer Art Garantieerklärung über die Sicherheit der Anlagen erreicht werden. In Deutschland hat Angela Merkel im Oktober 2008 eine solche Sicherheitsgarantie gegeben, die psychologisch wirkungsvoll gewesen ist und einen „run" auf die Banken nach der Superpleite von Lehman Brothers in den USA und der Verstaatlichung der Hypo Real Estate (HRE) und der Fast-Pleite der Commerz-Bank verhindert hat. Eine solche Garantieerklärung kann aber nur erfolgreich sein, wenn das Vertrauen in die Fähigkeit des Staates vorhanden ist, zugleich in der Gestalt der Zentralbank als „lender of last resort" und in Gestalt der Regierung als „debtor of last resort" einzuspringen. Der Staat muss also als solvent und kompetent gelten und die Regierung muss vertrauenswürdig sein. Dann kann sie die Schulden machen, an denen die mit frischem und billigem Zentralbankgeld ausgestatteten eigentlich maroden privaten Banken wieder verdienen können.

Der Staat kann *zweitens* über einzelne Banken, Fonds, Versicherungen einen Schirm von Bürgschaften aufspannen. Der Bürgschaftsschirm (in den USA 700 Mrd. USD, in Deutschland 480 Mrd. Euro, in Österreich ca. 100 Mrd. Euro etc., vgl. die Aufstellung in FTD 20.4.09) soll die Sicherheit der Banken im Geschäftsverkehr untereinander durch eine Staatsgarantie erhöhen. Auch hier ist der Bruch mit der neoliberalen Dogmatik offensichtlich. Die privaten Marktakteure brauchen den Staat, um sich auf ihrem ureigensten Terrain über den Weg trauen zu können. Das Geschäftsleben kann nur normalisiert werden, wenn Gründe für Misstrauen hinsichtlich der Solvenz von Geschäftspartnern beseitigt werden, weil letztendlich der Staat bürgt. Allerdings ist es nicht ausgeschlossen, dass die Bürgschaften in Anspruch genommen werden. Dann wird diese Maßnahme, von der tröstend gesagt wird, sie koste nichts, für die Steuerzahler teuer.

Drittens kann der Staat die Finanzinstitute von den faulen Papieren befreien. Das ist eine Form der staatlichen Stützung des maroden Bankensystems durch eine offene Sozialisierung der Verluste in Gestalt der Übernahme „toxischer Papiere" durch eine Zweckgesellschaft, eine so genannte „bad bank". Diese Idee, konkretisiert in vielfacher Ausfertigung, wird dem Publikum mit dem Versprechen schmackhaft gemacht, dass sich ja nach dem Ende der Krise die billig übernommenen schlechten Papiere bei der Rückführung in Privatbesitz verwerten lassen. Doch lehrt die Geschichte der Finanzkrisen, dass die Betreiber einer „bad bank" zumeist auf ihrem „Giftmüll" sitzen geblieben sind. Das ist ja gerade der Grund, weshalb der Staat zu Hilfe gerufen wird, um die undankbare Aufgabe der Müllbeseitigung zu übernehmen. Aber es kommt sehr darauf an, wie die „bad bank" konstruiert wird: Zu welchem Kurs werden die toxischen Papiere, für die es keinen verlässlichen Marktwert gibt, weil niemand sie nachfragt, übernommen? Im Fall der HRE war der Staat sehr kulant. Ihre zu 1,14 € gehandelten Anteilscheine wurden generös zu 1,39 € vom Staat gekauft. So großzügig werden nur Anteilseigner aus dem Schlamassel herausgehauen, das kann einem Hartz IV-Empfänger nicht passieren.

Wichtig ist auch die Frage, wie lange und zu welchen Konditionen die toxischen Papiere übernommen werden, auf Dauer oder befristet? In Deutschland sollten sie zunächst nach sechs Monaten von den Banken wieder zurückgenommen werden. Das war für die Banken uninteressant, weil so die faulen Papiere nicht aus der Bilanz entfernt werden konnten. Daher sind längere Fristen durchgesetzt worden, um bessere Zeiten abwarten zu können, in denen sie auf dem Kapitalmarkt möglichst gewinnbringend abgestoßen werden können. In den USA hat die Obama-Administration private Institute veranlasst, giftige Papiere zu übernehmen. Das funktioniert aber nur, weil der Staat das Risiko der Entwertung trägt. Steigen die Kurse der bad assets tatsächlich, gewinnen die privaten „Investoren"; fallen die Kurse, dann verliert der Staat: „cash for trash". Das ist eine „one way bet ... a disguised way to subsidize purchases of bad assets" (Krugman, NYT, 23.03.09).

Darüber hinaus müssen *viertens* die Institute, deren Eigenkapitalbasis geschwunden bzw. verspekuliert worden ist, mit neuem Kapital ausgestattet werden, also als (quasi-)verstaatlichte Institute re-kapitalisiert werden. Durch eine Re-Kapitalisierung wird den Banken wieder Haftungskapital zugeführt, das zur Deckung von Verbindlichkeiten abgeflossen ist. Haftung für die Folgen der Unternehmensentscheidungen gehört zu den neoliberalen Grundprinzipien, auf denen eine kapitalistische Marktwirtschaft aufbaut. Wenn das Haftungskapital verloren ist, muss das Unternehmen, in diesem Fall die Bank, vom Markt verschwinden. Fließt zu viel Kapital ab, müssten die Anteilseigner nachschießen. Wenn sie dies unterlassen, weil sie entweder nicht über ausreichende Mittel verfügen oder „schlechtem Geld kein gutes Geld hinterherwerfen" wollen, müsste ein betroffenes Institut die Insolvenz anmelden und möglicherweise schließen. Wenn einer Bank „systemische Bedeutung" beigemessen wird, kann die Re-Kapitalisierung nur durch den Staat, also durch die Regierung oder/und die Zentralbank, vorgenommen werden. Dann wird der Staat zum Eigner, zum reellen und nicht mehr nur „ideellen Gesamtbankier".

Normalerweise gilt im Geschäftsleben der Grundsatz: „wer zahlt, schafft an". Der Kapitalgeber und daher (Mit)Eigentümer hat das Sagen in einem Unternehmen. Nun sagt aber der deutsche Finanzminister der schwarz-roten Koalition Steinbrück, es sei „nicht die Absicht des Staates, einen strategischen Einfluss auf den Bankensektor zu nehmen" (Steinbrück in einem Interview in: Die Zeit, 16. 10. 2008). Das ist eine Kapitulationserklärung. Denn Kapitalgeber stehen in der Verantwortung für die Geschäftspolitik des mit „Staatsknete" geretteten Instituts. Kapitalgeber ist der Staat, vertreten durch die Regierung. Darüber hinaus ist die demokratisch legitimierte Regierung den Steuerzahlern rechenschaftspflichtig und kann sich schon aus demokratietheoretisch abgeleiteten Gründen nicht aus der Verantwortung stehlen. Obendrein gebietet die Kapitalbeteiligung an den Banken auch die Übernahme von Verantwortung für die Kredit- und daher Investitionspolitik. Wenn schon Steuermittel in die Banken gesteckt werden und der Staat zum ideellen Gesamtbankier mutiert und wenn daraus auch eine Haftung und Verantwortlichkeit des Staates für die Bankgeschäfte abgeleitet wird, muss der Eigentümer Managementaufgaben übernehmen.

Daher hat Joseph Stiglitz Recht, wenn er die Ausstattung von privaten Institutionen mit öffentlichen Mitteln als ein „recipe for desaster" bezeichnet, wenn nicht das neue Staatseigentum kontrolliert im gesellschaftlichen Interesse eingesetzt wird. Denn wenn der Staat Eigentümer wird und als solcher auch haftet, muss man als Geschäftspartner der staatsgeretteten Bank schon wissen, welche Strategie verfolgt wird. Und erst recht müssen die Bürgerinnen und Bürger die

Linie des Staates als Eigentümer einer Bank kennen, weil diese mit ihren Steuern realisiert wird.

Sogleich steht die Frage im Raum, aus welchen Steuern und von wem die Mittel erhoben werden, die den privaten Banken zugeleitet werden, um ihre Spekulationsverluste auszugleichen. Wie kann die Umverteilung zu Gunsten des Finanzsektors durch „die da oben" legitimiert und die Akzeptanz des Umverteilungsmanövers durch „die da unten" erreicht werden? Unweigerlich kommt die heute so genannte Frage der „governementalité" bzw. der „governance" von globaler Umverteilung auf (Opitz 2004). Politische Konflikte sind vorgezeichnet. Denn die Selbstbedienung der Banker und anderer Finanzakteure mit Prämien und Boni schafft angesichts der zunehmenden Armut, der Arbeitslosigkeit und prekären Jobs böses Blut und unterminiert die Legitimität des Systems insgesamt. Nur leben die Bankster offensichtlich in „einem anderen Universum", wo es Bedenken dieser Art nicht gibt.

Auf den ersten Blick erstaunlicherweise haben die Banken, die einen großen Teil ihrer Aktiva durch Entwertung verloren hatten, das Angebot, die faulen Wertpapiere in einer „bad bank" vorübergehend zu deponieren und dafür gute Staatsanleihen zu erhalten, nur ungern angenommen, wenn sie nicht wie die Hypo Real Estate unter dem Berg toxischer Papiere zu ersticken drohten; die HRE musste Papiere im Nominalwert von 210 Mrd. Euro in eine „bad bank" auslagern und niemand kann sagen, wie viele davon abgeschrieben und letztlich durch öffentliche Mittel ersetzt werden müssen. Doch für viele andere Banken waren offenbar die mit der Auslagerung fauler Papiere in Zweckgesellschaften verbundenen Auflagen und die Zukunftsperspektiven nicht im Interesse der Geldhäuser. Der eigentliche Grund, weshalb sie die helfende Hand des Staates bei dieser Maßnahme ausschlugen, war freilich das Geld, das sie bei den Zentralbanken fast zum Nulltarif aufnehmen konnten.

Das ist der *fünfte* Weg der Rettung von Finanzvermögen vor der Entwertung, das „monetary easing". Der Refinanzierungssatz in den USA liegt im Herbst 2009 bei unter 0,5%, der Zinskorridor der EZB ist zwischen dem Einlagensatz von 0,25% und dem Spitzenrefinanzierungssatz von 1,75% (der Hauptrefinanzierungssatz beträgt 1%) geöffnet. Geld ist also sehr billig; so soll der Spielraum der Kreditvergabe von Banken groß gehalten werden. Die harte Budgetrestriktion hoher Zinsen gilt für Kreditnehmer aus der „realen Wirtschaft" – für die Kredite gebenden, vor allem aber Wertpapiere generierenden Investmentbanken gilt das „monetary easing", die weiche und billige Geldversorgung. Das billige Geld ist die Voraussetzung für mit superlangem Hebel ausgedehnte Finanzgeschäfte (vgl. z.B. Wagenknecht 2009). Es wird von der Zentralbank bereitgestellt, also von einer politisch verantwortlichen Institution für das Geld des Gemeinwesens und seinen Wert.

Für Marx ist „das Geld ... unmittelbar zugleich das reale Gemeinwesen, insofern es die allgemeine Substanz des Bestehens für alle ist, und zugleich das gemeinschaftliche Produkt aller" (Marx 1953: 137) – und zwar auf globaler Ebene und unabhängig von den politischen Vorgaben. Im modernen finanzgetriebenen Kapitalismus jedoch ist das „gemeinschaftliche Produkt aller" ein Vermögenswert von wenigen, es bleibt lediglich die Illusion des Gemeinschaftlichen, wenn die Vermögenswerte der wenigen, wenn sie denn in der Krise gefährdet sind, durch staatliche Aktion gerettet werden, weil durch ihren Verlust sich „die allgemeine Substanz des Bestehens für alle" in Luft auflösen würde. Daher reagieren alle Zentralbanken auf die Finanzkrise mit einer Politik des leichten Geldes für Private. Es ist ein großer und grober Irrtum, Geld und Kredit die Qualität des „öffentlichen Gutes" beizumessen (vgl. Börger/Rügemer 2010). Geld ist das denkbar privateste aller Güter. Wer es hat, hält die Forderung und niemand sonst. Allerdings ist die Stabilität des Geldwerts ein öffentliches Gut; es ist aber nur gut für private Geldvermögensbesitzer, deren Vermögenswert gesichert wird, z.B. durch eine restriktive Geldpolitik, also das Gegenteil des „monetary easing". Diese dürfte sich negativ auf die Beschäftigung auswirken. Was für die Geldvermögensbesitzer und Kapitaleigner ein public good, ist für Lohnabhängige ein public bad. In nichts kommt deutlicher zum Ausdruck, was unter „finanzgetriebenem Kapitalismus" zu verstehen ist. Die Reparatur des Systems soll an den Machtverhältnisse nicht rühren. Nicht zufällig hat der sozialdemokratische Finanzminister der großen Koalition 2008 für die Verstaatlichung einiger Banken plädiert, aber nicht um mit ihnen eine Konversion in Richtung einer ökologisch und sozial nachhaltigen Wirtschaftsstruktur einzuleiten, sondern um die Finanzinstitute für die Privaten quasi treuhänderisch zu retten. An der Rolle des „Arztes am Krankenbett des Kapitalismus" scheint die Sozialdemokratie auch zu Beginn des 21. Jahrhunderts Gefallen zu finden.

Ganz entgegen der bis vor wenigen Jahren dominanten Lehre greift der Staat also massiv ins Wirtschaftsgeschehen ein. Nur mit Hilfe des Staates sind die kollabierenden Strukturen des Finanzsystems und der produzierenden Wirtschaft notdürftig abzustützen. Wollte man nur den maroden Finanzsektor sanieren, würde der Fehler wiederholt, der zum Finanzdesaster beigetragen hat: Banken, Fonds und andere Finanzakteure haben sich nur noch selbstreferentiell auf sich selbst und die erzielbaren Renditen bezogen und nicht mehr die Art und Weise berücksichtigt, wie und wo diese produziert werden. Es geriet in Vergessenheit, dass auch von der realen Welt abgekoppelte Finanzinstitute letztlich von den produzierten Überschüssen der produzierenden Ökonomie, von den Arbeitsleistungen der Arbeitskräfte abhängig sind. Renditen weit oberhalb der realen Wachstumsraten der Wirtschaft mögen zwar kurzfristig möglich sein, doch gehen diese an die ökonomische Substanz und unterminieren die reale Leistungsfähigkeit der Wirtschaft.

Der crash kommt die öffentliche Hand teuer, auch wenn die Kosten nicht genau abzuschätzen sind. Die Wertberichtigungen von Finanzinstituten, die Übernahme toxischer Papiere, die Finanzstützen für Wirtschaftsunternehmen etc. summieren sich weltweit Ende März 2009 zu 2900 Mrd. USD oder 4,7% des globalen Bruttoinlandsprodukts (vgl. OECD Wirtschaftsausblick, Zwischenbericht März 2009: 107ff.; vgl. auch die Aufstellung in FTD 16.3.09). Im April 2010 kalkuliert der IWF die Verluste des internationalen Bankensystems auf insgesamt 1623 Mrd. Euro. Die staatlichen Nettokosten des Aufkaufs von Vermögenswerten im Finanzsektor und der Rekapitalisierungen schätzt er im G20-Durchschnitt bis Ende 2009 auf 1,8% des BIP, in Deutschland seien es allerdings 4,8% des BIP (vgl. auch Antwort der Bundesregierung auf die Kleine Anfrage der Abgeordneten Sieling et al. zu den Kosten der Finanz- und Wirtschaftskrise und Beteiligung des Finanzsektors, Drucksache des Deutschen Bundestags 17/2294 vom 24.06.2010). Es sind auch dramatischere Zahlen im Umlauf. Von der Commerzbank werden die Kosten der Finanzkrise sogar mit bis zu 10.000 Mrd. USD (Zeit-online 29.8.2009) angesetzt, das wäre mehr als ein Sechstel des globalen BIP im Jahre 2009, die zumindest zu einem Teil aus öffentlichen Mitteln gegenfinanziert werden. Die Deutsche Bank hingegen wiegelt ab. Die direkten Kosten der Krise für die Staatshaushalte seien gering. In Deutschland sollen es weniger als 1 % des Sozialprodukts sein (Schildbach 2010). Auch wenn die indirekten Kosten die Haushaltsdefizite in den entwickelten Ländern von „mäßigen 1,2% des BIP 2007 auf 8,9% 2009 … (haben) explodieren" lassen (ebenda: 4), schlussfolgert der Autor, dass „trotz allem … die globale Finanzkrise von 2007-09 am Ende wahrscheinlich als eine der am wenigsten kostspieligen in die Geschichtsbücher eingehen" wird. (ebenda: 5)

Doch ist die Krise von den Finanzmärkten auf die reale Wirtschaft und auf die Staatsfinanzen übergesprungen. Nun befindet sich die Politik nicht mehr im Schlepptau der Finanzmärkte, selbst große Staaten drohen, von der Armada der Finanzmärkte versenkt zu werden. Die Staatskrise ist der sehr hohe Preis dafür, dass das System am Laufen bleibt. Am Ende könnte es heißen: die Krankheit, das ist die Finanzkrise, ist vorbei, der Patient, das sind einige Staaten und Staatenbündnisse, aber ist tot. Nun ist die Folge der verschlimmbessernden Reparaturen nicht ganz hoffnungslos. Denn politische Regime können zwar untergehen,

Staaten aber höchst selten. Selbst der Staatsbankrott ist nicht unbedingt das Ende der Geschichte.

10.2 Postkeynesianischer Staatsinterventionismus oder nichtsnutzige Konjunkturpakete

Der Staat fungiert nicht nur als Retter des Finanzsystems. Er muss auch den Akkumulationsprozess wieder in Gang bringen, mit traditionellen Methoden der Konjunkturstützung, also mit den Mitteln der Geldpolitik und in seiner Eigenschaft als Steuer- und Fiskalstaat. Wenn er dabei nicht erfolgreich ist, kommen die Finanzmärkte nicht aus der Krise. Die Akkumulation des Kapitals in Gang zu setzen ist aber nur möglich, wenn die Profitrate steigt, bzw. wenn – in Keynes'scher Terminologie – die „Grenzleistungsfähigkeit des Kapitals" über die Zinsrate der Finanzmärkte gehoben werden kann.

Der Staat ist also gefordert, doch welcher Staat ist zur Erfüllung dieser Aufgaben in der Lage, zumal in einem Staatenbündnis, wie es die EU darstellt? Ist es der minimierte Staat einer Hayek'schen EU oder sind es die immer noch als Steuer- und Fiskalstaaten existierenden Nationalstaaten, aus deren Ensemble sich die EU zusammensetzt? In der Finanzkrise zeigt es sich, dass die negativ integrierte Staatlichkeit der EU mit ihrem Budget von weniger als 1% des BIP der EU-Mitglieder unzureichend ist, um den Notwendigkeiten der Krisenbewältigung auch nur annähernd gerecht zu werden. Denn die fiskalischen Maßnahmen allein zur Bankenrettung belaufen sich auf fast 5% des globalen BIP (die Daten der Deutschen Bank liegen, wie vermerkt worden ist, niedriger). Daher kann die für den europäischen Wirtschaftsraum verantwortliche EU-Kommission nur den Versuch machen, die nationalstaatlichen Programme des Staatsinterventionismus zu koordinieren.

Wie hilflos dies geschieht, zeigt seit 2008 die Wiederkehr der Nationalstaaten mit ihren jeweiligen nationalen Politikkonzepten gegen die Krise. Neue Gegensätze innerhalb der EU zeichnen sich ab. Auch dass einzelne EU-Mitglieder sich an den IWF um finanziellen Beistand wenden bzw. wie Griechenland durch Deutschland und andere EU-Mitgliedsländer dazu veranlasst bzw. gezwungen werden, den IWF als Krisenretter ins Land zu holen, fördert nicht gerade eine einheitliche EU-Position gegen die Krise. Nicht nur geht es um die riesigen Ausgabenpakete, mit denen die Wirtschaft beschert und die EU-Bürger belastet werden. Die großen EU-Länder könnten auch den Verführungen des Protektionismus unter dem Druck der Standortkonkurrenz nachgeben und die je nationale Industrie stützen und schützen und dabei gegen andere Mitgliedsstaaten agieren.

Interessen, die in diese Richtung wirken, gibt es in allen EU-Ländern, besonders ausgeprägt in Deutschland. Dann gerät auch der Euro in der Finanz- und Wirtschaftskrise unter zusätzlichen Stress. Denn eine gemeinsame Währung ist auf Dauer nicht zu halten, wenn die Nationalstaaten die wirtschaftspolitischen Parameter setzen und dabei aus dem Auge verlieren, dass die monetäre Einheit in der Währungsunion ein Minimum an realwirtschaftlicher und politischer Vereinheitlichung erfordert. Das ist spätestens seit den Ausführungen über den „optimalen Währungsraum" von Robert Mundell vor gut einem halben Jahrhundert (Mundell 1961) bekannt.

Die Finanzkrise bringt es an den Tag, dass die europäische Integration zur Währungsunion entweder stockt und evtl. sogar einen salto mortale rückwärts machen könnte (auf die Gefahr haben wir schon Mitte der 1990er Jahre aufmerksam gemacht – Altvater/Mahnkopf 1999, Schaubild 9.1, S. 371) – oder aber zur politischen Union fortentwickelt werden muss. Die positive Integration der EU erfordert die Entwicklung einer europäischen Wirtschafts-, Sozial- und Umweltpolitik, ohne die den Anforderungen der Krisenbekämpfung, selbst wenn es nur um Reparaturen geht, nicht Rechnung getragen werden kann. Die EU ist mit ihrem Miniaturbudget angesichts der auf den globalen Finanzmärkten transferierten Werte überfordert.

Daher kommt der Nationalstaat in seiner Eigenschaft als Steuerstaat erneut ins Spiel. Er interveniert in die Wirtschaft, doch der Nutzen der Konjunkturprogramme ist eher fragwürdig. Denn die Staaten werden mit einer Lawine von Staatsschulden beladen. Diese Politik kann tatsächlich als „Wahnsinn mit Methode" (Wagenknecht 2008; 2010) bezeichnet werden. Der Staat wird in den Bankrott getrieben, und zwar ohne mit den konjunkturpolitischen Maßnahmen wirklich etwas erreichen zu können. Dies kommt besonders deutlich bei der Subventionierung der Verschrottung fahrtüchtiger Automobile zum Ausdruck. In Deutschland summieren sich die rund 1,8 Millionen Anträge auf die „Abwrackprämie" à 2500 Euro auf etwa 5 Mrd. Euro Kaufsubventionen für Neuwagen. Da könne man, meint Willem Buiter „die Bürger ja auch für das Abfackeln ihrer Häuser bezahlen, um die Bauindustrie zu stützen" (in: FTD 18.5.09). Das ist so absurd wie die Löcher, die Keynes zur Arbeitsbeschaffung in den Boden graben lassen wollte, um sie anschließend sogleich wieder zuzuschütten. Daher schlussfolgert die EZB nüchtern, dass die konjunkturelle Wirkung der Abwrackprämie kurzfristig positiv gewesen sein könnte, wenn auch nur für eine Branche, die sehr stark mit der übrigen Wirtschaft verflochten ist, dass sich aber die Wirkungen in den kommenden Jahren „möglicherweise ins Negative kehren" (EZB, Monatsbericht Oktober 2009: 54; vgl. auch OECD 2009a: 85ff.).

Die Regierungen konzentrieren sich auf eine Politik der Wachstumsförderung. Je weniger Wachstum in „reifen" Ökonomien überhaupt möglich ist, je größer auch die sozialen Kosten des Wachstums sind, desto größer die Sehnsucht nach Wachstum und sogar nach „Wachstumsbeschleunigung". Doch wie soll dies anders möglich sein als durch eine Anhebung der Profitrate? Dies kann mit jenen Maßnahmen geschehen, die als „entgegenwirkende Ursachen" zum tendenziellen Fall der Profitraten im vorangegangenen Kapitel diskutiert worden sind und die nun von der Politik ergriffen werden, um mit ihnen einen Ausweg aus der Krise anzusteuern.

Erstens werden die Einkommen zu Lasten der Lohnabhängigen umverteilt, damit die Profite steigen können. Eine Regierung kann in modernen Demokratien, in denen Tarifautonomie ein hoher Wert ist, nicht direkt in die Lohnbildungsprozesse im Rahmen der industriellen Beziehungen eingreifen. Aber sie hat viele andere Möglichkeiten, die Verteilung zwischen Lohn- und Gehaltseinkommen einerseits und Einkommen aus Unternehmertätigkeit und Vermögen andererseits zu beeinflussen. Die Steuerbelastung kann beispielsweise differenziert wie mit dem „Wachstumsbeschleunigungsgesetz" gestaltet werden. Die Entlastung in Höhe von etwa 8,5 Mrd. Euro kommt fast gänzlich den Vermögenden zugute. Von diesen „Leistungsträgern" wird erwartet, dass sie einen Teil der höheren Nettogewinne nach reduzierten Steuern investieren und so das Wachstum steigern. Das tun sie freilich nur, wenn sich Investitionen lohnen und keine attraktiveren Verwendungsmöglichkeiten der Nettoeinkünfte locken. Zu Recht wurde denn auch ganz immanent an dem Gesetz kritisiert, dass das Wachstum besser mit investiven Staatsausgaben als durch Umverteilung zu Gunsten der privaten Vermögensbesitzer angekurbelt werden könnte.

Die Regierung kann auch versuchen, auf die so genannten Lohnnebenkosten Einfluss zu nehmen, also auf die diversen Sozialleistungen des Sozialstaats. In Deutschland sind (wie zu erwarten war: nach den Wahlen des Jahres 2009) im Jahr 2010 Kürzungen bei den Sozialleistungen vorgenommen worden. Es werden den Bürgern auf diese Weise soziale Rechte genommen, die nur mit Geldeinkommen geltend gemacht werden können. Es geht also mit Hannah Arendt um das „Recht, Rechte zu haben" im modernen Rechtsstaat; es geht jedoch auch um die vom Sozialstaat transferierten Geldeinkommen, mit denen diese staatsbürgerschaftlichen Rechte ausgeübt werden können. Das sind Rechte, die in jahrzehntelangen Auseinandersetzungen im 20. Jahrhundert den herrschenden Klassen abgetrotzt werden mussten. Wenn Sozialleistungen abgebaut werden, gehen daher auch politische Rechte der Wirtschafts- und Sozialbürger (Marshall 1992) verloren.

Auch ihre Würde wird verletzt, zumal dann, wenn eine Sozialbürokratie keinen politischen Widerstand befürchten muss. Niemand muss derzeit in den Industriegesellschaften Europas oder Nordamerikas verhungern, aber sehr viele werden in entwürdigende Armut abgedrängt und sie werden an der Teilhabe an den gesellschaftlichen Gratifikationen gehindert. Die demokratische Partizipation verliert ihre soziale Substanz.

Das genau macht den historischen Bruch aus, der durch die Krise vertieft wird. Es werden soziale und politische Rechte aus den Angeln gehoben, darunter auch solche, die auf den „New Deal" der frühen 1930er Jahre in den USA zurückgeführt werden können und nach dem Zweiten Weltkrieg auch in anderen Ländern, dem US-Beispiel folgend, verwirklicht worden sind. Dies geschieht, um eine positive Wirkung auf die Profitabilität des Kapitals zu erzielen. Ideologisch wird dies mit der Begründung fadenscheinig ummäntelt, die „Leistungsträger" müssten gefördert werden, wenn die Wirtschaft wieder in Gang kommen soll. Die Steigerung der Profitrate durch Druck auf die direkten und indirekten Masseneinkommen ist also keine eher technische ökonomische Maßnahme einer „Senkung der Lohnnebenkosten", sondern das politische Projekt einer die Substanz der sozialen Demokratie auszehrenden Umverteilung. Diesen Strategien der Krisenbewältigung kommen die Verzichtsangebote „grüner Ökologen" entgegen. Da diese die Klassen- und Kapitalismusfrage als nicht relevant verwerfen, bleibt das Verzichtangebot, das von den Repräsentanten der kapitalistischen Wirtschaft dankend entgegengenommen wird – dessen Umsetzung aber die soziale Ungleichheit steigert und ökologisch desaströs ist, weil ja nun mit einer höheren Profitrate auch wieder die Akkumulation des Kapitals in Gang kommt und daher auch das Wachstum stimuliert wird, das eigentlich von den „grünen Ökologen" mit dem Verzichtappell unterbunden werden sollte. Nochmals: Wer über Verzicht redet, darf über den Kapitalismus nicht schweigen.

Die Vorstellung, das Wachstum könne „beschleunigt" werden, indem Steuern gesenkt werden, weil dadurch Investitionen rentabel würden und die Kaufkraft der Konsumenten ansteige, ist also unrealistisch. Sicher aber ist, dass öffentliche Nachfrage ausfällt, zumal dann, wenn die „Schuldenbremse", die das deutsche Parlament 2009 beschlossen hat, angezogen wird. Es sei, so Kanzlerin Merkel nach der Sparklausur des Kabinetts im Juni 2010, „ein einmaliger Kraftakt", das größte Sparvorhaben in der Geschichte der Bundesrepublik. Auf 80 Mrd. Euro werden die Einsparungen im Bundeshaushalt von 2011 bis 2014 geschätzt (FTD 7. Juni 2010). Die Schuldenbremse wird unvermeidlich zur Wachstumsbremse, weil ja auch in allen anderen europäischen Ländern „Sparpakete" geschnürt werden und dann nun einmal die monetäre Nachfrage fehlt, um die unter Kostendruck produzierten Werte realisieren zu können. Kein Wunder, dass in den europäischen Gesellschaften die Polarisierung zwischen arm und reich größer wird: Die Armen werden ärmer und zahlreicher, die Reichen werden reicher und auch ihre Zahl wächst. Die gesellschaftliche Mitte hingegen wird vor allem von oben nach unten zusammengedrückt, und dies schürt bei den Betroffenen Ängste, da ihre Befürchtung immer realistischer scheint, weiter nach unten abgedrängt zu werden (vgl. Goebel/Gornig/Häußermann 2010). Die Rede von Sozialdemokraten, Liberalen und Konservativen gleichermaßen richtet sich an eine unterstellte „neue Mitte", deren Konsens es zu gewinnen gelte. Doch „die Politik der 'neuen Mitte' und der Agenda 2010 hat eine soziale Polarisierungstendenz forciert, die den sozialen Status von Gruppen bedroht, die lange Zeit zur Stammwählerschaft der Sozialdemokraten gehörten" (Dörre 2009: 42).

Zweitens steigt die Profitrate dann, wenn der Vorschuss konstanten Kapitals zur Produktion des Profits eingedämmt werden kann. Das erfordert eine Steigerung der Faktorproduktivitäten, die nur dann erzielt werden kann, wenn neue Technologien zur Anwendung gelangen. Und dies wiederum ist nur möglich, wenn sich die Qualifikationsstruktur der Arbeitskraft den technisch-organisatorischen Anforderungen entsprechend entwickelt. Dies haben OECD, EU und die nationalstaatlichen Regierungen erkannt und daher sind Bildungspolitik und Forschungsförderung ein weiteres Mantra im politischen Diskurs der Krisenbewältigung.

Für die Steigerung der Profitrate und des Wachstums ist *drittens* eine gesicherte Energie- und Rohstoffversorgung notwendig. Diese wird daher zum Gegenstand der Außen- und Sicherheitspolitik überall in der Welt, auch in der EU. In der „europäischen Strategie für nachhaltige, wettbewerbsfähige und sichere Energie" geht es um Diversifizierungsoptionen, um die Abhängigkeit von einem Anbieter zu verringern, um eine generelle Senkung des Primärenergieverbrauchs durch Effizienzsteigerungen, die Integration von Energiepolitik in die Außenpolitik der Mitgliedsstaaten und der Union insgesamt, die Förderung erneuerbarer Energien. Doch gleichzeitig folgen die EU und die Industriestaaten den Prognosen der IEA, in denen immer noch von einem Anteil der fossilen Energieträger an der Energieversorgung in Höhe von etwa vier Fünfteln bis 2030 ausgegangen wird – und das bei einer Nachfrage, die mindestens 50 % über dem heutigen Verbrauch liegen soll. Die Diplomatie der großen Ölverbrauchsländer, auch Deutschlands und der EU insgesamt, ist daher eine Diplomatie der Pipelines. Die Versuche der Bush-Regierung, die NATO zu nutzen, um die EU in das „neue" und das „alte" Europa aufzubrechen, sind dieser geostrategischen Orientierung geschuldet. Warum kann die EU sich darauf nicht einlassen? Weil die großen EU-Länder auf Öl– und vor allem Gaslieferungen aus Russland und daher auf ein entspanntes Verhältnis zu dem östlichen Nachbarn angewiesen sind. Hier treten nicht deckungsgleiche, vielleicht sogar gegenläufige Interessen von EU und USA hervor.

Die europäische Energiepolitik kreist also vor allem um die fossilen Energieträger. Erneuerbare Energien fristen innerhalb des grundsätzlich fossilen Energieregimes eine Nischenexistenz. Natürlich soll auch die Energieeffizienz gesteigert werden. Das ist die leichteste Lösung, weil die Verbraucher fossiler Energie auf dem fossilen Energiepfad mit weniger Last und Kosten weitergehen können. Auch Unternehmen sind daran interessiert, weil Effizienzsteigerungen in aller Regel eine Senkung der Kosten und daher eine Steigerung der Gewinne ermöglichen und gut für die Wettbewerbsfähigkeit auf globalen Märkten und für die Überwindung der Finanzkrise sind. Auch verlangen Effizienzsteigerungen nach zum Teil hohen Investitionen in die „gesamte Energiekette", und kreditfinanzierte Investitionen steigern die Renditen von Banken und die Profite von produktiven Unternehmen. Ob die Effizienzsteigerung allerdings zu einer Senkung des Energieverbrauchs beiträgt, ist mehr als zweifelhaft. Je effizienter die Energiegewinnung, desto billiger kann sie angeboten werden – desto mehr Energie wird aber auch verbraucht, es sei denn, es wird politisch bewusst gegen diesen bereits erwähnten „Jevons"- oder „rebound"-Effekt gegengesteuert.

Sicher ist freilich, dass die fossile Energiewirtschaft ein riesiges Feld der Kapitalanlage bietet. Die Internationale Energieagentur (IEA) beziffert, wie wir im Kapitel 8.3 gesehen haben, den Investitionsbedarf der Ölindustrie und in der dazugehörigen Infrastruktur in den kommenden 20 Jahren (IEA 2009) auf mehr als 25.000 Mrd. US-Dollar: bei der Erneuerung und dem Ausbau der Förderanlagen, bei der Erschließung unkonventioneller Reserven von Öl und Gas, beim Bau neuer Pipelines, bei Investitionen in Raffineriekapazitäten, Tanker und andere Transportvehikel, aber auch bei der Erneuerung und Erweiterung nuklearer Anlagen und bei den erneuerbaren Energiequellen (Wind, Wellen, Biomasse etc.). Die neuen Geschäftsfelder für Finanzanleger hätten Kollateralfolgen. Das fossile Energiesystem könnte nochmals um einige Jahrzehnte verlängert werden. Das Automobil würde auch weiterhin die individuelle Mobilität gewährleisten. Das ist eine gute Nachricht für die Automobilindustrie, die durch Finanzkrise und drohenden Klimakollaps und die Auflagen, den klimaschädlichen Schadstoffausstoß zu reduzieren, auf eine rumpelige Strecke gesetzt worden ist.

Drei Möglichkeiten, die Profitrate zu steigern, die in den frühen 1930er Jahren noch gegeben waren, gibt es zu Beginn der 10er Jahre des 21. Jahrhunderts nicht mehr, und deshalb ist der Rekurs auf Keynes nur mit gebotener Vorsicht und unter Vorbehalten sinnvoll. *Erstens* ist es schwer für die Organisationen der Arbeitskraft, Lohn- und Gehaltssteigerungen durchzusetzen, um so die Konsumnachfrage anzuregen. Die Arbeitsmärkte sind trotz Migrationsbeschränkung im globalen Raum interdependent, durch verschiedene „Kanäle" wirkungsvoll miteinander verknüpft (IMF 2007). Das Kapital ist nicht zuletzt infolge der liberalisierten Finanzmärkte hochmobil und es besitzt mehr Exit-Optionen als je zuvor in der Geschichte der kapitalistischen Produktionsweise, die Arbeitskraft ist nicht oder nur begrenzt mobil. Für Migrantinnen und Migranten sind sogar die legalen Exit-Möglichkeiten durch Elektrozäune und militärisch gerüsteten Grenzschutz (Frontex) weitgehend zunichte gemacht. Der illegale „exit" trägt aber dazu bei, dass der Druck auf die Löhne und Gehälter in aller Welt zu einer regressiven Umverteilung der Einkommen beigetragen hat.

Niedrige Lohnkosten sind zwar günstig für die Profitabilität des Kapitals, doch fehlt die Konsumnachfrage. Solange dieses Fehlen wie vor dem Ausbruch der Finanzkrise durch Konsumentenverschuldung kompensiert werden kann, ist der negative Effekt auf die Profitrate begrenzt. „Passend zum Privatisierungstrend handelt es sich im Grunde um eine Art neoliberalen 'Privat-Keynesianismus': Nicht der Staat nimmt rote Zahlen in Kauf, um der Wirtschaft mehr Nachfrage zu verschaffen, sondern die Verbraucher selbst halsen sich einen wachsenden Berg Schulden auf, um ein Konsumniveau zu finanzieren, das sie sich mit ihren Löhnen und Gehältern bei weitem nicht leisten könnten" (Wagenknecht 2010). Doch wachsen dann mit den Schulden die Geldvermögen und mit den Vermögen die finanziellen Ansprüche an die produktive Ökonomie, die irgendwann von den Renditeansprüchen erneut überfordert wird. Dann müssen Vermögenswerte gestrichen werden.

Zweitens kann dies zeitweise durch Exportüberschüsse übertüncht werden. Denn diese sind die saldenmechanische Kehrseite von Profiten; je höher die Exportüberschüsse, desto höher die Profite und – ceteris paribus – auch die Profitrate und daher Akkumulation und Wachstum. Dieser warme Regen ist auf Deutschland 2010 niedergegangen. Doch fehlt er dann woanders: Die Export-überschüsse des einen Landes sind die Leistungsbilanzdefizite anderer Länder. Die „strukturellen Ungleichgewichte" werden also in der Krise nicht beseitigt oder vermindert, sondern vergrößert. Die Reparaturmaßnahmen stopfen also möglicherweise in der einen Region Löcher und reißen sie in anderen Regionen umso größer auf. Die Dramaturgie der Krisenpolitik zielt auf die Zuspitzung, nicht auf die Dämpfung der globalen Krise.

Drittens ist auf interdependenten, globalen Finanzmärkten die Zentralbank nicht mehr autonom bei der Gestaltung der Geld- und Währungspolitik. Vor allem hat sie nicht mehr die Möglichkeit, den Zinssatz unter die – in der Sprache von Keynes – „Grenzleistungsfähigkeit des Kapitals", also unter die Profitrate zu drücken, um auf diese Weise Kapitalanlagen in der produktiven Wirtschaft im Vergleich zu Finanzanlagen attraktiv zu machen. Keynes konnte in den 1930er Jahren noch davon ausgehen, dass es genügend Investitionsgelegenheiten für private Investoren gab und dass es vor allem darauf ankam, mit wirtschaftspolitischen (monetären und fiskalischen) Mitteln eine positive Divergenz zwischen Profitabilität auf Investitionen und Zinsen auf Leihkapital zu schaffen. Kurz und einfach: die Zinsen auf Finanzanlagen mussten runter und die Profitrate auf industrielles Kapital rauf, dann würden arbeitsplatzwirksame Investitionen angeregt. Und diese hatten angesichts der Systemalternative in der sowjetischen Planwirtschaft der 1930er Jahre Priorität. Heute haben die Zentralbanken zwar mit der Politik des „monetary easing" die Zentralbankzinsen gesenkt. Aber weder die Regierungen noch die Zentralbanken haben dafür gesorgt, dass die niedrigen Zinsen auch an die Investoren in den produktiven Sektoren weitergegeben werden. Es ist vielmehr mit den niedrigen Zinsen das Investmentbanking subventioniert worden. Versuche, Investitionen an der realen Profitrate auszurichten, hätten ein gewisses Maß von Investitionslenkung erforderlich gemacht. Das wäre zwar nach der Quasi-Verstaatlichung von Banken, um sie vor der sonst sicheren Pleite zu bewahren, möglich gewesen. Doch keine Regierung war dazu bereit, dieses Instrument in ihren Werkzeugkasten aufzunehmen.

Viertens läuft die Politik der Konjunkturpakete auf eine Steigerung des Verbrauchs von Ressourcen hinaus, von erneuerbaren ebenso wie von erschöpflichen. Das ist unvermeidlich, wenn das Wachstum mehr als eine inflationäre Aufblähung der monetären Werte sein soll, wenn der Zuwachs von Gütern und Diensten und die Schaffung von Arbeitsplätzen real sein sollen. Im Unterschied zu den Jahrzehnten nach dem Zweiten Weltkrieg verschärft die Politik des Wachstums die Energiekrise und die Auseinandersetzungen um die knapper werdenden nachwachsenden Ressourcen. Der Kampf gegen den Klimakollaps wird mit dem Argument, dass die Krise die Kosten nicht erlaube, aufgegeben oder bestenfalls halbherzig geführt. Auch die Versorgung von Milliarden Menschen mit Nahrung ist anders als die Sicherung von Geldvermögen nicht prioritär. Der Staat der reicheren und mächtigeren Nationen kann ein Projekt fortsetzen, das auch von den marktliberalsten Repräsentanten des Neoliberalismus niemals aufgegeben worden ist: die geopolitische und militärische Sicherung der Energie- und Rohstoffversorgung, die Abwehr der Folgen des Treibhauseffekts und das Anzapfen der Reichtümer der Biodiversität, die Abwehr der „angry and hungry people". Auf diesem Wege wären die zur geopolitischen und militärischen Intervention fähigen Staaten und deren Bündnisse in der Lage, die Folgen des „peak everything" zu mindern und den Zeitpunkt der notwendigen Anpassung an die systemische Krise hinauszuschieben.

Die „Grenzen des Wachstums" könnten so, wie auch manche Ökologen befürworten, in das „Wachstum der Grenzen" umgewandelt werden. Neuer geopolitischer Raum würde gewonnen und etwas Zeit, nicht mehr. Doch in dieser Zeit würden die Plünderung von Naturressourcen, die Belastung der natürlichen Sphären mit Schadstoffen und auch die Prozesse der gesellschaftlichen Spaltung, sowohl national als auch im globalen Raum, fortgesetzt. Die Konflikte würden mit Sicherheit nicht geringer, wahrscheinlich heftiger, und die unvermeidliche Anpassung würde immer schwieriger, weil sie immer radikaler erfolgen müsste. Das rechnet der WBGU (2010) vor: Je später die notwendige Reduktion der Treibhausgasemissionen in Angriff genommen wird, desto härter die dann verlangten Minderungsmaßnahmen, um das globale Klima vor dem Kollaps zu bewahren.

Wenn die Reparatur des Systems nach dem Krisencrash fertig ist, stellt sich heraus, dass der Karren wohl aus dem Dreck gezogen wurde und wieder läuft, aber der Weg, auf dem er rollt, nicht nur voller Schlaglöcher, sondern eine Sackgasse ist.

11. Kapitel
„Grüner New Deal" oder Reformsozialismus des 21. Jahrhunderts?

Aus der multiplen Krise scheint es nur multiple Auswege zu geben. Doch diese führen nicht weit, weil sie dem systemischen Charakter der Krise(n) nicht gerecht werden. Die Reparatur von Wirtschaft und Finanzen, um deren Krisen zu überwinden, ignoriert, wie wir im vorangegangenen Kapitel gesehen haben, die Krisen des Naturverhältnisses (Energie- und Klimakrise) und der gesellschaftlichen Reproduktion (Hunger). Dies ist der methodischen Missachtung des Doppelcharakters allen Wirtschaftens geschuldet. Die Schäden an der Natur zählen nicht und gesellschaftliche Notlagen ebenfalls nicht, wenn nur der Verwertungsrhythmus des Kapitals wieder in Gang kommen kann; der Erfolg der Reparaturmaßnahmen wird daran gemessen, dass es auf der Bahn, die abschüssig in die Krise geführt hat, wieder weiter und vor allem aufwärts geht. Die Krise wird dann schnell vergessen und verdrängt – „als wäre nichts geschehen", titelt die „Süddeutsche Zeitung" (9. August 2010) in einem Bericht über die Krisenreaktionen der Londoner Banken. Auch an anderen Bankplätzen und Wirtschaftsstandorten werden Alternativen zum gegenwärtigen „Katastrophenkapitalismus" (Klein 2007) noch nicht einmal in Erwägung gezogen. Dass Finanz- und Wirtschaftskrise, die ökologische Katastrophe im Golf von Mexiko und die „ungewöhnlichen Wetterereignisse" in China, Pakistan, Russland oder in Polen und Sachsen im Jahre 2010 etwas miteinander zu tun haben könnten, bleibt ausgeblendet.

Der schwere Krisenschock hat die politische Hegemonie der herrschenden Eliten nicht wirksam erschüttern können, möglicherweise weil es „gegenhegemonialen" Kräften schwer fällt, Allianzen für glaubwürdige Alternativen zu schmieden. Manche Auswege aus dem Labyrinth der Krise werden schon deshalb übersehen oder bewusst gemieden, weil sie in ein Terrain führen könnten, das nicht mehr vom Kapitalismus, wie wir ihn kennen, geprägt ist. Für einen Reformkapitalismus gibt es Landkarten mit vertrauten Wegmarken, es gibt auch theoretische Entwürfe, die gerade in der Krise des Neoliberalismus hervorgeholt werden; man erinnert sich der Erfahrungen des „New Deal" aus den USA der 1930er Jahre und versucht, ihn mit „grünen" Elementen umweltpolitisch zu modernisieren. Der Reformsozialismus des 21. Jahrhunderts jedoch ist eine terra incognita, wenig vermessen und kaum kartiert, mit vielen weißen Flecken – und weil die Idee vor allem in Lateinamerika von linken Reformregierungen verfolgt wird, hat die terra incognita ein exotisches Flair. Genau betrachtet jedoch ist sie ein von sozialen Bewegungen belebtes Gelände. Die Stärke der sozialen Bewegungen ist die Verschiedenheit, ihre Schwäche die politische Fragmentierung. Soziale und politische Bewegungen können die Herrschaft der Mächtigen mit gegenhegemonialen Projekten in bekanntem Gelände, auf der „terra cognita", in der kapitalistischen Weltgesellschaft also, herausfordern. Erfolgreich ist dies nur dann, wenn die Verschiedenheit erhalten bleibt, die Fragmentierung aber durch ein gemeinsames Projekt der Gesellschaftsveränderung, der sozialökologischen Transformation und Konversion überwunden wird, wenn sich also ein Subjekt bildet, das Hans-Jürgen Urban (2009) als „Mosaiklinke" bezeichnet. Mit diesem Begriff wird angedeutet, dass es nicht ein Subjekt im Singular sein kann, sondern dass es sich dabei um viele Subjekte handelt, die an einem politischen „Gesamtkunstwerk" arbeiten. Ist ein „grüner New Deal" Teil des Mosaiks? Kann der „Sozialismus des 21. Jahrhunderts" zu dem Mosaik beisteuern oder müssen umgekehrt Mosaik und Mosaik-Linke im Sozialismus-Projekt schließlich aufgehen?

11.1 Der grüne New Deal

Der New Deal der 1930er Jahre war eine Antwort auf das in der Krise nach 1929 offenbar gewordene vollständige Versagen der klassischen Wirtschaftstheorie und der an ihr geschulten wirtschaftspolitischen Praxis – und zwar überall in der Welt: in der Wirtschaftspolitik von Präsident Hoover in den USA ebenso wie in Brünings Sparpolitik in Deutschland – um nur zwei der Männer von „verblüffender Unfähigkeit" (Galbraith 2010b: 86) an den Schalthebeln der Macht zu erwähnen. Präsident Roosevelt war, wie Galbraith fortfährt, „der erste führende Politiker, der mit dieser Vorstellung konsequent brach ... Sein Programm, der New Deal, mit dessen Verwirklichung er vom ersten Tag seiner Präsidentschaft an, am 4. März 1933, begann, (war) ein Programm struktureller Erneuerung" (Galbraith 2010b: 86f.). Es vereinte vier große Komponenten: *Erstens* die Schließung der Banken und die Umgestaltung des Bankensektors, *zweitens* die Sanierung der infolge der Überlastung von Ökosystemen darnieder liegenden Landwirtschaft, *drittens* Produktionskontrollen und Preisstützungsmaßnahmen in der Industrie und *viertens* ein Beschäftigungsprogramm einschließlich der Einführung eines Mindestlohns und einer Verbesserung der Arbeitnehmerrechte. Galbraith resümiert: „Der New Deal war also in vieler Hinsicht zugleich grün und rot" (ebenda: 87).

Er konnte nur funktionieren, weil der Staat bereit war, sich hoch zu verschulden. Seit Ende der 1930er und in den 1940er Jahren war die Staatsverschuldung allerdings auch eine Folge der Aufrüstung zum Zweiten Weltkrieg. Der New Deal war also, wie viele Kritiker in den 1950er und 1960er Jahren geschrieben haben, nicht nur das Beispiel des sich herausbildenden „Welfare capitalism", sondern auch des „Warfare capitalism". In beiden Varianten jedoch spielte, anders als in den zuvor vorherrschenden neoklassisch-liberalen Theorien, der Staat eine wichtige Rolle als Akteur im Wirtschaftstheater. Die Vorstellung, dass es auf freien Märkten zu einem Marktgleichgewicht kommen könne, war Vergangenheit; wenn überhaupt, dann waren Gleichgewichte nur auf einzelnen Märkten, nicht aber in der Ökonomie insgesamt zu realisieren, und die war damals im Unterschied zur Gegenwart vor allem nationale Ökonomie. Bei einem „Gleichgewicht mit Unterbeschäftigung" auf dem Arbeitsmarkt gibt es für Marktakteure keinerlei Veranlassung, ihre gemäß individueller Rationalität geplanten Entscheidungen zu ändern. Der Staat ist also gefordert, korrigierend in die Ökonomie zur Steigerung der Beschäftigung einzugreifen, er wird zum „Interventionsstaat".

Dass der Kapitalismus aus sich heraus nicht zur Vollbeschäftigung führt, war die Überzeugung von John Maynard Keynes. Er konnte noch mit leichter Ironie dafür plädieren, Löcher graben und wieder zuwerfen zu lassen, weil mit dieser absurd erscheinenden Methode Arbeitsplätze entstanden, die unter Beachtung des produzierten Gebrauchswertes der Produkte eigentlich überflüssig waren. Das ist heute angesichts der ökologischen Restriktionen noch weniger Lösung des Beschäftigungsproblems als zu Keynes' Zeiten. Aber Keynes hatte andere als umweltpolitische Sorgen. Zur Zeit der aufkeimenden Systemkonkurrenz nach dem Beginn der Planung in der Sowjetunion 1928 war Beschäftigungssicherung in den traditionellen kapitalistischen Staaten ein Thema, das für die Überlegenheit oder Unterlegenheit des gesellschaftlichen Systems zentral war: „To put the point concretely ... When 9,000,000 men are employed out of 10,000,000 willing and able to work, there is no evidence that the labour of these 9,000,000 men is misdirected. The complaint against the present system is not that these 9,000,000 men ought to be employed on different tasks, but that tasks should be available for the remaining 1,000,000 men. It is in determining the volume, not the direction, of actual employment that the existing system has broken down". (Keynes 1936: 379) Die Qualität und die Würde der Arbeit und die Art der stofflich-energetischen Transformationen durch konkrete Arbeit waren weniger wichtig als die Erhöhung der Beschäftigung gleichgültig, was und wie und wie lange die Beschäftigten arbeiten. Der Arbeitseinsatz musste nur profitabel sein, sonst wurden die Arbeitskräfte von privaten Unternehmern nicht beschäftigt.

Daher betonte Keynes so sehr die Rendite realer Investitionen (Grenzleistungs-fähigkeit des Kapitals) im Vergleich zu den Zinsen und die Notwendigkeit, die Rendite des finanziellen Kapitals bis zum „sanften Tod" des Rentiers abzusenken und durch fiskal- und geldpolitische Maßnahmen die Profitrate zu heben.

Dass in der Sowjetunion bei der Umsetzung der Fünfjahresplanung und der beschleunigten Industrialisierung die Natur schwer geschädigt wurde, wissen wir heute. Aber das war in den 1930er Jahren kein Thema. Die Tatsache, dass in der sozialistischen Planwirtschaft der Sowjetunion Vollbeschäftigung verwirklicht werden konnte und in den kapitalistischen Industrieländern Massenarbeitslosig-keit herrschte, war der Anlass der politischen Besorgnis der herrschenden Klassen, einschließlich der kritischen Wissenschaftler, zu denen auch Keynes gehörte.

Die Sorge von damals ist heute nicht mehr berechtigt, sie ist vom Wind der Geschichte verweht, und zwar nicht, weil Arbeitskräfte voll beschäftigt wären. Das sind sie nicht. Überall in der Welt sind Millionen arbeitslos oder informell und prekär oder als Migranten und Wanderarbeiter beschäftigt, d.h. ihnen fehlt die soziale Sicherheit, die Tony Judt (2010) als eine der größten Errungenschaften des sozialdemokratischen 20. Jahrhunderts nach der Niederschlagung des Faschis-mus und als eine der Konsequenzen der Auseinandersetzung um den New Deal hervorhebt. Aber es fehlt heute die äußere Systemalternative, die die Sowjetunion damals in den 1930er Jahren war. Von den inneren Systemalternativen, also von Gewerkschaften, anderen sozialen Bewegungen und systemkritischen Parteien, so meinen die herrschenden Eliten heutzutage, müssen sie das Fürchten nicht lernen.

Sie fürchten heute mehr als den sozialen Unfrieden aufgrund der Beschäf-tigungslage die unabsehbaren Folgen der Umweltkrise, die sich anders als die ökonomische Krise von Jahr zu Jahr zuspitzt. Im Unterschied zur ökonomischen und finanziellen Krise hat die Krise des gesellschaftlichen Naturverhältnisses keinen dem Grundmuster nach zyklischen, sondern einen eher kumulativen Verlauf. Sie spitzt sich mit immer größeren Schäden zu, die obendrein irrever-sibel sind. Da immer mehr Menschen davon betroffen sind, steigen nicht nur die Kosten der Kompensation oder Abwehr von Umweltschäden. Es wächst auch ein Widerstand heran, der das Zeug hat, die systemischen Bedingungen der Herrschaft in Frage zu stellen. Daher muss ein staatsinterventionistisches, grünes Projekt der Krisenüberwindung und Reformierung des Kapitalismus 2010 komplexer ausgelegt sein als 1930. Anders als Keynes es formulierte, geht es nicht mehr vor allem um die Quantität der Arbeit; es geht um deren Qualität, sowohl für den einzelnen arbeitenden Menschen (für das Individuum) als auch für den Einzelnen als gesellschaftliches Wesen, als Mitglied eines sozialen Kollektivs. Vor allem aber ist es nicht mehr möglich, den sozialen Metabolismus zu ignorieren, also den Naturverbrauch und die Naturveränderung durch die stofflichen und energetischen Transformationen, die unweigerlich durch die konkrete Arbeit bewirkt werden.

In einer so zugespitzten Situation sind daher die Blaupausen eines „Green New Deal" (vgl. die homepage der britischen Green New Deal Group: http://www. greennewdealgroup.org/), ebenso wie die eines „Global Marshall Plan" (http:// www.globalmarshallplan.org/index_ger.html) oder einer „green economy"-Initiative, die vor allem vom Umweltprogramm UNEP unterstützt wird (http://www. unep.org/greeneconomy/), höchst willkommen. Doch dann wird der kritische Beobachter eher sprachlos ob des naiven Grundvertrauens in die Funktions- und Reformfähigkeit des kapitalistischen Weltsystems, das aus den erwähnten Projekten spricht. Auch der Glaube an die ökologische Aufgeschlossenheit und Interessiertheit der politischen Eliten, der Repräsentanten internationaler Organisationen und nicht zuletzt der Finanzmarktakteure, z.B. von Pensions- und Hedgefonds-Managern (so die Grünen Ralf Fücks und Kristina Steenbock 2007) oder der Glaube an die Versöhnbarkeit von ökologischen Anforderungen und Funktionsweise der Finanzmärkte, an die „Ökologie als Jungbrunnen der Ökonomie" (Fücks/Steenbock 2007: 4) sind verblüffend, so wie vor 80 Jahren die Unfähigkeit der Politiker, wie Galbraith konsterniert feststellt.

Die Überraschung steigt, weil selbst der Umweltminister der schwarz-gelben Koalition in Deutschland, Norbert Röttgen, vermerkt, es sei überholt, „von der Versöhnung von Ökonomie und Ökologie zu sprechen. Wir haben inzwischen erkannt: Es sind zwei Seiten einer Medaille" (nach FTD, 30. November 2009, S. 23). Sollte der Umweltminister den Doppelcharakter allen Wirtschaftens verstanden haben? Hat er etwa Marx gelesen? Das wäre erstaunlich. Naheliegender ist die andere Interpretation, der auch Fücks/Steenbock anhängen: „Auf dem Feld der 'green economy' ... stehen enorme Wachstumspotentiale" (ebenda) zur Verfügung, die auf ökonomisch profitable und ökologisch nachhaltige Weise mobilisiert werden können. Und wie? Durch einen grünen New Deal, der das Wunder des Wachstums ohne naturschädliche Stoff- und Energietransformationen vollbringen kann.

Es braucht daher nicht nur Vertrauen in die Zukunft eines „Ökokapitalismus" (ebenda: 5), sondern auch in eine „dritte industrielle Revolution" mit umweltschonenden Technologien und in die Politikfähigkeit von Regierungen und von nationalen und internationalen Organisationen – bzw. in die eigene politische Kompetenz, „mit grüner Marktwirtschaft gegen Markt- und Politikversagen" (Bündnis 90/Die Grünen, Beschluss der 28. Bundesdelegiertenkonferenz in

Erfurt vom 14. – 16. November 2008) angehen zu können. Ist das degoutantes „green washing" oder ein seriöses hegemoniales Projekt?

Die Maßnahmen zur Reparatur der Finanzmärkte missachten, wie wir im vorangegangenen Kapitel gesehen haben, die Krise des gesellschaftlichen Naturverhältnisses; die Promotoren eines grünen New Deal jedoch nehmen die Widersprüche und Krisen der Kapitalakkumulation nicht ernst. Der Neuanfang soll „grün" sein, um den ökologischen Herausforderungen, den Grenzen der Energieversorgung, dem Klimawandel, der Evolutionskrise infolge der dramatischen Einbußen an Biodiversität oder der Zunahme des Hungers in der Welt Rechnung zu tragen. Auch sollen, wie viele Verfechter der Idee des grünen New Deal proklamieren, die während des klassischen New Deals in den USA eingeführten sozialen Standards bewahrt und weiterentwickelt werden. Der „grüne New Deal" soll also aus dem Krisental mit einem sozialen und ökologischen Profil herausführen, jedoch ohne dass dadurch die Entwicklungslogik des kapitalistischen Systems grundsätzlich in Frage gestellt würde.

Folglich soll der grüne oder sozialökologische New Deal nicht nur „grün" sein, sondern obendrein die Wettbewerbsfähigkeit des „Wirtschaftsstandorts" auf globalen Märkten mit neuen umweltfreundlichen Technologien und mit ihnen den sozialen Ausgleich fördern und zugleich ein „ökologisch nachhaltiges" Wachstum stärken. Denn ohne Wachstum kann ein kapitalistisches System nicht auskommen und kann die Geld- und Finanzsphäre nicht stabilisiert werden. Wachstum aber heißt, wie wir wissen, nichts anderes als die Steigerung der Profitrate, weil ja die Lohn- und Gehaltseinkünfte zum allergrößten Teil konsumiert und nicht gespart (also auch nicht investiert) werden können. Daher stammen die wachstumswirksamen Investitionen fast zur Gänze aus den Profiten, und die Kapitalisten sind in der komfortablen Lage, mit ihren Investitionen für die Realisierung ihrer Profite zu sorgen.

Der grüne „New Deal" spiegelt eine „win-win"-Situation vor, er präsentiert sich als ein sozioökonomisches Projekt, das schwarz-grüne ebenso wie rot-grüne politische Koalitionen begründen kann. Er ist also, weil politisch wenig profiliert, gewissermaßen beliebig. Es wird erwartet, dass sich gesellschaftliche und politische Hegemonie naturwüchsig und „kooperativ" aus dem Projekt ergibt und nicht politisch zwischen verschiedenen Klasseninteressen konfrontativ erstritten werden muss. Der grüne New Deal scheint also die „windows of opportunity" weit für jede Art von „cross-over-Projekten" (dazu Kipling/Lohmeier 2010) zu öffnen. Wer könnte begründet und glaubhaft „Nein" sagen, wenn eine Zunahme der Beschäftigung, sozialer Ausgleich und ökologische Nachhaltigkeit zugleich versprochen werden? Doch kann die selbst-referentielle Renditensteigerung auf liberalisierten Finanzmärkten durch Kooperation in einer „grünen New Deal-Koalition" ausgeschaltet werden, oder bedarf es dazu nicht harter Regeln auf den Finanzmärkten, mit denen die Finanzakteure, darunter viele Spekulanten, gebunden werden?

Die beabsichtigte Ergrünung des Kapitalismus mit Hilfe der technischen Effizienzrevolution und sozialer und politischer Kooperation ist eine „Quadratur des Kreises" (Fücks/Steenbock 2007: 4), die – wenn überhaupt – nur gelingen könnte, wenn neue Investitionsfelder erschlossen werden, auf denen ein neuer langfristiger Investitionsboom entfacht werden kann. Dann wäre, so die Hoffnung, eine „lange Welle der Konjunktur" wie schon in der Vergangenheit des industriell-fossilen Kapitalismus auch im beginnenden 21. Jahrhundert möglich. Der Leiter des UNO-Umweltprogramms Achim Steiner meinte daher anlässlich der (gescheiterten) Kopenhagener Klimakonferenz im Dezember 2009: „Kopenhagen könnte noch zu der größten Konjunkturmaßnahme überhaupt werden" (nach FTD, 8.12.09). Dazu ist es in Kopenhagen bekanntlich nicht gekommen, der Wille der Klimaverhandlungspartner zur von den Ideengebern des grünen New Deal erwarteten Kooperation hat nicht gereicht.

Doch die „Wachstumsmärkte" blinken wie Schneefelder „weit von der Ferne her": Die Fläche für die solarthermische Elektrizitätserzeugung kann von 22 Mill. Quadratmetern 2005 auf 486 Mill. m^2 2020 steigen, die durch Photovoltaik produzierten Gigawatt Strom im gleichen Zeitraum von 1 Gigawatt auf 16, die mit Windkraft produzierten Gigawatt von 11 auf 40. Die Investitionen in Brennstoffzellen können von 5 auf 74 Mrd. Euro hochschnellen. Für eine nachhaltige Wasserwirtschaft werden 2005 25 Mrd. Euro ausgegeben, im Jahre 2020 beinahe der fünffache Betrag, nämlich 122 Mrd. Euro (FAZ, Verlagsbeilage Finanzmärkte, 10. September 2008). Ein Beleg für die Versöhnung von Ökologie und Ökonomie scheinen auch die Rettungspakete zur Konjunkturankurbelung und zur Überwindung der Finanzkrise in den Industrieländern zu sein. In Südkorea sollen 69% der 38,1 Mrd. USD aus dem Rettungspaket zur Überwindung der Finanzkrise in grüne Projekte fließen, in China 34% von 581,2 Mrd. USD, in Deutschland 19% von 63,4 Mrd. USD usw. Die Zahlen stammen von der HSBC, also von einer Bank, die mit diesen Hinweisen grün orientierte Anleger einzustimmen und zur Anlage ihrer liquiden Mittel zu gewinnen versucht. Im Durchschnitt der Konjunkturpakete gibt die HSBC einen grünen Anteil von 37,8% an. Fortis Investment kommt sogar auf 43%. Doch was grün ist und was nicht, ist eine Ermessenssache, bei der das Ausmaß des Zynismus zum Maßstab auf der Messlatte wird. Die Kriterien, mit denen grüne von anderen Investitionen unterschieden werden, sind nur teilweise transparent und nachvollziehbar. Dass erfolgreiche Konjunkturprogramme den Energieverbrauch erhöhen und daher auch den CO_2-Ausstoß steigern, wird in der grünen Buchführung zumeist nicht berücksichtigt (vgl.: Christiane von Hardenberg, Regierungen rechnen ihre Konjunkturpakete grün, in: FTD, 27. November 2009). Doch wenn man wie Ralf Fücks (2009) schon ein neues „grünes Wirtschaftswunder" nahen sieht, kann man sich autosuggestiv den grünen Zahlen der Banken und Bankster hingeben und in grüne Trance geraten. In der „großen Grünfärberei", so die FTD, wird „vermintes Gelände zum Reiseparadies, die Filmbranche zur Öko-Avantgarde – das grüne Wirtschaften entwickelt groteske Auswüchse" (FTD, 27. November 2009).

Ein Beispiel für grünes Investment sind „intelligente" Stromnetze (smart grids), die in der Lage sind, die dezentral in Photovoltaik- oder solarthermischen Anlagen oder in riesigen Windparks geerntete Energie *erstens* über große Distanzen zu transportieren und zu distribuieren und *zweitens* die Energie durch intelligente Steuerung von Erzeugung und Verbrauch im Netz selbst gewissermaßen zu speichern. Die Vorzüge der fossilen Energieträger, d.h. ihre Unabhängigkeit von Raum und Zeit, könnten auch die großtechnisch erzeugten erneuerbaren Energien aufweisen. Freilich ist in Rechnung zu stellen, dass der Umbau des Energiesystems, das nicht nur die Energieerzeugungs-, sondern auch die Energieumwandlungstechnologien umfasst, Zeit und enorme Investitionen benötigt. Damit könnten, wenn das Projekt denn in Gang kommen kann, tatsächlich Arbeitsplätze geschaffen werden. Doch der Aufbau eines erneuerbaren Energiesystems ist nicht möglich ohne mineralische Ressourcen, ohne seltene Erden etc., die nur in begrenztem Umfang abzubauen und aufzubereiten und daher ökonomisch teuer sind. Das Ausweichmanöver vor Peak Oil in die erneuerbaren Energieträger endet bei Peak-everything.

Projekte mit transkontinentaler Reichweite bereiten nicht nur logistische Probleme. Sie haben geopolitische Dimensionen und sind daher konfliktreich. Um den Zugriff auf die benötigten Rohstoffe in Zukunft sicherzustellen, werden schon heute Vorbereitungen getroffen. Die Nutzung erneuerbarer Energien mit der Infrastruktur und den Machtkonglomeraten des fossilen Zeitalters ist keine Lösung des Energieproblems, sondern dessen Verlagerung. Der „erneuerbare" Energieimperialismus provoziert ganz neue politische Konflikte, für die es keine leichte, sondern möglicherweise die militärische Lösung gibt. Der green new deal kann zu einem green new battle eskalieren.

Auch im Klimaschutz bieten sich Investitionsgelegenheiten, jedenfalls auf den ersten Blick. Was in den Klimaberichten zunächst als eine Bedrohung präsentiert wird, erscheint auf den zweiten Blick auch als Chance. Im bereits zitierten Stern-Review (2007) besteht die Bedrohung darin, dass durch den Klimawandel ein Fünftel des globalen Sozialprodukts verloren gehen könnte. Die Kosten der „ungewöhnlichen Wetterereignisse" und die daran angepasste Kalkulation der Versicherungsgesellschaften vermitteln einen konkreten Eindruck von den zukünftig zu erwartenden Verlusten. Doch gibt es, so der Stern-Review, die Chance, das Unglück für die Menschheit abzuwenden, wenn 1 % des globalen BIP in den Klimaschutz investiert wird. Auch die Grünen stimmen dieser Meinung zu, man könne „die Krise als Chance nutzen!" (Bündnis 90/Die Grünen).

Die Investitionen in den Klimaschutz werden zum großen Geschäft, wenn man den Emissionshandel im Zuge des derzeit vorbereiteten Kyoto II-Abkommens globalisiert. „Der Markt für CO_2-Zertifikate wird größer als der Ölmarkt werden", prophezeit Dietmar Oppelt, CEO der Firma mit dem aparten Namen Ecolutions (nach: wallstreet:online, 30.10.2009). Wenn sich da der CEO nicht täuscht. Denn CO_2-Zertifikate sind Erlaubnisscheine für Verbrennungsprodukte von Öl. Damit Öl verbrannt werden kann, muss es als „wet oil" zur Verfügung stehen. Es muss also (a) mit heute bereits gewaltigen ökologischen Schädigungen aus der Erde geholt werden, damit es (b) überhaupt verbrannt werden kann und damit (c) auf die Verbrennungsprodukte Zertifikate ausgeteilt oder diese versteigert werden können und damit (d) die Zertifikate an der Börse als „Wertpapiere" gehandelt werden können, damit (e) wegen der Kapitalkosten des Zertifikatezukaufs die Emissionen reduziert werden. Das ist eine komplizierte Handlungskette, die schon erahnen lässt, dass der Emissionshandel im Klimakapitalismus (Newell 2000) ungeeignet ist, die erwarteten klimapolitischen Funktionen zu erfüllen. Die grüne Hoffnung in den fossilen, marktwirtschaftlich gesteuerten Mechanismus trügt; mit dem Instrument des Emissionshandels kann der Klimawandel nicht gestoppt werden.

Investitionen zur Extraktion mineralischer Rohstoffe, zur Inwertsetzung der Meeresböden und zum Anbau von Agro-Kraftstoffen wären ein ergiebiges Anlagefeld. Ganze Landstriche können in Monokulturen von Agrosprit verwandelt werden. Doch dies wäre nicht mehr grün und obendrein sehr konfliktreich. Nicht nur soziale Bewegungen, z.B. Bauernorganisationen wie Via Campesina oder in Brasilien die Bewegung der Landlosen (MST), wehren sich mit sozialen und ökologischen Argumenten und politischer Macht gegen die Monokulturen großer Agro-Konzerne. Auch politische und wissenschaftliche Institutionen in den Industrieländern raten wegen der negativen Konsequenzen für die Biodiversität und den Wald- und Klimaschutz zur Vorsicht, zumal hier das schon (im 8. Kapitel) diskutierte „land-grabbing" eine fatale Rolle spielt. Daher erscheinen diese Projekte nicht auf der Zukunftsagenda des grünen New Deal oder in der Projektliste des globalen Marshall-Plans.

Das verdrießt die Köche der grünen Götterspeise nicht. Der Exekutiv-Direktor von UNEP, Achim Steiner, gibt die Investitionen im Rahmen eines grünen New Deal mit jährlich an die 1.000 Mrd. US-Dollar an. Mit viel Geld kann man bekanntlich Berge versetzen und zugleich die Finanz- und Wirtschaftskrise bewältigen, weil ja neue und profitable Investitionsgelegenheiten geschaffen werden. „We move from mining the planet to managing and re-investing in it", verspricht Steiner. Ob diese „top down"-Management-Philosophie freilich der Natur des Planeten Erde gerecht wird und ihr gut tut, sollte sie je umgesetzt werden, ist zweifelhaft. Denn erstens setzt der Green New Deal auf private Unternehmer, die nur investieren, wenn sie dabei Profite erzielen können, die die Zinsen und Renditen des finanziellen Sektors übersteigen. Mit dem „green investment" muss also ein Überschuss, ein Mehrwert produziert werden. Daher bleibt der grüne ebenso wie der schwarze, fossile Kapitalismus auf Wachstum angewiesen. Die Route der „de-growth-economy" (De-Growth 2008), kann gar nicht eingeschlagen werden.

Der „ökologische Keynesianismus bietet ... nur kurzfristige Problemlösungen für politische Entscheidungsträger", resümiert daher Peter Custers. Doch „das Überleben der Menschen und anderer Arten auf dem Planeten Erde ist ... nur bei einem rechtzeitigen Übergang in Richtung eines stationären Zustands, einer Weltwirtschaft ohne Wachstum" (Custers 2010: 191) gewährleistet. Die Route der De-Globalisierung, einer Re-Regionalisierung von Räumen und einer Entschleunigung in der Zeit würde aus dem grünen, keynesianisch regulierten Kapitalismus herausführen, also über das grüne Reformprojekt hinaus- und in die rote *„terra incognita"* eines solaren Reformsozialismus hineinführen. So argumentiert auch James Galbraith (2010b).

Denn ob grün oder wie auch immer koloriert: eine kapitalistische Wirtschaft ohne Akkumulation und daher ohne Wachstum ist nicht möglich, ein „non-starter", wie es in den USA heißt; und wenn das Wachstum ausbleibt, dann ist dies Ausdruck der Krise mit all ihren bekannten Erscheinungen, vom Verlust von Arbeitsplätzen, der Prekarisierung von Lebensverhältnissen bis zum Bankrott von Unternehmen und zum Zusammenbruch von Banken. Der ökologische Keynesianismus wird daher 2010 (im Unterschied zu 1936) nur dann ein seriöses Konzept, wenn er seine soziale, ökonomische und politische Grundlage, die kapitalistische Form der Überschussproduktion, und das fossile Energiesystem, das in den vergangenen 250 Jahren das hohe Fahrttempo der Weltwirtschaft ermöglicht hat, in Frage stellt. Zwar kann man sich mit Alain Lipietz ein „neues Akkumulationsregime ohne Ressourcenübernutzung" vorstellen, eine stationäre Gesellschaft im institutionellen Rahmen des Kapitalismus (Schachtschneider

2009). Doch lässt sich die Vorstellung in die Wirklichkeit umsetzen, wie wird aus der Idee einer stationären grün-roten Alternative auf der institutionellen Grundlage einer kapitalistischen Gesellschaft Realität, ohne die „Institutionenordnung" zu destabilisieren, „die dafür sorgt, dass die Handlungsstrategien maßgeblicher Akteure auf die Erfordernisse der Kapitalakkumulation abgestimmt werden?" (Dörre 2009: 36)

11.2 Der „Sozialismus des 21. Jahrhunderts": solar, demokratisch, solidarisch

In der „multiplen Krise" drängt sich die Systemfrage nachgerade auf, wenn man versucht, aus der Abfolge von Reparaturmaßnahmen, die zu keinem Ende führen, und aus den Fantasmagorien des grünen New Deal in die Realität der systemischen Krise mit der Absicht zurückzufinden, sie zu überwinden. Denn, so schreibt Klaus Dörre: „Ein ökosozialer New Deal ... hat zumindest als emanzipatorisches Projekt nur eine Chance, wenn er Unterstützung durch eine breit angelegte, partizipatorische und vor allem antikapitalistische Politik erhält" (Dörre 2009: 34). Was kann darunter verstanden werden? Man könnte defensiv argumentieren. Zu jeder Zeit knüpfen Bewegungen an dem an, was ihnen aus der Vergangenheit vererbt worden ist oder was ihnen als Erbe vorenthalten wurde und vielleicht auch genommen worden ist. Der Neoliberalismus der vergangenen etwa vier Jahrzehnte – wahrhaftig eine lange Zeit! – hat das Erbe des „keynesianischen Konsenses" und des „sozialdemokratischen Kompromisses" des 20. Jahrhunderts (so Tony Judt 2010) weitgehend verzehrt oder das, was übernommen wurde, achtlos beiseite gewischt. Daher fährt Tony Judt fort: „Wenn die Sozialdemokratie eine Zukunft hat, dann als Sozialdemokratie der Angst. Statt den Versuch zu unternehmen, eine Sprache des optimistischen Fortschritts zu erneuern, sollten wir anfangen, uns wieder mit unserer jüngeren Geschichte vertraut zu machen. Die erste Aufgabe radikaler Dissidenten besteht heute darin, ihr Publikum an die Errungenschaften des 20. Jahrhunderts zu erinnern – und über die wahrscheinlichen Folgen des leichtfertigen Eifers zu reden, mit dem wir diese Errungenschaften zerlegen. – Die Linke hat, um es ganz deutlich zu sagen, etwas zu bewahren" (ebenda).

Das ist richtig, die Linke darf aber nicht vergessen, dass im 20. Jahrhundert zwei Weltkriege geführt worden sind, dass in den 1920er und 1930er Jahren zumindest in Europa nicht der „linke" New Deal erfolgreich war, sondern der rechte, autoritäre und mörderische Faschismus und Nationalsozialismus, dass in der Zeit der Systemkonkurrenz nicht nur ein Welfare Capitalism entstand, sondern auch der Warfare Capitalism, der während der bedrückenden Jahrzehnte des Kalten Krieges fast zum „Exterminismus" (Thompson 1981) geführt hätte, und dass am Ende des Jahrhunderts der planwirtschaftliche Staatssozialismus im „Osten", der Entwicklungsstaat mit planwirtschaftlichen Elementen im „globalen Süden" und der keynesianische Interventionsstaat im „freien" Westen gescheitert sind. Das ist der Grund dafür, dass die Alternative zum Krisen- und Katastrophenkapitalismus der Gegenwart nicht unter den zweifellos wichtigen Errungenschaften des 20. Jahrhundert gesucht, sondern ein „Sozialismus des 21. Jahrhunderts" errichtet werden sollte.

Eines zumindest teilt dieser mit den bislang diskutierten Vorstellungen zu einem Green New Deal: Anders als der Sozialismus des 20. Jahrhunderts muss der Sozialismus des 21. Jahrhunderts die sozialökologische Frage ins Zentrum stellen und zum Ausgangspunkt der Erkundung der „terra incognita" machen. Die Unterschiedlichkeit des Umgangs von Gesellschaften mit der Natur gerät also ins Blickfeld. Dabei ist die Eigentumsordnung besonders wichtig. Es existieren ja nicht nur das Privateigentum an Naturstücken und der privateigentümlich geregelte Zugang zu Ressourcen, wie neoliberale Ökonomen und grüne Konservative meinen. Es gibt auch nicht nur die Alternative der zentralen Planung auf der Grundlage des Staatseigentums, möglicherweise im globalen Raum. In der Geschichte ist der Umgang mit der Natur, ist die Gestaltung des gesellschaftlichen Naturverhältnisses sehr häufig kommunal und gesellschaftlich, partizipativ und genossenschaftlich geregelt worden, eben auf der Grundlage nicht von individuellen Interessen oder staatlich-zentraler Kompetenz, sondern auf dem weichen und zugleich stabilen und tragfähigen Grund von gesellschaftlicher Solidarität (vgl. zusammenfassend: Burkett 2006: 302ff.).

Gemeinschaftsgüter („commons") werden als solche gemeinsam gestaltet und verwaltet und nicht mit der Unterstellung privatisiert, nur wenn die Natur einen Wirt habe, sei für den effizienten und rationalen Umgang mit ihr gesorgt. Wenn die Gemeingüter der Natur, aber auch der Kultur, nicht in Parzellen von Privateigentum aufgeteilt werden, so lautet das Argument, geht der Vorhang auf zur „Tragödie der Allmende" (Hardin 1968). Denn die individuelle Rationalität der Nutzung von Gemein- oder Allmendegütern habe deren Übernutzung zum Ergebnis. Der Grund ist, dass die Allmende allen und niemandem gehört und sich daher alle so viel davon aneignen, dass die Übernutzung unausweichlich ist; die Ansprüche sind im Prinzip unendlich, aber jede Ressource auf Erden ist endlich. Dagegen, so in okzidentaler Tradition die Schlussfolgerung, hilft im institutionellen Rahmen des kapitalistischen Systems nur die Privatisierung der Allmende. Privates Eigentumsrecht ist ein Ausschlussrecht: „Betreten verboten!" Die positive Interpretation der privatisierten Natur geht davon aus, dass erstens der Eigentümer das Eigentum als Quelle von Einkommensflüssen bewahren will und dass er zweitens alle Konkurrenten um die Naturparzelle qua Eigentumsrecht von der Nutzung ausschließen und daher die zerstörerische Übernutzung vermeiden könne. Öffentliche Räume, auch die Agora der demokratischen Deliberation, werden durch Ausschluss herrschaftlich eingezäunt.

Dabei gibt es im römischen Recht die Unterscheidung zwischen der res particularis (Privateigentum), res communis (Gemeineigentum), res nullius (niemandes Eigentum). Von letzterem nimmt John Locke an, dass es durch Arbeit in individuelles, also privates Eigentum des Arbeitenden oder des Herrn, dessen Knecht der Arbeitende ist, verwandelt wird. Lockes Argumentation ist schlüssig. Die Welt wurde den Menschen gemeinsam gegeben und alles, was die Natur hervorbringt, ist Gemeineigentum aller Menschen. Der einzelne Mensch besitzt aber, weil freier Mensch, ein Sondereigentum an seiner eigenen Person und hat daher über die Äußerung seines Geistes und Körpers ein ausschließliches Recht. Die „Arbeit bewirkte einen Unterschied zwischen ihnen (den Früchten der Natur – EA) und dem gemeinsamen Besitz. Sie fügte ihnen etwas hinzu, was mehr war als die Natur, die gemeinsame Mutter von allem, ihnen gegeben hatte, und somit gelangte er zu seinem persönlichen Recht auf sie" (Locke 1977: 217; §28). Die Natur wird durch Arbeit aus ihrem ursprünglichen Zustand gerissen und in ökonomischen Wert verwandelt.

Die Unterscheidung der Rechtsformen des Eigentums könnte mit Leichtigkeit um weitere Eigentumsformen, wie sie sich in indigenen Kulturen in verschiedenen Weltregionen herausgebildet haben, erweitert werden. Denn Eigentum macht ökonomisch nur Sinn, wenn aus ihm Aneignung folgt. Die Aneignung aber ist, wie Althusser sagen würde, „überdeterminiert": Es handelt sich um den ökonomischen Prozess der Arbeit und zugleich um einen durch soziale Normen, politische Macht, kulturell verankerte Gewohnheiten, garantierte Rechtsnormen bestimmten Akt im Austausch zwischen Gesellschaft und Natur. In der kapitalistischen Gesellschaftsformation vergegenständlicht sich die Aneignung in der Form des Mehrwerts, in anderen Gesellschaften in anderen Formen. Aber selbst in der heutigen kapitalistischen Gesellschaft sind die Muster der privateigentümlichen Aneignung verschieden, obwohl die Form der Gesellschaft sich grundsätzlich nicht gewandelt hat. Rosa Luxemburg hatte die Gewaltförmigkeit der Aneignungsprozesse im Verlauf der kapitalistischen Akkumulation – wir haben darauf bereits im 9. Kapitel verwiesen – geschildert, und David Harvey (2003) hat hervorgehoben, dass Aneignung auch als Enteignung erfolgt, also paradoxerweise als Aufhebung des spezifischen partikularen Privateigentums oder als Privatisierung dessen, was öffentlich war: „Accumulation by dispossession".

Daher ist der Schutz des Gemeineigentums, der öffentlichen Räume gegen die Tendenzen der Enteignung, d.h. gegen die politischen und sozialen Kräfte, die sie zu privatisieren trachten, eine ständige Aufgabe. Öffentliche Räume können nur geschützt werden, indem sie genützt werden. Öffentliche Räume mit kollektiv nutzbaren und genutzten Ressourcen müssen verteidigt und immer wieder erkämpft und mit Leben erfüllt werden. In der Welt gibt es dafür so viele Beispiele, dass diese bereits eine Bewegung, eine globale Tendenz der Wiederaneignung enteigneter Räume erkennen lassen, auch wenn ihre jeweiligen Erscheinungsformen und Weisen, wie sie sich manifestieren, viel mit lokalen Traditionen, nationalen Kulturen, politischen Erfahrungen etc. zu tun haben: Da sind Initiativen gegen die Privatisierung des Wassers und für die Etablierung des Rechts auf Wasser als Menschenrecht, gegen die Aneignung von Bodenschätzen durch transnationale Konzerne, gegen die Enteignung des genetischen Erbes und gegen die Produktpiraterie von Pharmaunternehmen, gegen Wasser- und Stromzähler, die einen „metered capitalism" und damit die Kommodifizierung von Gütern und Diensten der Grundversorgung der Menschen technisch möglich machen, für das Recht aller Menschen auf gesundheitliche Versorgung, auf Bildung und eine Alterssicherung, die nicht von der Kapitaldeckung und daher von den Finanzmärkten abhängig ist. In vielen Ländern sind von den Arbeitern Fabriken besetzt worden, um die Eigner daran zu hindern, eine Fabrik auszuschlachten, Maschinen etc. zu Geld zu machen, dieses in Steuerparadiese und „safe havens" für Kapitalanleger zu transferieren und auf diese Weise Arbeitsplätze zu vernichten. Diese Bewegungen sind überall dort verbreitet, wo der Prozess der „normalen" Ausbeutung und Überschussproduktion stockt und die fantastischen Mechanismen der Akkumulation durch Enteignung in Gang gesetzt werden.

Die Erfahrungen sozialer Bewegungen aus aktuellen Auseinandersetzungen sind dabei ebenso wichtig, wie der Einsatz für das, was der Mahnung von Tony Judt folgend im 21. Jahrhundert zu bewahren und weiterzuentwickeln ist. Moderne Gesellschaften sind nicht nur Arbeitsgesellschaften. Wenn man den Gesamtreproduktionsprozess betrachtet, sind kapitalistische Gesellschaften immer auch „Geldgesellschaften", d.h. Geld ist Instrument des Tausches, das Zahlungsmittel im Finanzwesen, Spekulationsvehikel, aber auch Maß des Wertes, Medium der Wertschätzung. Es ist ein Mangel der Debatte über alternative Wirtschaftsgestaltung, dass in den seltensten Fällen der Versuch gemacht wird, das „Geldrätsel" zu lösen, ja noch nicht einmal zu sehen, dass es hier ein Rätsel zu knacken gilt – wie Marx bereits den Ökonomen seiner Zeit vorgeworfen hat (MEW 23: 62ff). An der Ignoranz der Ökonomen in Sachen Geld (sofern sie theoretisch daran arbeiten und nicht damit an der Börse spekulieren) hat sich bis heute nichts geändert, sie hat sich eher gebläht und auch Alternativökonomen in ihren Dunstkreis gezogen. Es ist einerseits das Verdienst von ATTAC und der Sozialforumsbewegung, die Notwendigkeit einer Regulation von (globalen) Finanzmärkten ins Zentrum der Kampagnen gerückt zu haben. Das war der Erkenntnis geschuldet, dass eine solidarische Ökonomie vor Ort ohne eine Regulation der globalen Finanzmärkte ebenso unmöglich ist wie eine makroökonomische Politik der Vollbeschäftigung auf nationaler oder europäischer Ebene, wenn Geld und Kredit nicht durch Regulation entmachtet werden.

Andererseits gehen Teile der Bewegung wissenschaftlich naiv vor, wenn vor allem der Zins und Zinseszins ins Visier genommen werden, weil dadurch offensichtlich reales Wachstum erzwungen wird, das an den Grenzen des Umweltraums desaströse Wirkungen zeitigt. Das stimmt und im 7. Und 8. Kapitel sind dafür eine Reihe von Indizien aufgeführt worden. Doch das zinstragende Kapital gibt es nicht ohne die „reale Wirtschaft" und die Dynamik der Akkumulation. Den Zins gibt es auch nicht ohne den Profit. Das war in vorkapitalistischen Gesellschaften anders, doch im Kapitalismus ist das so, auch wenn sich die Finanzsphäre gegenüber der Kapitalzirkulation, wie wir gesehen haben, ebenso verselbständigen kann wie die Entwicklung der Zinsen von der Entwicklung der Profitrate. Also muss der Gesamtreproduktionsprozess des Kapitals in Betracht gezogen werden, wenn über Alternativen nachgedacht wird. Ein alternatives Geldsystem innerhalb der nicht-alternativen kapitalistischen Institutionen gibt es nicht.

Das sollte auch eine Lehre aus der großen Finanzkrise sein. Sie kann nur auf der Grundlage der gegebenen Gesellschaftsordnung bekämpft werden, wenn die finanziellen Forderungen reduziert und gleichzeitig die Überschussproduktion durch Wachstum angekurbelt werden. Auf eine alternative Entwicklungsbahn wird man also nicht einschwenken können, wenn Zinszahlungen begrenzt und Kredite nach sozialökologischen Kriterien ausgeteilt werden, sondern nur wenn die Totalität der kapitalistischen Gesellschaft verändert, also ein „holistischer Ansatz" entfaltet werden. Wenn das Prinzip „no growth" ernst genommen wird, übersetzt es sich in „no profit" und „no interests". Wenn das gesellschaftliche Naturverhältnis in solidarischer Ökonomie nachhaltig gestaltet wird, verschwindet also die Dynamik aus der kapitalistischen Gesellschaft: das Profitprinzip und die harte Budgetrestriktion des Geldes. No growth, das ist eine stationäre Gesellschaft. Dem würden viele Vertreter der Idee eines grünen New Deal zustimmen. Doch was würde das für Geld und Kredit, für die Arbeit und die politische Gestaltung bedeuten? Ist auf diese Frage aus den Angeboten der Projekte eines grünen New Deal eine befriedigende Antwort abzuleiten? Es dürfte zumindest schwer fallen.

Daher werden manche an Stelle dieser Prinzipien eine planwirtschaftliche Lösung, in Zeiten der Globalisierung möglicherweise im planetarischen Maßstab, vor Augen haben. Dabei darf nicht vergessen werden, dass auch kapitalistische Unternehmen planen, die großen transnational operierenden Unternehmen sogar mit globaler Reichweite. Das ist Planung im Interesse des Kapitals, nicht zur Befriedigung der Bedürfnisse der Bevölkerung. Die Konzernplanung bleibt im Übrigen an den Marktmechanismus gebunden. Diese gehorchte bis zum Ausbruch der Finanzkrise vor allem den Imperativen der globalen Finanzmärkte. Die Finanzkrise und die davon ausgelöste Wirtschaftskrise zeigen, wie spekulativ, zerstörerisch und rücksichtslos auf gesellschaftliche Kosten zur Steigerung von Profiten und Renditen geplant wird – und wie ineffizient die kapitalistische Planung der transnational operierenden Konzerne ist.

Eine Planung zur Befriedigung der Bedürfnisse der Menschen scheitert schon deshalb, weil es viel zu kompliziert ist, sie zu erheben, zu bürokratisch, sie abzuwägen und viel zu autoritär, die Richtungen der Entwicklung zu bestimmen. Also kann die Planung nur eine Rahmenplanung sein. Planung ist also nicht obligatorisch, sondern indikativ. Sie kann daher auch nicht vollständig an die Stelle des Marktes treten. Die „perfect computation" ersetzt, wie Peter Wiles schon vor mehr als einem halben Jahrhundert darlegte, nicht die „perfect competition". Auch wenn Computer, die hardware ebenso wie die software, unvergleichbar leistungsfähiger sind als vor einigen Jahrzehnten, muss der Markt auch weiterhin genutzt werden, um individuelle Befriedigung von Bedürfnissen in angemessener Zeit mit der notwendigen Flexibilität zu ermöglichen.

In vielen Entwicklungsländern, vor allem in Lateinamerika, galt der Staat bis zum Ausbruch der Schuldenkrise in den 1980er Jahren als „Entwicklungsstaat". Tatsächlich waren die Wachstumsraten (wenn man diese als Erfolgsindikatoren nimmt) sehr hoch. Aber den Markt gab es neben der (zentralen, aber indikativen) Planung auch. Das Wertgesetz der Warenproduktion kann nur aufgehoben werden in einer Welt der Überschussproduktion, der Überwindung jeden Mangels, und diese Welt ist *erstens* weit entfernt. *Zweitens* geraten wir an dieser Stelle sofort in Konflikt mit einem Grundprinzip eines modernen „Sozialismus des 21. Jahrhunderts": mit dem der ökologischen Nachhaltigkeit. Überschussproduktion darf nicht auf Kosten der Natur und daher auf Kosten späterer Generationen erfolgen.

In der Natur gibt es keine zentral geplanten Prozesse, das glauben nur die reaktionären Kreationisten, die die Vielfalt der Evolution als das superintelligente Werk eines göttlichen Supersubjekts interpretieren. Es gibt nur spontane dezentrale Abläufe. Das wichtigste Prinzip der Evolution ist das der Redundanz, daher auch der Fehlerfreundlichkeit. Der Blick in die natürlichen Abläufe öffnet die Perspektive in eine Welt der Vielfalt, wie sie auch in gesellschaftlichen Beziehungen und in den Aktionsräumen von sozialen Bewegungen existieren kann. Sie werden sich dafür immer wieder Legitimität beschaffen müssen, und sie bedürfen der Regulation durch geeignete Institutionen wirtschaftsdemokratischer Kontrolle (vgl. Demirović 2007).

Gleichzeitig gibt es viele kleine Einheiten in vielen Weltregionen, die höchst verschieden sind und sich in ein System globaler Planung nicht integrieren lassen würden. Zu Recht, denn dieses würde die solidarisch-genossenschaftlichen und demokratischen Organisationsformen der Wirtschaft wegen seines zentralen und zentralisierenden Charakters erschweren oder gar unterbinden. Man kann es auch anders ausdrücken: Planung war etwas für das fordistische System der großen Industrie des 20. Jahrhunderts. Planung wird von den großen transnationalen Konzernen auch heute angewandt, um ihre Macht effizient entfalten zu können und so gegenüber der Arbeiterklasse, aber auch gegenüber dem Staat zu steigern. Für eine Vielzahl von vernetzten kleineren und mittleren Unternehmen in genossenschaftlicher Organisation ist zentrale Planung ungeeignet, Sie trägt immer die Gefahr in sich, dass das Subjekt zentraler Planung – große Wirtschaftsunternehmen, der Staat – eine autoritäre Ordnung erzwingt, noch dazu auf globaler Ebene. Ein demokratischer Staat im globalen Raum kann nur im Plural existieren, und zu einer indikativen Rahmenplanung müssen sich die genossenschaftlichen Einheiten immer wieder demokratisch kommunikativ verständigen. Das sind imperfekte Angebote, doch sollten wir, so Tony Judt, „eines begriffen haben: Je perfekter die Lösung, desto schrecklicher ihre Folgen. Unvollkommene Verbesserungen als Antwort auf unbefriedigende Umstände – das ist das Beste, worauf wir hoffen können" (Judt 2010).

Alternativen entstehen als Genossenschaften und kooperative Projekte in Stadtteilen, auf dem Lande sowohl zur Produktion, zur Organisierung und Bereitstellung sozialer Dienste als auch zur Organisation von politischer Kommunikation und kultureller und sportlicher Aktivitäten. Sie verändern den formellen Arbeits- und Produktionsprozess in wirtschaftsdemokratische Richtungen. Sie ermöglichen es daher den Menschen, Fähigkeiten zu erwerben und weiterzuentwickeln (capabilities, capacity building; empowerment). Das ist bitter nötig. Denn auch wenn eine Revolution nicht aktuell ist, werden doch revolutionäre Transformationen der heutigen Gesellschaften notwendig: die fossilen Energien müssen sehr bald durch erneuerbare Energien ersetzt werden, denn das Zeitfenster wird sich aufgrund des Umstands, dass der Scheitelpunkt der Ölförderung erreicht ist, sehr bald schließen. Die erneuerbaren Energien sind langsamer als die fossilen Energien, sie lassen die enorme Beschleunigung aller Prozesse in Arbeit und Leben, wie sie mit den fossilen Energien möglich war, nicht zu. Vielleicht wird nicht „*no growth*" folgen, wohl aber ein wesentlich langsameres Tempo der ökonomischen und daher auch der gesellschaftlichen und kulturellen Entwicklung. Keine der heute alternativen, erneuerbaren Energien kann die Bedingung der Kongruenz von Energiesystem und Kapitalismus so erfüllen wie die fossilen Energieträger, die in den vergangenen zwei bis drei Jahrhunderten die menschheitsgeschichtlich einmalige Wachstumsdynamik und den zivilisatorischen Fortschritt ermöglicht haben. Daran anzuknüpfen ist in Erinnerung ans 20. Jahrhundert sicher sinnvoll. Auch Klaus Dörre schlägt vor, dass „ein gegenhegemonialer Entwurf das Vergesellschaftungspotential moderner Produktivkräfte ausschöpfen" muss (Dörre 2009: 43). Doch befindet sich dies überhaupt noch im Bereich des Möglichen? Müssen wir nicht für die Nutzung des Potentials moderner Produktivkräfte den hohen Preis der Klimakatastrophe zahlen und uns daran machen, „post-moderne" Produktivkräfte zu entwickeln, von denen wir noch gar nicht wissen, wie sie aussehen, was sie können und welchen gesellschaftlichen Rahmen sie erfordern? Kann Arbeit noch so zwischen Arbeitszeit und Freizeit organisiert werden wie aus den Zeiten des industriellen Kapitalismus gewohnt? Heißt nicht Transformation der Gesellschaft auch die Neufassung von Arbeit und Rekreation?

Christoph Spehr hat dazu einige Ideen gewagt, die keine perfekte Lösung versprechen, sondern als Richtungsandeutungen verstanden werden können: „Die notwendige CO_2-Reduktion setzt an den Hauptquellen an: Stromerzeugung aus fossilen Energieträgern, Individualverkehr, Heizung – also: Dezentrale alternative Energieproduktion, billiger oder kostenfreier ÖPNV, Verkehrs-Verlagerung auf die Schiene, Investitionsprogramme für Wärmedämmung, Passivhäuser, Nutzung von Produktionswärme für Heizung. Die Energiewende geht mit einer Verringerung des Stoffdurchsatzes einher (Kreislaufwirtschaft, Reparaturwesen, langlebige und vielseitige Güter, dezentrale und weniger intensive Landwirtschaft, Umstellung von betrieblichem Individualverkehr auf elektronische Kommunikationsarchitekturen) ... Die Synchronisation von Arbeitsweise und Gesellschaft wird massiv staatlich gesteuert durch radikale Arbeitszeitverkürzung, Mindestlöhne, Anerkennung gesellschaftlicher Tätigkeit, Zeitsouveränität, Mitbestimmung, Arbeitsrechte, Förderung kooperativer Arbeitsbeziehungen. Die 'Vergesellschaftung' der Arbeit wird auch beantwortet durch Förderung und Ausbau des 'Dritten Sektors', d.h. der non-profit-Ökonomie, und einer bedingungslosen Grundsicherung " (http://www.linksnet.de/de/artikel/24823). Dies alles vom Staat zu erwarten, ist freilich nur dann realistisch, wenn darum soziale Auseinandersetzungen geführt werden.

Da werden einige Steinchen des Mosaiks, das die Linke in den Auseinandersetzungen der Gegenwart und Zukunft zu entwerfen hat, deutlich und das Gesamtbild des Mosaiks lässt sich erahnen: Eine industrielle Konversion weg von den „fossilen" Bereichen, auch weg von der Autozentriertheit (im Übrigen eine Orientierung auch im Beitrag von Hans-Jürgen Urban 2009); eine Umgestaltung der Arbeitswelt, bei der es ganz anders als in Keynes' Ausführungen um viel mehr als die bloße Überwindung der Massenarbeitslosigkeit, nämlich um nichtprekäre, würdige Arbeit geht; die Ausweitung der demokratischen Partizipation auf betrieblicher und gesellschaftlicher Ebene; genossenschaftliche, kollektive Eigentumsformen, die solidarisches Wirtschaften möglich machen. Geld und Kredit müssen kontrolliert und die großen Finanzinstitutionen aufgelöst und vergesellschaftet werden, denn sie haben sich in einem Ausmaß gegenüber der Ökonomie und Gesellschaft verselbständigt, dass die „Substanz der Gesellschaft als solche" (Polanyi 1978) gefährdet ist, und zwar in der großen Finanzkrise mit globalen Auswirkungen. Am besten können die großen Geldvermögen, die vor allem zur Spekulation verwendet werden, durch eine Vermögenssteuer abgeschöpft und umverteilt werden. Das würde die Ungleichheit in den Gesellschaften mindern und die „Gerechtigkeitslücke" verkleinern.

Ganz besonders wichtig im Gesamtbild des Mosaiks ist eine inzwischen dringliche Nachhaltigkeitsstrategie. Zu Beginn des fossilen Zeitalters fand der Kapitalismus das ihm entsprechende Energiesystem sozusagen in nuce vor. Es musste nur freigesetzt und dann fortentwickelt werden. Dies ist in den letzten beiden Jahrhunderten seit der industriellen Revolution geschehen. Wenn die fossilen Energieträger zur Neige gehen, kann nur ein erneuerbares Energieregime weiterhelfen. Dem aber muss die soziale Formation des Kapitalismus angepasst werden. Nicht keynesianische Konjunkturpolitik, auch wenn sie grüne Ingredienzien aufweist, ist das angemessene Projekt, sondern Konversionspolitik, der Umbau von Wirtschaft und Gesellschaft in Richtung erneuerbarer, solarer Energien und solidarischer Formen der Gestaltung von Gesellschaft und Ökonomie von der lokalen bis zur globalen Ebene. Das Projekt der Zukunft ist weder neoliberal noch keynesianisch. Es ist solar und solidarisch. Und es ist daher sozialistisch. Nicht in der Tradition des 20. Jahrhunderts, sondern zur Bewältigung der Herausforderungen des 21. Jahrhunderts. Doch wie kommen wir dahin? Welches ist eine geeignete Transformationsstrategie?

Hier kommt der Staat ins Spiel, und zwar nicht als Wohltäter der abgewirtschafteten Banken. Wenn ökologisch und sozial sinnvolle grüne Investitionen nicht genügend Profit bringen und daher unterbleiben, muss die öffentliche Hand sie durchführen. Nach mehreren Jahrzehnten der wilden Privatisierung öffentlicher Einrichtungen und Räume kann es nun zu einer Wiederherstellung und Wiederaneignung öffentlicher Räume kommen. Das ist unverzichtbar für die Weiterentwicklung einer sozialen Demokratie, die von sozialen Bewegungen getragen wird. Können soziale Bewegungen, die Gewerkschaften und alternative Projekte den Staat dazu bringen, korrigierend bei der Verteilung der Einkommen einzugreifen, die ökologische Wende politisch zu unterstützen, die wirtschaftsdemokratische Partizipation der Arbeit zu erweitern, Genossenschaften, die solidarische Ökonomie zu fördern? Das ist schwierig, denn der Staat und auch die Mehrheit der Staatsbürger sind eher konservativ. Doch der Staat ist nicht nur ein System von Institutionen und Apparaten, die instrumentell eingesetzt werden, sondern eine Arena der politischen und sozialen Auseinandersetzungen zwischen sozialen Bewegungen und politischen Interessen (Poulantzas 1978; Zelik/Arps 2006; Geiger 2009;). Sie finden also innerhalb des institutionellen Systems des Staates statt, auch wenn sie gegen den Staat das soziale „Territorium besetzen" und ohne seine Unterstützung auskommen müssen.

Der Kapitalismus wäre staatsgetrieben, aber der Staat würde nicht vor allem im Interesse der Banken und in deren „Schlepptau" funktionieren. Der Staat selbst wäre nämlich getrieben, von sozialen Bewegungen, von Bürgerinnen und Bürgern in öffentlichen Räumen demokratischer Partizipation.

Literaturverzeichnis

Abdallah, Saamah, Sam Thompson and Nic Marks (2008): Estimating worldwide life satisfaction, in: Ecological Economics 65 (1), 35–47

Altvater, Elmar (2004): Inflationäre Deflation oder die Dominanz der globalen Finanzmärkte, in: Prokla – Zeitschrift für kritische Sozialwissenschaft, No 134, März 2004

Altvater, Elmar (2005, 6. Aufl 2009): Das Ende des Kapitalismus wie wir ihn kennen, (Westfälisches Dampfboot) Münster

Altvater, Elmar (2008a): Die Finanzkrise – mehr als ein Weltmarktsungewitter, in: Das Argument 278/2008: 490 – 504

Altvater, Elmar (2008b): Kohlenstoffzyklus und Kapitalkreislauf – eine »Tragödie der Atmosphäre«, in: Altvater, Elmar/Brunnengräber, Achim (Hrsg.): Ablasshandel gegen Klimawandel. Marktbasierte Instrumente in der globalen Klimapolitik und ihre Alternativen, Hamburg

Altvater, Elmar (2009a): Globalisierung als Verselbständigung der Ökonomie, in: Nissen, Sylke/Vobruba, Georg, Hrsg.: Die Ökonomie der Gesellschaft. Festschrift für Heiner Ganßmann, (VS Verlag für Sozialwissenschaften) Wiesbaden

Altvater, Elmar (2009c): Die kapitalistischen Plagen – Energiekrise und Klimakollaps, Hunger und Finanzchaos, in: Blätter für deutsche und internationale Politik (Hg): Das Ende des Kasino-Kapitalismus? – Globalisierung und Krise, (edition blätter) Berlin: 172 – 186

Altvater, Elmar (2009d): Die globale Krise des gegenwärtigen Kapitalismus im Licht der Marx'schen Kritik der Politischen Ökonomie, in: Politische Bildung 2009, Heft 3: 9-29

Altvater, Elmar/Hoffmann, Jürgen/Semmler, Willi (1979): Vom Wirtschaftswunder zur Wirtschaftskrise, (Olle & Wolter) Berlin (West)

Altvater, Elmar/Mahnkopf, Birgit (1993): Gewerkschaften vor der europäischen Herausforderung. Tarifpolitik nach Mauer und Maastricht, Münster (Westfälisches Dampfboot)

Altvater, Elmar/Mahnkopf, Birgit (1999, 4. Aufl. 2004): Grenzen der Globalisierung. Ökonomie, Politik, Ökologie in der Weltgesellschaft, (Westfälisches Dampfboot) Münster

Altvater, Elmar/Mahnkopf, Birgit (2002): Globalisierung der Unsicherheit – Arbeit im Schatten, schmutziges Geld und informelle Politik, (Westfälisches Dampfboot) Münster

Altvater, Elmar/Mahnkopf, Birgit (2007): Konkurrenz für das Empire. Die Zukunft der Europäischen Union in der globalisierten Welt, (Westfälisches Dampfboot) Münster

Arbeitsgruppe Alternative Wirtschaftspolitik (2008): Memorandum 2008 – Neuverteilung von Einkommen, Arbeit und Macht – Alternativen zur Bedienung der Oberschicht (http://www.memo.uni-bremen.de/docs/memo08-kurz.pdf)

Aristoteles (1969): Nikomachische Ethik, Übersetzung und Nachwort von Franz Dirlmeier, Stuttgart (Reclam)

Aristoteles (1989): Politik. Schriften zur Staatstheorie, übersetzt und hg. von Franz F. Schwarz, Stuttgart (Reclam)

Armstrong, Philip/Glyn, Andrew/Harrison, John (1991): Capitalism since World War II, (Basil Blackwell) London

Baba, Naohiko/McGuire, Patrick/von Peter, Goetz (2008): Highlights of international banking and financial market activity, Bank for international settlement, BIS Quarterly Review, June 2008 (www.bis.org/publ/qtrpdf/r_qt0806b.pdf)

Bank of England (2008): Financial Stability Report, October 2008/Issue No. 24 (http://www.bankofengland.co.uk/publications/fsr/2008/fsrfull0810.pdf)

Beitel, Karl (2009): The Rate of Profit and the Problem of Stagnant Investment. A Structural Analysis of Barriers to Accumulation and the Spectre of Protracted Crisis, in: Historical Materialism. Research in Critical Marxist Theory, Vol 17, Issue 4 2009: 66-100

Bello, Walden (2010): Politik des Hungers, (Assoziation A) Berlin und Hamburg

Benjamin, Walter (1982): Gesammelte Schriften, Band I:2, Frankfurt a. M.

Bernau, Olaf (2008): Soziales Desaster. Globales Agrarsystem zwischen kleinbäuerlicher Landwirtschaft und Agrobusiness, in: Kurswechsel. Zeitschrift für gesellschafts-, wirtschafts- und umweltpolitische Alternativen, Heft 3/2008: 5-13

Birol, Fatih (2008): Interview geführt von Astrid Schneider unter dem Titel „Die Sirenen schrillen", in: Internationale Politik, April 2008: 34-45

BIZ (2009): Bank für Internationalen Zahlungsausgleich, 79. Jahresbericht 2009, Basel

Blackburn, Robin (2008): The Subprime Crisis, in: New Left Review, Nr 50, März/April 2008: 1-44

BMU (2006): Bundesministerium für Umwelt, Naturschutz und Reaktorsicherheit: Die projektbasierten Mechanismen CDM & JI – Einführung und praktische Beispiele, Reihe Umweltpolitik, 2. Aufl. November 2006 (www.bmu.de/files/pdfs/allgemein/application/pdf/broschuere_cdm_ji.pdf

Börger, Renate/Rügemer, Werner (2010): Schuld. Sühne. Bühne; Banken-Tribunal. Oder: Die Frage nach der persönlichen Verantwortung, in: lunapark 21, Heft 10, Sommer 2010: 24 – 27

Brand, Ulrich (2007): Radikale Transformation der imperialen Lebensweise, in: Neues Deutschland vom 27. Juli 2007

Brand, Ulrich/Görg, Christoph (2003): Postfordistische Naturverhältnisse. Konflikte um genetische Ressourcen und die Internationalisierung des Staates, (Westfälisches Dampfboot) Münster

Brand, Ulrich/Raza Werner (2003), Hrsg.: Fit für den Postfordismus? Theoretisch-politische Perspektiven des Regulationsansatzes, (Westfälisches Dampfboot) Münster

Braßel, Frank/Paasch, Armin (2005): Die Globalisierung des Hungers und das Menschenrecht auf Nahrung, in: Blätter für deutsche und internationale Politik, 12/005: 1474-1480

Braudel, Fernand 1977: Die lange Dauer, in: Schieder, Theodor und Kurt Gräubig (Hrsg.): Theorieprobleme der Geschichtswissenschaft, Darmstadt, S. 164-204

Brenner, Robert (2002): The Boom and the Bubble – The U.S. in the World Economy, (Verso) London

Bridge, Gavin (2010): Geographies of peak oil: The other carbon problem, in: Geoforum, Elsevier; www.elsevier.com/locate/geoforum

Burkett, Paul (2006): Marxism and Ecological Economics: Toward a Red and Green Political Economy (Brill) Boston

Buwal (2005): Schweizer Bundesamt für Umwelt: Wachstum und Umweltbelastung: Findet eine Entkoppelung statt?, in: Umwelt 4/2005 (nur im Internet: http://www.ecoglobe.ch/economics/d/entk5d25.htm)

Campbell, Colin/Laherrère, Jean H. (1998): The Ende of Cheap Oil, in: Scientific American, March 1998 (http://dieoff.org/page140.htm)

Canetti, Elias (1980). Masse und Macht. Frankfurt am Main: Fischer

Capoor, Karan/Ambrosi, Philippe (2008): State and Trends of the Carbon Market 2008, The World Bank (http://carbonfinance.org/docs/State___Trends--formatted_06_May_10pm.pdf)

Cordonnier, Laurent (2009): Der nächste Crash ist schon in Arbeit, in: Le Monde Diplomatique, September 2009: 6-7

Council of Economic Advisers (2003): Economic Report of the President, submitted to the Congress, Washington D.C. February 2003

Crosby, Alfred (1991): Die Früchte des weissen Mannes. Ökologischer Imperialismus 900-1900, Darmstadt (Wissenschaftliche Buchgesellschaft)

Crouch, Colin (2009): Vom Urkeynesianismus zum privatisierten Keynesianismus – und was nun?, in: Leviathan, 37. Jahrg. Juni 2009: 318 – 326

Cueva, Mateo (2009): Bastler auf engstem Raum, in: Le Monde Diplomatique, Oktober 2009: 22-23

Custers, Peter (2010): The Tasks of Keynesians Today: Green New Deals As Transition Towards Zero Growth Economy?, in: New Political Science, Vol. 32, No. 2, June 2010: 173 – 191

Daly, Herman E. (1991): Steady-State Economics, Washington D.C./Covelo (Island Press)

Davis, Mike (2001): Late Victorian Holocaust: El Nino Famine and the Making of the Third World, (Verso) London/New York

Davis, Mike (2002): The Origins of the Third World. Markets, States and Climate, in: The Corner House, Briefing 27, December 2002 (www.thecornerhouse.org.uk)

Davis, Mike (2004): Planet of Slums, in New Left Review 26, March-April 2004: 5-34

De Castro, Josué (2005): Geografia da Fome- O dilema brasileiro: pao ou aco, (Civilisacoa Brasileira) Rio de Janeiro

De-Growth (2008): Proceedings of the First International Conference on Economic De-Growth for Ecological Sustainability and Social Equity, Paris, 18-19 April 2008 (http://events.it-sudparis.eu/degrowthconference/en/appel/Degrowth%20Conference%20-%20Proceedings.pdf)

Demirović, Alex (2007): Demokratie in der Wirtschaft. Positionen – Probleme – Perspektiven, (Westfälisches Dampfboot) Münster

DESA (2008): United Nations Department of Economic and Social Affairs, World Economic and Social Survey 2008: Overcoming Economic Insecurity, UNO New York

Deumelandt, Kathrin (o. J.): Profitratenentwicklung. Empirische Befunde für Deutschland, die USA und Schweden, PRAG, Discussion Paper No. 4, Universität Hamburg

Diamond, Jared (2006): Kollaps. Warum Gesellschaften überleben oder untergehen, (Fischer Taschenbuch Verlag) Frankfurt am Main

Diefenbacher, Hans/Zieschank, Roland (2010): Indikatoren des Glücks. Überlegungen zu einem Nationalen Wohlfahrtsindex, in: Le Monde Diplomatique, Juli 2010 (deutsche Ausgabe): 6-7

Dieter, Heribert (1998): Die Asienkrise. Ursachen, Konsequenzen und die Rolle des Internationalen Währungsfonds. Marburg (Metropolis Verlag)

Dietz, Kristina/Wissen, Markus (2009): Kapitalismus und „natürliche Grenzen", in: PROKLA 156 – Zeitschrift für kritische Sozialwissenschaft, 39. Jahrg., Nr. 3, September 2009: 351 – 370

DIW (2009): Wege zum Wachstum. Empfehlungen des DIW Berlin für die neue Bundesregierung, Wochenbericht des DIW, Nr. 41/2009, 12. 10. 2009: 692ff.

Dörre, Klaus (2009): „Bringing (Anti-)Capitalism back in!" Neue Landnahme und ökosozialer New Deal, in: SPW, Nr. 5/2009

Dürrmeier, Thomas/Egan-Krieger, Tanja von (Hrsg.): Die Scheuklappen der Wirtschaftswissenschaft, (Metropolis) Marburg 2006

Dussel Peters, Enrique (2000): Polarizing Mexico. The Impact of Liberalization Strategy, (Lynne Rienner Publishers) Boulder/London

Easterlin, Richard A. (1998): Growth Triumphant. The Twenty-first Century in Historical perspective, Ann Arbor

Engels, Friedrich (MEW 20): Dialektik der Natur, in: Karl Marx/Friedrich Engels – Werke. (Karl) Dietz Verlag, Berlin. Band 20. Berlin/DDR. 1962: 305-570.

Enquete-Kommission (2002): Deutscher Bundestag, Hrsg.: Schlussbericht der Enquete-Kommission Globalisierung der Weltwirtschaft: Globalisierung der Weltwirtschaft (Leske +Budrich) Opladen

Enquete-Kommission „Schutz der Erdatmosphäre" des Deutschen Bundestages (1994): Schutz der Grünen Erde. Klimaschutz durch umweltgerechte Landwirtschaft und Erhalt der Wälder, (Economica Verlag) Bonn

Eucken, Walter (1959). Grundsätze der Wirtschaftspolitik. Reinbek bei Hamburg: Rowohlt

Evangelische Kirche in Deutschland (2008): Unternehmerisches Handeln in evangelischer Perspektive. Eine Denkschrift des Rates der evangelischen Kirche, (Gütersloher Verlangshaus) Gütersloh

Exner, Andreas (2010): Capitalism in Emergency – Profit ohne Wachstum?, in: Streifzüge 48/2010 (http://www.streifzuege.org/2010/capitalism-in-emergency-profit-ohne-wachstum – download 22.4.2010)

Faaij, André (2008): Bioenergy and global food security, in: WBGU Materialien. Externe Expertise für das WBGU-Hauptgutachten „Welt im Wandel: Zukunftsfähige Bioenergie und nachhaltige Landnutzung", Berlin (www.wbgu.de/wbgu_jg2008_ex03.pdf)

FAO (2008): The State of Food Insecurity in the World, Rome (ftp://ftp.fao.org/docrep/fao/011/i0291e/i0291e00.pdf)

Feldman, G.A. (1965): On the Theory of Growth Rates of National Income, in: Spulber, Nicholas, ed.: Foundations of Soviet Strategy for Economic Growth – Selected Essays, 1924-1930, (Indiana University Press) Bloomington

Fischer, Ernst Peter (2008): Schrödingers Katze auf dem Mandelbrotbaum. Durch die Hintertür zur Wissenschaft, (Goldmann) München

Foster, John Bellamy (1994): The Vulnerable Planet. A Short Economic History of the Environment, (Monthly Review Press) New York

Foster, John Bellamy (2009): The Ecological Revolution. Making Peace with the Planet, (Monthly Review Press) New York

Fritz, Thomas (2008): Dem Weltmarkt misstrauen – Die Nahrungskrise nach dem crash, FDCL Berlin, Dezember 2008

Fritz, Thomas (2009): Peak Soil. Die globale Jagd nach Land, (FDCL-Verlag) Berlin

Fücks, Ralf/Steenbock, Kristina (2007): Die große Transformation, in: böll-thema, Ausgabe 1, 2007: 4-8

Fücks, Ralf (2009): Zeitenwende, in: böll-thema, Ausgabe 1, 2009: 4-5

Galbraith, James K. (2009): Lehren des New Deal, in: Blätter für deutsche und internationale Politik (Hg.): Das Ende des Kasino-Kapitalismus. Globalisierung Krise, (edition blätter) Berlin: 221 – 229

Galbraith, James K. (2010a): Das Kapital soll zahlen, in: Le Monde Diplomatique, Juni 2010

Galbraith, James K. (2010b): Das G20-Debakel: Warum wir einen grünen New Deal brauchen, in: Blätter für deutsche und internationale Politik, August 2010: 85-94

Geiger, Margot (2009) Umkämpftes Territorium – Ökonomie, Staat und soziale Bewegungen im Neoliberalismus am Beispiel Argentinien, Dissertation Fachbereich Politik- und Sozialwissenschaft der Freien Universität Berlin

Georgescu-Roegen, Nicholas (1971): The Entropy Law and the Economic Process, Cambridge (Mass.)/London (Harvard University Press)

Global Humanitarian Forum (2009): Human Impact Report: Climate Change. Anatomy of A Silent Crisis, Geneva (http://ghfgeneva.org/Portals/0/pdfs/human_impact_report.pdf)

Glyn, Andrew/Sutcliffe, Bob (1972): British Capitalism, Workers and the Profits Squeeze, Harmondsworth

Goebel, Jan/Gornig, Martin/Häußermann, Hartmut (2010): Polarisierung der Einkommen: Die Mittelschicht verliert, in: Deutsches Institut für Wirtschaftsforschung, Wochenbericht Nr. 24/2010, 77. Jahrg., 16. Juni2010

Gowan, Peter (2009): Crisis in the Heartland, New Left Review, No 55, January-February 2009

Greffrath, Mathias (1997): Der Brei vorm Paradies, in: Freibeuter Nr. 74, November 1997: 122 -128

Haberler, Gottfried (1948): Prosperität und Depression. Eine theoretische Untersuchung der Konjunkturbewegungen, (A. Francke Verlag) Bern

Harman, Chris (2009): The slump of the 1930s and the crisis today, in: International Socialist Journal, issue 121, 2. Januar 2009, http://www.isj.org.uk/index.php4?id=506&issue=121

Hardin, Garrett (1968) The Tragedy of the Commons, in: Science, Nr. 162 (1968): 1243-1248

Harvey, David (2003): The New Imperialism, (Oxford University Press) Oxford

Harvey, David (2004): The 'New' Imperialism: Accumulation by Dispossession, in: Panitch, Leo/Colin Leys (Hrsg.): The New Imperial Challenge, Socialist Register 2004, London: 63-87

Heinberg, Richard (2007): Peak Everything: Waking Up to the Century of Declines, Gabriola Island (New Society Publishers)

Heine, Michael/Herr, Hansjörg (1999): Volkswirtschaftslehre. Paradigmenorientierte Einführung in die Mikro- und Makroökonomie, (Oldenbourg) München und Wien

Heinrich, Michael (2003): Geld und Kredit in der Kritik der politischen Ökonomie, in: Das Argument 251, 2003: 397-409

Heller-Roazen, Daniel (2009): Der Feind aller. Der Pirat und das Recht, (S. Fischer Wissenschaft) Frankfurt a. Main

Henseling, Karl Otto (2008): Ursprünge des industriellen Stoffwechsels zwischen Mensch und Natur, Schriftenreihe des IÖW 187/08, (Institut für Ökologische Wirtschaftsforschung) Berlin

Hickel, Rudolf (1987): Ein neuer Typ der Akkumulation. Hamburg. VSA-Verlag

Hirschman, Albert (1970): Exit, Voice and Loyalty, (Harvard University Press) Cambridge/Mass.

Hobsbawm, Eric (1995): Das Zeitalter der Extreme. Weltgeschichte des 20. Jahrhunderts, Wien, München.

Hobsbawm, Eric (2009): „Es wird Blut fließen, viel Blut", Interview in: Stern, Nr. 20/2009 vom 14. Mai 2009: 138-144

Hobsbawm, Eric (2009b): A era das incertezas, Interview mit Verena Glass, in: Revista Sem Terra, Nr. 50, Juni 2009 (www.mst.org.br)

Holt-Giménez, Eric (2007): Sprit vom Acker. Fünf Mythen vom Übergang zu Biokraftstoffen, in: Le Monde diplomatique, deutsche Ausgabe, Juni 2007: 12-13

Huffschmid, Jörg (1999): Politische Ökonomie der Finanzmärkte, (VSA) Hamburg

IMF (2007), World Economic Outlook, April 2007: 168; (http://www.imf.org/external/pubs/ft/weo/2007/01/pdf/c5.pdf)

IMF (2008) International Monetary Fund: Global Financial Stability Report, April 2008, Washington D.C.

IMF (2009): The State of Public Finances: Outlook and Medium-Term Policies After the 2008 Crisis, Prepared by the Fiscal Affairs Department in cooperation with other departments, Approved by Carlo Cottarelli, Washington D. C. March 6, 2009

IMF (2010): World Economic Outlook, April 2010 (http://www.imf.org/external/pubs/ft/weo/2010/01/index.htm)

(IEA 2008) International Energy Agency (2008): World Energy Outlook 2008, (OECD/IEA) Paris

(IEA 2009) International Energy Agency (2009): World Energy Outlook 2008, (OECD/IEA) Paris

IPCC (Intergovernmental Panel on Climate Change). 2007. Fourth Assessment Report of the IPCC (2007) on Climate Change, http://ipcc-wg1.ucar.edu/wg1/wg1-report.html

Jackson, Tim (2009): Prosperity without growth? – The transition to a sustainable economy, Sustainable Development Commission

Jánossy, Franz (1968): Das Ende der Wirtschaftswunder – Erscheinung und Wesen der wirtschaftlichen Entwicklung (Neue Kritik Verlag) Frankfurt/Main

Jevons, William Stanley (1866): The Coal Question, (Macmillan) London

Jonas, Hans (1979): Das Prinzip Verantwortung – Versuch einer Ethik für die technologische Zivilisation. (Insel Verlag) Frankfurt

Jones, Tim (2009): Climate Indebted, in: Red Pepper, Issue 169, December/January 2010: 24-27

Judt, Tony (2010): Was ist lebendig und was ist tot an der sozialen Demokratie?, in: Berliner Republik 2/2010: http://www.b-republik.de/archiv/was-ist-lebendig-und-was-tot-an-der-sozialen-demokratie

Kaden, Wolfgang (2009): Kapitulation vor dem Monopoly-Monster, Spiegel Online, 22.12.09 http://www.spiegel.de/wirtschaft/0,1518,668324,00.html

Kant, Immanuel (1795/1964): Zum ewigen Frieden. Ein philosophischer Entwurf, in: Werke in 6 Bänden, Band V: 191 – 251, (Insel) Wiesbaden

Kapp, K. William (1958): Volkswirtschaftliche Kosten der Privatwirtschaft. Tübingen und Zürich.

Karuscheit, Heiner (2010): Der Weltbankier in der Krise, in: Z. – Zeitschrift für marxistische Erneuerung, Nr. 81, März 2010: 49-58

Kaufmann, Stephan/Müller, Tadzio (2010): Grüner Kapitalismus, Klimawandel und kein Ende des Wachstums, (Einundzwanzig, Rosa Luxemburg Stiftung und Dietz-Verlag) Berlin

Kennedy, Margrit (1990): Geld ohne Zinsen und Inflation – ein Tauschmittel, das jedem dient, München

Keynes, J. M. (1929) The German Transfer Problem, The Economic Journal, Vol. XXXIX, pp 1-7

Keynes, John M. (1936): The General Theory of Employment, Interest and Money, London/Melbourne/Toronto (Macmillan, Repr. 1964)

Keynes, John Maynard (1932): Vom Gelde, (Duncker & Humblot) München/Leipzig

Keynes, John Maynard (1972): Economic Possibilities for our Grandchildren, in: Collected Writings, Vol. 9, London Basinstoke: 321-332 (deutsch: Reuter, Norbert (2007): Wachstumseuphorie und Verteilungsrealität. Wirtschaftspolitische Leitbilder zwischen Gestern und Morgen, (Metropolis) Marburg: 135-147

Kipping, Katja/Lohmeier, Thomas (2010): Lieber red als new. Statt grüner Kapitalismus: Plädoyer für einen Red-Green-Deal als Crossover-Projekt der postneoliberalen Linken, in: Der Freitag 27. April 2010

Klein, Naomi (2007): The Shock Doctrine. The Rise of Disaster Capitalism, (Knopf) New York

Köhler, Wolfgang (2008): Wall Street Panik. Banken außer Kontrolle, (Mankau) Murnau

Krätke, Michael R. (2006): Das Marx-Engels-Problem: Warum Engels das Marxsche „Kapital" nicht verfälscht hat, in: Marx-Engels-Jahrbuch 2006, (Akademie-Verlag) Berlin

Krausmann, Fridolin/Haberl, Helmut, Schulz, Niels B./ERb, Karl-Heinz/Darge, Ekkehard/Gaube, Veronika (2010): Land-use change and socio-economic metabolism in Azustria – Part I: driving forces of land-use change: 1950-1995, in: Land Use Policy 20 (2003): 1 – 20 (www.Elsevier.com/locate/landusepol)

Kromp-Kolb, Helga/ Formayer, Herbert (2005): Schwarzbuch Klimawandel. Wie viel Zeit bleibt uns noch?, (Ecowin) Salzburg

Lapavitsas, Costas (2009): Financialisation or the Search for Profits in the Sphere of Circulation, Soas, Research on Money and Finance Working Paper, 11 May 2009 www.soas.ac.uk/rmf

Lefebvre, Henri (1974): Die Zukunft des Kapitalismus. Die Reproduktion der Produktionsverhältnisse, München

Leigh, James (2008): Beyond Peak Oil a Post Globalization and Civilization Clash, in: The Open Geography Journal 2008, 1, S. 15-24

Locke, John (1977): Zwei Abhandlungen über die Regierung (hrsg. und eingeleitete von Walter Euchner), (Suhrkamp) Frankfurt am Main

Lohman, Larry, (2006): Carbon Trading. A critical Conversation on Climate Change, Privatisation and Power, in: Development Dialogue, No. 48, September 2006

Lomborg, Bjorn (2002). Apocalypse No!. Wie sich die menschlichen Lebensgrundlagen wirklich entwickeln. (zu Klampen Verlag) Lüneburg

Lomborg, Bjorn (2004) (ed.). Global Crises, Global Solutions. (Cambridge University Press) Cambridge/Mass.

Lorz, Stephan (2009): Selbstfinanzierungseffekt fällt nur gering aus, in: Börsen-Zeitung vom 27.10.2009

Luhmann, Niklas (1990, 3. Aufl.): Ökologische Kommunikation. Kann die moderne Gesellschaft sich auf ökologische Gefährdungen einstellen?, (Westdeutscher Verlag) Opladen

Luks, Fred (2001): Die Zukunft des Wachstums. Theoriegeschichte, Nachhaltigkeit und die Perspektiven einer neuen Wirtschaft (Metropolis) Marburg

Luxemburg, Rosa (1975a): Die Akkumulation des Kapitals. Ein Beitrag zur ökonomischen Erklärung des Imperialismus, in: Rosa Luxemburg: Gesammelte Werke, Band 5, Ökonomische Schriften, Dietz Verlag Berlin(Ost),

Luxemburg, Rosa (1975b): Einführung in die Nationalökonomie, in: Gesammelte Werke, Band 5 Ökonomische Schriften, (Dietz Verlag) Berlin: 524-778

Maddison, Angus (2001): The World Economy: A Millennial Perspective, Paris (OECD)

Maggio, G./ Cacciola, G. (2009): A variant of the Hubbert curve for world oil production forecasts, in: Energy Policy (2009), doi: 10.1016/j.enpol.2009.06-053

Malthus, Thomas Robert (1970): An essay on the principle of population and A summary view of the principle of population. Penguin Books, Repr. Harmondsworth.

Marshall, Thomas H. (1992): Bürgerrechte und soziale Klassen. Zur Soziologie des Wohlfahrtsstaates, Frankfurt/M./New York (Campus)

Marx, Karl (1953): Grundrisse der Kritik der politischen Ökonomie, Berlin

Matzner, Egon (2002): Arguments for a Re-regulation of Global Finance, in: International Review of Applied Economics, Vol. 16, No. 4, 2002: 483-492

McMichael, Philip (2008): Agro-fuels, food security, and the metabolic rift, in: Kurswechsel. Zeitschrift für gesellschafts-, wirtschafts- und umweltpolitische Alternativen, Heft 3/2008: 14 – 22

Meadows, Donella/Meadows, Dennis L./Randers, Jørgen (1993): Die neuen Grenzen des Wachstums. Rowohlt, Reinbek

Meadows, Donella/Meadows, Dennis L./Randers, Jørgen /Behrens III, William W. (1972): Die Grenzen des Wachstums – Bericht des Club of Rome zur Lage der Menschheit. Deutsche Verlags-Anstalt, München

MEW 23: Marx, Karl: Das Kapital. Kritik der Politischen Ökonomie, Erster Band

MEW 24: Marx, Karl: Das Kapital. Kritik der Politischen Ökonomie, Zweiter Band

MEW 25: Marx, Karl: Das Kapital. Kritik der Politischen Ökonomie, Dritter Band

MEW 26.2: Marx, Karl: Theorien über den Mehrwert, zweiter Teil

Mineralölwirtschaftsverband (2004): Preisbildung am Rohölmarkt, Dezember 2004 (www.mwv.de/download/preisbildung.pdf, gesehen 15.12. 2006)

Minsky, Hyman P. (1986): Stabilizing an Unstable Economy, (Yale University Press) New Haven/London

Mundell, Robert A. (1961): A theory of optimum currency areas, in: American Economic Review, Vol. 51, 1961: 657-665

Newell, Peter (2000): Climate for Change. Non-State Actors and the Global Politics of the Greenhouse, (Cambridge University Press) Cambridge

O'Connor, James (1988): Capitalism, Nature, Socialism: A theoretical Introduction, in: Capitalism, Nature, Socialism, A Journal of Socialist Ecology, Nr. 1, 1988, S. 11-45

O'Connor, James (1998): Natural Causes. Essays in Ecological Marxism, New York

OECD (2008): Wirtschaftsausblick, Nr. 84, Dezember 2008, Paris

OECD (2009a): Wirtschaftsausblick, Nr. 86, November 2009, Paris

OECD (2009b): The Bioeconomy to 2030. Designing a Policy Agenda, Paris

OECD (2009c): The Financial Crisis. Reform and Exit Strategies, Paris

OECD (2009d): OECD Economic Survey: Iceland, Paris

OECD-FAO (2009): Agricultural Outlook 2009 – 2018, Paris

Opitz, Sven (2004): Gouvernementalität im Postfordismus, (Argument) Hamburg

Oxfam 2008: Another Inconvenient Truth: How biofuel policies are deepening poverty and accelerating climate change, Oxfam Briefing Paper 114 (http://www.oxfam.org/files/bp114-inconvenient-truth-biofuels-0806.pdf)

Paasch, Armin (2009): Die globale Hungerkrise, in: Brenner, Robert P./Dahn, Daniela/Hengsbach, Friedhelm/Sassen Saskia u. a.: Kapitalismus am Ende? ATTAC Analysen und Alternativen, (VSA) Hamburg: 98 – 103

Paech, Nico (2010): Die Legende vom nachhaltigen Wachstum – Ein Plädoyer für den Verzicht, in: Le Monde Diplomatique, deutsche Ausgabe, September 2010

Partnoy, Frank (1998): F.I.A.S.C.O., Blut an den weißen Westen der Wall Street Broker, (Heyne Verlag) München

Pavel, Ferdinand/Proske, Sandra (2009): Konjunkturprogramme: Investitionen ohne nachhaltige Wachstumswirkung, in: Wochenbericht des DIW Berlin, Nr. 19 vom 6. Mai 2009

Painceira, Juan Palo (2008): The Role of Developing-Country Reserve Accumulation in the Current Financial Crisis, Development Viewpoint, No. 18 October 2008, Centre for Development Policy and Research, SOAS, University of London (www.soas.ac.uk/cdpr)

Perkins, John (2005). Bekenntnis eines Economic Hit Man, (Riemann) München

Pilardeaux, Benno (2009): Landnutzung: entscheidende Faktoren der Konfliktverschärfung, in: Altner, Günter (et al.), Hrsg.: Umwälzung der Erde. Konflikte um Ressourcen, Jahrbuch Ökologie 2010, (Hirzel) Stuttgart: 83-90

Polanyi, Karl (1978): The Great Transformation, (Suhrkamp) Frankfurt/Main

Ponting, C. (1991) A Green History of the World – The Environment and the Collapse of Great Civilizations, (Penguin Books) Harmondsworth

Prigogine, Ilya/Stenger, Isabelle (1986): Dialog mit der Natur, (Piper) München und Zürich

Rahmstorf, Stefan/ Schellnhuber, Hans Joachim (2007): Der Klimawandel, (C.H. Beck) München

Ricardo, David (1817/1959): Über die Grundsätze der Politischen Ökonomie und der Beteuerung, übers. und mit einer Einleitung versehen von G. Bondi, (Akademie Verlag) Berlin

Riese, Hajo (1987): Aspekte eines monetären Keynesianismus – Kritik und Gegenentwurf, in: Postkeynesianismus: Ökonomische Theorie in der Tradition von Keynes, Kalecki und Sraffa, (Metropolis) Marburg: 189-206

Rinke, Andreas (2009): Die neuen „Eroberer" – Kampf um Nahrung, in: Handelsblatt, 18. August 2009, S. 2

Röttger, Bernd (2003): Verlassene Gräber und neue Pilger an der Grabstätte. Eine neo-regulationistische Perspektive, in: Brand, Ulrich/Raza Werner (2003), Hrsg.: Fit für den Postfordismus? Theoretisch-politische Perspektiven des Regulationsansatzes, (Westfälisches Dampfboot) Münster: 18 – 42

Schachtschneider, Ulrich (2009): Green New Deal – Sackgasse und sonst nichts?, in: Rosa Luxemburg Stiftung, rls-Standpunkte, 17/2009

Schildbach, Jan (2010): Direkte fiskalische Kosten der Finanzkrise, in: Deutsche Bank Research, 1. Juli 2010

Schumpeter, Josef A. (1908): Das Wesen und der Hauptinhalt der theoretischen Nationalökonomie, Leipzig

Shonfield, Andrew (1968): Geplanter Kapitalismus. Wirtschaftspolitik in Westeuropa und USA (mit einem Vorwort von Karl Schiller), Köln/Berlin (Kiepenheuer & Witsch)

Sieferle, Rolf Peter (1982): Der unterirdische Wald. (Beck) München

Sieferle, Rolf Peter (1997): Rückblick auf die Natur, Eine Geschichte des Menschen und seiner Umwelt. (Luchterhand Verlag) München.

Sieferle, Rolf Peter/Krausmann, Fridolin/Schandl, Heinz/Winiwarter, Verena (2006): Das Ende der Fläche. Zum gesellschaftlichen Stoffwechsel der Industrialisierung, (Böhlau) Köln, Weimar, Wien

Smil, V. (1992): General Energetics: Energy in the Biosphere and Civilization, (Wiley) New York.

Smil, V.(2000): Feeding the World, A Challenge for the Twenty-First Century, (MIT Press) Cambridge.

Smith, Adam (1776/1976): An Inquiry into the Nature and Causes of The Wealth of Nations, (repr. 1976, Chicago University Press, Chicago); deutsch: Jena 1923 (repr. 1973, Giessen).

Soederberg, Susanne (2010): Corporate Power and Ownership in Contemporary Capitalism, Ripe Series in Global Political Economy, (Routledge) Milton Park/New York

Sohn-Rethel, Alfred (1970). Geistige und körperliche Arbeit. Zur Theorie der gesellschaftlichen Synthesis. Frankfurt am Main: Suhrkamp

Sombart, Werner (1927/1969): Der moderne Kapitalismus, 6 Halbbände, (Duncker und Humblot) Berlin

SOS-Projekt (2010): Altvater, Elmar/Geiger, Margot: Das Energieregime in der weltwirtschaftlichen Entwicklung der nächsten zwei Jahrzehnten, Teilbericht zum Forschungsprojekt: Save our Surface. Landnutzungsänderungen in Österreich durch verstärkte energetische Flächennutzung und globale Ressourcenverknappungen – Politikoptionen und Konfliktmanagement, Task 2 Weltwirtschaftliche Kausal- und Trendanalyse (Manuskript)

Spehr, Christoph (2009): Die Linke als Akteur im Umbruch, in: Luxemburg, Sept. 2009

Steinberger, Karin (2009): Die Straße. Der Soja-Highway reißt eine Kluft durch das brasilianische Amazonasgebiet. Einigen verhilft er zu Reichtum. Für andere ist er der direkte Weg in die Öko-Katastrophe, in: Süddeutsche Zeitung, 22./23. August 2009, V2/3

Stern, Nicholas (2006): Stern-Review on the Economics of Climate Change, Her Majesty's Treasury. Government of the United Kingdom. http://www.hm-treasury.gov.uk/independent_reviews/stern_review_economics_climate_change/sternreview_index.cfm

Stier, Olaf/Bernoth, Kerstin/Fisher, Alexander (2010): Die Internationalisierung des chinesischen Renminbi: Eine Chance für China, in: Wochenbericht des Nr. 20/2010 vom 19. Mai 2010: 10-15

Stiglitz, Joseph; Fitoussi, Jean-Paul; Sen, Amartya (2009): Report by the Commission on the Measurement of Economic Performance and Social Progress (http://www.stiglitz-sen-fitoussi.fr/documents/rapport_anglais.pdf)

Strange, Susan (1986): Casino-Capitalism, (Basil Blackwell) Oxford

Sturmthal, Adolf (1937): Die grosse Krise, (Verlag Oprecht) Zürich

Swyngedouw, Erik (2009): Immer Ärger mit der Natur: „Ökologie als neues Opum für's Volk", in: PROKLA 156 – Zeitschrift für kritische Sozialwissenschaft, 39. Jahrg., Nr. 3, September 2009: 371- 389

Thompson, Edward P. (1981): Der Exterminismus als letztes Stadium der Zivilisation. in: Das Argument 127, 1981, 342ff.

Thompson, Edward P. (1980). Plebeische Kultur und moralische Ökonomie. In: Groh, Dieter (ed.). Aufsätze zur englischen Sozialgeschichte des 18. und 19. Jahrhunderts. (Ullstein) Frankfurt am Main; Berlin, Wien

Trivedi, Bijal (2008): What is your dinner doing to the climate?, in New Scientist Magazine, Nr. 2673, 11. September 2008

United Nations (2009): The Millennium Development Goals. Report 2009, (United Nations) New York

Urban, Hans-Jürgen (2009): Die Mosaik-Linke, in Blätter für deutsche und internationale Politik, 5/2009: 71-78

Urs Müller-Plantenberg (1998): Zukunftsverbrauch, in: Michael Heinrich und Dirk Messner (Hrsg.), Globalisierung und Perspektiven linker Politik, Festschrift für Elmar Altvater, (Westfälisches Dampfboot) Münster

Varga, Eugen (1969): Die Krise des Kapitalismus und ihre politischen Folgen, hrsg. und eingel. von Altvater, Elmar, (Europäische Verlagsanstalt) Frankfurt/Wien

Virilio, Paul (2009): Der eigentliche Unfall, (Passagen Verlag) Wien:

Vollgraf, Carl-Erich, Jungnickel, Jürgen (1995): Marx in Marx' Worten? Zu Engels' Edition des Hauptmanuskripts zum dritten Buch des 'Kapitals', in: MEGA-Studien 1994/2: 3-55.

Wagenknecht, Sahra (2008): Wahnsinn mit Methode – Finanzcrash und Weltwirtschaft, (Das Neue Berlin) Berlin

Wagenknecht, Sahra (2009): „Müllhalden für Giftpapiere" und: „Bis zum nächsten Crash", zweiteiliger Artikel in: Junge Welt 24./25. und 26.10.2009

Wagenknecht, Sahra (2010): Hintergründe und Perspektiven der Staatsverschuldung, Teil 1: Vor dem Staatsbankrott?, in: Junge Welt, 24./25. 7. 2010 und Teil 2: Wege aus der Krise, in: Junge Welt, 26. 7. 2010

Wagner, Jürgen (2008): Versicherheitlichung des Klimawandels, in: ak – Analyse und Kritik, Sonderbeilage Sommer 2009: 29f.

Wallerstein, Immanuel (2009): Crisis of the Capitalist System: Where Do We Go from Here?, The Harold Wolpe Lecture, University of KwaZulu-Natal, 5 November 2009

WBGU (2008): Wissenschaftlicher Beirat der Bundesregierung Globale Umweltveränderungen (2008): Zukunftsfähige Bioenergie und nachhaltige Landnutzung, WBGU Berlin

WBGU (2010): Wissenschaftlicher Beirat der Bundesregierung Globale Umweltveränderungen (2010): Klimapolitik nach Kopenhagen. Uf drei Wegen zum Erfolg, Politikpapier Nr. 6, WBGU Berlin

Weber, Axel A. (2008): Notenbanken und Finanzmärkte: ein turbulentes Jahr. Vortrag an der Fachhochschule der Deutschen Bundesbank, 14. August 2008, in: Auszüge aus Presseartikeln Nr. 35, 20. August 2008

Wehr, Andreas (2010): Der nächste, bitte!, in: Junge Welt, 19. 7. 2010

Weizsäcker, Ernst Ulrich von/Lovins, Armory B./Lovins, L. Hunter (1997): Faktor 4. Doppelter Wohlstand – halbierter Naturverbrauch, (Droemer Knaur) München

Wiedemann, Charlotte (2009): Mythen der Migration, in: Le Monde Diplomatique, deutsche Ausgabe, Juni 2009: 12f.

Williamson, John (1990): What Washington Means by Policy Reform, in Williamson, John (ed.): Latin American Adjustment: How much has happened?, (Institute for International Economics) Washington

Williamson, John (2003). From Reform Agenda to Damaged Brand Name. In: Finance & Development, september 2003: 10-13

World Bank (2008): Rising food prices: policy options and World Bank responses. Background note for the Development Committee, Washington D.C.

World Economic Forum (2008): Global Risks 2008, A Global Risk Network Report (www.wef.org)

Wyplosz, Charles (1999): Global Justice. Beyond International Equity. In: Kaul, Inge; Grunberg, Isabelle; Stern, Marc A. (Ed.): Global Public Goods. International Cooperation in the 21st Century. New York und Oxford.

Zalik, Anna (2008): Liquefied Natural Gas and Fossil Capitalism, n: Monthly Review, Nov. 2008: 41 – 53

Zalik, Anna (2009): 'Duty to consult or License to Operate? Corporate Social Practice and Industrial Conflict in the Alberta Tar Sands and the Nigerian Niger Delta, unveröffentlichtes Manuskript, Faculty of Environmental Studies, York University, Canada

Zalik, Anna (2010): Oil 'futures': Shell's Scenarios and the social constitution of the global oil Market; in: Geoforum (2010)

Zeise, Lucas (2008): Ende der Party: Die Explosion im Finanzsektor und die Krise der Weltwirtschaft, (Papyrossa) Köln

Zielcke, Andeas (2010): Denn sie wissen nicht, was sie tun, in: Süddeutsche Zeitung, 23./24. 1. 2010 (Feuilleton),

Zinn, Karl-Georg (2009): Sättigung oder zwei Grenzen des Wachstums, in: Le Monde Diplomatique, Deutsche Ausgabe, Juli 2009: 10f.